走近詹伯慧

庆祝詹伯慧教授从教六十周年纪念文集

主编　李　战　甘于恩

暨南大学出版社
JINAN UNIVERSITY PRESS
中国·广州

图书在版编目（CIP）数据

走近詹伯慧/李战，甘于恩主编．—广州：暨南大学出版社，2013.12
ISBN 978-7-5668-0719-9

Ⅰ．①走…　Ⅱ．①李…②甘…　Ⅲ．①詹伯慧—生平事迹　Ⅳ．①K825.5

中国版本图书馆 CIP 数据核字(2013)第 190111 号

出版发行：暨南大学出版社

地　址：中国广州暨南大学
电　话：总编室（8620）85221601
　　　　营销部（8620）85225284　85228291　85228292（邮购）
传　真：（8620）85221583（办公室）　85223774（营销部）
邮　编：510630
网　址：http://www.jnupress.com　http://press.jnu.edu.cn

排　版：广州市天河星辰文化发展部照排中心
印　刷：佛山市浩文彩色印刷有限公司

开　本：787mm×1092mm　1/16
印　张：23
字　数：569 千
彩　插：14
版　次：2013 年 12 月第 1 版
印　次：2013 年 12 月第 1 次

定　价：58.00 元

庆祝詹伯慧教授从教六十周年（1953—2013）

部分著作

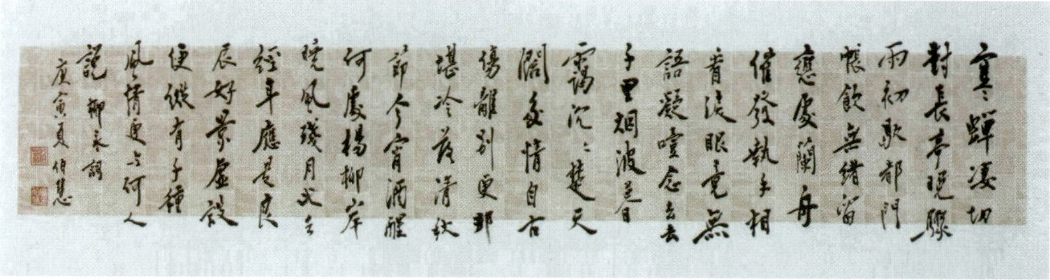

书法作品

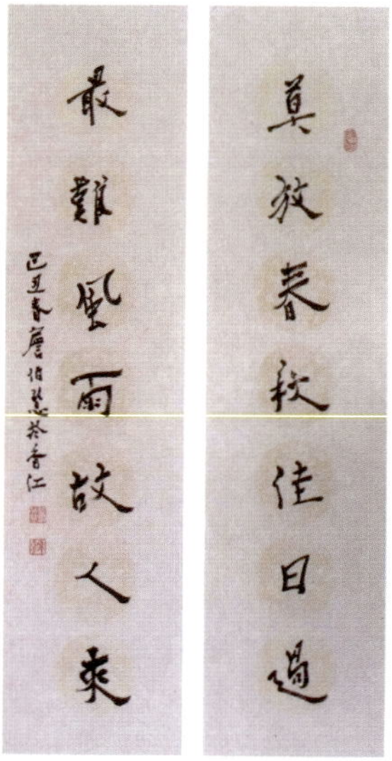

书法作品

作为全国政协委员列席第八届全国人民代表大会第一次会议（1993）

詹伯慧书法展在广东画院开幕（2011）

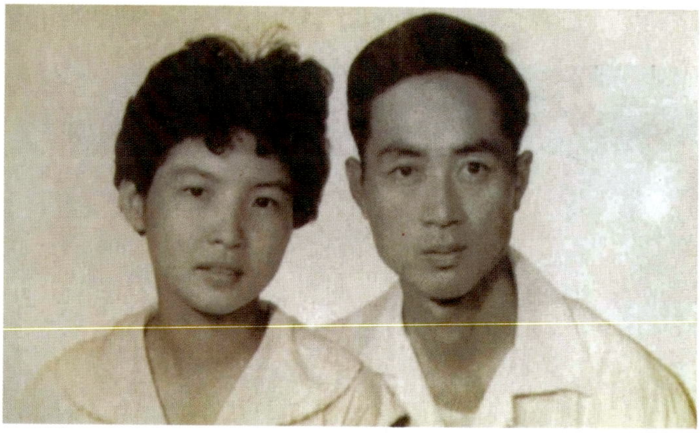

与陈雅仙女士的结婚照（1962）

与父母及兄弟姐妹们（1959）

与夫人、女儿、女婿及外孙女的全家福
（2008 年 8 月于鼓浪屿）

八十寿诞与家人合影（2010）

在东京大学（1980—1982）

在法国高等社会科学院（1990）

在美国加州大学（柏克莱）校门前（1998）

在新加坡出席国际汉学学术会议（1991）

在台湾“中央研究院”（1995）

在台北观光（1995）

在香港大学主楼前（2004）

在澳门大三巴（2003）

与恩师王力教授合影于日本东京（1981）

与业师袁家骅教授合影于北京（1957）

与饶宗颐教授合影于香港（1989）

在吕叔湘教授家中（1990）

东京大学中文系教师在东京涉谷为詹伯慧教授五十华诞设宴祝寿（1981）

与法国汉学家李嘉乐（左）、贝罗贝（右）合影于巴黎街头咖啡馆（1990）

与日本语言学家桥本万太郎（右）、辻伸久（左）合影于横滨桥本教授家中（1982）

与柳存仁教授合影于日本横滨（1981）

在烟台出席《中国大百科全书·语言文字卷》会议与吕叔湘、季羡林等教授合影（1985）

与新加坡学者梁荣基、周海清、卢绍昌合影（1988）

与丁邦新、余霭芹、张洪年、张敏、孙景涛合影于香港科技大学（2003）

与诺贝尔奖委员会委员马悦然教授合影于香港九龙（2001）

《中国语言文字大词典·汉语方言卷》编纂委员会在暨南大学文学院举行挂牌仪式（2007）

与出席全国人大、全国政协两会语言学界朋友合影于人民大会堂。左起：林茂灿、许嘉璐、张永言、邢福义、王均、詹伯慧、刘焕辉（1993）

出席暨南大学“语言学科建设高级专家座谈会”（2002）

方言学界九兄弟合影。前排左起：黄家教、陈世民、詹伯慧、陈章太、许宝华；后排左起：施文涛、张盛裕、王福堂、李如龙（1963）

与方言学界朋友周磊（右一）、陆镜光（中）、曹志耘（左二）、汪国胜（左一）合影于香港大学（1991）

与唐达晖、陈世铙、钟木犇合影于暨南大学家中（2005）

在第三届中国语言学会学术年会上与相声大师侯宝林（左三）及与会同仁合影（1985，昆明）

与中山大学语言学系老同学合影于北京（1989）

与高中同学合影于深圳（20 世纪 90 年代）

与第一届博士生（1994 年毕业）合影

与第一届硕士生（1987 年毕业）合影

与家人游荷兰（2012）

在荷兰（2012）

在巴黎香榭丽舍大街（1990）

在法国凡尔赛宫（2012）

游瑞士阿尔卑斯山（2012）

游意大利佛罗伦萨（2013）

游俄罗斯圣彼得堡（2013）

在俄罗斯莫斯科大学前（2013）

序　言

由詹伯慧教授创建的暨南大学汉语方言研究中心（以下简称“方言中心”）经过多年发展，已在国内外具有一定影响。2008 年，方言中心成为省人文社科重点研究基地。2009 年以来，方言中心成员先后有三项国家项目获得优秀等级评定，获得三项国家重点项目，获得国家一般项目和省部级项目多项。目前，以詹伯慧教授为首的科研团队正在积极申报国家重大招标项目。这些都是方言中心充满学术活力的重要表现。

今年是方言中心学术活动频繁的一年。方言中心与全国汉语方言学会将在年底合作主办“全国汉语方言学会第十七届学术年会暨汉语方言国际学术讨论会”，来自国内外近 300 名专家学者将汇聚暨南园，就汉语方言的重要问题展开讨论。中心还频繁与荷兰、美国、日本、印度尼西亚、马来西亚等国家以及我国港澳台地区的学术机构进行互访，使中心的影响力不断提升。今年又是詹伯慧教授从教 60 周年的年份。詹先生师从汉学大师王力、袁家骅教授，国学底蕴深厚，1953 年分配至著名的武汉大学任教，以汉语方言为主攻方向，勤于治学，撰写出不少在国内外学术界有广泛影响的论著。我在大学期间，就已拜读了詹先生的《现代汉语方言》，学术兴趣就此引发。1983 年，詹先生调入暨南大学，由此开始了他学术生涯的后 30 年。在这 30 年间，詹先生主持了诸多大型的科研项目，留下不少经典的学术著作。当然，更重要的是，他为国家和社会培养了大批的高端人才，从 1991 年开始，他先后培养了 29 名方言学博士，其中不少已独当一面，显示才干，取得可喜的成绩。

詹先生退休之后，对学术的情感始终不变，以“老骥伏枥，志在千里”之志，写下大量关注社会语言文字应用的文章，在社会上引起了较大的反响。他有句名言——“活到老，学到老，工作到老”，并以身作则践行之。这一直鼓舞着我们这批弟子，令我们不敢懈怠。《走近詹伯慧》一书就反映了詹先生的为人为学，也记录了他的学术业绩和生活轨迹。吾辈作为弟子，既敬佩又惭愧：敬佩的是先生以超越八旬之高龄，仍然写出诸多精辟的学术著作，可谓“学术之树常青”；惭愧的是，我们所处的年代、所拥有的条件，远远胜于先生的过去与现在，可是，在学术影响力方面，却无法企及先生。这是吾辈要好好反思的。

我作为进入詹先生门下的最早弟子，忙于俗务，碌碌无为，本来是没有资格为此书写序的，但是出版社的领导要我表述《走近詹伯慧》的来龙去脉，使得读者更了解此书的编纂目的，以便更好地认识詹伯慧教授，因此，匆忙写下以上文字，以表达我们后学对于詹伯慧先生的崇敬之情。愿先生老当益壮，继续引领我们在学术的道路上前行。

是为序。

甘于恩

2013 年 10 月 16 日草于暨南大学珠海校区

2013 年 10 月 17 日改于赴湛江前夕

目　录

【贺词拾粹】

【友好忆旧】

【门生感怀】

【生平记略】

专论专访

詹伯慧教授对汉语方言学的主要贡献[①]

张晓山

现代汉语方言学，经过几代学者的共同努力，已经建立起一座架构齐全、硕果累累的巍峨学术大厦。在这座大厦的建设者中，我们不能不提到詹伯慧的名字。

詹伯慧，1931 年生，广东省饶平县人，现为暨南大学汉语方言研究中心主任，中文系教授、博士研究生导师。今年（1998）是詹伯慧先生从事教学研究工作 45 周年。45 年来，詹先生以其卓越的学识和仁爱之心教书育人、科研攻关，遍栽桃李满天下，著作等身富五车，至今已在国内外出版发表了 20 多本专著、200 多篇文章共 600 多万字的宏富巨作，学术领域涉及汉语方言，少数民族语言，汉语语法，语言政策，汉字改革，字典、词典编纂，语言学年鉴、百科全书编审，语文教学、普通话教学、对外汉语教学等诸多方面。此外先生还有人物传记、文学散文等方面的著作。但先生的学术重点，所着力最勤、成绩最大的是汉语方言的调查研究，其学科建设工作和学术交流活动也大多围绕汉语方言学来开展，故本文就以汉语方言学为主线，讨论詹伯慧先生对汉语方言学的主要贡献。

一

汉语方言复杂丰富，待开发的处女地很多。彻底摸清汉语方言的分布及特点，揭示汉语方言的结构和规律，是几代汉语方言学工作者的共同愿望和奋斗目标。在长期的方言调查研究中，詹伯慧先生以他熟悉多种汉语方言、语言学科班出身且师承名门的优势，以及对方言所特有的敏锐的观察感受能力和扎实的调查研究基本功，先后对闽、粤、客、北方四大方言的上百个方言点作了调查，掌握了丰富的第一手资料，通过整理综合，为汉语方言学奉献了一大批材料新鲜、记录准确、分析精要的研究成果。

詹先生较早接触海南方言。早在 1957 年，他就发表了《海南方言中同义字的训读现象》，讨论了“训读”产生的原因，这是学界中较早注意到海南话中存在“训读”现象并为“训读”正式定名的文章。1958 年，他又发表了《万宁方音概述》，着重叙述了万宁方音跟北京音的对应关系。在海南丰富方言资源尚未得到充分开发、人们对“海南话”了解甚少的情况下，万宁方音的发表，使人们对海南闽语有了初步的了解。但詹先生研究海南方言最出名的是那篇发表于 1959 年的《海南岛军话语音概述》。这篇文章的素材是 1956 年詹先生参加中国科学院少数民族语言调查工作队奔赴海南岛调查黎语，路

① 本文曾登载在《汉语方言论文集》一书上，这里略加修订予以重登。

过岛上极南的崖县时获得的。詹先生在偶然中发现，崖城镇居民说着两种与属于闽南方言系统的海南话不同的方言，于是用极短的时间把这两种方言的一千来个单字记了下来，回北京后将其中的军话材料整理成文，在北京大学《语言学论丛》上发表。这篇文章揭示了在远离北方话地区的海南岛最南端，存在着与周边方言不同的近似北方话的方言岛，因而引起国内外同行的关注，被认为是不可多得的北方方言岛资料，常常被用来作为说明方言岛的实例。可惜的是，这次调查过的另外两个方言——海南迈话的材料以及海南文昌话的材料，由于没有及时整理，在十年浩劫中散失了。不然，我们还可以看到更多詹先生有关的论述，可以更多地了解到海南方言丰富多彩的面貌。

除了上北京进修和到日本讲学这四年多的时间之外，詹先生在武汉工作生活了近三十个年头。他经常带领学生深入湖北各地进行方言调查，并在此基础上主持编纂了《湖北方言概况》（初稿），同时亲自撰写专著或论文，发表研究成果，如《浠水方言纪要》、《浠水话动词“体”的表现方式》、《广济方音与北京语音的比较》、《鄂南蒲圻话的语音特点》、《鄂南蒲圻话的词汇语法特点》、《郧县方音纪要》等。这些论文或专著研究了湖北方言中比较复杂、比较特殊的几种话，揭示了这几种话不少突出的特点，如：浠水话动词进行体的构成用“构形手段”的词头“发得”；广济话的去声多至3个；蒲圻话有m、n、ŋ、ȵ、ɳ 等5个不同部位的鼻音声母，分别来自古明母、古泥母和来母洪音、古疑母洪音、古泥母和疑母细音、古泥母和疑母细音合口；郧县平声字偏多，除入声部分归平声外，还有一些古上、去两声的字也归到平声中来，等等。这些特点的揭示，对于当地人学好普通话，对于方言学界充分认识湖北这几种特殊方言的面貌特点，对于各个方言的比较研究，无疑起着促进的作用。詹先生还和他的学生李元授合作，揭示了蒲圻话中一种值得注意的现象，就是：在蒲圻话中除了大量的文白异读之外，在知识分子和机关企业干部中还存在一种跟一般人说话的口音有距离，而且跟一般传统的文读也有所不同的，突破了蒲圻音原有系统，在更大程度上向普通话靠拢的“蒲圻普通话”，这样，某些字在蒲圻知识分子和机关企业干部中就形成“说话口音——一般文读——蒲圻普通话”3读的现象。这种现象“还没有成为具有广泛群众基础的东西，一般人未必都能掌握”，但詹先生注意到了，并且在研究之后指出，这种现象是普通话进一步在方言复杂地区扩大影响之后产生的，“反映了方言区人民迫切要求使自己的方音尽速向共同语靠拢的心情，使我们多少可以看到方言向共同语过渡的自发趋势”。这种现象对研究方言间的接触变化、强势方言和弱势方言的相互关系等理论问题都有很高的价值。詹先生期望有更多的语言工作者来注意这一问题，可惜他的呼吁未能引起足够的重视。

潮州话和饶平上饶客家话是詹先生的母语，为此，詹先生以自己为调查对象，同时又请了长期讲这两种话的乡亲合作，写下了《潮州方言》、《潮州话的一些语法特点》、《饶平上饶客家话语言特点说略》、《广东省饶平方言记音》、《饶平县志方言志》等文章，探讨了这两种方言的特点。潮州话和饶平上饶客家话在詹先生之前都曾有人研究过，但詹先生不囿于前说，一切从实际出发，通过认真的调查审辨，提出了自己的看法。其中最典型的是潮州话连读变调问题，以往对潮州话连读变调的描写分析，由于各种原因，有的不免过于粗疏，有的失之审音未精，都未能很好地反映出潮州话连读变调的全貌。

而詹先生的论文先列出潮州话单字调和两字组变调规律表，然后选取潮州话口语中两字组、三字组、四字组的词语，分声调逐个排比比较，分析规律，得出结论。该结论辨音精细、记录准确、例证丰富、分析缜密、方法可靠、令人信服，所以发表之后就一直为学界所称道。关于詹先生不囿旧说、重申新见，我们还可以举出一个例子。1948 年中央研究院历史语言研究所在其出版的《湖北方言调查报告》中就对广济方音有所论及，1957 年湖北省组织的方言调查组也曾提出过《广济方音初查报告》，但詹先生觉得这两份报告中对广济方音的调查研究还有许多值得探讨的地方，于是再找发音合作人仔细校订了每一个声、韵、调，在原来的基础上对广济音系作了一些修改，使之更能准确地反映广济方音的面貌。

粤方言是詹先生近十几年的研究重点。先生早年参加过袁家骅先生主编的《汉语方言概要》的撰写工作，书中“粤方言”一章就是他执笔的，此间还写了富有影响的《粤方言中的虚词“亲、住、翻、埋、添”》。近十几年来詹先生一直致力于广东境内粤方言的调查，并取得了重大成果：①主编出版了《珠江三角洲方言调查报告》3 卷共 150 万字。该书第 1 卷《珠江三角洲方言字音对照——珠江三角洲方言调查报告之一》汇集了珠江三角洲地区 31 个方言点（其中粤方言点 25 个）3 810 个字的字音对照及普通话字音和中古音韵地区对照，第 2 卷《珠江三角洲方言词汇对照——珠江三角洲方言调查报告之二》汇集这 31 个点的 1 401 个常用词语的对照，第 3 卷《珠江三角洲方言综述——珠江三角洲方言调查之三》把调查中所得到的各种有关资料作了全面总结，通过文字和图表，概括地论述了珠江三角洲方言的特点和规律。这套书一出版就以规模空前、材料丰富齐全翔实、分类编排合理、综述简要精当而引起学者和读者的注目，先后获得广东省社会科学优秀成果一等奖和国家教委优秀社科成果二等奖。②主编出版了《粤北十县市粤方言调查报告》（128 万字）、《粤西十县市粤方言调查报告》（132 万字），这两本书与《珠江三角洲方言调查报告》是姐妹书。两书在北江流域和西江流域各选了 10 个粤语点，对 3 810 个字的字音和 1 248 个常用词语作了对照比较。两书的体例一样，都分 6 节：人文地理概况和方言的分布、音系述略（包括各方言点的声韵调表和音韵特点）、广州语音比较（包括综述和字音对照表）、词汇和语法（包括词汇语法特点综述和词汇对照表）、特征分布地图和语料选录，书前有内容提要、前言和凡例，书后有索引和附录。前一本书一出版就获得了第二届全国高等学校出版社优秀学术著作优秀奖。③发表了有关的一批论文，有《珠江三角洲粤方言常用词述略》、《珠江三角洲方音说略》、《广东境内三大方言的相互影响》、《粤北十县市白话语音特点述略》、《珠江三角洲粤方言述要》、《粤西十县市粤方言语音特点综述》等。这些专著和论文，面对广东丰富的语言资源，在充分吸取前人研究成果的基础上有所继承，有所发展，把珠江三角洲及北江流域、西江流域现阶段方言（主要是粤方言）的“大致轮廓勾画出来，这就为今后进一步全面、深入地开展广东省的方言研究工作打下良好的基础，展示出美好的前景”，被誉为“广东方言研究史上的新里程碑”，在国内外产生了巨大的影响。

综观上述研究成果，可以看出它们材料的功夫都做得相当扎实，对于语音、词汇、语法的特点都审析入微，常有闪光的发现，并通过精当的编排，充分体现出各个地点方言的面貌特点，反映出各个地点方言的结构规律。这些成果在摆事实中渗透理论，于编排材料时显示方法，避免了材料堆砌、流于表象、不能准确反映方言真实面貌以至于谬种流传的毛病，因而备受学界的重视也就不足为奇了。特别是在方言材料的不足已影响到方言间的横向比较和方言发展规律的全面探求时，这些质朴无华的成果与那些仅凭不多的语言事实就在那里推论解释的高深之作相比，就越发显示其价值了。

二

汉语方言学研究，可以从描写语言学的角度出发，对方言的语音、词汇、语法等要素进行调查记录，整理分析，借以揭示这些方言的结构及特点；也可以从普通语言学的角度出发，针对实际的方言事实和方言研究，提出理论性的解释和方法论的参考，以推动方言学科的进步。詹先生在对大量的方言本体进行调查研究的同时，还对诸如方言与方言、方言与共同语之间的关系，方言的基本分布、方言划分的原则方法，方言调查研究的内容和方法，方言调查研究的历史、现状及发展方向等理论性问题作了广泛深入的探讨，提出了不少独到的见解。下面列举四个方面。

1. 方言与方言、方言与共同语的关系问题

詹先生从小在双语家庭中长大，本身就是一个“双语者”，所以对我国实际存在的双语现象一直持比较客观的态度，对方言与方言、方言与共同语的关系认识殊深。在《谈谈方言和普通话》、《略论方言、共同语与双语制问题》、《再论方言、共同语与双语制问题——在第三届汉语双方言研讨会（国际）的讲话》、《普通话“南下”与粤方言“北上”》、《对方言和普通话性质的再认识》、《试论方言与共同语的关系》等大量文章中，詹先生多次论述了自己对这个问题的看法。他认为，各地方言都源自古老的汉语，都是古老汉语历史发展的产物。每一种方言都具有“自给自足”的语言独立体的素质，都能发挥传达信息、交流思想的功能，都能满足社会沟通的需要。他进一步分析了共同语产生的原因，指出民族共同语也是在方言的基础上形成的。共同语的形成和发展反映出地域性方言的交际功能适应不了日益发展的更大范围的交际需要，是每个单一的方言社会“引进”了另一个将以共同交际的面目出现的方言加入到这个社会中来以弥补单一方言交际功能的不足，而不是要完全取代方言。詹先生认为，方言和共同语是同源异流的关系，彼此间“你中有我，我中有你”，长期共存而并不对立，相互补充而不相排斥，同是记录华夏文化的重要手段，并不是对头冤家、你死我活的关系。因此，从单语生活向双语生活过渡，既符合我国的国情，也符合当前日益开放的社会发展形势。双语生活发展的结果将必然是：就方言地区的每个人而言，从单一语言生活向双语言生活发展；就整个社会而言，逐渐形成双语交际的局面，在双语交际中共同语作为教学语言、工作语言、宣传语言以及不同地区的人互相交际的语言而显示出它的主导地位，而方言，则在非主导的位置上继续发挥交际工具的功能，为本地区的经济建设和社会发展服务。詹先生从语言事实和语言生活的实际出发，对方言和共同语的关系作了实事求是的分析和概括，所得出的结论无疑具有很强的说服力和启发性，为使人民群众祛除心理上和学习

上的障碍，切实可行、卓有成效地推广和普及共同语提供了科学的理论指导，也为继续发挥方言的作用，搞好方言调查，做好方言的规范化工作提供了必要的理论支持，具有重要的现实意义。

2. *汉语方言的分区及分区的原则方法问题*

汉语方言分区问题历来争议颇多。20世纪60年代初以来，詹先生从方言分区的原则入手，连续发表了《有关汉语方言分区的一些问题》、《略论划分汉语方言的条件》、《汉语方言分区问题驳议》、《谈谈汉语方言的调查研究》等文章，多次阐述自己对这个问题的看法。他明确提出，方言分区必须坚持“从语言实际出发”，“以语言材料为依据，以社会历史资料为主要参考”的原则。为什么呢？詹先生进一步回答：因为方言的分区是“语言”本身的分区，只能以语言材料作为主要的最终的依据，不然就会牵强附会，歪曲事实，无法确保分区的科学性。但方言又是一种社会现象，它的形成和发展都是跟社会的发展密切相关的，都可以从社会发展的历史中找到一定的依据。所以既要充分依靠语言材料，又不撇开人文历史；既要以充分的语言材料作依据，又要辅以翔实的社会历史资料相佐证。至于其他诸如自然地理因素、行政区域因素等在划分方言时虽然也不无一定的参考作用，但那毕竟是无足轻重的，不能视作区分方言、辨认方言的必备条件。那么，哪些可以用来作为划分汉语方言的语言材料呢？詹先生认为，一般应具备两方面的条件：一是能够充分显示出它的个性，对于其他方言区具有排他性；二是充分显示出它的共性，对于本方言区各地方言，具有明显的一致性。他强调，拿这些材料来划分方言时，应该语音、词汇、语法三者兼顾，全面利用，虽然语音的差别在汉语方言中比较突出，但却不能因此无视词汇上和语法上的特征在划分汉语方言时所起的作用，同时还要留意那些方言中带有整体性的典型特征。为此，他提出应以“特征判断法”作为划分方言的基本手段，同时补充以“综合比较法”。他还特别强调，划分汉语方言的条件，在不同的层次中应该有不同的选择；方言特征的“排他性”（对外）和“一致性”（对内）在不同层次的方言中有不同的内容，不能一概而论。根据这些原则和方法，詹先生对以往关于汉语方言分区的主张特别是20世纪50年代以来汉语方言分八大区的成说作了重新审视，既看到差异性，更注意一致性，提出了新的具体分区意见。他赞成福建方言学者提出的将闽方言合为一个大方言区，而闽北闽南的划分归第二层的意见，并作了深入的理论阐述，得到学界的广泛认同，成为学界早期对这一问题最系统而又最具代表性的权威之论。实际上，汉语方言到底分成几区并不是目的，目的是分区的结果要符合汉语方言实际的分布情况。詹先生的理论触及了达此目的所必经的途径，抓住了汉语方言分区的先决条件和关键环节，汉语方言分区工作若能循此原则和方法进行，则其科学性和可接受度将会大大提高。

3. *方言学研究的内容及方法论问题*

现代汉语方言研究中长期以来存在着偏重语音而忽略词汇、语法的倾向。对此，詹先生指出，着重方音的研究是符合客观需要的，但是，放松或者甚至于忽略了词汇、语法研究，也不能不说是一种偏向。方言本身是一个自足的语言整体，由语音、词汇、语法等要素组成，因此，调查研究一种汉语方言，无疑应该全面兼顾，语音、词汇、语法三者不能偏废。为了推动汉语方言词汇和语法的调查研究，从20世纪50年代末到60年代初，詹伯慧先生与黄家教先生合作，先后发表了《收集和整理汉语方言词汇》、《关于汉语方言词汇调查研究的问题》、《谈汉语方言语法材料的收集和整理》等文章，呼吁进行词汇语法的调查研究，论述词汇语法调查研究的方法论。对汉语方言词汇的收集整理，詹先生提出，应按不同的目的确定收词的范围，并为此制订详细的调查大纲；调查时要用文字记录，也要用音标把准确的读音记下来；材料收集上来之后，可以从词义和词形的关系、构词特点以及词源等方面进行分析，与其他方言特别是普通话相比较，找到特点。他特别提醒要注意汉语方言词汇的发展趋势，注意从多方面进行比较，注意方言词汇的确切含义及其使用情况。对方言语法材料的收集和整理，詹先生提出，要按照预制的语法调查大纲同时通过记录的长篇材料来收集，注意从语音现象中发现语法问题；材料收集上来之后，可以从构词法和构形法、词语组成词组的方式、词语在句子中的位置、某几类句子的结构方式、方言中特有的句式、各类实词虚词中存在的特殊语法现象等方面进行分析。詹先生还举了很多例子具体说明词汇和语法如何整理和分析。这对当时及以后的方言词汇语法调查研究都有着极大的启发意义和促进作用。到20世纪80年代中期，他们又合写了《谈汉语方言的语音调查》，对方言语音研究方法作了论述，认为调查汉语方言语音，当以研究语音构造为中心内容，也要顾及语音对应，考察语音演变趋势；指出记录方言语音材料要辨调、辨声、辨韵，记录《字表》的例子要注意单字音与口语实际读音的不同以及连读变调、文白异读、训读等情况；方言语音材料的整理要分析出声、韵、调的个数及配合关系。语音、词汇、语法三方面的论述构成了一种完整的系统。该文最后发展形成被誉为“汉语方言研究的方法论”的《汉语方言及方言调查》一书。虽然此书是由多名资深方言学专家合作编著而成，但其中的编纂思想、全书的叙述框架以及书中各章节的内容，无不闪现着作为主编的詹伯慧教授从20世纪50年代以来所一直倡导和坚持的学术思想；可以说，该书是詹伯慧教授所代表的一代学者对汉语方言调查研究方法论思想不断深化和发展的结晶，“是一部汉语方言调查研究方法论的集大成之作”，“不论是初学者，还是老学者，都会得益匪浅”。

4. 汉语方言学的历史、现状及发展路向问题

明辨历史、分析现状是为了指导未来。詹伯慧先生对汉语方言调查研究的历史和现状慧眼独具，一针见血，在论史中把握脉络，点出问题所在，于问题处指明发展方向，使人豁然眼开。他指出，从扬雄的《方言》以来，贯串整个方言研究的古典传统的主线是：方言总是被作为垫脚石，而不是被作为一个语言整体来看待，方言研究中的规范意识、正音正名意识也好，考证词源、探求本字也好，都是这种古典传统的反映。直到20世纪20年代开始的现代汉语方言研究，才把方言作为一种完整的语言来研究，把研究方言和研究一种独立民族语言视为同等的语言研究课题，把普遍应用于语言分析、语言比较的语言科学方法应用到汉语方言的调查研究中来，并且随着语言研究手段的发展而不断有所发展。（《汉语方言研究的回顾与前瞻》）他把从20世纪20年代到90年代初这70年间的现代汉语方言调查研究历史分为两个阶段：①前30年为一个阶段。这一阶段为汉

语方言调查研究积累了一些较为可靠的材料，使我们对现代汉语方言的类别和特点有了比较明确的认识，为现代汉语方言研究的全面开展奠定了初步的基础，汉语方言学由此开始发展成为语言学领域中相对独立的分支学科。②后 40 年为另一个阶段。汉语方言的研究经历了“从冷门到热门”、“从普查到全面深入的研究”、“从单点研究到成片研究”、“从方言词典的编纂到方言地图的绘制”的发展过程，已经取得了很多的成果，但距离彻底摸清汉语方言面貌的目标还相当远。(《四十年来汉语方言研究工作的回顾》）针对这种状况，20 世纪 80 年代中期詹先生就提出了改进的方向：“过去几十年的研究偏重于语音方面，那么，今后的研究则有必要在词汇、语法方面多下功夫；过去的研究侧重于对方言的一般性了解，今后的研究则宜于在此基础上对方言特点作深入的发掘；过去的研究多以一个地点的方言作为对象，今后的研究应同时考虑单一地点的调查和成片、成区方言的调查；过去的研究多着眼于平面的、共时的描写，今后的研究则应兼顾共时的探讨和历时的探讨；过去的研究多止于一种方言的描写分析，今后的研究则宜于在对各种方言进行描写分析的同时注意开展多方言的比较研究。”(《有关汉语方言工作的一些认识》）如今 10 年过去了，汉语方言的调查研究出现了新的动向和前景，詹先生又及时作了总结，“方言词汇的研究正从逐点逐片收集整理方言词汇向着大力编纂方言词典过渡”、“方言语法的研究日益受到重视”、“方言与相关学科的结合日益加强”、方言应用问题的研究影响越来越大，“方言研究的视野正逐渐从单点、单片移向大面积、大地区、多点、多片的综合调查研究”。(《汉语方言研究的回顾与前瞻》）前后 10 年的这些变化，充分显示出詹先生独到的眼光和远见，也包含着詹先生的一片关注和努力。

詹先生还就粤方言、闽方言、海峡两岸开展闽南方言研究、潮汕方言的宏观研究、广东客家方言的研究等问题阐述了自己的观点。例如对于粤方言研究，他认为，今后的主要导向应该是：①把握住粤语社会功能正在扩大的时机，从社会语言学和应用语言学的角度有针对性地开展调查研究；②密切联系粤语使用的实际开展粤语与共同语、外语的对比研究；③撰写较有分量的粤方言词汇研究、语法研究专著；④搞好粤方言语音的审音正音工作。(《把握方向，大力开展粤方言的研究工作》）对闽方言研究，他认为，当前应抓好以下几项工作：①闽、台、粤、琼、浙各省尽快组织好本省闽语的普查工作，并编写出本省闽方言字音对照和词汇对照表；②就闽方言共同的一些突出问题选择若干代表点进行综合比较研究；③组织跨省协作研究，开展全面综合研究，着手绘制闽方言全图。(《关于闽方言研究的几点思考》）这些观点，显然是极具针对性和指导性的。

理论研究在詹先生的研究中占很大的比重，上面所提到的四个方面只是其中的大要者。这四个方面，已基本涵盖了汉语方言学的主要理论问题，构成了一个相对完整的系统。这些理论思想，在汉语方言学发展的各个阶段，作为汉语方言调查研究工作者的理论营养，不同程度地校正着汉语方言学的发展路向，对汉语方言学的健康发展起着重要的作用，产生了深远的影响，已经成为汉语方言学理论宝库的重要组成部分。这对于建立一套结合我国实际、具有民族特色的语言学理论，有着积极的、深远的意义。

三

在长达40多年的方言调查研究中，詹先生以丰硕的成果昭示了自己的成功。依托着这种成功的，是詹先生对汉语方言调查研究长期不懈的摸索和实践，由此他积累了不少成功的经验和做法，并在此基础上形成了自己调查研究的个性特色。这些做法和特色，对于汉语方言学工作者来说，是一份不可多得的参考教材，可以让你从中领略到不少达致成功的秘诀；对于汉语方言来说，又是一种割舍不去的牵连，已经融入自身，成为肌体的一部分，并因之而身强体壮了。詹先生多年来形成的做法和特色我们认为主要有以下几点：

（1）时刻站在学科的前沿，密切关注多姿多彩的方言事实及其变化，把握学科发展和社会生活的需求，及时进行调查研究，并在合适的时候推出合适的成果，引导着学科不断走向前进。

就某种意义上说，詹伯慧先生并不是一个“纯粹”的学者，他不愿意做躲在书斋里的“学究”，而更愿意将书斋搬到现实中来；他研究的内容并不纯粹是个人兴致所至的东西，而更多的是源于学科的需求和社会的关注。他善于站在现实的高处俯瞰方言学的现状以及方言与社会生活的关系，顺时而兴，在汉语方言资源的开发、学科发展路向的校正、社会语言生活的应用等方面频出新声。他的研究成果大都与各个时期的现实需要密切相关，因此一出来就因为适时而广受重视和欢迎。詹先生早年参与撰写其中1/3内容的教材《汉语方言概要》，是在方言普查如火如荼开展起来，社会对方言学人才的需求日益迫切时出版的，这部著作因其筚路蓝缕之功而将被永远载入史册。20世纪60年代，汉语方言调查研究急需摆脱长期存在的偏重语音而忽略词汇、语法的倾向，詹先生为此发表有关文章，呼吁在深入调查方言语音的同时，还应深入调查方言的词汇和语法，并全面论述了如何进行方言词汇、语法的收集、整理、分析、研究。70年代末80年代初，我国百废待兴，社会上对汉语方言的知识需求甚切，詹先生写成出版《现代汉语方言》一书，从语音、词汇、语法三方面对汉语七大方言作了对照比较，因其以简驭繁、脉络清晰、使人一目了然而颇受国内外欢迎，一版再版。80年代以来，随着广东改革开放先行一步，粤方言“北上”之风日盛。为了弄清粤方言的全貌，解决粤方言应用中的问题，回答海内外关心粤方言研究人士关注的问题，詹先生连续推出多部调查报告，并在理论上分析了粤方言“北上”和普通话“南下”的社会历史原因，澄清了某些模糊的认识。1997年7月1日，香港回到祖国的怀抱，面对新旧之交的香港语言生活，詹先生又提出了香港今后的语言格局和语言工作的取向，这对于“一国两制”下香港语言生活的调整，发挥了重要的指导作用。詹先生正是这样时刻站在学科的前沿，以其敏锐的目光，关注着时代和社会的需要，回应着现实的期望。适时并引领风气之先，正是詹先生研究成果价值之所在。

（2）善于合作，充分利用各方面的力量，发挥各方面的积极性和优势，团结协作，互补不足，为共同的目标而努力奋斗。

合作在科学研究中的作用众所周知。对于汉语方言调查研究特别是大型项目的调查研究来说，合作就显得更为必不可少，因为单枪匹马是难以成功的，只有集体合作才能达到目的。但合作，除了合作对象所必须具备的相应的素质能力之外，更重要的还必须有合作的胸怀与合作的方法。有人说过，学术研究上的合作是很不容易的。不避锋芒取最大公约数，不争名分只为出最佳成果，配合默契，齐心协力，的确很不容易。在这一点上，詹伯慧先生为汉语方言学界贡献了不少成功的范例——几部比较重要的著作都是合作的成果：《汉语方言概要》是与老师和同学的合作，由老师主编；《汉语方言及方言调查》是与同行的合作，由他主编；《珠江三角洲方言调查报告》（3卷）是与硕士研究生和香港同行的合作，《粤北十县市粤方言调查报告》、《粤西十县市粤方言调查报告》是与博士研究生和香港同行的合作，这3部著作由他和香港语言学家张日升教授共同主编。几篇重要的理论文章是合作的成果：《有关汉语方言分区的一些问题》与黄家教、陈世民合作，《关于汉语方言词汇调查研究的问题》、《谈汉语方言语法材料的收集和整理》、《谈汉语方言的语音调查》、《有关汉语方言工作的一些认识》等与黄家教合作。一些方言本体的研究文章是合作的成果：《鄂南蒲圻话的语音特点》、《鄂南蒲圻话的词汇语法特点》与李元授合作，《广州方言中的特殊语序现象》与黄家教合作，《珠江三角洲粤方言述要》与张日升合作，《闽粤琼语词汇比较研究》与李如龙、高然、甘于恩合作，《粤西十县市粤方言语音综述》与伍巍、邵宜合作，等等。还有每次田野调查都要与当地教育部门、发音合作人合作。合作量之大，合作面之广，合作成功率之高，都是别人所少有的，而尤为难得的是，这些合作不是仅挂个虚名，而是实实在在地参与到研究中。善于合作，使詹先生能够充分利用各方面的力量，发挥各方面的积极性和优势，团结协作，互补不足，为共同的目标而努力奋斗并取得丰硕成果。对于汉语方言学来说，这方面的意义，已经远远超出合作这个事实本身了。

（3）多从宏观上研究问题，整体把握方言事实的全貌和学科发展的现状，力求避免孤立研究容易产生的偏见。

詹先生比较重视宏观研究，属于宏观研究的成果也比较多。他认为，由于人力、经费问题，还有组织策划问题，以往的汉语方言调查研究，微观的做得不少，对单点方言面貌的揭露和分析比较多，而对多方言的综合比较、大面积的成片调查却太少。（《四十年来汉语方言研究的回顾》）所以他呼吁，在“人自为战”之外，有必要开展一些有计划的协作调查，用集体的力量来完成比较大的调查研究项目，以便尽快摸清方言复杂地带的方言面貌，明确各大方言的区界，弄清各大方言内部的差异性和一致性，从而勾画出汉语方言的轮廓来，使人们对汉语方言有整体的认识。（《有关汉语方言工作的一些认识》）这样大面积的调查研究，有利于揭示各方言点之间的联系，防止孤立研究容易产生的偏见。他是这样想的，也是这样做的。对方言本体的研究，早在20世纪60年代，他就和同道朋友走遍湖北的山山水水，深入调查，写出了《湖北方言概况》这样反映湖北方言概貌的宏观之作；进入80年代以来，面对占有全国汉语方言半壁江山的广东汉语方言资源，他身体力行，带领研究生和香港同行，深入到珠江三角洲、北江流域、西江流域的各个市县，开展田野作业，对这些地区的方言面貌（主要是粤方言）进行梳理，揭示了这些方言的总体特点。对当今语言生活的研究，詹先生着眼于语言生活与经济社会的关系，提出了实施双语政策这样具有宏观指导意义的对策。对语言理论问题，詹先生也从影响学科发展的根本性问题入手，从整个学科框架的整体角度阐述自己的观点。宏观研究需要有超越单一个体的全景视角和雄视全局的战略高度，更需要有把握整体的综合概括能力，因此，宏观研究成果所产生的作用和影响，就不是单一的，而是多方面的；不是细弱的，而是强劲的。多从宏观上研究问题使詹先生的成果摆脱了个别现象的纠缠，形成了整体出击的力量，因此它们给汉语方言学界带来巨大的冲击力也就是理所当然的。

（4）坚持和强调方言调查研究的实用性，让方言研究为方言应用服务，充分发挥汉语方言学对社会语言生活和文化教育的指导作用。

理论联系实际，让方言研究走出书斋，为现实社会的语言生活和文化教育等多方面服务，使方言调查研究的成果具有更为直接的社会效益，从而扩大影响，产生相应的社会效应，这也是詹伯慧先生比较重视的一个方面。詹先生不少关于方言本体的研究成果，都明确说明是为推广普通话和汉语规范化服务的，因此方言与普通话的比较在这些著作中占了很大的比重。他认为，“只有通过方言调查找出方言与普通话之间的对应规律，才有可能有针对性地利用对应规律进行对症下药的普通话教学，以取事半功倍之效”。他指出，“整个汉语规范化工作都离不开方言调查”，“只有开展方言调查，比较方言与共同语的异同，彻底弄清方言中形形色色的特点，才能面对语言事实，对各种方言现象进行分析整理，有抉择、有限度地考虑哪些方言因素可以吸引，哪些方言因素只能‘拒之门外’，不能吸纳”。（《汉语方言调查与汉语规范化》）为了使这种服务更直接，詹先生还写了《有关编写〈学话手册〉的几个问题》、《略谈普通话学习中的“知己知彼”》、《略谈方言和普通话的语法差异》、《谈谈方言和普通话》、《方言和规范化杂议》、《语言规范化与语言应用》等文章，用许多生动的例子来讨论学习普通话和汉语规范化中的具体问题。对于普通话学习，他认为不同的学习者应有不同的学习内容和学习要求，宜采用不同的学习方法，但都要“知己知彼”，既要了解普通话的情况，更要了解方言本身的情况。对于汉语规范化，他认为，语言的规范是动态的、发展的，不是静止的、一成不变的；他主张语言规范的原则，应从语言应用中来，从语言习惯中来，为语言应用而规范；他强调，在语言规范中，一定要防止乱挥警棍的“警察行为”，要多做语言的“导游”，把人们带进绚丽多彩的语言海洋中，享受语言世界的乐趣。他的这些见解，深受学术界的赞赏，对人们学习普通话和正确认识、大力加强汉语规范化工作，起了很好的促进作用。詹先生也很强调方言调查研究成果在其他场合的应用，注意用这些成果指导语言生活和文化教育工作。如对于方言和普通话的使用，詹先生在多个场合讲过，推广普通话不是要禁止使用方言，而是要形成方言和普通话两者各司其职、有主有从、互相配合、双语并用的局面。（《对方言和普通话性质的再认识》、《试论粤方言地区的推广普通话工作》等）对于方言地区语文教学中方言的使用，詹先生指出，对待方言口语与书面语之间的矛盾，既要有所规范，又要有所宽容；写作上对语言规范的掌握要注意宽严得当，而口语表达上则又不妨多加宽容。要掌握分寸，就得调查了解方言使用的情况，避免滥用方言，防止学生把方言当作规范的共同语来使用。詹先生还用具体的例子，生动地说明了哪些可以“开门”，哪些必须“关闸”。(《谈谈汉语方言与语文教学》）对于报纸上的方言用词，詹先生指出，从地方性、通俗性的角度出发，适当使用一些群众喜闻乐见的方言词语以增强报纸的吸引力是无可非议的，但不能不注意分寸与场合，如果滥用，可能会影响语言表达的效果。(《谈新闻从业人员的语文修养》）对于现代汉语教学，詹先生指出，了解方言情况，掌握方言知识，有助于学生深入认识现代汉语的特点，提高学生准确运用现代汉语的实践能力。(《谈汉语方言知识在现代汉语教学中的运用》）詹先生还很重视粤方言的规范问题，在广大群众“为粤语正音”的呼声下，组建了包括穗、港、澳三地的粤语学者在内的“广州话审音委员会”，以“明确规范，减少分歧，树立标准，以利应用”为宗旨给粤语正音，以使粤语能够在有明确规范的前提下更好地发挥作用。(《粤语研究中几个问题的思考》、《关于广州话审音问题的思考》）为现实服务，必然得到现实的回报，詹先生的这些“入世”之作产生了很好的社会效应。澳门著名作家、《澳门日报》总编辑李鹏翥在读了詹先生的有关论述后指出，这些论述“有的放矢，对症下药，以大量例证来阐明道理，娓娓动人，具有雄辩的力量”，“将有助于提高对普通话的认识，提高学习普通话的自觉性和积极性，促进与全国南北各地开展商务、文化、艺术等多方面的交流活动”。

适时、合作、宏观、实用，是詹伯慧先生从事汉语方言调查研究工作多年形成的做法和特色，它们奠定了詹先生作为一名著名学者的基础和他的研究成果的价值所在。每一个汉语方言调查研究工作者，都可以从他的成功之中汲取有益的启示和借鉴。

四

汉语方言学，是詹伯慧先生此生无悔的选择，先生把它当作自己生命的一部分，付出了几乎全部的心血和精力。为了这门学科的完善和丰满，先生在紧张的调查、研究、著述之外，还上下努力，左右奔波，致力于汉语方言学科的建设工作。他的辛勤劳动，为汉语方言学搭起了一个相对完整的学科理论框架和实践规程，培养、团结了一支“来之能战”的方言调查研究队伍，组织开展了一系列高品位的专题学术研究和交流活动。他与其他汉语方言学者一道，把汉语方言学建设成为语言学科中相对独立、体系完整、充满活力和实力的“热门”学科。

一部好的教材是学科稳定成果的适时总结，更是学科体系完整确立的重要标志，它对于学科的发展、学科知识的传播和专业人才的培养，有着不可估量的作用。20 世纪 60 年代初出版的方言学教材《汉语方言概要》，詹先生撰写了其中分量最重的第 9 章“粤方言”和第 10 章“闽方言”（闽南方言）。该书共分 12 章，第 1 ~ 3 章属绪论部分，讲述方言学的基本理论问题；第 4 ~ 11 章是全书的主干，从概述、语音、词汇、语法特点四个方面分别介绍了七大方言的特点；第 12 章是综论，说明各方言之间的亲疏关系及方言研究的方法、途径。该书被认为“是我国第一部比较全面、系统地介绍现代汉语方言的著作，它不仅为高等院校方言课程提供了综合性的教学参考书，而且对于建立汉语方言学的科学体系也具有重要意义”。70年代末80年代初，詹先生独自写成《现代汉语方言》一书。全书共11章，第1章介绍方言和方言学基础知识；第2~4章是全书的重点，综合对比介绍各大方言的语音、词汇和语法特点；第5~11章是七大方言的形成分布、语音特点、代表音系的介绍。作为《汉语方言概要》的压缩本和修订本，本书在简明扼要、深入浅出方面颇具特色，被认为“涵盖面既广阔，个别的讨论也深入”，“对一般初学者及同行学者，均为必备的参考资料”。20世纪80年代中期，詹先生又与几位资深方言学家合作并由他主编出版了《汉语方言及方言调查》。全书分9章，第1~3章是汉语方言学的基础知识，第4~6章分别叙述语音、词汇、语法的调查研究方法，第7章是汉语方言论著的编写方法，第8~9两章是语音和词汇语法调查表，后面还附录汉语方言调查研究成果资料选目。该书被誉为“既是一本荟萃学术成果，凝聚研究经验的专著，又是一部可以引人入门识路，便于循序渐进的教材”，“是近年同类书中最好的一部”。这三部教材，从事实到理论，从理论到方法，各有侧重，环环相扣，奠定了汉语方言学的学科体系，为汉语方言调查研究人才的培养提供了重要的依凭。有人这样评说：“如果说第一部教材是分区的描写，第二部教材是综合的对比，那么这第三部教材就是从学科发展和人才培养的角度，着重于方法学方面的论述。在学术上给人的感觉是更上一层楼。”

人才是事业兴旺发达的保证，有人才才能出成果。詹先生长期在高校任教，所培养的学生不计其数。1984年他开始招收硕士研究生，1991年开始招博士研究生，至今共培养了9名硕士研究生和15名博士研究生。詹先生培养研究生有两个突出特点：一是让学生参加重大科研项目，把理论和实践结合起来，既为完成这些重大科研项目增添力量，又让学生从中得到调查研究能力的锻炼，增长才干，达到既出成果又出人才的目的；二是尽可能创造条件让研究生参加高层次专业学术会议，使研究生有机会直接接触学科前沿，得以开阔视野，了解学术信息，跟进学科最新发展，有可能的话还可以跟外地学者洽商合作承担科研项目。1994年，中国首批获得博士学位的方言学研究生有5位，其中出自詹伯慧教授门下的就有4位，这无论在汉语方言学史上还是中国研究生教育史上，都是划时代的厚重一笔。在詹先生的悉心培养下，这批博士、硕士除个别外，大部分都留在高校和科研机构，成为各单位教学科研的中坚力量，担任学校重点课程的主讲教师，经常在专业学术刊物上发表文章，有的走上系一级的领导岗位，有的受国家教委委派作为专家出国讲学，有的进入美国有影响的国防语言学院任教，即使是那些没有在教学科研单位工作的学生，也没有放弃专业，常有专业论文问世。在詹先生的带领下，这批学生经常活跃于历届全国汉语方言学术会议和历届国际闽方言、国际粤方言、国际客家方言以及国际双语双方言学术会议上，和海内外的学者切磋、交流、合作，并取得了一些重大科研成果，被语言学界戏称为“詹家军”。为了建设由他一手创办的暨南大学汉语方言研究中心，詹伯慧教授想方设法从福建引进了成果丰硕的方言学家李如龙教授，为他申报增补为博士研究生导师，加强了汉语方言研究中心的实力，使其成为与中国社会科学院语言研究所方言研究专业一样的同时拥有两位博士研究生导师的博士点。人才和队伍的充实，保证了暨南大学汉语方言研究中心能够更好地进行学科建设，开展学术研究、学术合作和学术交流活动，在国内外产生了较大的凝聚力、影响力和号召力。

作为汉语方言学界的领袖人物之一，詹伯慧先生参与了全国汉语方言学会的发起组织工作，执笔起草了成立学会的倡议书，并从1981年起连续九届当选为学会的理事，成为学会领导层唯一的“九朝元老”，长期为团结和服务于全国汉语方言学工作者、促进汉语方言学的学术进步贡献自己的力量。对学术上造诣较高的同行学者，詹先生总是虚怀若谷，诚恳相敬，同是文人而不相轻。自1985年以来，省内外一批批同行学者申请晋升教授职称，他作为教授、博士研究生导师、广东省高级职称语文学科评审组成员，竭力宣传这些学有所成的同行的业绩，促使他们顺利晋升，为语言学队伍的团结和语言学术事业进一步向高层次发展创造了有利条件。对于后学，他更是有求必应，热心扶掖，解答疑难，推荐稿件，携领项目，举荐评奖，近十年来，他单是为他人著作写序就达二三十篇之多。多年来，詹先生多次参与筹备、组织国际闽方言、国际粤方言和国际双语双方言研讨会，除了递交论文外，从会址的确定、住宿的安排、交通的准备、开幕闭幕时致辞到论文的编选、付印等许多繁琐的会务，詹先生都无微不至，亲力亲为，使每次会议都得到圆满的结果。这既促进了闽、粤方言和双语研究的深化，又带动了各地积极开展学术研究的良好风气，方言界的不少同志也因此增加了参加国际学术活动、与各地同行切磋交流的机会。1986年以来，詹伯慧先生连续三届被推选为广东省中国语言学会会长。作为会长，在进行组织建设、增强组织活力，组织学术活动、活跃学术氛围，开展对外学术交流和科研协作，评选优秀科研成果，编辑出版《学会通讯》等方面，詹先生及其领导下的学会理事会做了许多建设性的工作：每两年一次的学术年会，每年至少一次的学术沙龙活动至今持续不断；《学会通讯》已经出了7期，每期近10万字，已成为目前全国各地语言学会中唯一一份学会通讯，其信息量之大，深受海内外同道的称许；成功地主办多次全国性和国际性学术会议，组织之好名闻遐迩；学会会员获各种学术奖项达上百人次，全国唯一一位获两项语言学大奖的学者就出自该会……需要特别指出的是，在当前的形势下，每一项工作的开展都需要经费，而詹先生正是用别人可以用来研究写作的时间四处奔波筹款的。为了学会的工作，詹先生无怨无悔，全情投入，作出了巨大的牺牲。有人曾开玩笑说，参加广东省中国语言学会组织的学术会议是个人花费最少、收获最大的学术活动。其实这也是对詹先生工作的高度评价。在詹先生的感召下，广东的语言学界因此而呈现人人奋发向上的局面。在汉语方言学界，找一个精于业务、学有所成的人不难，但找一个有学术地位，受大家尊重，能够并且愿意竭诚为大家服务，无私地团结、带领大家共同前进的学者并不那么容易。把队伍凝聚起来让各人充分发挥作用、共同促进学科发展，这个作用不是一个人多写几篇文章所能比拟的。难怪有人这样说，詹先生这个位置别人可以充当，但他所做的工作却很少有人能够替代。

作为新中国第一个由国家教委派赴日本进行长期讲学的学者，自20世纪80年代以来，詹先生多次应邀到境外进行学术交流活动，足迹到达日本、法国、泰国、新加坡和中国香港、澳门、台湾等国家和地区，近期又应邀前往美国加州大学（柏克莱）进行学术研究。他充分利用汉语方言学作为纽带，善结良缘，广交朋友，切磋学问。每到一个地方，他都要向朋友们介绍汉语方言调查研究的情况，宣传我国的语言文字政策，传播中华民族的优秀文化。他的真诚和努力，赢得了海外朋友们的信赖和尊敬，增进了海外朋友对我国的了解和友谊。在日本，讲课之余他作了《谈谈汉语方言的调查研究》、《三十年来中国语言工作的一些情况》、《谈谈汉字改革问题》等学术报告，日本朋友将他的《浠水方言纪要》、《汉语方言文集》推荐出版，他的《现代汉语方言》被翻译成日文在日本出版并成为畅销书。在新加坡，他先后作过《谈谈当前的语言文字工作》、《谈谈方言和普通话》和《略论语言规范与语言应用》等专题报告，与新加坡的专家和有关官员交换对于推广华语问题的意见，接受电视台及报社的采访，畅谈他对推广华语的意见，他的话曾经成为新加坡第一大报《联合早报》上的“时人语录”。在香港和澳门，詹先生对新闻人员和中小学语文教师讲新闻人员的语文修养、汉语方言与语文教学，讲如何处理好方言与共同语的关系，博得了阵阵掌声……詹先生为我国的文化交流作出了积极贡献，扩大了汉语方言学的国际影响，如今，汉语方言学已经成为一门国际性的学问，詹先生在其中所起的作用是有目共睹的。

学科建设工作充分体现了詹伯慧先生的学科意识和奉献精神，这种意识和精神对汉语方言学是至为重要的。如果每一个汉语方言调查研究工作者都能有多一点的学科意识和奉献精神，那么汉语方言学的前景，将会更加鼓舞人心。

以上从四个方面讨论了詹伯慧教授对汉语方言学的主要贡献，从中可以看到詹先生主要的学术风格和学术特点。作为学者，有人侧重于钻象牙之塔，有人着力于面向社会大众；有人多做深入的具体研究，有人在基础建设方面下足功夫，重点不同，但目标一致，都是为汉语方言学的学术大厦添砖加瓦。詹伯慧先生似乎较多地倾向于后者，因此也就难免招致“深入之作不多”的批评。当然，什么是“深入之作”还可以讨论，但作为知名的方言学家，詹先生多方面的贡献为海内外同道所普遍认同，其研究成果广为学界重视并被大量引用，这是不争的事实。台湾“中央研究院”院士、美国加州大学（柏克莱）教授、香港科技大学人文社会科学学院院长丁邦新先生曾这样评价詹先生：既能收集基础语料，发表报告，又能在理论方法的层面上有所发明；既能深入研究单一方言点的内涵，又能广泛研究大方言区的概况；既能耐得住寂寞，从事个别的研究，又能经得起考验，主持大型的计划。“在汉语方言学界这样的人才不多见，而詹伯慧先生正是这种典型的一位学者。”综观詹伯慧先生几十年来所从事的汉语方言调查研究工作和学科建设工作，这样的评价，他是当之无愧的。在庆祝詹伯慧教授从事教学科研工作45周年的时候，我们衷心祝愿詹先生身体康健，在汉语方言学术领域取得更大的成就，对祖国的科学文化事业作出更大的贡献！

附注：本文的写作参考了一些有关詹伯慧教授的评介文章，吸收了其中的某些观点，文中未能一一注明出处，在此谨表谢忱。具体请参阅本书所附“生平记略”。

（1994年获暨南大学博士学位，现任广东省人民政府研究室二处副处长）

德业并重　“推普”先锋

——贺著名语言文字专家詹伯慧教授八秩华诞

张　毅

今年（2011）7月系詹伯慧教授八十华诞暨从教五十八周年的喜庆日子，这是广东省语言学界的一大盛事。詹伯慧先生是国内外语言学界的著名教授，博士研究生导师，中国语言学会理事，广东省中国语言学会的老会长，广东省学位委员会委员，广东省语言文字工作委员会委员。詹先生一生从事方言研究，博学有识，立说传薪，扶掖后学，堪称是一位卓越的学者。同时他又始终关注“推普”，对广东省的推广普及普通话和语言文字规范化工作贡献卓著。

詹伯慧教授是汉语方言学界的大师，从珞珈山到暨南园，博学精研，乐育桃李，驰名海外，著述丰硕，无须赘言。更可贵的是，詹伯慧先生在教学和科研之余，一直积极宣传国家语言文字方针、政策，热心推广民族共同语，本着语言应用于实际并为社会服务的精神，大力支持、积极配合广东省语言文字工作委员会工作，为广东省的推广普及普通话和汉字规范化工作做了诸多实事，两度被国家语言文字工作委员会评为“全国语言文字先进工作者”。在暨南大学“庆祝詹伯慧教授从教45周年”纪念活动中，我曾撰写过《詹伯慧教授对语文现代化和广东省推广普通话工作的贡献》一文。文中记述了詹教授自1986年广东省成立语言文字工作委员会即任语委委员，在不同时期通过论文、著作、调研、会议发言、学术交流、考察访问、接受采访等方式，积极活跃于广东省“推普”战线，呼吁全社会关注语言文字规范化工作，并身体力行推进语言文字规范化工作。不论是废寝忘食为广东电视台主持编写《每日一句话》普通话系列节目，热情参与广东省语委和广州市语委举办的普通话培训班、普通话朗诵比赛等各种“推普”活动，还是在“七五”、“八五”期间，亲自带队，多次深入广东省几十个县（市）实地调查，完成广东方言调查，基本摸清广东粤语面貌，詹伯慧教授都以一名语言学家的敬业精神和历史使命感，为广东省推广普通话工作付出了辛勤劳动和心血。此外，詹先生还利用讲学、学术交流等机会，在新加坡、日本、法国和我国港澳台等国家和地区，积极宣传我国语言文字政策，介绍广东“推普”情况，并热心促进广东省与新加坡的语言文字交流，促成广东语言文字考察团赴新加坡进行以推广华语为主要内容的考察访问。

回顾往昔，詹伯慧教授辛勤耕耘，德业并重，在广东省语言文字工作的开展和进步历程中承担了举足轻重的角色。可以说，广东省语言文字工作的开展历程就是詹教授身体力行、无私奉献的过程。近年来由于年岁已高，詹教授逐渐退居二线，但是他依然以一名老语言学家的热忱胸怀和高度责任感，始终关心广东省的语言文字工作。有两件事让我特别记忆深刻，诚心感念。

2009年，为庆祝新中国成立60周年，广东省语言文字工作委员会办公室筹备编写《广东省语言文字工作60年纪事》，全面展示广东省60年语言文字工作取得的成果，以此向共和国六十华诞献礼。詹伯慧教授作为伴随广东省语言文字工作成长发展的良师益友，无疑是为《广东省语言文字工作60年纪事》作序的不二人选。考虑到詹老年事已高，不便叨扰，然论及德高望重，师表才情，难出其右，终犹豫斟酌，开口邀稿，心中忐忑。不料詹老一如既往，欣然接受，没过几天便将洋洋洒洒几千字的序言发回。读了詹老的序言，一股历史厚重感扑面而来，为我们的《广东省语言文字工作60年纪事》再增添了几许分量。在序言中，詹老以激情澎湃的笔触回顾了新中国语言文字工作的起步、发展和成就，以亲身经历见证了广东省语言文字工作领导率先垂范、善调资源、勇摘“推普”落后帽、先行一步加强对外交流的光辉历程。当看到詹老写到政府“从20世纪50年代开始，就在新中国成立伊始、百废待兴的情况下，狠抓了语言文字的工作，在中央建立了主管文字改革工作的专门机构，提出了包括推广普通话、推行简化汉字、制定和推行汉语拼音方案等三大任务”，“半个多世纪来，上述几项重大的语言文字工作，在中央统一的方针政策指引下，全国各地相继行动，因地制宜地结合本地区的实际组织起包括语文专业人士在内的语文工作队伍，开展了声势浩大而又各具特点的社会语文工作，取得了令人瞩目的非凡成绩。这些成绩集中反映在经过长时间的持续推广，如今作为全社会通用语言，已经取得了法律地位的民族共同语——普通话业已深入人心，广为普及了；由国务院正式公布使用的汉字简化方案和汉语拼音方案早已成为联合国认可的汉语言文字规范和汉语拼音标准，如今也已在我国家喻户晓了”，我深切感受到一名老语言学家对语文工作的热爱和欣喜。而当看到詹老提到20世纪90年代末，在新加坡国立大学任教时，他陪同来到新加坡的、以省教育厅主管语文工作的副厅长李小鲁为团长的访问团在新加坡进行交流；又或是此前他以广东省语言学会会长的名义，与时任珠海市副市长的雷于蓝同志联名邀请几位新加坡从事华语推广运动的专家来粤交流，对广东的“推普”工作起到了积极的促进作用时，我仿佛看见在广东省语言文字工作的每一件“大事”的背后，都铭刻着詹老以及如詹老般的老一辈语文学家们忙碌的身影和挥洒的汗水，他们是广东省语言文字工作征程中最宝贵的财富，他们值得所有语言文字工作者永远尊敬和怀念。“继往开来，承传创新”，詹老在序言中点明了我们编写《广东省语言文字工作60年纪事》的初衷，我们也将秉持光荣传统，使广东的语言文字工作在可持续发展的道路上不断登上新台阶。

另一件事是在2010年，针对广东社会流传的“普粤之争”问题，詹老在已入耄耋之年仍以高度的责任心和事业心走进公众视野，接受羊城晚报社记者采访。詹老说道：“我一直认为，推广普通话并不是要让方言消失，就算在20世纪50年代‘推普’最雷厉风行的年代，国家的语言政策也是这个立场，而是要让方言区的人民从只说方言的单一语言生活过渡到‘普通话+方言’的双语生活，两种语言并存并用，各司其职”，“我是研究方言的，始终不断呼吁要一方面大力‘推普’，一方面大力发挥方言的作用”，“粤语不会萎缩，因为它是强势方言。从通行范围、社会使用率、文化背景以及粤语是岭南文化的主要载体、港澳两个特区始终都以粤语为主要社会通用语、海外华人社区中粤语仍是主要交际语之一等许多方面来看，粤语始终是充满活力的汉语方言”。詹老的这篇访问在2010年6月9日的《羊城晚报》上刊登出来后，引发了热议。詹老清楚地表明了“推普”并不是“废粤”，而是普通话和方言并存并用，各司其职，也澄清了社会上一些人的误解和模糊认识。作为语言文字工作者，我们知道，现行宪法明确规定“国家推广全国通用的普通话”。2000年，《国家通用语言文字法》颁布，确立了普通话是国家通用语言的法定地位，规定其为国家公务用语、教育教学用语和广播电视基本用语。对于所谓“普粤之争”的起因和对错，实已无须再辩，因为普通话和方言之间从来都不是非此即彼的关系。而我们在这里看到的是詹老以推广普通话为己任、时刻关心语言文字工作发展动态的高度责任感，以及为实现语言文字和谐生活目标的坚持不懈和尽心尽力，这值得我们所有语言文字工作者感念和学习，齐心协力推动广东省语言文字工作进入新的征程。

师表才情，翰墨华章，胸藏丘壑，夕阳华美。谨祝詹老身体康健，生命之树常青，学术之花常盛！

2011年1月

（广东省语言文字工作委员会办公室主任）

詹伯慧教授与暨南大学汉语言文字学博士学位授权点

林翠琼

一

暨南大学博士学位授权点的建设始自20世纪80年代，以朱杰勤教授为博士研究生导师的中外关系史、以李辰教授领衔的眼科学、以郁知非教授领衔的内科学（血液病）和以黄德鸿教授领衔的工业经济学等博士学位授权点都是80年代设立的。进入90年代，国务院学位委员会于1990年9月评审第四批博士学位授权点时，暨南大学以詹伯慧教授领衔的汉语言文字学（当时为“现代汉语”）和以医学院王自能教授领衔的妇产科学同时获准为博士学位授权点。1993年12月国务院学位委员会评审第五批博士学位授权点时，又批准暨南大学增设以饶芃子教授领衔的、联合深圳大学胡经之教授的文艺学博士学位授权点。90年代初，暨南大学就形成了拥有7个博士学位授权点的博士研究生培养格局。

暨南大学中文系有相当雄厚的师资力量，在我校文科各系中一直处于强势的地位。20世纪80年代前期中文系就具有了包括文艺学、古代文学、世界文学、现代汉语专业在内的4个硕士学位授权点，由上述学科领域的资深教授肖殷、黄轶球、汤擎民、郑孟彤、饶芃子、饶秉才、陈垂民、潘尔尧、罗治华、李文初、洪柏昭、黎运汉等指导的硕士研究生，一批又一批地走出校门，走向学术界，使暨南大学中文系在社会上的知名度越来越大，影响力也不断提高。1983年秋天才从武汉大学调入暨南大学的詹伯慧教授以其汉语方言研究的造诣蜚声海内外，来到暨南大学后，从1984年开始，就在现代汉语硕士学位授权点中培养攻读汉语方言方向的硕士研究生，并积极酝酿，创造条件申请建立博士学位授权点。经过几年的努力，终于在1990年，以詹伯慧教授领衔、联合饶秉才和陈垂民两位教授及几位语言学教研室的中青年教师，组成强有力的师资队伍，一举实现了获得国务院学位委员会审批通过为汉语言文字学博士学位授权点（专业设置调整前称“现代汉语博士点”，下同）的愿望，使暨南大学中文系的研究生教育登上了新的台阶；而詹伯慧教授也经国务院学位委员会审议通过为本博士点的首位博士生导师，从1991年开始招收博士研究生。据了解，这是我国第一批以汉语方言研究为专业方向的博士研究生。三年以后，这批博士研究生都摘取了文学博士桂冠，和他们同时攻读汉语方言方向而获得博士学位的，就只有中国社会科学院语言研究所由李荣教授指导的博士研究生周磊1人。暨南大学汉语言文字学博士学位授权点的建立，对汉语方言调查研究人才的培养，乃至对整个现代汉语学科的队伍建设，都发挥着重要的作用。这一年，华中师范大学中文系著名语言学家邢福义教授获得博士研究生导师资格，但未获准在华中师范大学建立现代汉语博士学位授权点，按照规定可由导师在国内寻找一个已有博士点的大学挂靠招生。而邢教授也就选中了暨南大学中文系的汉语言文字学博士学位授权点。为此，暨南大学先后两届为华中师范大学招收了6名攻读现代汉语语法的博士研究生。而詹伯慧教授和邢福义教授也紧密合作，互兼暨南大学和华中师范大学的博士生指导教师。首个汉语言文字学博士学位授权点的建立大大鼓舞了暨南大学中文系的全体师生，同志们意气风发，立志再创佳绩，以自身的力量争取早日建立第二个博士点，结果在三年后如愿以偿。从1994年起，中文系又开始了招收文艺学博士研究生的工作。暨南大学中文系连续两届在三年内获得两个博士学位授权点，在我校的博士研究生教育，乃至在全省的研究生教育中，都是十分令人瞩目的。詹伯慧教授作为中文系首个博士点——汉语言文字学博士点的创建人，自然功不可没。自从1991年开始招收博士研究生以来，汉语言文字学博士点在中国语言学界的声望日益提高，它既是我国继北京、上海之后在中南地区建立的第一个汉语言文字学博士点，又是我国首批培养汉语方言研究博士生的博士点。海内外有志于汉语方言调查研究者纷纷函电询问有关报考事宜，表示有意攻读者不乏其人。面对这一形势，在校、系领导的高度重视和大力支持下，詹伯慧教授和博士点全体教师认真研究了博士点的建设工作，围绕着如何保证博士研究生培养的质量，保证博士点在学术上不断攀升的目标，一致认为应同时在扩充师资力量，加强组织建设；承接重大课题，多出科研成果；开展学术交流，拓宽学术视野等方面下足功夫，齐心协力把博士点建设好。

二

在师资队伍的建设上，詹伯慧教授首先想到必须尽快增加对博士生的指导力量。经他大力引荐，耐心争取，终于在1993年把著名方言学家、原福建师范大学教授李如龙引进暨南大学。李教授从事汉语方言调查研究数十载，对福建闽语及客赣方言的研究造诣尤深，能把他引入暨南大学，对博士点来说，无疑是如虎添翼。就在李教授调动的过程中，詹伯慧教授及时为他办理申报第五批博士生导师资格的手续，果然不负众望，李如龙教授到校不久，就传来了获国务院学位委员会通过为第五批博士生导师的喜讯。与此同时，饶芃子教授领衔的文艺学科，也被国务院学位委员会通过为第五批博士学位授权点。中文系这下可谓双喜临门，既增添了新博士点，又充实了老博士点，为学科建设的展翅高飞、大展宏图打下了坚实的基础。

在引进李如龙教授以后，詹、李两位博导密切合作，共同策划博士点发展的大计，一个以汉语方言研究为龙头，向着不断挖掘南方丰富方言资源、开拓方言研究广阔天地的目标迈进的构想逐渐形成并在两位导师的带领下迅速付诸行动。就在1994年詹伯慧教授培养的首批博士生伍巍、张晓山、邵宜、邵慧君完成学业、获授博士学位之际，历经多年经营的中文系汉语方言研究室，也经学校研究批准，改制为“汉语方言研究中心”，明文规定“中心”对外属系级单位，配有人员编制，当年毕业的邵宜博士就留校安排在方言研究中心工作。1997年“中心”又增加了一位新毕业的钟奇博士。通过增加博导、建立“中心”、扩充队伍等一系列的组织建设，博士点呈现出一派蓬蓬勃勃、蒸蒸日上的局面。近两年来，随着博士点内涵的扩大，博士点的队伍建设更进一步把视野拓宽到汉语言文字学的广阔领域。在新的形势下，积极培养和引进更多年富力强的、能适应博士点建设需要的人才，又成为博士点的当务之急。在这方面，詹伯慧教授正在开动脑筋，探寻如何运用他在语言学界善结人缘和消息灵通的特点，使队伍建设的工作在短时间内能有新的突破，以保持博士点在全国同类学科中的优势。

三

从博士点的主要研究方向出发，在20世纪80年代已取得丰硕成果的基础上，90年代初建立博士点以来，詹伯慧教授继续运用他在80年代中期带领硕士研究生开展珠江三角洲方言调查，把教学和科研结合起来，既出人才又出成果的成功经验，把首届4名博士研究生组织到作为广东省“八五”社会科学重点课题的“广东北江、西江流域粤方言调查”中来，使这几位博士生在学期间有机会多次深入田野调查，从实践中提高方言研究的能力，并在导师指导下一起完成了128万字的《粤北十县市粤方言调查报告》和132万字的《粤西十县市粤方言调查报告》，深受语言学界的瞩目。汉语言文字学博士点多年来坚持开展大田野调查的做法，随着博士点队伍的加强和博士数量的增加，近几年方言研究又有了进一步的发展。在詹伯慧、李如龙两位导师的主持下，博士生队伍在“九五”期间继续进行多项有关南方粤、闽、客、赣等方言成片调查的项目。与此同时，由中国社会科学院语言研究所李荣教授主持编纂的41卷《现代汉语方言大词典》中《东莞方言词典》和《建瓯方言词典》两卷，就分别由博士点的詹伯慧、陈晓锦（东莞）和李如龙（建瓯，另有一位外地作者潘渭水）负责编纂。这部方言大词典属国家社科“八五”重点项目，也是汉语方言学建设中的巨大工程，能够接受这一任务，反映出暨南大学汉语言文字学博士点在方言研究方面具有较大的实力。这些年来，汉语言文字学博士点不仅在汉语方言研究中取得丰硕成果，出现了一些“拳头产品”，而且在汉语语法学、汉语词汇学、汉语修辞学、语言文化学、公关语言学、社会语言学、应用语言学以及汉语口语研究、双语双方言研究等众多语言研究领域中，老、中、青教师紧密配合，各展所长，也都取得了不少的成果。特别是一些新培养出来的博士生科研意识很强，他们正分别承担、主持一些新课题和新项目，充分发挥了承先启后的作用。如伍巍的“广东西北部未知名语言调查”，邵宜、伍巍等的“广东北部地区土语调查研究”，陈晓锦的“广西玉林地区粤语调查研究”等，都是他们近期独自承担的课题。通过一系列的科研项目把博士研究生的教育和博士点的建设结合起来，形成了教学与科研互促共荣的有效机制，使博士点依托在众多科研项目之上，一步一个脚印地向前迈进。据不完全统计，自1990年以来，汉语言文字学博士点承担了国家社科项目（包括子项目）5项、省部级项目10项，出版专著25部，发表学术论文200多篇。作为国家文科基础学科人才培养和科学研究基地的暨南大学中文系，在暨南大学文科中被认为是学术研究成果最丰富的一个系，其中不少引人注目的、获得各类奖项的成果，都出自汉语言文字学博士点和文艺学博士点师生之手。汉语言文字学博士点正是在这种既出人才、又出成果的气氛中，在两位博士生导师的带动下，不断登上新的台阶的。

四

借助着长期以来织成的学术联络网络，发挥着人缘、地缘的优势，汉语言文字学博士点不断加强横向学术协作，拓展海内外学术交流，使博士点的师生能够经常保持学术信息灵通、学术视野宽阔的状态。詹伯慧教授早在20世纪80年代初就作为我国教育部推荐的教授应聘到日本东京大学讲学两年，为中日两国的学术文化交流作出过贡献。此后他接二连三地应聘出国讲学或应邀出席国际学术会议，十多年来，从东京到巴黎，从香港、澳门到台湾，从新加坡到柏克莱，许多著名的学府都曾留下他的足迹和声音，多则一年、两年，少则一月、一周，他把自己多年研究的成果和心得散播到各地的讲坛，赢得了声誉，也赢得了友谊。博士点建立以来，詹教授着力利用自己广泛的友谊渠道，再加上南大门广州的地缘优势，在沟通海内外学术界、建立交流协作关系上进行了大量卓有成效的工作，既使博士研究生有机会“走出去”参加一些国际性学术会议，也使博士点有机会参与组织、主持一些重大学术活动。师生们可以常常听到一些海内外知名学者的高论，洞悉本学科前沿的讯息，开阔了眼界，增长了见闻。例如从1987年开始两年举行一次的国际粤方言研讨会，迄今已开过6次，第二届（1989）和第五届（1995）就都由詹伯慧教授主持，在广州举行。其中第五届国际粤方言研讨会在我校举行时，与会70多位学者中，国外及中国港澳台地区学者达30多位，约占出席人数的一半，成为历来参加我校学术会议中内地以外学者出席最多的一次。多年来由詹伯慧教授带领硕士研究生和博士研究生深入开展田野调查的广东省珠江流域、北江流域和西江流域的方言调查研究，先后编出了共约500万字的调查报告，都是和香港中文大学、香港理工大学的语言学者张日升教授、张群显教授等长期合作的结晶。近几年由詹伯慧教授牵头开展的广州话审音工作和《广州话正音字典》的编纂，也是粤、港、澳十多位粤语学者通力合作的成功范例。基于汉语言文字学博士点这一海内外交流协作的格局，在1993年李如龙教授调入暨南大学并荣任博士生导师以后，两位导师怀着“走出校门，通向世界”的共同意愿，进一步发挥各自的专长和特点，又取得了不少新的突破。李如龙教授来自福建侨乡，他与东南亚华人有着紧密的联系，对华侨华人的语言文化素有研究。几年来，他多次出访，两度获得新加坡李氏基金会的资助，使自己的学术研究和本学科的建设有较雄厚的物质基础。李教授立志要把汉语方言的研究向东南亚华人语言社会延伸。他于1997年在我校主持了东南亚华人语言国际研讨会，并出版论文专集。与此同时，他又和日本、我国香港及内地的有关学者建立起学术上紧密合作的关系，组织了多次以我国东南地区各方言语法的专题研究为主题的小型研讨会，先后汇集出版了多本学术论文集，深受汉语方言学界的瞩目。通过这些年来多渠道、多层次的海内外学术交流，汉语言文字学博士点的师生们从中获得了大量珍贵的学术资料和学术信息，为教学和研究创造了较好的条件。例如1995年詹伯慧教授应台湾“中央研究院”历史语言研究所邀请前往该所讲学，随后该所就馈赠一批由该所历年出版的汉语方言及汉语史研究方面的著作，这批著作已成为汉语言文字学博士点研究生经常翻阅的重要参考资料。

五

汉语言文字学博士点从1990年建点，1991年由詹伯慧教授开始培养以汉语方言为专业方向的博士生，到1995年李如龙教授加入并招收博士生以来，已连续招收了8届博士研究生，在1991—1997年7届中所招收的20名博士生大都以汉语方言为研究方向。1997年国家对研究生教育进行了改革，调整了专业设置的格局，在中国语言文学一级学科中，“现代汉语”二级学科已与“汉语史”及“汉语文字学”合并成为一个“汉语言文字学”的大学科。在扩大博士点内涵、“三合一”的情况下，博士点的老师们迎难而上，积极挖掘潜力，扩大招生方向，李如龙教授率先提出另辟汉语词汇学方向，并于1998年开始招收博士生，由他担任导师，已顺利招进了包括境外兼读生在内的6名汉语词汇学博士研究生。至此，汉语言文字学博士点八年来已累计招收了26名博士研究生，其中攻读汉语方言方向的已毕业5届，获得文学博士学位的共12名。这些博士大都在高等学校从事专业工作，成为语言学领域中的骨干力量。如詹伯慧教授培养的两名澳门兼读博士生邓景滨、陈伯辉，1996年回到澳门后，分别担任澳门大学的助理教授和澳门理工学院的教授，成为澳门文化学术界的活跃人物，具有相当的知名度。又如1994年获得首届博士学位的伍巍博士和邵宜博士，以及在职完成博士学业的陈晓锦博士、曾毅平博士，还有近期毕业的高然博士、钟奇博士，他们留校工作，都已成为我校年青教师的骨干力量。目前中文系的主任杨启光教授，也是汉语言文字学博士点中成就突出的优秀教师。几年来走出暨南大学校门的几位博士，如现任广东省人民政府研究室二处副处长的张晓山博士、供职于广西壮族自治区党委宣传部的梁金荣博士，以及在华南师范大学任教的邵慧君博士和练春招博士，都具有学养高、能力强的素质，深受所在单位的器重。邵慧君博士到华南师范大学报到后，旋即被国家教委选派出国，担任某援外教学组的组长，工作出色，深受所在国的赞赏。

目前由詹伯慧教授创建的汉语言文字学博士点，在中文系文科基地建设和我校“211工程”的建设中正发挥着重要的作用。尽管李如龙教授已调离我校，博士点面临不少困难，但在博士点全体师生的齐心协力下，有校、院、系的坚强领导和全力支持，汉语言文字学博士点定能克服一切困难，乘风破浪，继续前进。

（原暨南大学研究生处副处长、党总支书记）

詹伯慧教授与暨南大学文学院

余金水

1985 年 3 月，一个风雨交加的夜晚，我按通知的地点，来到了暨南大学 70 栋一间小课室里。这是暨南大学文学院组成机构的第一次会议，参加会议的只有 5 人。詹伯慧教授主持会议，他便是暨南大学文学院第一任院长。柯木火教授和谭时霖教授任副院长，施纯谋同志任教务处主任。我能在詹伯慧教授任院长期间担任他的办公室主任，实在是一件很荣幸的事情。

詹教授重建文学院

暨南大学的办学方向中，有一个重要指向是面向海外，要与国际接轨。这样，重建文学院是势在必行的事情。有关部门把詹伯慧教授调入暨南大学，正是想借用他在国内外的名气完成这项重大任务。

所谓重建，是因为早在 1929 年，国立暨南大学就成立了文学院。1949 年 9 月，这个文学院并入复旦大学后就消失了。1978 年暨南大学复办后，人文学科发展迅速，为文学院的成立奠定了基础。在学校的部署下，以詹伯慧教授为首任院长的文学院辖下有中文系、历史系、外语系、新闻系、对外汉语教学系、社会科学理论基础部、大学外语教学中心、大学语文教学中心等 8 个教学单位，还开办了两年制的侨务干部大专班和三年制的行政管理大专班、公共关系与企业秘书班、港澳台经济史大专班等。文学院曾为全国 26 个省、市、自治区培养了大批侨务、统战和外事干部，得到了国务院侨办和学校的嘉许。

至 1989 年，詹伯慧教授完成了重建工作辞去院长职务时，文学院共开设必修课 104 门，选修课 163 门，设有汉语方言研究室、港台文学研究室、中外关系史研究室等 8 个研究单位和 4 个语音室、4 个实验室以及《世界文艺》、《比较文学研究》2 个编辑部，全院教职工 371 人，其中教授 29 人、副教授 115 人，有博士学位专业 2 个、硕士学位专业 10 个。

文学院一重建，便注重贯彻面向海外和港澳台的办学方针，开设了专收港澳台、华侨学生的行政秘书专业（含中、英文）。在课程设置上也注重华侨和港澳台学生的特点，开设了台港文学、香港史、中国与东南亚各国关系史、中外历史对比等课程。国际传播理论等 18 个研究方向也坚持对海外和港澳台地区招生。当时，仅 1987 年的一个汉语专修班 52 名学生便来自海外 18 个国家。1987 年底，全院在校的 1 203 名学生中，侨生、港澳学生、台湾籍青年和华裔学生便有 420 人。

为重建暨南大学文学院，詹伯慧教授付出了艰苦的劳动。国内外许多人士都知道詹伯慧教授是一位著名的语言学家，却不知道他曾经在这里默默耕耘，又竖起了一块成功的丰碑。

开展广泛学术交流

詹伯慧教授重建文学院的第一件事便是深化教育改革。他一边调整课程设置，全面编写新教材，抓教学大纲的建设，建立系领导经常听课的制度，并且逐步解决教师队伍老化的问题；一边着手进行与海外的学术交流，开始了与国际接轨的工作。

国务院侨办1985年2月下文复办文学院，4月5日文学院便接待了第一批来自香港浸会学院的客人。詹院长请他们来学院介绍学院管理、办公室的管理范围及科学管理办法，课程管理、学籍管理、学生日常生活管理的方法和手段等。接着，美国华盛顿乔治城大学教授、语言学博士、美籍华人杨福绵先生于同年6月10日应詹院长的邀请来到文学院，作了关于美国的汉学研究和我国台湾、香港等地汉学研究情况的报告。同月，又承担了《中国大百科全书·语言文字卷》方言分支在本院召开审稿会议的任务。詹伯慧教授是该分支的副主编，请来了各方专家，加强了学术交流，活跃了学术气氛。于是，从这个时候起，来自美国、加拿大、澳大利亚、日本以及我国香港、澳门、台湾等许多国家和地区的专家教授不断地到文学院来访问、讲学，有些著名专家还应邀担任了文学院的顾问。作为日本重点大学之一的国立九州大学文学部，第一次与中国合作的对象便是暨南大学文学院，两家兄弟大学于1986年初签署了《学术交流协议书》；与此同时，文学院还积极与东京大学等著名学府开展学术交流活动。

文学院从此打开了大门。1986年暨南大学80周年校庆时，詹伯慧院长请来的云集学院的一批海内外客人，便是文学院与海内外许多著名大学建立了密切关系的最好见证。与此同时，文学院也开始向海外派出专家学者，除他本人以外，李肇新、李文初等教授也开始出国讲学，从此文学院不断有学者到国外作学术访问。这项工作，不仅打通了文学院通向世界的大门，而且让人家认识我们、了解我们，增强了相互间的友好合作。1985年12月，詹伯慧教授应香港政府教育署邀请，在香港召开的第一届国际语文研讨会上作为中国两位主持嘉宾之一，与此同时他着手与香港中文大学教授张日升博士磋商共同进行珠江三角洲方言调查的合作项目。这个项目于1986年5月开始实施，10月，詹院长又接受了香港大学的邀请赴港主讲"现代汉语"和"语文通论"两门课程，期间香港大学授予他"荣誉教授"的殊荣。他还应邀在香港、澳门的许多学术团体中作报告，《文汇报》（香港）、《新晚报》、《华侨日报》、《澳门日报》、《华侨报》（澳门）、《大众日报》（澳门）等多家报纸相继报道，暨南大学也随之在港澳和东南亚地区打开了局面。

在院内，为了沟通各方联系，在詹院长的具体指导下，文学院的《工作通讯》于1986年4月开始出版，至詹院长1989年离任，共出版了24期。各系、各单位之间都以此作为互通情况、交流经验的手段，收到了关系融洽、上下一致的良好效果。新闻系的20多名师生（其中有1名青年教师、8名港澳同学）于1987年春节期间上广西法卡山边防前线采访、慰问的信息在《工作通讯》披露后，引起了强烈的轰动，法卡山战士“亏了我一个，幸福十亿人”的爱国主义精神在全院师生中形成了一股热潮，感受者至今还念念不忘。

严于律己　宽以待人

在担任文学院院长四年期间，詹伯慧教授当选为第七届全国人民代表大会代表，据全国人大常委会 1988 年 3 月 12 日公告，确认了他的代表资格。

詹院长确实是教师和学生们的朋友。1985 年 3 月 6 日一上任，他便着手成立文学院学生工作指导委员会、学生学位评定委员会和教师职称评审委员会。詹院长亲自担任后两个委员会的主任，亲自主持这几个委员会的工作以及班主任会议，尽量为教师和学生解决具体问题。5 月 24 日，学院刚成立就绪，他便组织学院领导，亲自带头到学生宿舍探望学生，了解实际情况，解答学生的具体问题。尽管他的学术活动、教学任务和行政工作十分繁忙，但他还是多次深入学生宿舍。凡有本院新生入学，他都会到场给学生介绍情况，给新生一份亲切的关怀。7 月 6 日，他要去北京参加学术活动，临上飞机前还要参加本院毕业生的座谈会。老教师座谈，或者是某位从事教学多年的教师祝贺会，甚至是本院复员退伍军人茶话会、本院的运动会、书法比赛活动等，他都会前来参加、发言。他的发言稿常常是临时写在一张小纸片上，让整理者感到十分为难。但是，如果你真的需要，他会在凌乱的纸片上耐心地指出讲话的条理顺序，让你在小纸片上也能得知他讲话的全部内容。

在工作中，他是我们的良师。他有很好的性格，工作布置得很仔细妥帖，并常常亲自检查过问；有不同的意见时，他又善于沟通协调，宽容他人。因此，几位院长关系亲近，合作紧密，办公室里关系融洽，气氛甚好；院里的工作有条有理，成绩显著。在生活中，他又是我们的益友。路上相遇，常常是他先打招呼，热情厚道。他在 1987 年 9 月 8 日文学院庆祝教师节大会上说道：“老师们呕心沥血，勤勤恳恳，教书育人，成绩显著。你们辛苦了！同学们感谢你们，学校感谢你们，家长们感谢你们，整个社会也都在感谢你们！”这一席富有感情的报告，使老师们激动不已。

有一件事最能反映他的为人了。有一位曾在学校机关从事党务工作的同志定居香港后，希望能到香港高等院校任课，要求我请詹教授帮助写推荐书。詹教授欣然同意，马上写信推荐，使那位同志得到聘任，解决了工作与生活的难题。

他刚刚离任院长职务不久时，在校道上被一辆飞速而来的单车撞倒了，浑身不能动弹。一检查，是腰椎骨折，在广州市越秀区正骨医院躺了一个月。但他竟然连撞倒他的学生叫什么名字也没有打听过。

他，就是这样一位德高望重的长者。

1998 年 7 月 22 日

（原暨南大学文学院办公室主任）

詹伯慧教授与广东省中国语言学会

姜　波

近十几年来，有三个人对广东省中国语言的研究事业起着举足轻重的推进作用，广东语言学界把他们称为广东省中国语言学会的“三驾马车”，他们就是学会的三位正副会长——暨南大学中文系的詹伯慧教授、中山大学中文系的李新魁教授和华南师范大学中文系的唐启运教授，特别是詹伯慧教授，他长期担任会长，更是为学会的发展立下了汗马功劳。

1986 年 5 月，我会在华南师范大学召开 1986 年学术年会，并选出新一届的常务理事会。时任暨南大学文学院院长的詹伯慧教授被选为会长，接过中山大学中文系高华年教授传来的接力棒。学会每四年换届选举一次，詹先生每次都要推让，要让其他同志来担任会长一职，但大家都认为，学会在他的领导下，活动搞得有声有色，事业蒸蒸日上，其他人难以代替他的位置。这样，虽经过三次改选，大家还是一致推他当会长，至今已有十二个年头了。

十二年来，在詹先生的领导下，我会不断克服经费匮乏等种种困难，勇于开拓，积极组织开展形式多样的学术活动，有力地推动了我省语言学事业向前发展，在学术界产生了良好的影响，多次受到上级主管单位广东省社会科学界联合会（下文简称“社联”）领导的肯定与表彰，成绩有目共睹。这十二年来，学会在詹先生的率领下，主要做了以下几项工作：

（1）积极吸收会员，壮大学会队伍。1986 年学会只有 140 多人，会员主要集中在广州，外地的较少，成分也单一，主要分布在高校。现在地域扩大了，会员遍布全省各个地区的高等院校。另外是结构更优化了。现在有的会员是从事大众传媒工作的，如广东电视台的著名主持人王泰兴先生等，也有在语言艺术团体工作的，如广东话剧院的著名话剧演员姚锡娟女士、简肇强先生等，这些会员人数虽然不多，但他们的确给学会注入了新鲜的血液，增强了学会的活力。迄今为止，学会已有会员近 300 人，而且要求入会的人员源源不断，这正是我们学会不断成长壮大、凝聚力不断增强的一个表现。

（2）努力组织办好两年一度的学术年会，活跃我省的学术气氛。以前限于经费、人手等因素，学会的年会都走不出广州，每次都变成“广州年会”。这样在会议期间，绝大多数的广州会员白天开会，晚上回家，来去匆匆，大家缺少交流切磋的机会，还有就是对广州以外的高校影响不大，起不到应有的“辐射”作用。为此詹先生想出两个对策：一是扩大发展外地会员，为年会召开做好准备；二是由近及远，从易到难，先把佛山作为突破点。1990 年下半年，詹先生和省社联领导专程赴佛山找了时任佛山市市长的卢瑞华同志和时任佛山大学校长的谢颂凯教授，卢市长当即表示大力支持。这样，1990

年12月我会在佛山大学成功地举行了1989—1990学术年会，这是迈出广州的第一步。此后我会于1993年、1995年、1997年先后在惠州大学、韶关大学和中山学院顺利召开了年会，每一次会员都踊跃报名，与会者均有80人以上，多时达110多人，声势很浩大。这对增进会员之间的学术交流和情谊、活跃我省的学术气氛起到了极大的促进作用。

（3）主办、协办重大学术会议。1997年我会在詹会长主持下承办了中国语言学会学术年会，这次年会出席者超过200人，被认为是中国语言学会历届学术年会中最盛大的一次。广东省是语言资源十分丰富的一个省份，全国有七大方言，广东就占了三个，即粤方言、闽方言和客家话，提高这三大方言的研究水平是我会主要的目的之一。在粤语方面，1987年香港中文大学组织筹办了首届国际粤方言研讨会，这是由粤港澳三地轮流主办的两年一度的大型国际学术研讨会，它给散居在海内外各地的粤方言研究者提供了交流心得、展示成果、切磋学术的良好机会。1989年7月，由我会与暨南大学方言研究室联合主办的第二届国际粤方言研讨会在广州市燕岭大厦隆重举行，来自海内外的50多位专家学者欢聚一堂，就粤方言的有关问题进行了广泛的交流和热烈的讨论。海内外媒体对此次会议进行了多方位的报道。1995年12月，我会与暨南大学汉语方言研究中心再次联手主办了第五届国际粤方言研讨会，来自海内外的近70名专家学者出席了此次盛会，其中来自境外的共约30人，接近总人数的一半，这是境外学者参加得最多的一次。这两届研讨会的召集人均为詹先生。在闽语方面，我会与香港中文大学中国文化研究所吴多泰中国语文研究中心、海南省中国语言学会于1995年4月在海口市联合主办了第四届国际闽方言研讨会，召集人是詹先生和李如龙教授、张双庆教授。此外詹先生对1990年由汕头大学主办的“第二届国际闽方言研讨会”也给予了积极的支持与具体的指导。在客家话方面，由华南师范大学等联合主办的第二届国际客家话研讨会于1996年在广东增城市举行，我会作为协办单位对这次研讨会的顺利召开作出了很大的努力。此外，詹会长对历次在深圳举行的“双语双方言（国际）研讨会”也积极参与和大力支持，为双语双方言的研究发展作出了不小的贡献。

（4）请进来，走出去，进一步加强与海内外语言学界的联系与交流。为了更好地让我会会员了解海内外语言学界的研究动向，扩大视野，增进交流，我会充分发挥广州作为交通枢纽，毗邻港、澳、海外的优势，不失时机地邀请抵穗的海内外学者作学术讲演。据不完全统计，近十二年来我会先后邀请过20多位著名学者为会员作学术报告，如我国内地的胡裕树、唐作藩、刘涌泉、陆俭明、陈章太、黄伯荣、赵世开、张惠英、于根元、邢福义，美国的薛凤生、杨福绵，法国的李嘉乐，日本的桥本万太郎、平山久雄，我国香港的饶宗颐、丁邦新，新加坡的卢绍昌、周清海、张楚浩等，他们的报告和座谈很受会员的欢迎。每次召开年会，我会都邀请港澳学者光临，这已成为我们年会的一个“固定节目”，如香港的常宗豪、张双庆、缪锦安、郑定欧和澳门的胡培周、邓景滨等都曾应邀出席年会。1990年1月，应澳门中国语文学会的邀请，我会组成了以詹先生为首的6人学术访问团赴澳门进行学术交流，促进了粤澳语言学者之间的了解与友谊。

（5）发挥学会人才密集的优势，组织会员进行大型的科研合作。我会共有会员近300人，人才济济，而且分布在各个高校和语文机构及传媒单位，这种人才密集的特点是各个单位难以比拟的。由学会牵头组织实施重大的科研项目，就更能显出这种优势。近年来，我会组织编纂《广州话正音字典》就是一个成功的典型。目前粤方言中有的字语音存在不规范现象，为了减少歧义，加强规范，使运用粤方言的人有所遵循，有必要对广州话进行深入细致的审音工作，确定其标准读音。1990 年由我会与广东省广播电视学会发起组织的广州话审音委员会正式成立，委员会由穗港澳三地的二十多位粤语专家学者组成，詹先生是主要召集人。而编写组全部是我会会员，他们来自我省高校、省语言文字工作委员会（下文简称“语委”）、省广播电视厅等单位。编写《广州话正音字典》，工作千头万绪，再加上经费不足、人手有限等，这些困难的确令人望而生畏。詹先生总是想方设法争取经费，遇到大家气馁时总是给大家鼓劲，要是没有他的恒心与毅力，不知这部字典何年才能编就。在他的率领下，经过几个春秋的努力，这部字典终于在 1997 年全部完稿并交给广东人民出版社，并于 2002 年正式出版。这部字典在编纂的过程中，海内外媒体多次作过报道，受到社会的广泛关注。

（6）本着语言研究必须理论联系实际并为社会服务的精神，我会与省市语委紧密配合，为我省“推普”和汉字规范化工作多做实事。省市语委与我会关系密切，它们每当要制订语言文字工作规划时，都会邀请我会的专家学者参加和出谋献策。在詹会长的提议下，我会举行会议也经常邀请省市语委的领导出席传达有关精神，互通信息，并号召广大会员为我省的语言文字多作奉献。近十二年来，我会为我省的“推普”和汉字规范化工作作出很大的贡献。突出的如为省市电视台和广播电台举办有关讲座和编写教材，由詹会长等人撰写的《每日一句话》、李新魁教授等编写的《学讲普通话》等在广东电视台播出，获得观众的广泛好评，对我省的“推普”工作起到了很好的推动作用。1992 年 2 月，中共广东省委、省人民政府发出《关于大力推广普通话的决定》，我会也在会刊中转载了文件全文及有关文章，省语委、省教育厅举办推广普通话骨干培训班时邀请我会会员任教，我会会长与珠海有关领导在省语委的支持下联合邀请新加坡的华语学者来我省作关于新加坡推行华语运动的报告。1995 年 12 月，为纪念全国文字改革和现代汉语规范化 40 周年，我会与省语委联合主办了两场学术报告会，请詹会长、唐启运教授、陈炜湛教授和曾国忠主任给广东教育学院和华南师范大学的师生作学术演讲。正因为我会一直关心支持我省的语言文字工作，因此经常受到省语委领导的表扬，开展活动时也得到省语委的慷慨支持。詹先生两度被国家语委评为“全国语言文字先进工作者”。

（7）设立学会奖，编辑出版《广东省中国语言学会通讯》。为了鼓励我会会员勤于著述，多出成果，促进我省语言研究水平的不断提高，我会在 1988 年设立了“广东省中国语言学会奖”，至今已评过两次，受到广大会员的欢迎。我会是个穷学会，要编辑出版会刊《广东省中国语言学会通讯》（下文简称“《通讯》”）实非易事，但詹会长决心很大。《通讯》不定期出版，从第三期起由詹会长主编，至今已出了七期。从第一期的二十几页到第七期的一百余页，从少到多，内容一期比一期丰富，越办越好。从第三期起，每期都包含有国内外重要的学术会议报道、学会活动、学术交流、来自高等院校和语文机构的综合报道、信息、书讯、获奖喜讯、人事动态、研究生信息、学会大事记、会员名单等内容，可以说对我省语言学界的队伍情况和研究动态作了全方位的反映，巨细无遗，深受广大会员与海内外语言学者的喜爱。有不少海内外语言学者来函来电索取这些《通讯》。记得有一次，一位专治中国语言的日本学者，在东京看到《通讯》，不过价钱太贵没买，后来她到中山大学留学，一到广州就跑到学会办公室来找我，说要购买这几期《通讯》，还想留下钱来订购以后的每一期《通讯》。我把几期《通讯》免费赠送给她，她如获至宝，连连鞠了好几个躬表示谢意。从中可见《通讯》在海外影响之一斑。《通讯》已成为反映我省语言学界的一个窗口，是与海内外语言界交流的一个纽带，它对树立我会的形象、活跃我省的学术气氛有着不可忽视的作用。詹会长在这本会刊上花了不少心力，从整体策划、具体编写到校对，他都亲力亲为。为了编好学会的大事记，他总是劝我做个有心人，平时在与会员的联系时留意收集各种信息。不过我有些偷懒，到动手编写时，经常还得向詹会长求援，因为他有一个本子像百宝箱，密密麻麻地记录着很多会员参加会议的情况和活动简要。我真是好生惭愧。

（8）扶掖后学，关心青年学者的成长。詹会长是蜚声海内外的学者，但他一点也没有大家名家的架子，总是和蔼可亲，有说有笑，与青年朋友打成一片，与他交谈的青年朋友都有如沐春风的感觉。广州青年语言学沙龙成立于1986年，其成员主要是中山大学、暨南大学、华南师范大学和广州师范学院的已毕业和在读的研究生。沙龙活动一般每年举办几次，詹会长等学会领导对青年的活动经常过问，热情支持，并亲自参加沙龙的讨论，使大家深受鼓舞。学会每次举行学术年会或沙龙活动，詹先生总是忘不了在总结发言时让一两位青年朋友作代表发言。广东语言学界的青年朋友都称他为良师益友。

1988年我大学毕业分配到省社联，担任广东省中国语言学会的秘书，詹先生从1986年开始任会长，因此我在詹先生的领导下工作已逾十年。对于我来说，这十年工作是非常愉快的，能在詹先生的手下工作，我感到庆幸。窃以为，作为会长，詹先生有以下一些特点：

（1）学问、人品、能力、热情四者齐备。我认为，要做好一个学术团体的领导人，四者缺一不可。学术团体当然首重学术，会长要不是在学术界中占有相当重要的地位，那么学会的旗帜就难以树起，学会就缺乏感召力；要是人品不佳，大家就会敬而远之，学会就会是散沙一盘，缺乏凝聚力；要是具有前两者而缺乏能力，就会心有余而力不足，学会工作难以拓展；若没有热情，就会三天打鱼、两天晒网，学会工作就难以搞活。而詹先生恰恰具备这四个特点：他著述丰硕，在方言学研究方面造诣很高，曾应邀赴日本、法国、新加坡及我国香港等地的著名学府讲学，在海内外语言学界享有盛誉，此其一；詹先生平易近人，胸怀坦荡，人品高洁，深受会员的爱戴，此其二；詹先生担任过暨南大学文学院院长、全国人大代表，现担任全国政协委员、省文史馆副馆长等职务，在学术界和社会上有广泛的影响，这使学会的工作容易获得社会各界的关心与支持，他还善于团结广大理事和会员，把大家拧成一股绳，此其三；当然我认为最重要的是他对学会工作有火一般的热情，这是促使学会正常运转的原动力和润滑剂，此其四。

（2）团结理事，关心会员。我会的领导班子是最为团结和谐的一个，从来没有因为什么事而争得脸红耳赤，更没有勾心斗角的现象存在。詹先生和两位副会长李新魁教授、唐启运教授被人们称作学会的“三驾马车”，其中一点指的就是他们这种友好、和谐的关系。为了搞好学会的工作，詹先生总是主动与理事会的其他同志联系、商议，从来不搞一言堂，理事对学会的工作各抒己见，充满着民主自由的气氛。记得有一次要召开会议，唐启运教授刚好病了，詹先生便叫上我一起去医院探望唐先生，并向他征求对学会工作安排的意见。前几年副会长李新魁教授患上膀胱癌，在他动手术的第二天，詹先生就叫上我一起去探望李先生；李先生不幸逝世后，詹先生又倡议，由学会与中山大学中文系联合举办“李新魁教授学术追思会”，缅怀李先生的学术业绩及对学会的贡献。对广大会员，他的关心总是无微不至的。1990 年我们在佛山大学召开年会，那时临近年底，天气较冷，而会议的房间又刚好没有热水，要用得自己到热水房打水。在安排住房时，詹先生就对我说，陈慧英教授脚不太好，不方便打水，安排陈晓锦老师跟她住在一起，这样可以帮上忙，因为她们的关系很好。这虽是一件小事，但却反映出詹先生对会员细致入微的关怀。他对好多会员都很了解，不管是在学术上还是生活上。每次开会安排住房，詹先生总是提醒我，某个会员跟某个会员私交好，安排他们在一起住，他们可以趁此叙叙旧。

（3）为学会争取经费，四处云游“化缘”。语言学是基础学科，我会是个穷学会，广东省社联每年所拨的活动经费只不过几千元，要开展学术活动就得有足够的经费，所以学会遇到的一个大问题就是筹款。为了筹钱开会，詹先生总是千方百计向多个单位求助，不怕失败，锲而不舍。他笑哈哈地对学会的其他理事说过：“我和小姜一老一小云游四方化缘，我在前面讨钱，他在后面接钱。”这令我想起孙中山先生，他说过要打仗要革命，第一需要的是钱，第二是钱，第三还是钱，他为了革命到处奔波筹款，历尽艰辛。我想在这一点上詹先生是颇有孙中山先生遗风的。有时经费有限，詹先生就要大家“看菜吃饭”，比如在编纂《广州话正音字典》的过程中，詹先生就和编写组的同志一起在暨南大学饭堂吃过不少顿盒饭。

（4）带病工作，无私奉献。詹先生为了学会的工作可谓呕心沥血，他总是把学会的工作放在第一位。1990 年他刚从法国讲学回来，在暨南大学校内不幸被单车撞伤了腰，住进越秀正骨医院，躺在床上不能动弹。我去看望他时，他要我把学会的资料带来给他处理，还布置学会近期的工作。又有一次，他因生病晚上十点多被送到华侨医院，当时中山年会临近，第二天一早他还打着吊针，就叫我去商量年会的筹备工作。詹先生就是这样，学会一有什么事，他总是不管自己的身体状况如何，一定要处理完他才放心。詹先生为学会勤勤恳恳工作，但他从来没有从学会这里拿过一分钱的报酬。为了给学会尽可能省一些钱，他跟我出去联系工作，总是一起去挤公共汽车，怎么也不肯打的士。有时因学会工作要联系外地学者和港澳学者，詹先生总是用自己家中的电话，从不伸手向学会索取长途话费。

（5）身先士卒，与大家甘苦与共。詹先生作为会长，从来不发号施令，只要有时间，他总要与我这个秘书一起做很多琐事。有一次，我和他的几个弟子晚上在暨南大学中文系加班，为《广州话正音字典》编排卡片。他从家里过来时，守门人刚好锁好楼下的大门走开了。詹先生进不了，焦急地在楼下走来走去，寻了半天也找不到人，于是詹先生决定铤而走险，叫我们找梯子放下来，他爬上去。我们深知这太危险没照办。他又在下面转了半天，始终等不到看门人。最后他只好在楼下徘徊了一个钟头后才离去。我们觉得既好笑又感动，好笑的是他竟然想出爬梯子这样的主意，感动的是詹先生总是与大家同甘共苦，这么琐碎的事他也要跟大家一起做，令人对他的敬意油然而生。

詹先生就是这样的一位好会长！

（广东省社会科学界联合会科长、原广东中国语言学会秘书）

詹伯慧教授与《中国大百科全书》

李鸿简

我认识詹伯慧教授是在武汉东湖边风景秀丽的珞珈山上。那是20世纪70年代“文革”后，我们都任教于武汉大学，他在中文系，我在外文系，往来不多。1979年，我奉调北京编辑《中国大百科全书》（以下简称“《全书》”），他则作为新中国教委委派的学者赴日本讲学。归国不久（1983年），他离开了武汉大学，回到广州，在暨南大学中文系任教，1985年任文学院院长。从1988年起，他相继当选为第七届全国人大代表及第八届、第九届全国政协委员。每年“两会”期间，他来京开会，无论住在东郊或西郊的宾馆，他都会找我相聚、聊天。

说起来，我们两家还有特殊的渊源。1948年，我的二哥李鸿栋是中山大学的学生，结婚时请了伯慧的父亲詹安泰教授做自己的证婚人。至于他与詹安泰教授有无其他的交往，因年代已久，两人都已作古，就无法了解了。

伯慧教授对我所从事的《全书》事业是热情支持和积极参与的。1988年4月，他第一次来北京参加全国人民代表大会时，我陪他参观了刚落成不久的中国大百科全书出版社的15层办公楼，他赞叹说“这是东南亚最大的出版大楼”。作为蜚声中外的汉语方言专家，应《全书》总编委委员王力先生的邀请，从1984年4月起，他参加了《全书》语言文字卷的编写工作，任汉语方言分支学科的副主编。他撰写的条目包括汉语方言（30 000多字，与许宝华先生合写）、官话方言、闽方言、湘方言及《粤音韵汇》等，共55 000多字，占汉语方言分支学科总字数（95 000多字）的1/2多。他写的内容和文体均符合《全书》的编写方针和体例，而且交稿时间也比较快。语言文字卷有10个分支学科，列条900多个，共150万字，经204位语文学界专家、学者的努力，从1984年开始撰稿至1988年出版仅用了四年的时间，这在《全书》（74卷）中是少有的。这中间伯慧教授也付出了辛勤的劳动。

为了适应广大中等文化程度（起点为初中）读者的需要，自1991年7月起，我们在《全书》的基础上启动了《中国百科大辞典》的编辑工作。这是我国首部以百科词语为主体的综合性、普及型、强调实用的百科辞典，经新闻出版署批准为国家“九五”规划的重点图书，由700多位专家、学者撰写，历时八年宣告完成。此书共分10卷，收条目6万，计1 870万字。1999年第一版、2005年第二版问世，第一版在当年即获得第十二届“中国图书奖”。詹伯慧教授是1992年3月应邀参加《中国百科大辞典》编写工作的。他一人承担了“汉语方言”全部条目的撰写，共38条，13 000多字。他在《全书》语言文字卷的基础上根据实用的原则，增加了新条目、新内容，这方面的条目有广东方言研究、上海市区方言志、云南省志·汉语方言志、中国语言地图集等，这是詹教授对中国百科事业的又一贡献。我从在工作中与他的接触看出，伯慧教授有很多可贵的品德，如尊师爱友，待人热情、诚恳、周到。他每次来北京都要去拜见王力老师和语言学界的长辈吕叔湘、周有光、王均，以及好友陈章太、唐作藩各位先生。王力先生去世后，他照样去看望王师母，并前往王先生的墓地凭吊。而我们每次出差去广州，他都亲自去火车站接待。有一次，京广线火车误点，车站方面没有向旅客通报情况，以致接站的人被困在车站，欲走不能，左右为难。詹教授尽管有研究生的文字材料急着批改，但仍然苦守在车站里，整整等了四个小时，火车终于到达。

1985 年 6 月，语言文字卷汉语方言分支学科编写组在暨南大学召开审稿会，连日工作，大家十分疲劳。有一个休息日，他带领我们去珠海、中山温泉、孙中山故居翠亨村等地游玩，算是放假吧，对我们的生活照顾得无微不至。

詹教授本人的生活是十分俭朴的，给我印象最深的是他的住房。他在武大应该算是资深教师了，可是“文革”后，他在武大只住一间狭小的砖瓦房，连带一个简陋的小厨房。1978 年，他的好友人民出版社编辑林穗芳先生出差到武汉，詹教授请他吃饭，约我作陪。我们就在他的小厨房里，围着小桌子，坐在小矮凳上品尝他亲手烹饪的湖北特色菜——莲藕炖排骨。他在暨南大学，虽然后来当了文学院院长，又是博导，但住房并不宽敞，屋里到处堆着书籍，他也不甚在意。

我和伯慧教授交往四十余年，从他身上感受到朋友之间的温暖和他高尚的品德。在庆祝他八十华诞之际，我衷心祝愿他永远健康！幸福！

2010 年 11 月于北京

（原中国大百科全书出版社编审）

詹伯慧教授与粤方言研究

郭振芝

我校汉语方言研究中心主任、博士生导师詹伯慧教授既是一位桃李满天下的老教师，更是一位在学术上不断开拓、著作等身的知名专家。他的学术成就，尤其是在粤方言研究领域的深厚造诣，在国内外同行中享有威望。1992 年他获国务院颁发“有突出贡献”专家证书，国家语言文字工作委员会授予他“全国语言文字先进工作者”称号；1997 年暨大授予他“八五期间优秀科研工作者”称号。英国剑桥国际传记中心等许多世界名人辞典都收入他的传略。

詹教授在调入暨大工作前已是国内知名的语言学家。20 世纪 80 年代初，他出版了《现代汉语方言》一书，深受海内外学术界的赞赏，被许多高校作为学生必读参考书；20 世纪 80 年代后期，他与复旦、中大等高校的教师合作，由他任主编的《汉语方言及方言调查》出版后，被国家教委推荐为高校文科教材。调入暨大工作后，他开始培养语言学研究生，1991 年起又开始培养我国第一批攻读汉语方言方向的博士研究生。他还多年担任过我校文学院院长、全国人大代表、全国政协委员、民盟中央委员及广东省中国语言学会会长等二十几个职务，教学任务相当繁重，行政工作和社会工作又占用了他大量时间，但他从不因此而放松对学术的追求。他带领青年教师和学生一起，克服一个又一个困难，攻克一个又一个科研高地，取得了令人敬服的学术成就。尽管他年过花甲，身体条件并非十分好，却在论著发表、获奖成果及承担项目诸方面居全校 400 多名文科教师、科研人员最前列。据不完全统计，“八五”以来詹教授公开发表的论著（含主编）近 600 万字，主要著作有三卷本 150 万字的《珠江三角洲方言调查报告》、128 万字的《粤北十县市粤方言调查报告》、132 万字的《粤西十县市粤方言调查报告》及《语言与方言论集》、《方言・共同语・语文教学》、《汉语方言论集》等。其中《珠江三角洲方言调查报告》获国家教委首届人文社会科学研究优秀成果二等奖、广东省第五次优秀社科成果一等奖、广东省高教厅社科优秀成果一等奖，《粤北十县市粤方言调查报告》获国家教委第二届全国高等学校出版社优秀学术著作奖。“七五”以来，他承担国家社科基金项目 1 项、广东省社科规划重点项目 3 项、广东省高教厅重大项目 1 项，获得资助项目经费约 10 万元。

广东素以语言资源丰富、方言多姿多彩著称，全国七大汉语方言中，广东就拥有其中的三大方言——粤方言、闽方言和客家方言。弄清楚广东境内各方言的分布情况，找出它们的特点和规律，无疑是广东语言学界的光荣职责，也是海内外关心汉语方言研究人士的共同心愿。然而，由于各种原因，长期以来广东的语言资源并没有得到很好的发掘和利用。是詹教授带领一批青年语言学者改变了广东方言研究落后的状况。1986 年他承担了“珠江三角洲方言调查报告”课题后，与香港中文大学张日升博士合作，成立了穗港两地合作组成的珠江三角洲方言调查组，深入珠江三角洲各县（市）调查，完成了三卷本的《珠江三角洲方言调查报告》。它的出版和发行可说是广东方言研究史上的一个里程碑，为今后更全面、更深入开展广东省的方言研究工作打下了良好的基础。“八五”和“九五”期间，詹教授又先后牵头承担广东省重点项目“广东西江流域及北江流域方言调查”和“广东粤方言概要”课题。广东省连续三个社科研究五年规划均列有一项方言研究课题，经过激烈竞争，全部由詹教授领导的课题组承担，前两项全部按时完成，已结项的项目成果都为精品，这就令人信服地证明，在粤方言研究领域，詹教授的学术地位得到学术界普遍承认，由他领导的我校汉语方言研究中心的科研水平在省内是领先的。

詹教授的科研工作有下述鲜明特色：

一是将科研工作与教学、人才培养工作有机地结合起来，达到既出成果又训练了队伍的目的。他每提出一个课题申请时，都明确将它作为培养汉语方言研究生的一个重要内容。研究生在导师的指导下，参与科研的全过程，边学边干，在实践中提出问题，由导师加以辅导，帮助解决。因此，科研工作与专业教学实际上已扭成一股绳。科研调查的现场同时也是课室，一项重大成果完稿之日，参与研究的一批研究生毕业论文也同时完成。这种融重大科研项目与教学、培养人才于一体的做法，对于高等学校开展科学研究工作无疑是一个很好的试验。

二是善于与国内外的学者合作。与之合作的既有港澳台学者，也有外国学者。詹教授认为，这种合作可以达到优势互补、共同得益的效果。以《珠江三角洲方言调查报告》项目为例，我校中文系的汉语方言研究人才较多，但缺乏必要的先进设备和经费，而香港中文大学和香港理工大学有先进的电脑设备和较充裕的资金，但方言研究人才缺乏，由于两者紧密合作，终于顺利完成研究任务，使150万字的巨著及时问世。詹教授曾应邀到日本、法国、新加坡、美国和我国香港、澳门、台湾等国家和地区讲学，目前仍任香港大学中文学会名誉会长等职，这些都是合作的体现。

三是研究成果精品多。如前所述，近10年来他牵头完成的《珠江三角洲方言调查报告》及《粤北十县市粤方言调查报告》、《粤西十县市粤方言调查报告》均为广东省“七五”和“八五”规划项目成果，前者150万字，后两者各120多万字，均多次获省部级奖励。它们不但内容规模空前，而且材料丰富、翔实。这些巨著的出版，其价值不仅仅限于现代方言学上，它对于汉语音韵学的研究、原始粤语的构拟也可以提供许多宝贵的信息，对于了解粤语与某些少数民族语言的相互融合及影响，了解珠江、西江流域的开放史都有裨益，甚至对于民俗学、社会语言学也提供了有用的材料，对于学习普通话的人士，它们又都是规范的标准工具书，对于学习广东方言的人，这些书也有所助益。

（原暨南大学科研处干部，主管文科科研工作）

谈詹伯慧先生对台湾学术界的影响*

竺家宁

一、前　言

詹伯慧先生是两岸学术界共同景仰的知名学者，他在方言学、汉语语言学方面都有巨大的贡献与影响。詹先生曾经多次访问台湾，应邀讲学，对台湾年轻一辈的学者影响甚大，对台湾的学术研究方向，也提供了许多可贵的研究经验。本文试图处理詹伯慧先生提出的一些语言观念，一方面介绍他的学说和论点，另一方面也从当中看出在两岸交流上的影响。下面我们就从三个方面来讨论相关的问题。

（一）语言规范问题

这是詹先生论著中比较关注的课题，詹先生曾发表一系列相关论文，包括《当前一些语言现象与语言规范》、《再论语言规范与语言应用》、《漫谈海内外汉语言文化的互动》等。

（二）方言与共同语

詹先生关注的另外一个课题，是有关汉语方言和民族共同语的历史发展以及互动的关系。这方面他发表的论文包括《试论方言与共同语的关系》、《海峡两岸开展闽南方言研究之我见》、《略论方言地区的双语应用问题》、《汉语方言调查与汉语规范化》、《当前汉语方言研究中的几个问题》等。

（三）方言史的问题

詹先生在方言史方面也多次提出其研究心得，包括《二十年来汉语方言研究评述》、《汉语方言研究30年》、《汉语方言语法研究的回顾与前瞻》、《方言分区问题再认识》等。

下面我们就按照这三个课题，来介绍詹伯慧先生的观点，并描述这些观点在海峡两岸所产生的回响。

* 本文在“庆祝詹伯慧先生80华诞从教58周年暨汉语方言国际研讨会”（暨南大学汉语方言研究中心，2011年6月28—30日）上宣读，在《南方语言学》第五辑（2013）发表，略有修改。

二、詹伯慧先生在语言规范问题上的研究成果

关于语言规范问题，詹伯慧《再论语言规范与语言应用》［语言教学与研究，1999（3）］特别提到了国外的经验——法国于1635年成立了权威的法兰西学院，这个学院的职责之一就是研究法语的规范化——进而提出汉语是世界上使用人口最多的语言，汉语规范化工作的重要性就更不待言了。在这个方面，从1979年正式出版，尔后多次修订增补的《现代汉语词典》，被詹伯慧先生认为是集现代汉语词汇规范大成的权威之作。最近出版的《现代汉语规范字典》（李行健主编），又在词汇规范化方面迈出了新的一步。

广东省粤、闽、客三大方言鼎立，学习普通话有很多困难，在方法上，詹伯慧先生主张广东的语文工作者应投身“推普”工作。要结合方言的实际，研究本地区方言与民族共同语的异同，找出对应规律，这样就可以帮助人们解决一些语言学习中的难题，使大家能更有效地掌握好民族共同语的规范。詹伯慧先生也强调，语言应用的舞台非常广阔，大力推行民族共同语不会使所有方言都销声匿迹。

詹伯慧先生论述了语言规范化与语言应用多元化的关系，也可以从国外的经验观察，像亚洲的新加坡是个典型的语言多元化社会，欧洲的瑞士、北美的加拿大也都是语言多元化的国家。语言多元化并没有给这些国家的发展带来多少障碍，而南亚大陆的一些国家，就曾不止一次地发生过由于语言应用多元化，在政策上存在问题而导致民族冲突。新加坡政府面对多种族、多语言、多文化的现实，尊重各种族（华族、马来族、印度族）使用各自母语的权利，在华族的中小学中，一定是英文—华文双语并用，同样，在马来族学校中，除了将英文作为教学语言以外，一般也是以马来语作为第二语言。新加坡人口七成以上的华族人民，使用着祖辈从中国原居地带来的各种方言母语，所以有必要推广共同使用的普通话——华语。新加坡的华语运动，取得了举世瞩目的显著成就。原以中国闽、粤、琼地方方言为母语的华族人民，都能使用共同华语（普通话）进行交际，而在宗亲、家庭范围内保存各自方言的另一层多元化语言应用的格局。形成一个在多元文化、多元语言社会中各种不同层次、不同作用的语言并存并用、各司其职的和谐局面，这确实是新加坡在语言政策上的极大成功。

关于语言规范化与语言多姿多彩的关系，詹伯慧先生强调汉语是高度发达的语言。语言规范化方面的问题，要做到去芜存精，既维护语言规范的准则，又不至于影响语言表达的多姿多彩。在语言规范化与方言词语运用的关系方面，总是表现出“同中有异，异中有同”，“你中有我，我中有你”。共同语在发展的过程中，也从各地方言中吸收一些有益的成分来充实自己，使自身更臻丰富和完善。

早年共同语中吸纳过个别江南吴语（以上海话为代表）的语词，如“垃圾”、“尴尬”等；近十多年来，随着南北经贸交往的日益频繁，又有一些粤语的词汇“北上”进入共同语的词库，这都是有目共睹的事实。

约定俗成是主导语言发展变化的主要原则。那么，语言规范化和约定俗成的关系又如何看待呢？这一点，詹伯慧先生强调唯有约定俗成才是形成各种语言现象、造成各种

语言差异的通规，才是打开许许多多无法解释的语言现象之门的总钥匙。约定俗成甚至可以使“错了”的东西成为可以接受的东西，这就是通常所说的“积非成是”了。某个按传统读音规律应属误读的音，只因大家都习惯念错了，久而久之，也就成为你不得不承认的读音，也只好让它以“俗读”的身份堂而皇之地进入字典、辞典。詹伯慧先生提到广东人因为南方终年不见冰雪，人们普遍都是冰雪不分，于是言及冰雪的词，往往混淆不清，最典型的莫过于说粤语的人，凡普通话以“冰”为语素的词，大都以“雪”代之，如“冰棍儿”是“雪条”，“冰淇淋”是“雪糕”，“冰水”是“雪水”，“冰箱”是“雪柜”，“溜冰鞋”是“雪屐”，“冰镇”是“雪藏”。这就是约定俗成。

在缩略词方面，詹伯慧先生举例说，如“北京大学”叫“北大”，“兰州大学”叫“兰大”，清华大学，有谁把它简称为“清大”？天津的名校“南开大学”，上海的名校“复旦大学”、“同济大学”，都不取一、三字做简称，而取前二字做简称，说成“南开”、“复旦”和“同济”。新加坡国立大学，不能简称为“新大”，习惯上叫做“国大”。这也是约定俗成。

作为规范的《现代汉语词典》，从1956年便开始编纂，在老一辈语言学者吕叔湘、丁声树等的主持下，一大批语言专业人员埋头苦干，经过多年锲而不舍的努力，1965年印出“试印本”，1973年以“试用本”名义发行，1979年才开始出版正式的本子，以后陆续进行多次修订。20世纪80年代末90年代初，在吕叔湘先生的关怀和指导下，一大批熟谙汉语基础方言——北方方言的语言工作者，由陈章太、李行健两位牵头，组成了庞大的北方话基本词汇调查队伍，全面开展了对大约一百个北方方言点的词汇调查。这是规范工作的基础。

詹伯慧先生指出，近几年来，社会上语言文字的应用出现了一些令人关注的问题，用字的规范得不到认真的贯彻，乱造简化字、滥用繁体字的现象在一些地方泛滥成灾。另外，时下新词新义层出不穷，更非花大力气跟踪调查不可。及时汇集社会上流行的新词新语，进行整理分析，阐明来龙去脉，无疑是有现实意义的。近几年来出现了一些《新词语词典》一类的工具书，其中也包括一些或谓“港澳”，或谓“港台”的词典，说明不少人在注意、在收集新词语，特别是南方粤、闽方言的词语，并将之与民族共同语进行比较，编纂成书。不过，詹伯慧先生也指出，有的书商业色彩很浓，学术价值不高，纯属粗制滥造之作。如把“港”、“台”词语硬拉到一块儿，就有常识性的毛病。

据统计，《现代汉语词典》原收词5.6万条，1996年修订版收词6.1万条，其中新增词目9 000多条，删除陈旧词语及过于专门的科技词目4 000多条。增收的词语以新词语为重点，约占所增词语的1/3。这许多新词语，正是改革开放以来随着经济建设的发展和国际交往的增加而产生的。《现代汉语词典》如此大面积地进行修订增补，充分体现出汉语规范是动态的、发展的，而不是静止的、一成不变的。

詹伯慧先生提到近几年来北京语言文化大学出版社也有计划地出版冠以年号的《汉语新词语》，每年一册，每册收词数百，颇有“新词语年鉴”的作用。这样持之以恒地编纂下去，对于现代汉语词汇的规范化来说，无疑是很有意义的资料汇集工作。由李行健主编的《现代汉语规范字典》经过多年努力，已在最近出版问世。

三、詹伯慧先生在方言与共同语问题上的研究成果

詹伯慧先生曾发表《海峡两岸开展闽南方言研究之我见》，认为闽南方言是汉语方言中源远流长、多姿多彩的一支，流行于闽、粤、台、琼、浙等省。浙南地区的闽南话通行范围不广，但自20世纪50年代以来，也有学者进行过零星的调查，发表过有关的文章。海南岛的闽南方言是全岛的交际用语，台湾、大陆乃至海外的学者，近几十年都作过调查。詹伯慧先生认为，开展两岸闽南方言的调查研究，当前宜从以下几个方面入手：①分工协作，对闽南方言作一番全面的调查。就目前情况看，台湾闽南话（台语）的调查工作基础较好。广东省的闽南方言势力最大的潮汕方言（通称潮州话），把潮汕地区闽南话的全面调查和潮汕历史文化的研究结合起来，可望会收到更好的效果。②广泛收集资料，开展专题研究。曹逢甫教授提出的论文《闽南语动词分类研究》便是一篇深入讨论闽南方言语法特征的专论。③综合比较，揭示整体面貌。闽南方言遍布海峡两岸好几个省，在各省各地调查研究有了一定基础之后，及时着手集结来自不同地区、不同学者的有关资料和论点，进行归纳统计，综合分析。闽南方言研究更高层次的具体体现，例如，20世纪50年代董同和先生撰写的《四个闽南方言》；20世纪80年代陈章太、李如龙两位先生撰写的《论闽南方言的一致性》和《论闽方言内部的主要差异》，就都是这方面很有益的实践。④绘制方言地图、编纂方言词典，是不容忽略的工作。如今面对着闽南方言这样一个通行地域跨越海峡两岸好几个省的方言，在编写有关闽南方言的著作时，是绝不能不考虑方言地图的安排的。⑤闽南方言与闽南文化研究。地方方言反映多姿多彩的地方文化，海峡两岸各个支系的闽南话，必然也反映出闽南文化的多姿多彩。在进行闽南方言的调查研究时，结合当地历史文化背景来探讨，是很有意义、很有必要的。

詹伯慧在《略论方言地区的双语应用问题》一文中，强调既推广了普通话，又保留了方言的社会语言应用格局。这样一个方言地区双语应用的格局，既符合方言地区经济发展和社会进化的需要，也体现了社会语言生活日益多元化的发展趋势。

关于共同语与方言的关系，詹伯慧先生提出：①在渊源方面，方言和共同语无疑有着共同的历史渊源，都是汉语历史发展的产物。②方言和共同语从内涵上看，不同的方言和共同语可以说是不分上下、不分主次的。由于汉语方言的特殊性，汉语各方言存在着渊源关系，许多语言要素在不同方言和共同语之间往往也就表现为同中有异、异中有同，你中有我、我中有你。③由于市场经济的日益发展，地区间经贸往来和文化交流的日渐加强，人们的南来北往更加频繁，方言和共同语的接触和融合必然加剧，相互间的影响必然更加显著。近二十多年来，南方方言的词语大量进入到共同语，就是一个明显的表现。

有的地区汉民族共同语显然占着社会交际语中的主导地位。例如新加坡，由于政府下大决心、用大力气连续二十多年在全国人口76%的华人中实行推广“华语”（普通话或国语）的政策，现在已做到华人中除少数年长者外，绝大多数都能以“华语”来进行

交际。可见在方言与共同语双语并用的前提下，不同地区、不同社会可能出现不同的双语应用模式。

詹伯慧又在《当前汉语方言研究中的几个问题》当中论述，既然汉语方言的研究在宏观研究方面相对比较薄弱，那么，加强宏观方面的研究，包括理论方法上的研究，也就是当务之急了。比方说，汉语方言跟汉民族共同语的关系问题，汉语方言的分区及各种方言的归属问题等，就有必要着力加以深入探讨。

民族共同语是建立在北方方言基础上的，但是，进一步要问，这个基础指的是什么？可见北京方言的语音跟作为民族共同语标准音的“北京语音”在概念上显然是有区别的。单就方言和共同语的关系而言，就已经有不少值得探讨的问题了。几十年来语言学界惯用的汉语“七大方言说”和近十来年新提出的“十大方言说”，应该说都是从语言事实出发设计出来的。之所以各执己见，难以统一，我想恐怕主要是彼此对如何构建汉语方言分区总框架这个宏观问题存在不同见解的缘故。

在描写、叙述一种方言的现实面貌时，一定要以口语的记录作为主要的依据。以口语材料为主、以书面材料为辅始终应是方言研究取材的原则。方言研究有共时研究和历时研究，在历时研究中，要了解语言的历史发展轨迹，要认识方言间存在的关系，要构拟古代方言的面貌，就只能依靠古代文献的资料。

詹伯慧另外发表了《试论方言与共同语的关系》，从不同的角度来考察和剖析方言和普通话之间的关系，认为一个全民共同使用的语言，总是有利于治国安邦，有利社会发展的。我们现在还经常提到普通话不等于北京话。方言中的许多语音、词汇、语法现象自然也有跟共同语相同的，当然除了相同的因素以外，方言中必然还会有一些跟共同语相异的地方，存在着“你中有我，我中有你”，“同中有异，异中有同”这种亲密关系的语言（或方言）。

共同语形成后，还会继续从其他方言中吸取有益成分来丰富自己。犹如20世纪30年代就有一些以上海话为代表的吴方言词汇被吸收到“国语”（普通话）中来一样，到了20世纪80年代后，随着我国改革开放形势的发展，南方经济“先走一步”对北方的影响，又有不少粤方言的词汇被吸收到共同语中来。至于各地方言中不断涌入共同语的因素，那更是屡见不鲜、习以为常的事了。就这一点来看，方言与共同语并非相互排斥、相互对立，而是相互吸收、相互补充的。

方言甚至连语音系统也因经不住普通话的冲击而产生了变异。明显的例子就是吴方言上海话声调现在只有5个，而在老一辈市民的话语里，却是有7个声调的。即使在广州以至整个珠江三角洲这样从来被认为方言习惯比较顽固的地方，近年来会说普通话，愿说普通话的人大大增加，社会语言环境已不再是只有方言独霸的局面了。

南方的粤方言一向被认为是汉语方言中最具“强势”的方言，但是，詹伯慧先生强调一个先进的民族和一个发达的国家都不能没有自己的共同语，民族共同语在国家发展、社会进步中所发挥的作用是任何地方方言所不可比拟的。方言和共同语是语言大世界中两种不同类型的交际工具，它们都会随着社会的发展而有所发展。

在一些方言处于“强势”的地区，共同语的推广只是立足于使普通话成为人人会说、人人爱说的一种共同交际工具，而并不存心要使方言从此消失，事实上这类深深扎根于人民群众之中，历史悠久、流通较广的地方方言，是不可能因为共同语的进入而从语言社会中消失的，而是同时保持方言作为配角，与共同语并存并用。这实际上就出现一个“共同语得到普及，方言得到保存”的局面，以共同语作为社会公共交际工具和公务往来的语言，以地方方言作为乡亲交往、亲朋叙旧的语言。

詹伯慧《汉语方言调查与汉语规范化》又指出只有开展汉语方言调查，比较方言与共同语的异同，彻底弄清方言中形形色色的特点，才能面对语言事实，对各种方言现象进行分析整理。当年主持汉语方言普查工作的著名语言学家丁声树先生，正是后来《现代汉语词典》编辑定稿的主持人。《现代汉语词典》其中也凝聚着汉语方言调查工作者的一份心血。

四、詹伯慧先生在方言史问题上的研究成果

詹伯慧先生在《方言分区问题再认识》一文中说，从黎锦熙的汉语方言十二系，到赵元任、李方桂的汉语九种方言，王力的五大方言区，到当代的八大方言、七大方言一直到近期提出的十大汉语方言。这些观点，涉及了汉语方言如何区分的问题。詹伯慧先生认为方言界线的划分和方言分区不是一回事，方言通常指的是地域性的方言，并不指所谓的“社会方言”。方言的分布是方言地理学研究的内容。19 世纪曾有一些西方语言学家认为方言没有分界线可言，他们的根据是“方言在地理上常常表现为一种渐变的连续体”。其实在现实的语言社会中，不同方言的分布界线并不是绝对不能划分的。总的来说，既然方言的分区原则上要从方言的实际表现出发，自然也就应该以语言方面的因素为主要的依据了。具体说来，各地方言中表现出来的语言特征，必然就会成为方言学者进行方言分区时首先考虑的因素。汉语方言中的官话、吴语、闽语、粤语、客家话等，分布地域都相当辽阔，有的虽翻山越海，绵延数千里，但仍然能够确认一些分隔在不同地域的方言归属于同一种方言，正是通过对其语言特征的剖析和比较来下结论的。全面剖析比较方言的特征，重要的前提是对各地方言的语言构成因素，包括方言语音、方言词汇、方言语法进行充分的调查研究，在全面掌握方言特征的基础上，才有可能同中求异、异中求同，归纳出不同的方言区来。现代语言学者们较常用的区分不同汉语方言的方式是基于各地方言都是汉语历史发展产物的前提，联系古音在现代汉语各地方言发展演变的情况，通过古今语音比较的方式来区分不同的方言。大致上是拿切韵音系和各地方言音系作系统的比较。例如丁邦新教授讨论到方言的分区问题，就充分考虑了切韵音系。罗杰瑞在划分汉语方言时采用了他认为“既照顾到历史的深度，也反映现在方言之间的关系”的一套标准，选取了包括音韵、词汇、语法三方面的特征，他更注重词汇、语法特征在区分汉语方言中的作用。与此同时，近十多年来，陆续有一些学者提出了选取少量有代表性的方言词来作为区分汉语方言条件的“特征词判断法”。为此，有的方言学者在遴选不同方言的特征词上下了不少功夫，例如黄典诚分别列举了闽语的语音特征、词汇特征和语法特征。其中词汇方面从厦门、莆田、福州三处口语里选取了 33 个常

用字，认为这些就是典型的闽语特征词。

丁邦新在他原先构建区分汉语方言的历史音韵条件之外，又提出一些“特字”来。他所说的“特字”，范围比较小，既应属于常用字，而又最好不是名词，因为名词容易借用。他所指的“特字”来源于以下几个方面：①韵书漏收，如“贷”字韵书属“透”母，却读成不送气的“代”，声母演变不合正例，可能这个字还会有“定”母一读，是韵书漏收了；②读半边字，如“械”为匣母字，官话读如“戒”可能是读半边的结果；③受常用字影响，如“玻”，韵书为“滂”母，可能受“波”影响而读po；④避讳，如“勾”、“钩”原为“见”母字，粤语中因避开男性生殖器的音而改声母k为ng声母；⑤存古，如闽语“糊”字读k，跟其他方言读擦音声母不同；⑥音变遗留。

詹伯慧先生认为典型性的条目不一定需要很多，但一定要经得起检验，确实符合区分汉语方言的条件。按理，典型性的语言特征是存在于各种语言要素中的。但实际上各地方言间的差异比较突出地表现在语音和词汇方面，而表现在语法方面相对较少，加上对方言语法特征的发掘还不够充分，客观上也就造成方言学者较多依据语音上和词汇上的特征来辨认不同方言的情形。事实上在汉语各地方言中，语法上的特征并非微不足道，像人称代词，南北各地就很不一致。随着方言研究的不断深入，“特征判断法”还有不少可供区分方言的潜在条件有待发掘。

在汉语方言分区的实践中，迄今还没有采用“听懂度”方式取得满意结果的记录。曾经有人因听懂度很低而怀疑汉语方言中的粤语、闽语等是否仍可视为汉语的方言，这种撇开方言历史渊源等因素而轻易判定粤语、闽语等并非汉语方言的看法，绝对是不可取的。

汉语方言分区的格局方面，詹伯慧先生认为汉语方言分区的层次，正如任何一种科学的分类，都必然会有不同的层次分级的。语言学的谱系分类有语系、语族、语支、语群等不同的层次。汉语方言的分区也应该有不同的层次，并且给各个层次以适当的名称。李荣先生早在20世纪80年代主持编纂《中国语言地图集》时就提出过汉语方言的区划最多可以分为五个层次：大区—区—片—小片—点，并说明“大区是总括的名目，只在必要的时候使用，并不是每个区上头都有大区”。

其他分区特征，例如北方方言也有保留入声的，但那毕竟不是北方方言的整体现象，不像南方方言那样，各地都有入声存在。又如语法上人称代词的第三人称，北方方言基本上以用“他、她”为主，而南方各方言却大都非“渠、佢”即“伊”，除湘语外，基本上没有用“他、她”的。要是这类的例子多挖掘一些出来，南北方言的系统差别也就显示出来了。

在分类上，汉语七大方言与汉语十大方言的问题，詹伯慧先生认为20世纪五六十年代，我国流行汉语方言分七区的说法。七区是北方方言（官话方言）、吴方言、湘方言、赣方言、客家方言、粤方言、闽方言。20世纪80年代后期，李荣教授在主编《中国语言地图集》时提出了十区的说法，反映在中国社会科学院和澳大利亚人文科学院合作编的《中国语言地图集》中。十区是在七区的基础上增加了晋语、徽语和平话三个方言区。“十区说”自李荣提出来迄今已经十多年了，虽然已经用在《中国语言地图集》中，但始终存在着一些争议，还未能在方言学界取得完全一致的共识，因而一些现代汉语著作，包括汉语方言著作，目前仍然保留七区的体系。争议的焦点集中在新设立的三个方言区，特别是晋语上面。对此，詹伯慧先生的看法是：晋语在北方方言中比起其他北方官话，无疑是有一些较为突出的特征的，但是综观汉语方言的全局，把晋语从北方话中独立出来，恐怕还不如留在北方话的大家庭中，作为有特色的一支北方话，更为切合汉语方言分区的实际。

五、詹伯慧先生对台湾地区的影响

台湾地区在语言规范上，很早就进行国语推行的工作，取得了很好的成效。这是因为台湾是一个多元社会，各种方言和少数民族的语言在这里聚集交融，为了有效地沟通，必须要有一种共同的声音搭起桥梁，拉近彼此的距离，这就是国语推行的主要原因。詹伯慧先生对语言规范问题一向非常重视，他根据广东地区推行共同语的经验，提出了很多有价值的论述，强调了推行共同语不会使方言消失。同时，他也强调亚洲南部一些国家由于语言的分歧，导致民族冲突，其中新加坡面对多种族、多语言的现实，一方面尊重各族的母语权利，另一方面也努力地推广华语，也就是国语或普通话，使新加坡的华语运动取得了举世瞩目的成就，造就了新加坡的和谐局面。詹伯慧先生特别强调，这就是新加坡在语言政策上的极大成功，这种情况和背景跟台湾十分类似。语言规范和方言的运用是同中有异、异中有同的现象，也是你中有我、我中有你的现象。国语在发展的过程中，一直从方言中吸收成分来充实自己，使国语成为一种全民主导的沟通工具。詹伯慧先生还指出，新词的产生是共同语发展的一个重要元素，大陆每年发行一册《汉语新词语》，反映了共同语新词的衍生和变化，台湾地区也由国语会进行收集新词的工作，这些新词经过约定俗成之后，又成为共同语规范的重要依据，这个现象跟詹伯慧先生所强调的“汉语规范是动态的、发展的，而不是静止的、一成不变的”这样的观点完全符合。

詹伯慧先生在语言研究上另外一项重大的贡献，就是对方言和共同语问题的探讨。在这个课题上，詹先生强调了两岸闽南方言调查研究的看法，认为需要两岸充分的分工合作，收集资料，然后进行归纳统计。例如台湾学者董同和对于四个闽南方言的研究，就是一个很好的里程碑。此外，詹伯慧先生也强调了闽南文化的多姿多彩，所以结合历史文化的背景来探讨更有意义，这项呼吁也正是目前台湾努力的目标。詹先生也指出，由于经济的发展，地区间交流往来加强，于是，方言和共同语的接触、融合越来越显著，使得近二十多年来，南方方言的词汇大量进入共同语，台湾目前通行的国语中，就可以看到大量的闽南语词汇。例如粉丝又名冬粉，豆浆又名豆奶，水烧开了通常说成水滚了，自行车说成脚踏车，车子轮胎打气叫做灌风。再如量词的使用，记一支大过、买一尾鱼、唱一条歌，这些都显示了闽南方言在台湾的强势地位。詹伯慧先生还提出，方言研究必须兼顾共时研究和历时研究，台湾地区闽南语的研究虽风气兴盛，但是一般比较欠缺的，是对语音史的了解，因此，必须使声韵学成为未来方言学研究的主要方向，这样才有可能深化方言研究，而不仅仅是浮萍式的描述而已。詹伯慧先生一再提及，方言与共同语不是相互排斥、相互对立的，而是相互吸收、相互补充的，这种观点，在台湾地区也逐渐获得了共识，因为人们也都体验到一个进步发达的社会，不能没有一套有效的沟通工具，国语在台湾的多元社会和社会发展进步上，发挥了重大的作用。人们也体验到，方言不可能因为共同语的推行而在社会中消失，方言和共同语是并存、并用，相辅相成的。这种认知和詹伯慧先生所说的“以共同语作为社会公共交际工具和公务往来的语言，以地方方言作为乡亲交往、亲朋叙旧的语言”是完全吻合的。

詹伯慧先生另外一项重大的贡献，是方言史的问题。这一方面，詹先生在毕生的方言研究过程中，累积了丰富的经验，他强调了“语言特征”是方言分区的重要考虑因素，有些方言分布辽阔，或分隔在不同的地区，我们却能够知道，它们同属一个方言，正是通过对“语言特征”的了解而下的结论，这些“语言特征”包含了语音、词汇、语法各方面，这样才有可能归纳出客观的结论。此外，更重要的是联系汉语历史发展、联系古音演变，也就是拿切韵音系和方言音系进行比较，这才是方言研究的正确途径。詹伯慧先生的这项呼吁正好是台湾近年来方言研究的方向。例如台湾学者丁邦新先生在讨论到方言分区问题时，就充分考虑切韵音系的来源。丁先生建构了方言的历史音韵条件，又提出了“特字”的概念，用来作为方言分析的判断依据。这正是詹伯慧先生所强调的“像人称代词，南北各地就很不一致。随着方言研究的不断深入，‘特征判断法’还有不少可供区分方言的潜在条件有待发掘”，举个例子来说，第三人称北方方言用“他”、“她”，南方方言用“伊”、“渠”。这里可以看出两岸学者研究方向和思考概念上的相互影响。

六、结　论

综合上面的讨论，我们认为，詹伯慧先生不仅在汉语方言的研究上取得了重大的成就，提出了许多有价值的论点，启发了继起研究者的思维方向，同时，在两岸学术交流的过程中，詹伯慧先生也有着重大的影响，这种影响既包含了方言和共同语的定位问题，也包含了语言规范的问题，以及方言史研究的问题，这些都为台湾地区的历史语言研究和方言研究提供了很好的参考。在庆祝詹伯慧先生八十华诞的今日，我们认为，更应该提出来，对詹先生所作出的卓越贡献，表达我们最高的敬意。

（台湾政治大学教授）

詹伯慧先生与香港语文教学

施仲谋

正式与詹伯慧教授交往，始于1985年的第一届语文教育国际研讨会，当时我任教于香港语文教育学院，并参与筹办这次会议。詹先生是大会的特邀讲者，还记得当天他发表的论文，题目是《从社会的需要论语文教师的培训》，内容围绕大会主题，论述每每发人深省。

语文教学的任务从只重视读、写发展到听、说、读、写全面训练，在认识上和实践上是大大地跨了一大步了。语文表达能力包括说话和写作，而说话是写作的前提，二者是分不开的。目前，香港的语文教学采用广州话作为教学口头语言，听、说能力训练是广州话，读、写能力训练则以现代汉语为标准。由于口语与书面语分家，学生的口语能力不能直接促进书面语能力的提高，对学生的语文学习造成很大的障碍。本来，中小学语文教学应该是听、说、读、写训练都以全国通用的标准语进行，但香港的语文教学只讲求现代汉语的读、写训练，而置现代汉语的听、说训练于不顾，这种任意割弃的现象，是不是需要认真检讨一下呢?

伯慧先生认为，中国古代语和文的结合是不太紧密的，甚至可以说是“语文分家”，说话是一套，写成文章又是另外一套。现代语文以口语为基础，说的和写的大体上一致。说得对才能写得对，说得好才能写得好。口语表达的能力直接影响写作的能力。因此，要提高现代语文的水平，首先就要注意过好语言关，就得从小开始逐步培养学生口头表达的能力。学生的口语表达能力不断提高，也就必然为书面的表述打下良好的基础。先生提醒他们:“如果一味追求书面表达的效果，忽视口语方面的训练，结果就会脱离语言基础而过多地在书面语文上挑肥拣瘦，容易弄巧反拙，甚至产生咬文嚼字，矫揉造作的不良文风。”① 其实，四十多年前著名语文教学家叶圣陶就提倡“写话”，他主张文章要能上口，要能够说。先把文章写得像“话”，然后再在这基础上进一步要求文章富有文采。这个观点，对我们方言地区语文教学的开展很有启发意义。

上述针对语文教学发展的观点，明显地是从语言学家的角度出发。语文教学应包括读、写、听、说，语文能力要包括字、词、句、篇和读、写的基本知识，特别是汉语知识的学习等，这都是伯慧先生为香港中文教育把脉后提出的良方。此外，他也鼓励香港学生应学会简化字，以便接触内地出版的报刊和书籍，同时更要掌握汉语拼音，会说全国通用的普通话。

随着我国对香港恢复行使主权，内地和香港在政治、经济、文化和社会各方面的交

① 《语文教师培训与语文教学》，香港：语文教育学院中文系，1987年，第19页。

往都日益频繁。香港人应该会说普通话，原因有三：①普通话是中华民族的共同语、国家的标准语，身为中国人，必须会说自己国家的国语；②汉语是联合国承认的六种工作语言之一，其标准语是普通话，普通话是全世界 1/4 人口说的语言；③通晓普通话，可以更好地培养现代汉语语感，以听说能力促进写作能力。

伯慧先生是著名的方言学家，他对方言和共同语的关系和定位问题，分析至为精当，观点客观持平。他在香港多次的研讨会中反复强调："我们在全国各地大力推广普通话，并没有要消灭各地方言，禁止方言流通的意思。方言和普通话都是人民之间长期使用的交际工具，在方言地区推广普通话，目的只是要使这个地区的人民从只说本地方言过渡到既说本地方言又说普通话。也就是说，既掌握和本地人民交际的工具，也掌握和外地人民、和全国人民交际的工具，从单一的语言生活过渡到双语的生活，在掌握共同语的同时，明确把共同语作为社会上共同的交际工具，也就是在大范围内使用的交际工具，而把方言留作家庭亲友之间的交际工具，也就是在小范围内使用的交际工具。这样就使民族共同语处于主导的地位而使地方方言处于从属的地位了。"① 这种方言与共同语"并存分用"的原则，论点兼容，也能解决实际问题。

关于方言地区的普通话教学，先生在拙著《广州话普通话语音对照手册》序言中如是说："普通话和汉语各地方言都源自古代汉语，都是汉语发展的历史产物。有了这种血缘关系，普通话和方言之间就必然客观地存在着语音上的对应关系。用现代语言科学的方法整理归纳出它们的对应关系，并进一步揭示其规律性，无疑将会给学习普通话的人提供以简驭繁的方法，帮助人们用较短的时间获致较佳的学习效果。"② 有人认为学不好普通话是广州话在作祟，因此如果能尽量抑制广州话，就能学好普通话。但是，问题不应该在如何抑制母语干扰，而是在如何有效地利用母语学习。学习一种跟母语有亲属关系的语言，先通过对比分析，掌握若干规律，是可以收事半功倍之效的。先生充分肯定了方言地区普通话教学采用对比分析法的可行性。

伯慧先生多次应邀来港参加研讨会和主持学术讲座，又曾于香港大学和香港中文大学从事教学和研究工作。通过这十多年来的交往，我深深佩服先生那锲而不舍、上下求索的治学态度；尤为难得的，是他那高瞻远瞩、圆融通达的学术识见。至于未能追随詹师门下，无缘接受先生耳提面命，诚一大憾事也。

（香港大学中文学院院长、香港中文教育学会副会长）

① 《语文教育学院学报》1994 年第 11 期，第 120 页。

② 施仲谋：《广州话普通话语音对照手册·序言》，香港：华风书局，1986 年。

大家小书　形小义大

——《语文杂记》读后

邢福义

暨南大学出版社组织出版一套通俗应用性语言文字丛书，名为“大家小书”，请詹伯慧教授担任主编。伯慧兄带头先走一步，于2010年7月推出《语文杂记》一书。一收到出版社寄来的这部《语文杂记》，我立即阅读起来，不由自主地一篇篇阅读下去。最后，得出了一个结论：“大家小书，形小义大。”意思是：“大家”笔下的“小书”，形体小而意义巨大。

我国语言学界，存在“大家”写“小书”的优良传统。现代语言学家中，就有两位巨擘令人无比敬佩和永远怀念。一位是龙虫并雕的王力先生。王先生将自己的书屋命名为“龙虫并雕斋”，他在这书屋里既“雕龙”也“雕虫”，既写学术大著也写通俗小书，比如既写《汉语史稿》，也写《诗词格律十讲》。他的书可厚可薄，他的文章可长可短，取决于写作目的和对象特点，所举的例子恰当而巧妙。1983年3月中国语言学会第二届年会在合肥举行，一个傍晚我有机会跟周祖谟先生一起聊天。我说：“王力先生讨论汉语词类问题的复杂性，讲过一个小故事。从前有个学生作文滥用‘而’字，老师给了他这么个批语：‘当而而不而，不当而而而，而今而后，已而已而。’这里的‘而’涉及多少种词性？很有趣，很能吸引读者。”周先生说：“我就是佩服王力先生。根据实际需要，同样的内容，你让他写4万字，他就写4万字，你要他改写成4 000字，他就能给你4 000字！”另一位是高举“务实”大旗的吕叔湘先生。吕先生早年就写出《中国文法要略》，后来，一直到90多岁，都没有中断过发表学术论著；此外，他又不停地向社会、向大众奉献通俗性成果。像《语文常谈》这样的小书，学术含量既高，可读性又特别强，几乎篇篇可以选入课本，供小学、中学或大学生们学习。江蓝生教授写过一篇《人民的语言学家》，文章指出：语言学界同仁普遍认为，吕先生又是一位龙虫并雕的巨匠。吕先生的成就在于：他是理论家，他的理论建树使他成为汉语语法学科的带头人；同时，他又是实践家，他的实践使语言研究对全社会作出了贡献。蔡文兰教授写过一篇《访吕叔湘先生谈语言研究及语言应用》，对吕先生的心里什么时候都装着读者感叹不已。吕先生用十分朴素的语言，对她说过这样的话：“我写文章总是想到有一位读者坐在我的旁边看我写。我写文章总爱改来改去，主要就是为了能让读者更容易懂。”

然而，当前的某些情况，很难让人乐观。社会风气，牵制着学术的走向；功利追求，侵袭着学术的纯净。书的厚度越来越大，竭力膨胀，因为要是本子小了，参加学术性的评奖就会吃亏；文章的篇幅越来越长，狠劲注水，因为学术刊物不愿意发表短文，如果文章短了，转载率就会减少，刊物的“影响因子”就会下降，刊物的“核心”名号就会动摇。这么发展下去，浮躁的学风必然加剧，对“后来人”的如何培养必然会引起有识之士的关注。暨南大学出版社决定出版一套关于语言文字的“大家小书”丛书，具有矫风针对性，是参加到做特大好事的行列里来了。

读完伯慧教授的《语文杂记》，有以下几点特别突出的感觉：

一、爱我中华的情怀

在《普通话和方言》中，作者写道：一个发达的国家，一个先进的民族，不能没有一种全社会共同使用的通用交际语。这是人同此心、心同此理的事。海峡两岸都是龙的传人，在这一点上，自然是有共识的。国语也好，普通话也好，说到底，它是代表全球炎黄子孙的通用语言，既存在于海峡两岸同胞之间，也通行于全球各地华人社区之间，更被确认为联合国六大工作语言之一。在我国全国语言运用的总格局中，由普通话唱“主角”而让各地方言；特别是像粤语这样的“强势方言”发挥“配角”的作用，无疑是当今我国社会语言应用中不可逆转的走向。在《跟进语文发展，善待语文资源》中，作者写道：我们国家有56个说着不同语言的民族，汉族还存在着各种色彩缤纷的汉语方言，这些自然都属于语言资源。所以说，应该在“地大物博，人口众多”后边再加上“语言丰富”这几个字，这是完全符合实际、毫不夸张的。语言资源如此丰富，我们一要大力开采，二要善于对待，使丰富多彩的语言和方言，都能在我们的经济腾飞和社会发展中充分发挥作用。作者的论说使人感到，这部“小书”里贯穿着一条可以为全球华人所认同的红线，这就是：“爱我中华！”

二、辩证开明的思路

在《普通话和方言》中，作者写道：实际上，普通话也是在一种方言——北方方言的基础上发展起来的，只不过作为“老大”，它既在方言之中，又在方言之上罢了。能正确理解普通话和方言之间的这种关系，也就会明白它们并非“对头冤家”，而是可以并存并用、相互补充的。在《简体字和繁体字》中，作者写道：当前我们完全可以让繁体字和简体字并存下去，在全球华人世界的汉字应用中来一个和谐共处，繁简由之。同时，我们也要提倡相互适应、相互补充。用惯简体字的人有空学学自己生疏的繁体字，争取“识繁用简”；而用惯繁体字的人也不妨抽点时间认识已经简化了的简体汉字，做到“识简用繁”。这样一来，繁体与简体的争议自然就会偃旗息鼓了。在《浅谈粤语正音》中，作者写道：语言文字是约定俗成的产物，这是语言学最基本的道理，适用于任何一种语言，也包括地方方言。我们在厘定现代粤语正音上的态度，正是充分尊重“约定俗成”原则的体现。当前出现在香港的有关粤语正音问题的争论，实际上就牵涉是否在重视历史继承性的同时，也认真贯彻“从今从众”原则的问题。在《语言应用的规范化和多元化》中，作者写道：在厘定语言规范时，有必要多作调查研究，多观察语言发展的趋势，遇到分歧的现象，不妨多保留一点儿宽容度，等一等、瞧一瞧，别忙于下结论。我是赞成“规范中有所灵活”的说法的。作者的论说使人感到，这部“小书”里又贯穿着一条做好学问的思路，这就是：辩证地、开明地处理和解决问题，避免思想的死板僵化。

三、融会贯通的学养

在《中国古代的字书（上）》中，作者评介《尔雅》和《方言》；在《中国古代的字书（下）》中，作者评介《说文解字》、《玉篇》和《广韵》。只要具有高小文化水平的读者，读完这两篇评介，都能获得鲜明的认识：《尔雅》是中国古代第一部解释字义的字典，是传统训诂学研究最早的重要典籍，并且是世界辞书史上最早的一部字典；《方言》不但是我国第一部方言字书，也是世界上第一部方言比较词汇集，虽然只有一万字左右，却能为汉语史的研究提供许多重要的资料，对后人探讨汉代方言与通语的异同、了解古音和古义等都发挥了重要的作用；《说文解字》是文字学方面的开山之作，与《尔雅》、《方言》都具有“世界之最”的美誉；《玉篇》的出现，使我国古代的字书在注音和释义方面都有了明显的突破；《广韵》是中国现存最为完整的一部韵书，虽是音韵词典，因其保存了大量古代的词语，可说既是古代韵书，也是古代词书。作者的述说使人感到，五部跟我们距离遥远的古代字书，一下子变得影像清晰起来。之所以能够如此，是因为作者的有关学识已经达到了融会贯通的境界，进入了“自由王国”。我们可以由此得到启示：读书不能不求甚解。

四、虚怀若谷的风范

在《杂议香港的社区词——兼评〈香港的社区词词典〉》中，作者写道：这是一个崭新的概念，是一种紧扣现代社会脉搏、与现代人们生活密不可分的语言现象。它突破了长期形成的汉语词汇结构的格局，给汉语词汇的研究注入了新的内容。社区词的出现是词汇紧随社会发展而发展的具体体现。这些植根于社区居民，反映社区政治、经济、文化生活的词语，显然跟一般植根于方言地区，反映地域性特征的方言词语是不能完全等同的。最先提出“社区词”概念并加以理论阐述的是香港学者田小琳教授。她在1991年就正式提出“社区词”的概念，接连写了多篇有关论文。她潜心编纂《香港社区词词典》，经过多年努力，在国庆60周年前夕由商务印书馆（北京）出版问世。应该感谢田教授，她为香港粤语词汇的研究和应用做了一件有突破性意义的好事。作者的这些描述，让人好像看到了一幅水墨画，画面上既描绘了情景风貌，又凸显了核心人物。这表明，作者对别的学者在学术上的新发现抑制不住兴奋的心情，对别的专家能够提出推动学科发展的新概念由衷地生发了敬意。这是一种虚怀若谷的大家风范。

五、通俗活泼的文笔

在《简体字和繁体字》中，作者写道：一个初进小学的儿童，打开课本第一课是“開學了”这三个字，该有多少笔画？现在改为“开学了”，又该省去多少笔画？孰难孰易，不是很明显吗？在《少当语言警察　多做语言导游》中，作者写道：千万不能令人感到语言规范必然会束缚语言运用的多彩多姿，引发语言使用者对语言规范产生抵触情绪。我曾在一篇文章里有感而言：“少当语言警察，多做语言导游。”在《“约定俗成”解》中，作者写道：“约定俗成”威力巨大，它制约着众多的语言现象，这些“约”从何而来？这些“俗”又如何产生？这就得从语言使用者的社会历史背景、地方风土习俗、民族心理状态等语言以外的因素去揣摩了。在《琐议网络语言》中，作者写道：语言始终是交际工具，网上交流的特点是迅速、快捷而又生动活泼，在网上交际的人群以年轻人为主体，他们在网上相互交际时所用的话，只要彼此能够听得懂，没有隔阂就行了。如果能够加上一点儿调侃的味道，网上聊起来就会越发来神、越发有趣，既长知识又能娱乐，让生活丰富多彩，何乐而不为呢？作者通俗而活泼的文笔，把深奥的道理化成了浅近易懂的话语，能吸引读者津津有味地往下看，从而接受其论断。

诚然，这样的“小书”，可以让读者受到多方面的启迪。

令人高兴的是，“大家小书”的理念和思路，“大家小书”的优良传统的弘扬，近来已经一再引起较为广泛的关注。《中华读书报》2008 年 5 月 28 日曾以“大学者写小书 大道理通俗化”为正标题，对重庆出版集团出版的《理论新视野丛书》在上海首发作了报道；《光明日报》2010 年 10 月 21 日再次以“大学者写小书 大道理通俗化”为正标题，对教育部就此命题在复旦大学召开的经验交流会作了报道。看来，此项举措有可能蔚然成风，热浪迭现。至于各个出版社的具体做法，比方如何组织队伍、如何圈定丛书的范围、如何写作，可能会有所不同。这需要探索，探索的结果，可能百花齐放、各具特色。前几年袁行霈先生主编的“大家小书”由北京出版社陆续出版，全套四辑，每辑十本，涉及文学、历史、佛教、语言文字等方面。暨南大学出版社委托伯慧兄主编的丛书，圈定在语言文字的范围之内，具有明显的专题性。我相信，不管怎么做，都必定会大大推进各门学科的良性发展，有利于社会的昌明，有利于后代智力的开拓。

“莫教春秋佳日过，最难风雨故人来。”这是伯慧兄最爱写的一副对子，反映了他极重友情的特点。我和伯慧兄相识于 20 世纪 50 年代末期，至今已有 50 多年，是名副其实的老友知交。1999 年，在他执教 45 周年的时候，我写过一篇《一位可以不设防的朋友》的文章。一转眼，12 个年头又过去了，伯慧兄年已 80。在热烈庆祝他的八十华诞之际，我想还是用那篇回忆性文章的最后一句话，作为这篇札记性文章的结尾：

我在长江之边桂子山之上，遥祝他永远那么英姿勃发，那么“潇洒没商量”！

2011 年 1 月 9 日

（华中师范大学语言与语言教育研究中心教授，第八届、第九届、第十届全国政协委员）

议论纵横　理据俱全

——詹伯慧先生的《方言·共同语·语文教学》序

李鹏翥

詹安泰、詹伯慧教授乔梓是广东著名的学者，安泰先生以古典文学饮誉，伯慧先生则以语言研究名家。20世纪50年代中期，予生也晚，青年时拜请安泰先生专著《屈原》诸作，佩服奚似，以后断断续续读过他的诗词作品，直至80年代读了《鷦鹩诗集，无庵词合集》，益增钦羡，惜已无从亲炙教诲了。到伯慧先生于1986年来澳假《澳门日报》会议厅举行“中国语言文字工作的现状和展望”专题讲座之际，始有缘识荆。在此之前，屡从谭任杰兄口中获悉其师的学问渊博、平易近人，接席之后，印象弥深。

伯慧先生是新中国培养的第一批语言学家、博士研究生导师。早年，他是我国语言大师王力教授的入室弟子、方言研究大家袁家骅教授的得力助手，同时又是散文作家。说来有趣，在我未读过他的语言专著前，20世纪80年代第一春，他作为新中国第一位正式应聘的语言学者前往东京大学讲学。两年期间，他除了忙于学术演讲和交流活动外，还广泛考察了日本的社会风情，以柏苇的笔名为香港一家报纸撰写《东瀛杂记》，观察入微，文笔优美，吸引着我每篇必读，可以说是文学的红线先于语言学把我们拴起来。

中国是个多民族的国家，由于历史悠久、山川阻隔、人口众多，方言的繁杂，相信是世界上少有的。除了少数民族语言外，以汉民族语大别而言，也分为北方方言、吴方言、湘方言、赣方言、客家方言、粤方言、闽方言七大种。即使是粤方言流行的广东、广西境内以至香港、澳门及海外东南亚、南北美洲的广州话，其中的语音和词义，也有一些差别。

为了在12亿人口的大国中，促进人民之间生产、生活的交流，加强多民族的大家庭的牢固凝聚力；为了国家的国际地位日益提高，在对外交往中表达准确的思想，我国需要推广早已建立起来的以北方话为基础的方言。它是以北京语音为标准音，以典范的现代白话文学著作为语法规范的共同语，过去曾经被称为“国语”、“标准语”，今天被称为“普通话”。

“车同轨，书同文”，在两千多年前的秦代，已经从行政上规定下来并加以推广。不管方言多么复杂，用汉字记录下来的文学、哲学、科学著作以及生产、生活经验，都是所有识字的汉民族以至少数民族所能读得懂的，并成为共同的文化财富。汉语的“雅言”、“通语”，也就是两千多年前中国各地的书面共同语。有了这样统一的汉语言文字，使我国优秀的文化历史完整地保存下来，而建立在共同语基础上的汉语，成为世界上发展最快的语言之一，全世界有1/4左右的人都在使用，是使用人数最多的语言。它不但词汇丰富，语法灵活，能够表达人类最复杂的思想，而且长期以来和外来民族语言接触，都是胜利者，吸取了外来语言的精粹而保持了自己的完整性，这是令炎黄子孙引为自豪的事情。

1982 年 11 月第五届全国人民代表大会第五次会议通过的《中华人民共和国宪法》第十九条规定："国家推广全国通用的普通话。"从立法上确定了普通话是以国家为主体民族的共同语的官方地位。应该承认，由于种种原因以及经济、文化、对外交往的发达，广东、广西和港澳民间对粤方言作为交流思想工具非常执着，北京大学来澳任教于澳门大学的语言音韵学家何九盈教授对我说："过去以为吴方言非常顽强，想不到来了广东和澳门，感到粤方言比它还要顽强。"笔者从 20 世纪 30 年代末入学起，尽管有心人在学校开设了当时称为"国语"的课程，也使用过多种手段去推行"国语"，但在新中国成立前社会收效似乎仍然不大理想。直到新中国成立以后，普通话南下力量日强，加上国家和政府在行政、教育方面大力推广普通话，才渐渐有所改变。一些思想上抗拒普通话或者是不那么热心于推广普通话的人，心里总有个纠缠不清的情意结，以为推广了普通话便会消灭粤方言。改革开放以来，由于广东先走一步，加上港澳同胞返内地投资支持"四化"建设的关系，"粤语热"和"粤语北上"的现象，又令一些人对推广普通话、对普通话与粤方言的主从关系观念模糊起来，甚至有人提出粤方言是独立于汉语方言以外的语言。伯慧先生以从事方言研究和教学逾四十年的理论和实践，从正确理解方言与共同语的关系、正确贯彻国家的语言文字政策、更有效地在方言复杂地区推广民族共同语等方面，有的放矢，对症下药，以大量例证来阐明道理，娓娓动人，具有雄辩的力量。

香港和澳门即将于 1997 年和 1999 年回归祖国，中文官方地位在香港和澳门的基本法中，都有了明确的规定。中文就是汉语言文字。尽管港澳在生活中通行粤方言，但将来一定要逐步推广普通话，与汉民族共同语相一致，这是不可逆转的潮流。因此，读伯慧先生有关的论述，将有助于提高对普通话的认识，加强对学习普通话的自觉性和积极性，促进与全国南北各地展开商务、文化、艺术等多方面的交流活动。即使是对粤方言非常执着的人，如果读了伯慧先生的《把握方向，大力开展粤方言的研究工作》、《粤语研究中几个问题的思考》、《关于广州话审音问题的思考》等多篇论点鲜明、理据俱全的专文，一定会认识到他对粤方言的热心，以及他为开辟研究的坦途提出的积极的建议。他一再强调学习共同语是社会发展、个人切身利益维护的需要，必须联系经济、生活来推广共同语；他从实际出发，提出共同语对方言的影响要渐渐加强，而方言则要渐渐向共同语靠拢，在家庭生活、局部范围内共同语与方言并存，而在全国范围和对外交往则要以共同语为工具。这些真知灼见，倘不是像伯慧先生这样既精通汉语言文字，又攻读过英文、法文，掌握了粤方言、客家话、潮州话、西南官话、北方方言以及吴方言，是不容易提出来的。

作为一个长期与文字打交道的新闻工作者，我对伯慧先生的《谈谈语文学习》和《谈谈新闻从业人员的语文修养》感到特别亲切。记得后一篇在《澳门日报》的《语林》专刊连载时，我不断向报社的采编人员介绍，并曾影印给一些青年同事阅读。伯慧先生说，"让记者先生、编辑先生们认真补一补语文基本功的课"，要求新闻从业人员"语言流畅，文通理顺，并且尽可能做到生动有味，在不违背新闻报道准确性的前提下，让读者在读报中多得到一点文化的享受。这也就是要求新闻从业人员必须‘笔下来得’”，要求“记者笔下偶有纰漏，到了编辑部还可以有补救的机会。如果编辑先生的语文修养欠佳，无力发现记者稿中的文字缺憾，那就使得有病也没有医治的机会了”。这些语重深长的话以及文中提到提高的方式方法，都说到了我的心里，引起了强烈的共鸣。我在报社内与编辑同事互勉要在审稿过程中，把好政策关、事实关和文字关，如果没有较好的语文修养，达第三关便城门大开，让文理不通、语病百出的漏子跑到读者的面前，那是一张有水平的报纸所不应有的丑态。20 世纪八九十年代，《澳门日报》先后“借东风”，乘著名作家秦牧、紫风伉俪，学者钱谷融教授、饶芃子教授来澳访问之便，敦请他们为报社的采编人员专门作了提高语言、文学修养的讲座，作为培训工作之一，大家反映得益匪浅。读伯慧先生的《谈谈新闻从业人员的语文修养》，犹如上了笑谈真理的有益一课。

今年，是伯慧先生带汉语方言博士研究生的三周年，带语言硕士研究生的十周年，从事汉语方言教学研究工作的四十一周年，出版以伯慧先生议论纵横的专文为主体，兼及有关的介绍文章和著述年表、资料等的《方言·共同语·语文教学》，是一项饶有意义的纪念活动。“问渠那得清如许？为有源头活水来。”四十年来，伯慧先生在大量调查研究工作的基础上，经过深入的分析，写出了宏富的语言学专著，还培育了大批中青年语言学者，堪称著作等身，桃李满门。尤其他先后到日本、中国香港、新加坡、法国做访问学者，与澳门等地学者有密切的合作关系，成就卓著，这部文集仅是管中窥豹、略见一斑而已。

笔者学识浅陋，于汉语方言复无深究，承伯慧先生一再督促为序，惶愧不已，提出写一篇读后记作为跋也不获同意，只好佛头着粪地拉杂谈了这一些聊以应命，贻笑大方，乞读者专家教正为盼。

1994 年国庆节前于跬步斋

（著名作家，历任澳门日报社总编辑、社长）

（原载《潮学研究》1995 年第 2 期）

走向国际的汉语方言学

——读詹伯慧《方言·共同语·语文教学》

邓景滨

詹伯慧教授是国际知名的汉语方言学家。20 世纪 50 年代初，他是语言大师王力先生的入室弟子、方言研究大家袁家骅先生的得力助手。此后，40 多年来，他对汉语方言学情有独钟，锲而不舍：调查研究不断，教学著述不断，出国交流不断。自 80 年代始，詹教授先后应邀出访日本、法国、新加坡、泰国及中国港澳台等国家和地区，或讲学，或交流，或科研，或参加国际学术研讨会。他将中国大陆在汉语方言学领域中的最新成就和本人的研究成果，带到国际汉学界。在此期间，他在国内外出版了十多种专著，发表了一百多篇学术论文。他曾把自己的三本汉语方言学专著——《现代汉语方言》（1981 年）、《语言与方言论集》（1993 年）、《方言·共同语·语文教学》（1995 年）——喻为“三个脚印”。这“三个脚印”其实也是他在学术道路上的“三个台阶”，一个比一个坚厚，一个比一个高。这部标志着詹教授在学术道路上迈上新台阶的《方言·共同语·语文教学》，收录了他在海内外演讲和发表的部分论文，将中国当代汉语方言学中有关方言的调查研究方法、方言的分区、方言与文化的关系、方言与教学的关系、方言的发展趋势、“双方言”的应用等方面的最新成果、最有代表性的观点展现在国际汉学界面前。

在汉语方言的分区问题上，詹教授坚持“从语言实际出发”，“以语言材料为依据，以社会历史资料为主要参考”的原则，主张在方言划分中采用多层次分区法：第一层为“方言区”，即“大方言”；第二层为“方言片”，即“次方言”；第三层为“方言小片”，即“土语群”；第四层为“方言点”，就是一些具体的地点方言。而划分方言所依据的语言特征，则要顾及两方面的因素：一是对于这一方言系统以外的其他方言，具有“排他性”，可以充分显示出这一方言不同于其他方言的个性；二是对于这一方言系统以内的诸方言具有“一致性”，能够充分显示这一方言内部各方言相同的共性。詹教授曾在语音方面为此归纳了十四条方言特征。与此同时，他还从实践中总结出划分方言的两种科学方法：一是运用典型的语言特征进行划分方言区域、判断方言系属的“特征判断法”；二是从方言的语音、词汇、语法系统中列出许多足以说明异同的条目，用统计的办法进行全面的异同对比，然后通过异同的百分比来判断方言的归属的“综合比较法”。运用上述的原则、标准和方法，詹教授对 20 世纪 50 年代丁声树、李荣提出且几成定论的“八大方言说”重新进行科学的审视、细致的分析，大胆地提出了“七大方言”的新说，即将全国的汉语方言分成七大区：北方方言、吴方言、湘方言、粤方言、闽方言、赣方言和客家方言，得到了大多数语言学家的认同。

在汉语方言与共同语的关系上，詹教授指出，在全国范围内推广共同语——普通话，是宪法规定的国策，有利于国家的团结与交流；但“推普”的目标是“扩大普通话的使用范围和缩小方言的使用范围，而不是消灭方言”。方言与共同语彼此并非“水火不容”、“对头冤家”，而是“并存并用，有主有从”。共同语在不断扩大影响中向方言区普及，方言在共同语的推广和普及中逐渐缩小通行的范围。就方言区的个人而言，从单一语言生活向双语生活发展；就方言区的社会而言，逐渐形成双语交际的局面，在双语交际中共同语将会成为教学语言、工作语言、宣传语言以及不同地区的人互相交际的语言而显示出它的主导地位。而方言，最终的目标是保留它的“配角”地位，让它在家庭中、在乡亲的交际中继续发挥作用。在这个“并存并用，有主有从”的过程中，“双语”（双方言）甚至“多语”（多方言）的语言格局，就会自然形成。詹教授参照了海内外多个国家、民族的语言现象，客观地提出了当今汉语社会中的三种语言模式：一是某种汉语方言与汉民族共同语并用的双语社会，二是不同汉语方言并用的双语社会，三是多种汉语方言与汉民族共同语并用的多语社会，并对这三种语言模式进行了细致而精辟的分析，为政府的语言政策提供可靠的依据。

在汉语方言与语文教学的关系上，詹教授在强调汉语规范化的同时，对一些具体的方言词也作了具体细致而又合情合理的分析。在书面语言中，他以为，既要注意防止方言词、方言句式的滥用，又要注意对某些方言词采取宽容的态度。究竟如何掌握这个尺度？何者可以“开门”？何者必须“关闸”？书中有详细的论述。如一些地方色彩很浓的、反映本地事物或本地风土习俗的词语，用共同语往往难以准确传神，如港澳地区常见的大众食品名称“凤爪”、“肠粉”，动作行为常用词“行街”、“饮茶”，特有事物名称“太空人”、“徙置区”等，应可“开门”。有些既有共同语的语词，又有本地方言的词语，在不妨碍理解的前提下，原则上应给予宽容，允许自由选择，如港澳的“超级市场”（自选商场）、“幼稚园”（幼儿园）、“冷气机”（空调机）、“写字楼”（办公室）等。但对于一些已有了传统词语的概念，就不必再使用不规范的同义音译词，如将快乐写成“吃皮”，将厕所或洗手间写成“胎裂”。对于这类音译词，的确需要“关闸”。

在汉语方言中，粤方言和闽方言是海外华侨中影响最大的方言，詹教授以广东省中国语言学会会长的身份，曾先后参与和组织了四届粤方言国际研讨会和三届闽方言国际研讨会，在海内外引起了很大的反响。尤其在粤方言方面，詹教授亲自牵头，联络了穗港澳的专家学者和语文工作者，组织了广州话审音委员会，并被推选为主任，负责广州话的正音工作和《广州话正音字典》的编纂工作，受到了海内外语言学界的高度关注和重视。书中有两篇专论介绍了他在这方面的观点，对其他方言的正音和方言字典的编纂，亦有很好的启发作用。如在审音时要注意：尽量精简多音字的读音，要适当保留“音随义转”的原则，要“名从主人”，既要遵循古今语音演变规律，又要遵循“从今从众”原则，如某字在粤语和共同语均有同义异读时可参照共同语的取舍等。此外，书中对目前粤方言“北上”的现象和应该如何看待这个“北上”现象，亦有精彩的论述。

这部由澳门日报出版社出版的《方言·共同语·语文教学》，全书共20万字，包括学术专论16篇、纪念王力和赵元任两位语言大师的专文两篇，篇首的书序《议论纵横，理据俱全》出自《澳门日报》总编辑李鹏翥先生的手笔，建瓴高屋，切中肯綮；篇末的

5篇附录，有《学术研究》（双月刊）记者的访问记、詹教授的主要学术经历和学术著述目录等，是难得的重要资料，对了解和研究詹教授的治学思想与学术成果极有裨益。

综览《方言·共同语·语文教学》一书，笔者深切体会到詹教授那坚厚的专业根基和严谨的治学作风，感受到他那强烈的事业心和社会责任感。书中既有微观的钻研，又有宏观的探索；既有纵向历时的考察，又有横向共时的比较；既有丰富的方言材料，又有系统的科学方法；既能以理论指导实践，又能从实践概括理论；加上触觉敏锐，贴近生活，故能屡着先鞭，迭出创见！

1995年，国家教委举办了"全国社会科学人文科学一九七九—一九九四年优秀成果奖"，将近15年来全国的优秀著述作一次大检阅，这是新中国成立以来最高层次的评奖活动。结果，汉语方言学著作的最高奖项为二等奖，而且仅得两部，其一便是詹伯慧教授与张日升教授主编的《珠江三角洲方言调查报告》（三卷本，共150万字）。这一殊荣，无疑是对詹教授在汉语方言学方面的学术成就的高度肯定和赞许！

"汉语方言这一取之不竭、用之不尽的语言科学宝库，对于研究古今及其相关的汉藏语系具有重大的意义，对于普通语言学理论的研究，特别是对于建立一套结合我国实际、具有民族特色的语言学理论，更有着积极的推动作用，这是毋庸置疑的。"詹教授的这一段论述，揭示了汉语方言学的重要意义及其灿烂前景。作为汉语方言领域的后学，笔者在衷心祝贺詹教授"第三台阶"的《方言·共同语·语文教学》问世的同时，更衷心祝愿他在建立一套结合我国实际、具有民族特色的语言学理论方面，作出更大的贡献。

（1996年获暨南大学博士学位，现任澳门大学中文系教授）

方言与语言应用研究的力作

——评《漫步语坛的第三个脚印——汉语方言与语言应用论集》

王红梅

摘　要：本文对《漫步语坛的第三个脚印——汉语方言与语言应用论集》中所体现出的学术研究视野、研究方法等作了总结、归纳，并作简单评价，旨在呈现詹伯慧先生的治学态度、方法，以及其在方言研究方面的贡献。

关键词：粤方言　应用　规范

随着汉语方言研究的逐步深入，方言学已经成了一门备受瞩目的学科，方言学界涌现出了大批致力于方言研究的学者，詹伯慧先生就是这些孜孜不倦的学者之一。从方言学刚起步到今天的发展壮大，几十年如一日，他辛勤地耕耘着，为汉语方言的发展壮大作出了不可磨灭的贡献，这一点有目共睹。詹先生著述宏富，专著、主编、参编的著作共有30多部，公开发表的文章达300多篇。这部《漫步语坛的第三个脚印——汉语方言与语言应用论集》是先生近期的一部论文集（2003年4月出版）。他用脚印来比喻自己在语言方面取得的成果，这个“第三”并不是他的第三部著作，而是他的第三本论文集。第一本论文集是《汉语方言文集》，主要收录他在“文革”前的文章；第二本论文集是《语言与方言论集》，收录的主要是他在20世纪80年代的文章；这本论文集收录的主要是90年代后的作品。这三个“脚印”标志着詹先生在不同阶段的学术成果，也是他严谨、勤恳、踏实的治学态度的印证。

一、语言背景与研究视野

詹先生自幼生活在书香门第之家，深受传统文化的熏陶，使他拥有了较好的文笔、缜密的思维和流畅的表达能力。他的家庭可以说是各种方言的汇集站，父亲讲客家话，母亲讲潮汕话，上学讲粤语，先生除熟练地掌握这三种方言外，还会讲武汉话。在他上小学的时候，就随父母来到粤北，进入说粤语的小学，后来上高中又在广州，因而粤语是他的长项，也是他比较关注的方言。他在大学读的是中山大学语言学系，师从王力先生等语言大家。毕业不久又去北京大学进修，跟随袁家骅先生攻读汉语方言学，在北京两年的学习和方言调查实践，不仅让他打下牢固的专业基础，还练就了一口流利的普通话。詹先生曾在武汉工作三十年，又学会了地道的西南官话。说他是一部方言大百科全书一点儿也不过分。再加上他的语言学基础以及对语言的浓厚兴趣，使得他的研究内容不拘一格、视野开阔。本书的文章涉及面很广，有方言方面的，有语言规范方面的，有普通话推广与方言关系方面的，还有词典编撰方面的。詹先生能自如地从多角度、多侧面对方言以及方言与共同语的各种关系进行研究，这和詹先生多方言的语言背景密不可分。

粤方言在南方方言中无论是调查整理的广度还是研究的深度，与其他方言相比都是比较充分的，这与詹先生的辛勤耕耘是分不开的。粤方言一直是詹先生研究的重点，取得的成果也十分丰厚。1960 年出版的《汉语方言概要》中，粤语部分是由先生执笔的；20 世纪 80 年代又出版了他与张日升先生共同主编的《珠江三角洲方言调查报告》；90 年代他又有两部新的调查报告问世（一部是《粤北十县市粤方言调查报告》，另一部是《粤西十县市粤方言调查报告》）；在小范围研究的基础上，2002 年全面研究粤方言的著作《广东粤方言概要》应运而生。收入《漫步语坛的第三个脚印——汉语方言与语言应用论集》的《粤北十县市白话语音特点述略》、《粤西十县市粤方言语音综述》、《广东粤方言的共同特点述略》、《关于〈广东粤方言概要〉的编撰》等几篇文章就是在前面调查研究基础上综合性的概括和总结，是詹先生在方言研究上由点到面、由基础调查到综合研究循序渐进的学术研究方法的印证，也是他在治学道路上一步一个脚印踏踏实实地向前迈进，在学术研究方面逐步深入的连续性的体现。詹先生还从宏观视角对“粤语的归属”、“粤语的地位”、“粤语的规范”提出独到的见解，并进一步指出粤方言可进一步深入研究的关键。在《粤语研究的回顾与展望》一文中，他指出粤语今后的研究应在继续加强调查的基础上，从社会语言学、应用语言学方面对“粤语的应用情况进行调查，把粤语应用的研究放到语言多元化的社会环境中来考虑”。

詹先生对闽方言的研究状况也十分关注。这本论文集收入五篇相关论文，主要从宏观着眼，对闽方言的研究现状进行评述，并指出研究中尚存的不足之处：一是“地区不平衡和内容不平衡的问题”；二是研究队伍整体实力很强，却“各自为战”，对宏观问题、全局性问题关注不够。针对这些不足，他还指出今后研究的几个方向，为闽方言的进一步深入发展注入新的活力。

二、敏锐透视与宏观把握

在方言的研究方面，詹先生十分关注方言的研究情况，先后写了很有影响力的《四十年来汉语方言研究的回顾》、《二十年来汉语方言研究述评》和《〈方言〉二十年述评》。这些文章对 20 世纪 50 年代以后的方言研究情况作了概括和总结。詹先生对汉语方言在几十年中所取得的成绩给予充分的肯定，主要表现在：①汉语方言的研究虽始于西汉扬雄的《方言》，但真正运用现代语言学的知识和科学的方法对方言展开调查始于 20 世纪 20 年代至 20 世纪 90 年代近 70 年的时间中，汉语方言经历了“从‘冷门’到‘热门’”、“从‘普查’到全面深入研究”、“从单点研究到成片研究”、“从词典的编撰到方言地图的绘制”的逐步深入的发展过程。②1979 年后，方言研究的发展更是突飞猛进，大批的学术团体和学术机构纷纷组建，这既推进了方言研究的发展，又促进了学术上的交流。③《方言》杂志的创办和学术会议的举行，为越来越多的方言研究者提供了学术讨论的专用园地，并能在某种程度上起到调控方言研究的发展方向的作用。方言词汇和语法研究是方言研究的薄弱环节，《方言》编辑部就利用《方言》这块阵地进行调控，并取得了良好的效果。在纵观方言研究的成就与发展不足的基础上，先生在《二十一世纪汉语方言研究展望》中指出方言研究今后的发展方向。詹先生在方言研究方面基础好、起步早，是半个世纪以来汉语方言发展的见证人。无论是对方言发展历史的回顾还是对未来发展趋势的展望，他高屋建瓴的理论都能为方言研究的健康发展起到指导作用。

汉语方言分区一直是方言学界关注的一个大问题；许多学者对汉语方言的分区问题发表了真知灼见。从近代学者章太炎的十类说，历经黎锦熙的十二系，李方桂的九种方言，王力的五大方言，丁声树、李荣的八大方言到目前的七区及近期的十大方言说，汉语方言的分区越来越科学化。汉语方言分区的变动与各种分类的不同是对汉语方言特征认识不断深入，以及对分区的原则和依据把握不同的结果。詹伯慧先生在《方言分区问题再认识》一文中指出“语言特征是汉语分区的主要依据”，目前应用的主要是“历史性语音条件”和“特征词特征字”相结合的方法，这种划分依据从实用性和可操作角度来看，我们不敢说是最好的，但可以说是到目前为止最不坏的。汉语七大方言与十大方言的不同关键在于对晋语、徽语、平话的处理上，主张这三个区独立的就把汉语方言分为十区，不主张独立的就分为七区。詹先生认为“综观汉语方言的全局，把晋语从北方话中独立出来，恐怕不如留在北方话的大家庭中，作为有特色的一支北方话（晋语），更为切合汉语的实际”。关于平话则“目前暂不必匆忙定夺，留待对相关‘土语’作进一步深入调查以后再来解决”。詹先生“不反对徽语独立成区”，只是徽语独立的条件即徽语特征及内涵、界线等尚需作进一步深入研究。对晋语的处理，詹先生就是按照划分标准进行定夺的；他对平话和徽语并没有按照划分标准作硬性的归类，而是在语言事实还不十分明了的情况下，不急于处理，留待语言事实调查得深入了，再明确其是分是合。

站得高，才能望得远，先生的高瞻远瞩与多方面的学术研究视野，与他的语言背景、学术研究历史、长期的积累是密不可分的。

三、忠于语言事实的语言观

詹先生有两句关于语言的口头禅，一句是“多做语言的导游，少做语言的警察”；另一句是“要做生活的有心人”。用他这两句话来概括他对语言规范和治学的态度再好不过。“多做语言的导游，少做语言的警察”主要是针对语言规范问题而言的。语言不是静止的、一成不变的，而是一个动态的、发展的，有一定自我调控、自我完善能力的系统。语言工作者“既要本着克服语言运用中的混乱现象，重视语言纯洁健康的态度来积极研究语言规范，维护语言规范，又要使规范的语言在实际的运用中有一定的宽容度……语文工作者要防止乱挥警棍的‘警察行为’。我们不要老是当语言的警察，当语言的法官，我们不妨多当当语言的导游，把人们带进绚丽多彩的语言海洋中，让人们尽情享受语言世界的乐趣”。在这种语言观的指导下，一些新词、有表现力的方言词刚刚出现在普通话中时，就不会马上被贴上异类的标签，出现“老鼠过街——人人喊打”的局面。尊重语言事实，先让语言系统自身来调节，就不会轻易把它一棒子打死。“做生活的有心人”强调要对语言细心、敏感，这是他多年钻研语言所得出的心得，从这本论文集中的许多文章都可以看出他正是这样的一位有心人。如在谈到旅馆业的重复命名问题时，以三个坐落在广州不同地点、均用“华侨”冠名的旅馆（华侨大厦、华侨酒店、华侨旅社）为例，三个旅馆的英译名均是“Huaqiao Hotel”，汉语的名称也相似，这样的专名应加以规范。类似的例子作者还举了天河区四家以“天河”命名的“天河大厦、天河宾馆、天河酒店、天河楼”，这些旅店名称的搜集看来好像是信手拈来，实际上需要日常生活中的细心积累。

先生文如其人，踏实又大气。与前两本论文集比，《漫步语坛的第三个脚印——汉语方言与语言应用论集》更注意宏观分析，研究的范围拓宽了，理论意识也逐渐凸显出来了，既不放弃在语言细微处的雕琢，又有宏观上高瞻远瞩的把握，在语言事实的基础上生发语言理论，对汉语方言学与语言应用有着理论指导意义。

参考文献

詹伯慧：《漫步语坛的第三个脚印——汉语方言与语言应用论集》，广州：暨南大学出版社，2006年。

詹伯慧：《汉语方言及方言调查》，武汉：湖北教育出版社，2001年。

张晓山：《立说传薪风雨人》，广州：暨南大学出版社，1999年。

邵敬敏：《汉语语言学评论集》，杭州：浙江教育出版社，2003年。

（广东外语外贸大学教授）

方言研究的大家与和谐语言生活的给力者

——詹伯慧先生与语言文字规范化及其他

刘新中

在当今复杂的社会发展阶段，我们领会詹先生的很多教诲，是很有现实意义的。下面我们就从几个方面谈谈詹先生的有关论述，同时对詹先生在人才培养、学科建设等方面的贡献略谈一二。

我们观察一个人文学者的成就，往往是从他的著作入手，通过他的作品来了解他的贡献和贯穿于这些作品中的思想、理念。基于此，我们试图通过詹先生的系列文章来探讨他对广东乃至全国的语言文字规范化的重要贡献。本文除了个人的观点之外，主要参考了詹先生的下列文章：

方言和规范化杂议（《双语双方言》论文集，1989 年）

略论方言、共同语与双语制问题（《双语双方言与现代中国》，1992 年）

再论方言、共同语与双语制问题——在第三届双语双方言研讨会（国际）的讲话（《语文建设通讯》1993 年第 42 期）

汉语方言调查与汉语规范化（《语文建设》1995 年第 10 期）

对香港语言问题的几点思考（《中国语文》1996 年第 2 期）

方言和普通话杂议［《双语双方言》（四），1996］

试论方言与共同语的关系（《语文建设》1997 年第 4 期）

略论语言规范与语言应用（《联合早报》，1998 年 5 月 9 日、11 日）

再论语言规范与语言应用（《语言教学与研究》1999 年第 3 期）

当前一些语言现象与语言规范（《暨南学报》2001 年第 4 期）

新加坡的语言政策与华文教育（《澳门日报》，2002 年 3 月 10 日）

小议方言区的双语应用问题［《双语双方言》（八），2005 年］

语言规范与语言生活的多样化（《语言规划的理论与实践》，2006 年）

略论共同语和方言并用中的主从关系［《双语双方言》（九），2006 年］

上述文章均出自暨南大学出版社 2008 年 12 月出版的《詹伯慧语文评论集——庆祝詹伯慧教授从教五十五周年》。从这些文章中我们不难看出，正是由于詹先生是一个方言学大家、著名的语言学家，他才在语言研究、语言应用、语言生活以及相关的教育和人才培养方面有诸多建树，对许多看似复杂纷繁的问题有清晰的分析；正是由于詹先生对方言的深入体悟和研究，才不遗余力地对方言研究倾注了全部的精力；也正是由于他对方言调查、方言研究的复杂性和广度的清晰的认识，才能让他坚定不移地提倡在保留方言特殊作用的时候，一定要保证方言复杂地区的推广共同语的工作，以使方言区能有一个便捷、通用的交际工具，以利于国家的统一、教育的普及、社会的和谐。实践证明，没有一个源于方言、高于方言并且方便实用的共同语，是不利于全国包括方言在内的社会发展的；同样，没有许多富于特色、充满活力的各类方言，我们的语言社会将会枯燥乏味。

詹伯慧先生在坚持推广普通话、坚持语言文字的规范化的同时，积极倡导语言生活的多样化。我们知道，凡事都有一个度的问题。冯友兰先生晚年最喜欢的一副对联是："阐旧邦以辅新命，极高明而道中庸。"以史为鉴，古为今用，面对纷繁的社会现象，选择一个最为恰当的原则、方法与行为。詹先生对"推普"和发挥方言的作用这两者的关系有非常清晰的界定，他将问题上升到既有语言应用的大格局，又有顾及地方特色的人文关怀和乡土意识的层面。他说："通过大力推广普通话，唤起国民的民族意识，明白到全社会拥有一个通用的交际工具，对于民族的振兴和国家的统一是何等的重要！拥有十三亿人口的中华人民共和国，绝不能够只有各种不同的地方方言而缺乏一个全国通用的共同语；踏上神州大地的各国朋友，不能够只听到各色各样的方音土谈，而听不到全国通用的国家语言。推广普通话实际上是要使方言地区的社会语言的应用从单一的方言交际过渡到既使用方言又使用普通话的双语交际。也就是使每个自幼会说家乡方言的人都学会一种家乡以外的人能懂的全社会通用语言，每个过惯只说方言单语生活的人都过上既说方言，又说社会通用语——普通话的双语生活。以此为基础，在全社会逐步形成一个以普通话作为社会公共交际用语，以方言作为家庭、乡亲间交际用语，有主有从，既推广了普通话，又保留了方言的社会语言应用格局。这样一个方言地区双语应用的格局，既符合方言地区经济发展和社会进步的需要，也体现了社会语言生活日益多元化的发展趋势。方言地区的人民用不着担心代代相传的乡音会随着普通话的推广而日渐式微而至于最终消失。"（《小议方言区的双语应用问题》）明白这个表述的含义之后，无论是方言研究，还是"推普"，抑或是文字的规范，我们都会进退有据，减少激进"推普"和极端方言排他的问题，这对于方言复杂的南方以及语言复杂的边疆地区的语言工作，都具有重要的指导意义。这些年，国家的语言政策、语言规划渐趋清晰，即只有构建健康的双语、多语的语言生活，才能有一个和谐的语言生活。然而詹先生的这些思想和理念，还真需要进一步地提倡，让广大的语言研究者和使用者有一个透彻的了解，从而充分发挥语言和方言的工具性以及文化亲和力的作用。

詹先生非常难得的是，在大家一边倒地大张旗鼓、轰轰烈烈地"推普"时，能够清醒、明确地呼吁"留住方言留住根"，提醒人们注意方言的研究与应用；在"推普"和规范化工作遇到问题、质疑时，又能旗帜鲜明地强调维护共同语以及规范工作的重要性和必要性；在一些人不明就里，将方言与共同语对立起来的时候，又能及时地站出来纠正那些偏激与出格的言行。这些都体现了詹先生过人的胆识、眼界和胸怀。

詹伯慧先生是著名的语言学家、方言学家。在近六十年的研究教学中，他始终是研究与应用相结合，将方言学的研究置于广阔而深厚的中华文化、中国实际的土壤中，在不遗余力坚持方言研究的同时，非常重视语言应用以及相关的规范工作。作为一个语言学家，詹先生专注于专业的同时，不忘社会责任，积极给力地服务于国家和社会的语言文字应用的大局，使自己的专业在得到深入研究的同时，与国家的兴衰发展、社会的波折进步相联系。在历经磨难之后，专业与研究、为学与做人都得到了升华；在一个学术蓬勃发展的时期，抓住了机遇，取得了举世公认的学术成果。学术研究只有得到社会应用这个强大支撑系统的支持，加上个人的不懈努力，才能有不竭的源头活水，才能有可持续发展的理由。这正应了路易斯·帕斯图的话："在实践中行不通的理论是毫无价值的理论。纯科学和应用科学这类的东西是没有的；有的只是科学和科学的应用。"①

语言文字的规范，不是僵硬的行政命令，不是共同语和方言等各种现象的你死我活的零和游戏，而是有主有次，共同繁荣，共同服务于不同层面、不同范围、不同对象，取舍有序，其关系非常类似于语音系统中的互补关系。两者也像是一曲交响乐的主旋律和不同乐章，第一乐章（快板）富于戏剧性和动感，第二乐章（慢板）适于哲理思考和内心感受，第三乐章（中板）表现日常生活场景，第四乐章（急板/终曲）突出宏大场面。② 方言和共同语本来就是整体中的不同分支，大汉语之下的不同支系，有较为明确的使用群体和应用层面，但是总是有个别人容易走极端，使问题变得复杂。更有甚者，对语言使用所出现的一些情况和现象，按照自己的一己之私妄加推断，讨论的话题也远远超出了语言本身的范围，并由语言问题延伸到社会问题，为自己对社会的不满找到一个发泄的理由和借口。面对这些问题，詹先生总能够旗帜鲜明地坚持正确的东西，对于那些认识上的偏差，詹先生也能够进行耐心的引导工作。这对一个语言复杂，经济、社会发展迅速的大省广东而言，是非常重要的；对中国这个人口众多，民族和语言丰富多彩的国家而言，也有重要的意义。

詹先生还十分关注语文现代化中的语言应用问题。其语言态度是坚持语言多样性和文化多样性的同时，五十多年如一日，不遗余力地推广民族共同语，在纷繁复杂的当前形势之下，他更是头脑清醒，提倡主体性与多样性的包容。

詹先生几乎是全程参与国家语言文字的重大工程，在执行国家的语言文字政策时，坚持实事求是，服务实践，多次提出"要做语言的向导，不要做语言的警察"，这样就很容易化解许多不应有的矛盾和误解。

与语言研究密切相关的是为繁荣学术视野所进行的学术以及学术组织活动。詹先生长期担任广东省中国语言学会的会长，为广东省的语言学科的发展作出了很大的贡献。目前他担任一些有关学术团体的领导职务，如广东省中国语言学会名誉会长、广东省社会科学学会联合会顾问、中国语文现代化学会顾问、全国汉语方言学会理事、中国辞书学会理事等，同时他还是广东省语言文字工作委员会委员。

在处理很多复杂问题的时候，詹先生表现出了很强的社会责任——大局意识与责任感。他为暨南大学的汉语方言研究和学科建设作出了巨大贡献，为广东省语言学事业的

---

① 转引自［英］丹尼尔·琼斯著，郭作、周开顽译：《英语语音学大纲》（中文版），成都：四川教育出版社，1987 年，第 1 页。

② 蒋振环：《简明音乐教程》，天津：南开大学出版社，1990 年，第 178 页。

繁荣和发展发挥了无可替代的作用，也为我国的方言学事业作出了重要贡献。詹先生现为暨南大学中文系教授、汉语方言研究中心名誉主任，兼任香港大学名誉教授，1990 年被国务院学位办评为博士生导师，在暨南大学中文系建立第一个博士点——现代汉语博士点。迄今他已培养博士生 29 人，硕士生 9 人。詹伯慧教授从教近六十年来在汉语方言、汉语辞书和汉语应用研究方面做了大量工作。如果没有詹伯慧先生的努力，我们的方言研究会是什么样子？暨南大学的汉语方言研究会有今天的成绩吗？我们借用一句《大雅·绵》中对古公亶父的描写："曰止曰时，筑室于兹。"

詹伯慧先生不仅对教书育人与学科建设都倾注了大量的心血，他对事业的执着、对学生的爱，都是终身与之、从一而终的。顺境逆境都能泰然处之，不因条件的变化、环境的转移而动摇；抓住机遇，组织研究团队，迎难而上，将方言研究不断推向新的高度。他十分重视在实践中教书育人，为学生能力的拓展提供尽可能广阔的发展平台，身为学生的我们，都有"匪面命之，言提其耳"（《诗经·大雅·抑》）的经历，跟着詹先生写论文、改文章都会得到很多的收获和提高。

对于一个学者和教师，哪样东西是最为重要的？在现在这样高度数字化的时代，似乎任何东西都是用数字和统计表格来衡量了，但是真正的人文精神、形而上的思维能力、逻辑构建能力以及实践能力却严重缺失了，此时我们更加需要唤起东西方传统中优秀的道德观和价值体系。詹先生言传身教给了我们很多启示。他培养的学生大多数都已经过了不惑之年，也都开始了自己研究和教书育人的事业，我们在为人师的过程中，总是自觉不自觉地践行我们的老师所示范给我们的东西。

詹先生具有开阔的视野、国际观以及与时俱进的不懈追求。他的著作在海外有很大的影响，他先后在日本、法国、新加坡、美国以及中国香港、台湾等地讲学，培养的学生许多都已经成为知名学者。进入信息化时代的今天，詹伯慧先生老当益壮，紧随时代的步伐，依然活跃在学术一线，发挥着重要的作用。

詹先生对于语言中的新事物、新现象、新用法的包容与鼓励也是令人钦佩的，他对方言以及方言应用中出现的混乱现象的规范问题也做了大量工作，这些都拓宽了语言研究和应用的范围，值得进一步深入和加强。

陈原先生在《赵元任学术思想评传》的序中写道："赵元任是 20 世纪有重大影响的语言学家和语言教育学家。但赵元任绝对不仅仅是一个语言学大师。人们认为他是我们这个时代一位值得尊敬和钦佩的人文学者。……他具备当代一个人文学者的所有特征：尊重人的价值，培养并训练人的技能——科学的技能和艺术的技能；富于人情味和人道主义精神，此外还常常带着教人愉快的幽默感。""他自然不是通常说的自然科学家，甚至不是把自己关在狭隘圈子里的传统语文学者。他研究语言现象和语言规律，是从改造语言文字的远大理想和目标出发的；他有着广阔的视野作背景，而且绝不把自己禁锢在传统的知识范围，却敏锐地吸收了当代自然科学的最新成果例如控制论和信息论。……他真正做到学贯中西：这是由于他对祖国的文史哲即通常所谓的国学有坚实的基础，却又对西方的文史哲即人文科学有极深刻的领会。"陈先生对赵元任先生的学养的总结，正是我们这些从事语言学研究的人心向往之，希望达到的至善境界，这些东西的生命力能够伴随我们研究的始终。

在这篇小文章的结尾，我愿意借用饶宗颐先生学艺兼修联，表达我对詹先生以及由先生和诸多前贤学长共同创立的汉语方言研究事业的敬仰与信心：“万古不磨意，中流自在心。”

（暨南大学中文系副教授、汉语方言研究中心副主任）

能讲三种纯正的汉语方言的詹伯慧教授

周耀文

詹伯慧教授是我国当代著名语言学家、汉语方言学家和教育家。他不但在语言学、汉语方言学理论上有很深的造诣，而且是一位在汉语方言调查研究、语言应用研究方面取得最丰硕成果的汉语方言学家。他能讲三种纯正的汉语方言母语——潮州话、客家话和广州话，并且针对三种方言都有许多论著，如《广州话正音字典》、《广东粤方言概要》、《粤北十县市粤方言调查报告》、《饶平客家话》、《中国大陆客家方言的研究与应用》、《广东客家方言研究之我见》、《潮州方言》、《潮州话的一些语法特点》等，这在我国汉语方言学家中是绝无仅有的。在广东，能讲两三种方言的人不少，但三种都能达到纯正“母语”水平的则极少。我年轻时也会讲三种方言，但除了能讲一种纯正的潮州话（揭阳音）外，其他两种是到中学、大学时才学到的，所以讲得不准，一开口就露“马脚”。但詹先生能说的三种方言都达到纯正的“母语”水平，对方听了，都认为他是本方言区人，是同乡。伯慧是我的老同学，他一进校门就让同学们刮目相看。大家见到他遇见潮州同学说潮州话，遇见客家同学说客家话，遇见讲粤方言的同学说广州话，遇着外省同学说国语（现叫普通话），而且三种方言都说得纯正，国语也说得流利，这使同学们既羡慕又感到不解。对此，我记得曾问过他的“家史”和他习得三种方言的“方言学史”。伯慧说，他母亲是潮州市人，讲潮州话。1931 年他生于潮州市，从幼儿时期起，跟着母亲和外婆说潮州话，潮州话是他的第一母语。他父亲（中山大学中文系教授）是广东省饶平县新丰镇人，新丰镇讲客家话，父亲是客家人。六七岁时，伯慧跟母亲回到父亲老家新丰镇读小学，小学上课讲客家话。他在这里习得客家话，客家话是他的第二母语。1938 年日寇侵占广州，中山大学从广州搬到云南，后又迁至粤北坪石，伯慧从饶平老家被接到坪石和父亲住在一起，在坪石广同会馆办的小学读了两年高小，直到毕业，那里的老师是用广州话教学的，坪石市面上也大都用广州话交际。年幼的伯慧就开始习惯于三语并举的语言生活了：在家跟父亲说客家话，跟母亲说潮州话，一出家门，就在学校里和社会上说粤语，粤语已开始成为他的第三母语了。小学毕业时侵华日军从湖南南侵，意在打通粤汉铁路，坪石告急，中山大学又东迁梅州。这时，父亲干脆把伯慧送回家乡读初中，这就又让伯慧在饶平上饶区立初级中学（饶平四中的前身）过上了三年寄宿学校的生活，有机会天天跟老师和同学说客家话。1945 年日本投降，中山大学搬回广州，伯慧也在那年夏天回到广州，在中山大学附中读高中，这时校内校外都讲广州话。但在家里，他仍然对母亲讲潮州话，对父亲讲客家话，对兄弟姐妹和同学老师则离不开广州话。詹家俨然成为一个多方言的“杂居区”。1949 年，伯慧考进中山大学文学院王力先生创办的语言学系。大学都用国语授课，他进一步学得一口流利的国语。由于他能讲广东三种纯正的方言，三种方言都是他的母语，讲各个方言的人又都是他的“同乡”，所以他没有狭隘的某一个方言的乡土观念，也没有对单一方言的特殊感情，他对三个方言只有博爱而没有偏爱，他超脱了。

伯慧的父亲詹安泰先生，是新中国成立前中山大学中文系的老教授，著名诗词家。伯慧是书香门第的后代，自幼便受文学的熏陶，报考大学时理应报考中文系以接父亲的班，但他没有报考中文系，而是报考了王力先生新创办的语言学系，这与他能掌握三种方言母语有密切的关系。可以说，他所掌握的三种方言是促成他报考语言学系的动力，也是他此后在大学任教，一直担任方言学教学，在教学中取之不尽用之不竭的教学资源，更是奠定他成为当代汉语方言学大师的特有基石。

从詹伯慧先生能掌握三种纯正的方言母语的事例，我们可以得到以下几点启示：

(1)“母语”是指幼儿童年首先习得的语言（方言），一般只能习得一种，但有机遇处于特有的语言环境者则可以习得两种、三种，甚至更多一些的语言，只要它达到纯正的水平，都可称为“母语”。

(2) 多语言、多方言杂居区和“多语（方言）交际家庭”是习得多种语言、多种方言的语境。

(3) 幼儿学习（模仿）语言，无人种、语种的界限，无语言难易之分，任何语言都可以说得准，都可以成为“母语”。

(4) 在“国家推广全国通用的普通话”，各级各类学校都采用普通话教学（这是国家的语言政策）的情况下，如果各个方言区（尤其是城镇）的家庭父母坚持对其子女使用方言，便可以延续方言的存在，继续发挥方言的作用，否则方言使用人口便会逐渐减少，逐渐衰落，甚至失传。

詹先生很重视方言区城镇家庭中父母对子女使用方言的问题。2010 年 6 月 9 日，詹伯慧先生在一次接受《羊城晚报》记者张演钦的采访中，对于有人认为，由于幼儿园和小学使用普通话教学，导致小孩不会说广州话时，回答说：“你的小孩在幼儿园里说普通话，在家里你就完全可以和他说粤语，你不应该让他忘记了生下来就学会说的广州话。如果家长在家里说粤语，但孩子不懂粤语，那是家长的责任，说明你和孩子用粤语交流得太少。”回答得好，这是詹先生的亲身体验，值得重视。

詹先生执教近六十年，他教学、调研、著书立说三结合，同时重视方言研究与语言应用。他积极贯彻“国家推广全国通用的普通话”的方针政策，重视民族共同语和方言之间的使用发展关系。他有几句真知灼见的佳句，他说：“共同语和方言是同源异流，共同语一经形成，其他方言就要服从它，构成主从关系。任何一个主权国家，任何一个发达民族都必须建立自己的共同语，推行自己的共同语。”① “共同语功能的充分发挥，当然就会相对削弱方言在社会上的作用和影响，这是一个统一的国家、一个发展民族在社会发展中必然的结果，是符合国家民族利益的，也符合全体人民，包括方言地区人民的

① 詹伯慧：《普通话“南下”与粤方言“北上”》，《学术研究》1993 年第 4 期。

利益的。”[①] 又说：“哪怕是像粤语这样的‘强势方言’，在我国语言社会中所处的地位，也就必然只能从属于全国通用的语言——普通话。”[②] 这些话提高了人们对方言与民族共同语的使用关系和推广普通话的重要意义的认识，值得褒扬和宣传。

詹先生 1953 年至 1983 年任教于武汉大学。1983 年调入暨南大学任教授。1985 年任暨南大学复办后首任文学院院长，兼任汉语方言研究中心主任（现为名誉主任），一直至今。1980 年至 1982 年，他作为我国首位教育部推荐的语言学者受聘到日本东京大学讲学两年。此后，先后在法国高等社会科学院、新加坡国立大学、美国加州大学、香港大学、香港中文大学、香港科技大学以及台湾“中央研究院”等著名高等院校或学术机构担任客座教授或开设讲座，在海内外享有很高声望。1990 年他被国务院学位办评为博士研究生导师，在暨南大学中文系建立第一个博士点——现代汉语博士点。1991 年开始招收汉语方言学博士研究生。迄今，詹教授已培养博士研究生 29 人，硕士研究生 9 人。他桃李满天下，业绩卓著，1992 年获国务院颁发“有突出贡献”证书，享受政府特殊津贴。

詹教授执教一生，著书立说一生。他已刊行的专著逾 30 部，发表的论文逾 300 篇，现仍孜孜不倦，执教不休，笔耕不止，为我国建立现代汉语方言学作出了巨大贡献。今年（2011 年）7 月 10 日是詹教授八十华诞，我因年老，不能亲赴羊城拜寿，特撰此文，以表贺忱。敬祝詹夫子福如东海，寿比南山，老当益壮，再写千篇。

（中国社会科学院民族学与人类学研究所研究员）

① 詹伯慧：《试论方言与共同语的关系》，《语文建设》1997 年第 4 期。

② 詹伯慧：《小议方言区的双语应用问题》，陈恩泉主编：《双语双方言（八）》，香港：汉学出版社，2005 年。

詹伯慧教授书法小记

林　锐

众所周知，詹伯慧教授是当代杰出的语言学家，一生致力于语言学的研究与教学，著述等身，成就卓著，作育人才无数。而他雅擅书法，在书法上造诣之深，则颇出乎大家的意料。

詹教授之擅长书法，实是渊源有自。他的尊人詹安泰（祝南）先生，既是现代著名学者、岭南一代词宗，又是知名的书法家，以秀逸的行书和凝重的碑体见长，尤以独具一格的碑体行楷见重于现代书坛。祝南先生是广东书法篆刻学会（广东省书法家协会前身）成立时的二十多位会员之一，与大家所熟知的容希白、商锡永二老既同为中山大学中文系教授，又并以书法著称。不过由于祝南先生英年早逝，兼且作品在社会上流传不多，还有书名为词名所掩等各种原因，近三十年来书名反而不显于世。伯慧教授幼受庭训，很早便与书法结缘。据其《翰墨缘——小时候替爸爸磨墨牵纸》一文自述：小时候，在父亲写字时负责为其磨墨、牵纸；除了耳濡目染之外，有时也在祝南先生的教导下临摹字帖，由此打下了扎实的基本功。他在文章中曾提及一个细节：20 世纪 40 年代初，中山大学迁到粤北坪石时，他还是一名高小学生，当时中大中文系的研究生陈必恒先生就曾向他索要一幅书法作品。据此可见詹教授在少年时就已有相当的书法功力。因此，尽管他多年来甚少挥毫作书，但近两年甫一出手，其作品便有超迈时流之处，显示出深厚的功力，俨然大家风范。

伯慧教授的书法以行书见长，风格独具。其下笔时成竹在胸，沉着淡定，行笔不急不厉，收放自如，富有节奏感。其书风特点既有安稳祥和、冲和淡雅、不急不躁的韵致，又有用笔刚健有力、笔势宽博开张、结字内紧外松等豪放的气象，犹如南人北相，细腻而大气。其作品虽全为行书，但汲取并融汇了隶书、楷书的某些特点，形成自家风貌。其作品风格统一而意态各异：或沉着痛快，或飘逸飞举，或凝重古澹，各擅胜场，而皆能墨酣意足，骨丰肉润，使观者不会有单调乏味之感。其用笔结体看似浑朴自然，不事雕琢，但实际上能于不工处求工。如“风月畅怀抱，琴书悦性灵”一联，结字内聚外放，不同笔画、结构之间偃仰顿挫、揖让顾盼、长短收放等关系的处理颇具匠心，能做到各尽其态，使作品摇曳生姿，风韵别具。其笔画出挑之处，虽数量甚多，而能各有变化，于豪放之中见其精微，在不经意之间寓有规矩，深得古人之真髓。

伯慧教授的书法，远宗魏碑，近师祝南先生。他虽以行书见长，但究其根源，却是从魏碑入手，而得力于《张猛龙碑》之处为多。《张猛龙碑》为北魏碑刻书法中之精品，其笔法方圆兼施，结字中宫紧收，笔画开张呈放射状；用笔变化多端，而规矩自存。该碑自清中期以后一直备受书家推崇：康有为推之“为正体变态之崇”，并谓其“结构精绝，变化无端”；杨守敬则称其“潇洒古澹，奇正相生”。据詹教授回忆，其少时祝南先生就曾一字一字地教他临习过该碑。这种少年时所筑下的根基至今依然深刻地影响着他的书法。同时，也正因其早年从魏碑入手，故其行书仍具有北碑厚重端严、雄强质朴的特点。分析其作品，其雄健的笔力、开张的笔势、变幻多端的用笔，以及内敛外放的结体等特点都直接来自于《张猛龙碑》；其横画的写法也一如该碑，多取向右上方斜行的笔势。

教授自幼随侍祝南先生，并在祝南先生指导下临习碑帖。因此，其书法自然也深受其尊人的影响。其书法从用笔习惯到结体特点均可从祝南先生的作品中找到源头，如其横笔及右出钩处喜用隶书的波挑笔法，这一点就是从祝南先生处而来。但仔细分析，我们可以发现，其父子两人的书法具有不同的风格：祝南先生谨严秀雅，伯慧教授豪放洒脱。而在用笔和结体方面也多出自运，并与祝南先生拉开了距离。而这正是其最可贵之处：学古而不泥古，入古而能化。这是很多从事书法创作的人所梦寐以求而无法达到的境界，但对于詹教授来说却来得如此轻而易举，由此可见其书法天分之高。

伯慧教授之擅长书法，其实是有迹可寻的。在他出版的很多著作中，封面的题签就出自其本人手笔。但他从未以书家自命，更没有刻意地炒作，而是一直将书法作为自己的一种业余爱好与个人修养，而与名利无涉。这种对书法的态度，同样来自于祝南先生的影响。他曾回忆道：“在我的印象里，他常告诫我写字得练好基本功，似乎并没有刻意要使我在书法艺术上有所作为。我的猜想是：父亲只是把书法看作一种文化素养来要求我罢了。”詹教授这几十年之于书法的态度，正是对这种要求的身体力行。

如果要将其加以归类，伯慧教授的书法当属学者书法无疑。对于学者书法，我历来主张必须“专业性”与“余事性”并重。“专业性”是指书写者必须具有一定的技法素养和相应的实践经验。没有专业性，就无法得书法之门而入，更谈不上登堂入室。时下很多喜欢“任笔为体、聚墨成形”的附庸风雅者之所以大行其道，也正是源于当下社会对这种“专业性”要求的缺失。“余事性”则是学者书家与一般职业书法家的分野，也是学者书家身份的一种体现。除此之外，“余事性”对书写者的更进一步的要求，则强调了书写者的学养和“字外功夫”。否则，所写的作品则易沾匠气，而与学者书法中最重要的“书卷气”绝缘。这种对学养和“字外功夫”的要求，同样适用于一般的书家，只不过对于学者书家来说，显得更为重要而已。

分析伯慧教授的书法，其专业性与余事性正好皆备。如前所述，伯慧教授青少年时期即在祝南先生的指导下打下了坚实的书法基础，而且长期随侍在祝南先生身边，耳濡目染，对书法自然有较为独特的理解。观其作品，他对书法的理解和功力显然不亚于时下的很多专业书法家。而其余事性也一如前面所述，是显而易见的。正因为伯慧教授既有扎实的“童子功”为基础，又有积数十年之功的浩渊学养涵育其性情，因而其书法虽脱胎于魏碑，而自有一种浓郁的书卷气洋溢其中，韵味隽永，可观可赏。我的业师王贵忱先生曾指出：“大学问家未必能写得好字，而写好字的必是深有学养者”。这句话恰可为伯慧教授的书法下一注语。

在对专业性的要求中，我以为少壮时所打下的“童子功”尤为重要。古人对此并无特别的论述，皆因在古人所处年代，用毛笔书写乃文人自幼必备的本领，因此无须特别加以强调。而当代则不然，毛笔书写早已退出人们的日常生活，即使是“专业”（对大多数书法家来说，我更倾向于用“职业”一词：专业代表的是一种高度和境界，而职业仅仅是一种谋生的手段而已），其对毛笔以及用毛笔进行书写的熟悉程度远远无法与古人媲美，因此就有强调“童子功”的必要。很多人临老方才执笔临池，虽鼓努为力而始终不得其径而入，究其实质，皆因无“童子功”之过。反观伯慧教授的书法，其成功无疑有很多因素：既有名师的指点，也有个人的学养和天分，但始终离不开其少年时所打下的良好基础。这无疑从正面向有意于临池的人们诠释了“童子功”的重要性，其意义自不待言。

古人评书，多以“天然”与“功夫”对举，前者指书家的天资，后者则指功力，两者只能侧重而不可偏废。伯慧教授在此前的数十年间，一直致力于学术研究和教学工作，而无暇临池。然而一旦出手，却能卓然自成家数，由此可见其天资之高。因此，在我看来，就目前的作品而言，伯慧教授当属于天然过于功夫一类的书家。也正因如此，凭着青少年时期打下的坚实基础、深厚的学养以及过人的天分，伯慧教授的书法之臻于化境指日可待。而这也正是我们最为期盼的。

（广东省文物鉴定站副站长）

“文脉”薪火相传的詹氏父子

钟文锋　钟云珊

广东潮州饶平有一座名叫“润丰楼”的百年客家土楼，科举时代曾经出过七名进士；到了20世纪，又出了詹安泰、詹伯慧这对享誉当代岭南语言文学界的父子。

“文脉”薪火相传的詹氏父子

在潮汕地区，人们谈到潮籍学者文化薪火相传的话题时，总会提起两个名字——詹安泰、詹伯慧。詹安泰被誉为“岭南词宗”，与夏承焘、龙榆生、唐圭璋齐名，并列中国当代词人“四大家”。有人这样评价，“詹安泰的出现改变了过去人们认为诗家、词家都在江浙的看法”。而詹安泰的儿子——詹伯慧则是当代著名语言学家，虽然后来没有继承父亲在诗词方面的造诣，但也受到了父亲的影响。现在已经年近八十高龄的詹伯慧教授，还记得小时候父亲与许多诗家、词家在家里谈诗论词，经常会牵涉语言的问题，那时的他就觉得“诗歌的根本还在于语言”，再加上从小生活在多方言的环境里，促使他萌发了对语言学的兴趣，最终走上了语言学研究的道路。在詹伯慧的成长以及后来从事语言学研究的生涯中，人们总是喜欢将他与父亲詹安泰的名字联系在一起。几十年来，詹伯慧去过国内外很多地方讲学，也接受了国内外许多媒体的采访，他已经习惯根据对方的要求，在谈语言学的同时谈自己的父亲，因为在他看来都是在做与弘扬文化有关的事情。最近，詹伯慧教授在接受我们的采访时，话题也从父亲詹安泰开始。

我记忆中的父亲——詹安泰

记者：詹教授，您父亲詹安泰先生虽然已经去世四十多年，但他的音容笑貌、点滴往事仍然存留在您的脑海中。在您记忆中，父亲是怎样的一个人？

詹伯慧：我父亲詹安泰一辈子献身教育事业，1926年大学毕业后先在广东潮州韩山师院教书，1938年到云南澄江中山大学任教，一直到1967年在广州中山大学病逝，前前后后四十几个年头都在孜孜不倦地教书育人，留下了很好的口碑。在我记忆中，他指导学生热情细致，受过他教诲的人，莫不为他那平易近人、谆谆善诱的长者风范所感动。据当年在韩山师范听过我父亲讲课的学生回忆，那时候他总是穿着一套丰顺汤坑产的夏布唐装，配一双薄底布鞋，虽然衣着朴素，但英姿飒爽、精神饱满，只有二三十岁却显得老成持重，大有儒者风度。当时他偶尔会带着孩童时期的我去韩山师院，我还清楚记得儿时乘火车来往潮州汕头之间的经历，父亲每到汕头，就总会有一些仰慕他的青年找他请教文学、诗词方面的问题，潮籍老作家吴其敏在一篇追忆先父的文章中就提到此事："……每次从潮安到汕头来，一群人拥着他，听他谈文学、谈词，他总是把最新的研究成果、最近制作的新词拿来对我们讲解，念给我们听。"

父亲在韩山师院时最得意的弟子蔡起贤，在纪念父亲逝世二十周年的《纪念文集》上，有过一段这样的回忆："当年詹老师的寓所在潮州城里的胶柏街，在五间平过的楼房楼上，院子很清幽。家中的设置很简单朴素，可是满目图书。靠右边最后一间房子，就是詹老师读书工作的地方。我在学校听课之外，常常是星期日到胶柏街詹老师的书房读学校图书馆没有收藏的书。詹老师对我是毫不吝惜他的书的，我要读什么就翻什么。他曾说：'你珍惜书籍，不弄脏弄坏，我很放心，只要你读得懂或要读的书，都可随便取阅，也可带回宿舍，细心研读。要是我偶然有一两个星期天没有到他家，他就挂电话来唤我，……詹老师的家，就好像我的家。"从这里可见父亲对门生是如何的关爱。蔡起贤先生后来成为潮汕地区杰出的国学家、诗词家，对潮州文化的传承与发展作出了许多贡献。

父亲在韩山师院教许多门课，工作很忙，但每天回家总还没忘记要督促我背唐诗。我在进小学以前，父亲给我的启蒙教育就是背诵唐诗。他那摇头摆脑地示范背诗的神态，如今想来仍历历在目。那时候我还没进小学，父亲要我背诵的唐诗，大都是脍炙人口的五言、七言绝句，至今过了七十年，大都还能在我的脑子里记住。

父亲在学术造诣方面同样具有崇高的声望。他 1939 年初到云南澄江中大任教，当时时局动荡，人心惶惶，澄江小城一下子搬进来一所大学，自然不可能有什么好的办学条件。住的是破庙祠堂，上课教室也是破庙祠堂，简直就可以称为"破庙大学"。父亲在这样困难的条件下仍然坚持认真讲学、勤奋写作，《滇南挂瓢集》就是在这里完稿付梓的。1940 年中大再迁粤北坪石，条件比澄江稍有改进，但仍是借用当地一些机关单位的旧房子，凑合着分散安置下来。那时我们全家租住了一间泥土墙的民房，用木板隔成前厅后房，面积一共才十来平方米。父亲早期研究词学的扛鼎之作《词学研究》，就是在这里每天深夜借着昏黄的植物油灯光伏在小书桌上完成的。在中大任职期间，父亲一直深受校内师生和社会人士的敬仰，先后担任过系主任、教研室主任等职务，并出任过首届广东省政协委员。作为从旧社会过来的知识分子，父亲最可贵之处是他能够注意并主动接受新事物，积极学习新理论，力图跟上时代前进的步伐。新中国成立初期，他曾表示"三年不读线装书"，而用大量时间潜心钻研新文艺理论，用以研究古典文学。据了解，他在新中国成立后先后系统地阅读过中外文艺理论著作两百多部，这种精神叫人叹为观止！正是在这种勇于探索的精神的支撑下，父亲先后写出一批水平很高的学术论文，在古典文学界产生了很大的反响。尤为难得的是，父亲在试图运用新理论新观点剖析古典文学现象时，总是覃思精研，反复琢磨，并尽量多征询师友及学生的意见，若有片言可取，即马上采纳，一再修改，务求精益求精。他这种严谨治学的态度和虚怀若谷的学风，对学生是极其鲜活的教育。

父亲与饶宗颐先生的深厚情谊

记者：詹安泰先生的年代也是大师辈出的年代，同是潮籍学者、被学界把他与钱钟书先生并称为“南饶北钱”的汉学大师饶宗颐先生，当年与您父亲的交情也很深，能为我们讲述一下你们家与饶家之间的一些往事吗？

詹伯慧：早在我父亲到韩山师院任教后，和宗颐先生尊翁饶锷就有来往。饶家书斋天啸楼藏书十分丰富，父亲常去那里找书看，有时会带上还是小孩的我。1932 年饶锷老先生邀集一班潮州诗人喜结诗社“壬社”，父亲与饶宗颐都有参加，他比饶宗颐年长 15 岁，那时宗颐先生还是一位二十岁左右的翩翩少年，但已经在他父亲饶锷的培育下饱读诗书，熟谙艺文，是个有名的“潮州才子”。后来有一次我父亲生病不能上课，韩师急需找位老师代课，父亲就推荐了宗颐先生，也就是这一契机使饶宗颐一鸣惊人。在讲课中宗颐先生可谓出手不凡，深受学生欢迎，他的才华就在那时候第一次展现在众人面前。

我父亲在韩师任教十二载，在 1938 年时，日寇进犯广东，中大奉命西迁云南澄江，恰巧主讲诗词的岭南词家海绡翁陈洵辞去教席，文学院院长吴康求贤若渴，驰函欲以名士身份急聘我父亲接替教席主讲诗词，我父亲答应了。在他决定离开韩师前往中大任教的时候，他念念不忘才华出众的有多年深交的饶宗颐先生，有意约他同往。在 1939 年初我父亲先是单身赴任，其后我母亲和宗颐先生相约一起，打算绕道惠州经香港再转越南，取道滇越铁路上昆明与父亲汇合。但后来宗颐先生路上生病，抵港后为香港文化界所聘用，于是他终止了入滇，留在香港工作，从此开始了宗颐先生跟香港结下的大半辈子情缘。后来我母亲就带着我不到两岁的妹妹独自辗转入滇。我有时会想：如果当年宗颐先生没留在香港而是和我父亲一起去中大工作，其人生道路会不会跟我父亲一样呢？

在后来的几十年里，父亲与饶宗颐的书信来往与诗词交流一直没有间断，直到 1958 年我父亲蒙冤戴上“右派”帽子，两位潮州杰出学者才无奈中断了联系。后来发生了“文革”，1967 年时候“抄家”、“破四旧”进行得如火如荼，父亲的文稿也难逃一劫，在红卫兵焚烧我父亲毕生心血的时候，已病重的他就扒着窗台，一边看一边流泪。幸运的是那些文稿并没有完全烧完，保留了几份，被家人偷偷藏了起来。

我父亲最终在 1967 年的时候含冤辞世，饶宗颐先生闻讯悲痛万分，所幸父亲的几份作品由我弟弟偷偷保留着。在 20 世纪 80 年代初我到日本讲学，饶宗颐先生叫我带上我父亲的诗词手稿，后来与宗颐先生相聚日本京都三缘寺，共商刊印遗稿大计，其后经宗颐先生将手稿带到香港，多方奔走，几经周折，才终于得到时贤何耀光先生的赏识，以《至乐楼丛书》第 25 卷将我父亲詹安泰诗词遗作在香港影印刊行。饶宗颐先生鼎力促成先父遗著面世的这段情节，凸显这两位潮籍前辈学者的深厚情谊，在学术界传为佳话。

詹氏家族曾经“一楼七进士”

记者：听说您走上语言研究这条道路，除了受父亲的影响外，还有一个很重要的原因，就是与从小生活在多方言的环境里有关?

詹伯慧：这的确也是一个很重要的原因。我们家在广东潮州饶平上饶山区的新丰镇润丰楼。这是一座典型的客家土楼，楼内的人全都姓詹，也都全讲饶平客家话：一种跟标准客家话——梅州客家话有相当距离的“半山客”。饶平这个地方是潮州话和客家话兼有的双方言地区，客家话地区人口约占全县1/4，潮州话（我们也叫它“福佬话”）地区人口约占全县人口的3/4。我们家从祖父那一代开始，詹家的媳妇都是来自县内外说潮州话地区的。这就使得我们家从来都是客家话和福佬话并用的双语家庭。女的基本上都说福佬话，而男的则基本上都说客家话。到了我这一代，自然是从小就习惯于客家话和福佬话并用。另外，我还有一个经常使用广州话的背景：父亲的大学学历是在广州中山大学的前身广东高等师范学校和广东大学完成的，而我则由于从小经常生活在父亲身边，抗日战争期间跟随父亲任教的中山大学来到粤北，小学就毕业于用广州话教学的汉德小学，后来高中和大学又都在广州度过，使得我从小就有了使用汉语方言七大方言中的三种——潮汕话（属闽语）、广州话和客家话的习惯。加上长期在外，对北方方言和其他方言也有较多的接触，这对于半个多世纪以来我的学术事业一直以方言研究为主攻方向，无疑发挥着一定的作用。

记者：詹氏家族的家学有什么渊源吗？作为文化世家，詹家的文脉在第三代还有承袭吗?

詹伯慧：我家乡的客家土楼“润丰楼”现在已经被定为广东省的省级文物单位，在这个有一百多年历史的围楼中，在科举时代曾经出了七个进士，有“一楼七进士”之说。1902年，我父亲詹安泰就出生在这里一个老中医的家庭里。他从小就表现出了对文史的浓厚兴趣。11岁那年，他写了一首长诗，给宗族中深孚众望的长者看见了，大加称赏。后来，父亲就学于广东高等师范学校和广东大学中文系。毕业后在潮州省立第二师范学校（韩山师院的前身）任教，从此走上了教书育人与诗词研究的道路。我们家当时在饶平客家地区是比较有名的“书香门第”，父亲三兄弟都是大学毕业，这在整个饶平客家地区是很少有的。但是，因为时代的原因，到我们这一代七兄弟姐妹中，只有我和二弟仲昌上了大学，继承了父亲的文脉；其余的弟弟妹妹都没有机会上大学，还被下放农村。我相信不止我家是这样，很多文化世家的后代在那个年代都中断了学业。而且过去的世家都是家里自己教孩子，现在的孩子接受的教育模式完全不一样，是接受公共教育。他们大学毕业想的就是怎么谋一份工作，怎么挣钱立命，能够有兴趣搞文史研究的就更少了。所以，到了我们的第三代，詹家的文脉就很难传承下去了，到了下一代，只出了一个著名的体育电视主持人詹俊，他是我二弟的儿子。

少做语言的警察，多做语言的导游

记者：您是语言研究方面的专家，有一个问题向您请教，如何看待在我们日常交流中，有时会遇到的这种情况：明明是一句有语病的话，却成为日常用语。比如，本来应该说“在我来广州以前”，很多人却说“在我没来广州以前”；还有把“今天差点儿迟到"，说成"今天差点儿没迟到"等。这些说法都同样可以吗？

詹伯慧：这是一个关于语言规范的话题。首先要强调的是，语言规范的目的归根结底是为语言的应用服务的，也就是为了大众能够更好地进行语言交流。现在常见的"非规范"现象一般是由"约定俗成"而生。语言虽然跟逻辑有千丝万缕的联系，但逻辑思维跟语言形式间并非一对一那样整齐配对，换句话说，就是任何语言中的语法表达，并不一定完全符合逻辑。除了你上面举的那两个例子，还有"大人吃大碗，小孩儿吃小碗"这句话按逻辑也是有语病的，但人们习以为常了，都知道叫他吃的不是碗而是碗里的东西。"今天阳光灿烂，到外面晒太阳去"也一样，"晒太阳"也是日常惯用的词组，很少人说"出去被太阳晒"。但是，大家都没有把这些看成病句，因为这是"约定俗成"了，可见，在语言学里面"约定俗成"的威力要大过一般逻辑。

记得十多年前，我曾经为一些大厦称为"广场"而在香港的刊物上发过议论，认为用词欠妥；然而如今不但香港有很多成为"广场"的大厦，内地许多大小城市也陆续出现冠以"广场"的大厦了。既然已经见怪不怪，也就只好认同了。实际上现在是"广场"一词的义项增加了。

这件事对我可说是一次教训，语言规范得多等等、多看看，别忙于下定论。现在使用范围较广的语言或方言，都是以多姿多彩的面目出现，面对异彩纷呈的众多语言表达方式，我们的语言规范工作者一定要冷静对待，既不要在多姿多彩的语言现象面前眼花缭乱、无所适从；更不要动辄看不顺眼，评头品足。千万不能令人对语言规范产生抵触情绪。一句话概括就是，"少做语言的警察，多做语言的导游"。

普通话与方言是兄弟不是"冤家"

记者：国家大力推广普通话，是否意味着各地方言将逐步消失，方言作为社会交际工具的作用最终将被普通话取而代之？您如何看待普通话与方言的关系？

詹伯慧：国家推广普通话，其实质是想通过推行全社会通用语言的普通话，使原来只会说方言的人能够多学会一种全社会共同使用的交际语言。实际上，普通话也是在一种方言——北方方言的基础上发展起来的，只不过是普通话的影响力比其他方言大而已。普通话发展成为社会通用语言后，它就从方言的大家庭中上升到居于其他方言之上的地位，成为"老大"，而其他方言也就只能安于弟弟妹妹的位置上了。"既在方言之中，又在方言之上"，正是普通话与方言关系的如实写照。

普通话与方言是兄弟不是"对头冤家"，就意味着两者并不是相互对立、此消彼长，而是可以并存并用、相互补充的。例如，在20世纪30年代，普通话就曾从上海话中吸取了一些词汇来充实词库；20世纪80年代，作为改革开放前沿的广东，其三大方言之一的粤语中一些反映新时代、新事物、新观念的词语也渗入到普通话中来；同样，粤语也吸收了一些普通话的词汇来丰富自己。

只有大力普及了普通话，又充分发挥了方言的作用，"推普"才算是真正成功了。这需要大家对方言的作用有深刻的认识。最关键的一点就是要正确理解方言与文化密不可分的关系。众所周知，语言是文化的载体，而地域方言当然也就是地域文化的载体了。很浅显的道理，离开了粤语这个方言载体，哪有什么粤曲、粤剧可言？要传承发展远近驰名的客家山歌这一客家文化的代表，又怎能离开客家方言？大凡民俗风情、工艺美术、饮食起居、婚丧礼仪等也无不是以独具一格的地方方言栩栩如生地呈现出来。一首千古吟诵的“少小离家老大回，乡音未改鬓毛衰”，道出了乡音的无限情感魅力；一个离乡背井的游子，偶然在他乡邂逅乡音未改的乡亲，那喜悦、亲切、激动之情，始终是普通话所难以表达的。所以，从今后的发展趋势来看，普通话作为社会主要的公共交际用语，方言作为乡亲之间的沟通用语和家庭用语，将在我们的社会语言生活中继续相伴而存，发挥着相互不可替代的作用。

大学教育应该借鉴国外经验

记者：之前我们看到一个报道，说詹教授您痛斥内地当前大学的教育状况，认为研究生不该批量生产，是这样的吗？另据我们了解，20 世纪 80 年代以来，您多次应聘到境外一些著名的学府比如日本东京大学、新加坡国立大学、美国加州大学、香港大学、香港中文大学、香港科技大学讲学。您认为内地的高校教育与这些学府相比有什么不同？

詹伯慧：（先笑了笑）现在的媒体真是什么都炒作啊，我当时只是很轻描淡写地说了句“现在的教育很奇怪，研究生批量生产”，报道上就成了“痛斥”，不过现在内地的研究生导师的确应该量力而行，专心地培养几个学生，不要觉得越多越好。

我觉得还有一个问题需要认真重视，那就是现在内地的高校体制过于“官本位”。大学里的行政人员与教师混淆在一起，作为教师同时又要搞行政的现象屡见不鲜，这样就会导致一些教师为了能“升官”而把大量精力放在搞行政与找关系上面，忽略了学术研究。同时，一些有行政职位的教授掌握了一些特权，就会把一些好的教学资源优先分配到自己手里，其他专心搞学术的教授却无法获得丰富的资源，从而造成资源垄断，这种状况不利于大学教育。

我觉得在这方面应该借鉴国外的办学经验。在国外高校里，搞行政系列的人一般是不能同时当教授的。除此之外，世界的前 100 强高校，很多是国外的私立学校，而我国内地的公立学校则一个也没有进入，这是值得我们深思的。私立学校有私立学校的好处，它们具有相当强的盈利性质，为了创收而不断督促提高教学质量以吸引学生。另外就是许多国外的私立学校都是教会创办的，教会每年都有许多募捐而来的钱，所以资金比较充裕。当然，国外的私立学校之所以那么多，主要是由以私有制经济为主体的社会经济结构决定的，而我国是以公有制经济为主体的社会经济结构，自然公立学校就要多一些。依我看，首先办好公立的学校，再来带动私立的学校，才是我们教育的出路……

在我们的会议室里，詹伯慧教授在他的学生——语言学家甘于恩教授的陪同下接受了我们的采访。詹教授跨越一个世纪的回忆与讲述在两个钟头内不经意流逝了。詹家父子作为 20 世纪中国精英知识分子的代表，他们渊博的学识、严谨的治学态度、高尚的品格与坎坷的人生际遇，令我们钦佩的同时不禁欷歔不已。因为采访涉及的内容很多，每当遇到詹教授讲述不清或不全的地方，甘教授都及时给予补充说明，甘教授对老师的恭敬与细心照顾，詹教授对学生的信任与爱护有加，令我们感觉两位师生情同父子。虽然詹家的“文脉”没有很好地代代相传，但詹伯慧教授自1990年在暨南大学中文系建立第一个博士点——现代汉语博士点以来，迄今已培养毕业博士研究生29人，硕士研究生9人。如今詹教授培养的门生都已成为汉语方言学界的骨干力量。语言学界把这支富有活力的汉语方言研究团队戏称为“詹家军”。詹家“文脉”正通过“詹家军”薪火相传。

（广东省地方税务局研究所所长）

（原刊于《广东地方税务》2010年第1期）

独具慧眼的方言研究专家

——专访詹伯慧教授

夏 杨 孙 璇

詹伯慧妙言

广东有些人不重视教育，“二世祖”不少，有钱人没文化，文化人没有钱，太悲哀，必须改！

其实我根本不会当官，也没想过要当什么官。

我住的还是三十多年前盖的老房子，两个人住，够了。古人说“君子食无求饱、居无求安”。我们现在既安且饱，又能从事自己喜欢的事业，还要求什么呢？人的思想境界很要紧，境界不同，考虑问题就不同。这会影响人生的质量！

有的老师又招博士生又招硕士生，学生太多，怎么带得过来？怎么可能尽心尽力关心他们？学生论文不认真写，又怎么可以容忍？我真是很“佩服”他们！

晚来之志

我虽然 78 岁了，但学术上还要“从头越”。我希望《中国语言文字大词典·汉语方言卷》在我有生之年可以搞出来。这个任务摆在面前，我可以“退”，但不能“休”！

细数生平

• 在中山大学

得遇王力定人生基调　七位同窗个个是好汉

羊城晚报： 您是当今汉语方言学界的领军者，听说您走上这条路跟著名语言学家王力先生有很大关联？

詹伯慧： 我是王力先生带入门的。中大原来没有语言学专业，抗日战争结束后，1946 年王力先生从西南联大回北方，路过广州。当时的中大校长王星拱有个习惯，只要有人才从广东路过，他就会成为“拦路虎”。他极力挽留王力先生，游说他当中大文学院院长。王力也不是吃素的，跟他讨价还价：“留我可以，但我要办个语言学系。”王星拱欣然应允，于是，这个系从 1946 年办到 1954 年，后来并入北大，前后共八届。当时我们班上有7人。

羊城晚报：听说你们班个个都是“英雄好汉”？

詹伯慧：其中三个分到了高校，我到武汉大学，三十年后又调到暨南大学；唐作藩到北京大学，现在还在那里；许绍早去了东北人民大学（现吉林大学）。欧阳觉亚、饶秉才和麦梅翘去了中国科学院语言研究所（其中饶秉才后来也到暨南大学，退休后定居美国），王豫远去了中南民族学院。我的同班同学就这么几个，不多，但确实都颇有出息。

• 在北京大学

又遇袁家骅钟情方言　会客潮粤诸语有优势

羊城晚报：您现在是中国方言学的领军人物，但听说您从中大毕业时，我国还没有专门的方言学研究，您也没去研究方言？

詹伯慧：我主攻方言，还是和王力先生有关。王先生回北京后，念念不忘我们这几个学生。1954年，北大首次在全国开设方言课程，就是我后来的恩师袁家骅教授开的。王先生对他说，我有个学生，现在在武大，方言基础不错，你是否可以接收他？因此，我就有幸在1955年从武大到了北大进修。这为我以后搞方言学奠定了基础。我在方言学方面有较好的基础，我在家里同父亲讲客家话，同母亲讲潮州话，又在广州粤语环境里生活，天生有优势嘛！

• 在东京大学

贪玩学者玩转日本国　《东瀛游记》证逸兴

羊城晚报：我们一直以为像您这样的大教授肯定很严肃，但翻看您的履历，却发现您很爱“玩”。您当东京大学的客座教授期间，去过日本很多地方？

詹伯慧：去日本是教育部推荐的：1980年，日本东京大学有个中文教师的位子，原来由一个台湾人担任，退休了。田中角荣访华后，中日建交，东京大学决定不再找台湾专家，想请中国教育部推荐专家过来。教育部于是选到了我。

在日本，我工作任务越重，越要抽时间玩。当时我一个人在东京大学，教五门课，只要礼拜天没事，我就出去玩玩。后来香港《文汇报》的曾敏之先生约我写专栏“东瀛杂记”，我连续写了40多篇，后来武大出版社抢着出版了，首印过万册，1989年转到人民文学出版社出版，书名改为《日本面面观》。

• 在暨南大学

当官本来便勉为其难　不当一身轻松不失落

羊城晚报：您1983年调到暨大后，马上就当了“官”？

詹伯慧：到暨大第二年，学校要与世界接轨，新成立文学院与理工学院。那时不像现在有20多个学院。中文、新闻、历史、外语、社科等都在文学院，数学、物理、化学、生物等都在理工学院。文学院院长是相当于副校长的级别。其实我根本不会当官，也没想过要当什么官，但当时我是最年轻的教授，又到日本东大做过客座教授，学校领导好说歹说，要我担任文学院院长。我只好勉为其难。

羊城晚报：退休了，不当“官”了之后有没有感到失落？

詹伯慧：我本来就没想当“官”嘛，哪会有什么（失落）？

师生情分

从不忍让学生“放鸽子”　看不惯研究生批量生产

羊城晚报：在您的从教55周年研讨会上，看到您的很多学生、朋友从海内外赶来给您道贺，让人感动。您和学生关系真融洽，在现在大学里，这样的师生关系好像不多见了。

詹伯慧：我2005年才从暨大退休，之前一直带研究生。但1998年我不在国内，停招了一年。为什么要停招？因为我人都不在国内，不能让学生“放鸽子”，我要负责任啊！

我对现在研究生批量生产很看不惯。我从1990年设博士点，1991年开始招生，到2005年，整整15年，一共只带了29个博士生，平均一年不到两个。在带博士生期间，我也基本上不再招硕士生。我带的研究生不多，每个学生，我都真心对待。我太太常说，你花在学生上的精力远比自己的女儿多。我始终认为我必须尽心尽力把学生带出来，能看到他们在学术上成长，是我晚年最愉快的事情！

但现在有些高校存在这样的情况：研究生批量生产。有的老师又招博士生又招硕士生，学生太多，怎么带得过来？怎么可能尽心尽力关心他们？学生论文不认真写，又怎么可以容忍……我真是很“佩服”他们！

羊城晚报：这样批量生产，研究生的质量能不能得到保证？您对这个怎么看？

詹伯慧：不好说。我总是感到一种危机，担心我们的研究生质量像鲁迅说的“一代不如一代”。和我们老师那一代相比，我们已经深感自己差得太远了，后面的是不是每况愈下，我不敢说。但我们的教育，问题确实不少。

谈“詹家军”

这支队伍确实最强大　戏称中有厚望有鞭策

羊城晚报：学术圈里，有人称你们是“詹家军”，您怎么看？

詹伯慧：呵呵，这是外界叫起来的，可能是因体育界有个“马家军”吧。这是语言的附会。也确实，我这支队伍在方言学界是公认的，是全国最强的一支。

羊城晚报：不仅体育界有“马家军”，岳飞的军队也叫“岳家军”，称你们为“詹家军”，是对您的一种肯定。

詹伯慧：无非说这支队伍有一定能量呗！不过我常常提醒学生，人家这样叫，是对你们寄予厚望，同时也是一种鞭策，不能辜负社会的期望！

羊城晚报：最近《中国语言文字大词典·汉语方言卷》上马，由您来统筹，全国六七十岁的方言学家都被请来当顾问，50岁左右的请来当骨干、当编委。开大会时，包括中国语言学界四大学会会长都来参加，这样的规格很高啊。

詹伯慧：这是一部有史以来最大的方言词典，300 万字，集合了全国方言学界两代人的功力。虽然 78 岁了，但我现在还要“从头越”。我希望在我 80 岁时可以搞出来。这个任务摆在面前，我可以“退”，但不能“休”！

家学渊源

靠家学不如靠自己　“二世祖”太多没希望

羊城晚报：我们常说“家学渊源”，比如您的乡人饶芃子等学者，都是有家学的。您的父亲詹安泰先生，是岭南第一词人。您怎么看家学渊源？

詹伯慧：我老家的祖屋就叫“学文堂”，是我祖父一代留下来的。我们老家饶平县新丰镇的润丰楼前几年被命名为广东省文物保护单位，理由之一就因为它的人文传统，这座土楼清代出了四位进士，近代也产生一些名人学者。尽管我们家有“学文”传统，但我认为，做学问不一定非得有家学才行。我父亲是精于诗词创作和研究的，我也喜欢诗词，但我最终没有跟着父亲学诗词。但小时候就想，我要学一门在家里学不到、需要下苦功夫的学问。

羊城晚报：您的意思是，“家学”固然重要，自己的选择与努力更不可缺少？

詹伯慧：对。我学语言学，父亲给我的影响其实并不大，但他认真做学问的文人气息对我有很深的影响。我觉得现在不能对学生要求这个（家学渊源），学生学不好也不应该怪自己没有家学渊源。没有家学也可以出人才，主要都要靠自己。

这些年来，我参政议政，差不多广东每个县都跑遍了。有个问题很触动我：历年高考入学，山区较艰苦条件下成长起来的孩子往往考得很优秀。条件越艰苦越发愤图强找出路。但珠三角的企业家很多，其中有不少暴发户，他们的儿女往往不能成才。

羊城晚报：就像一些社会学者说的：“二世祖”太多了？

詹伯慧：对，这个问题很严重。据我所知，江浙一带，人家那边的想法和我们就不太一样。人家不少企业家现在发达了，就想到自己读书少再发展很难，于是千方百计地培养儿女，让他们充实提高后再来继承自己。我们这里不是的，家里有钱就对孩子娇生惯养，给他们好的物质享受。孩子们也觉得，爸爸、叔叔他们没读多少书就有钱了，没有必要读那么多书。这是中国最悲哀的事，有钱的人没文化，有文化的人却没有钱！

有钱而又没有文化只能走向愚昧，钱多了做什么用？拿来分给子女，助长了不求上进的“二世祖”作风。现在这个问题比较严重，要扭转。太多“二世祖”存在，国家没有希望。

人生境界

既安且饱又有事业　人生足矣夫复何求

羊城晚报：您今年 78 岁，身体真好！感觉您身上有股“牛”劲，听学生说，您比他们活力还足！

詹伯慧：有人问我，为什么精力这么充沛？我说，世上不公平、不如意的事太多，任何一个社会都有，不要没事总想这些，满肚子牢骚。我常说一句话，“天塌下来当被子盖”，要相信这个时代。去年那么大的地震、那么大的灾难，我们国家都坚强地顶过来了。现在，我住的还是三十多年前盖的老房子，我的学生都住进了新房，有的人想不通：“哎呀，你怎么不住新房子？”我说，我就两个人住，够了。古人说“君子食无求饱、居无求安”。我们现在既安且饱，又能从事自己喜欢的事业，还要求什么呢？人的思想境界很要紧，境界不同，考虑问题就不同。这会影响人生的质量！

生活方式

一点儿不恐惧现代科技　用十年早离不开电脑

羊城晚报：您做的是传统学问，生活方式和观念也很传统，您怎么看待现代科技呢？听说有的老教授挺恐惧现代科技的。

詹伯慧：哈哈，我用电脑已经整整十年了。我现在每个礼拜六给香港大学学生上一次课，礼拜四以前，我就把我的讲义用电脑写好，发“伊妹儿”给港大，让他们在我上课前先印发给学生。

羊城晚报：也就是说，您是67岁的时候开始学电脑的？

詹伯慧：1998年我在新加坡国立大学当了一年客座教授。在那里，人家要求很严格，坐班制，我和北大来的客座教授袁行霈也不例外。我们每个教师一个房间，每个房间都有电脑，学校里任何通知，包括学生向老师提问题，也包括图书馆借书催还的信息，都通过电脑发过来。如果不懂电脑，图书馆罚了款都不知道，那该多糟！我一到校就请教别的老师，先把电脑基本用法学会。很自然，在那样的环境中，不学习电脑不行，此后我就一直用电脑来写作和发信了。

善待方言

方言体现地域之“俗”　粤语生命力强绝不消亡

羊城晚报：您是方言专家，研究方言，保护方言，但您同时又在积极推广普通话，这两方面的工作有没有矛盾？

詹伯慧：不矛盾，研究方言的人都是推广普通话的积极分子。其实，只有研究方言的人才最懂怎样“推普”啊！“推普”也是要对症下药的，研究方言才知道方言与普通话的差别，才能一把钥匙开一把锁。举个例子，你向潮州人推广普通话和向广州人推广普通话，方法内容就应该有所不同，向讲湖南话的人“推普”，又应该有所不同。

羊城晚报：我们做过调查，广州有些新客家，父母都不讲白话，孩子也不会讲；还有的夫妻都是广东人，但孩子上幼儿园、读小学都讲普通话，白话很弱。这样发展下去，很多年后，粤语会不会弱化？也有专家提出“粤语消亡论”，您怎么看？

詹伯慧：粤语绝不会消失，广东人日常生活中都在用，它还是很有生命力的！比如你到菜市场去，你听听四周，都在讲白话。很多外地人来广州，也多少学了些白话，就是因为它实用。入乡随俗，方言正体现了不同地方的“俗”。

语言是社会沟通的工具，推广普通话为我们增加了一种沟通工具，是要让原来只说方言的人学会一种全国通用的社会通用语，是从单语生活过渡到双语社会，1+1=2，而不是等于1，这是不会动摇方言的存在基础的。我们建议父母应当有意识地在家里让孩子学讲自己的方言，父辈的方言不能丢，这对孩子发展有好处。方言是地域文化的载体，学习方言，可以帮你了解一个地方的文化、风情习俗，使你更快融入这个社会。

（《羊城晚报》记者）

（原载《羊城晚报》2009年2月1日A2版《名人会》）

詹伯慧：一生献给方言学

江一河　江丽芝

八十岁的老教授，骑一辆半旧的自行车在校道上穿行，车把上晃荡着一个黑色公文包，身体健朗，风雨无阻，詹伯慧已经是古老的暨南大学校园里一道珍贵的人文风景。

尽管已退休许多年，文学院一直为他保留着一间办公室，里面几大排柜里满满全是书，还有一台电脑。只要不是外出讲学，詹教授坚持经常来这儿工作，几十年如一日。他说："我可以'退'，但不能'休'，在学术上还要'从头越'。"

最近，他正忙着接收世界各地寄来的贺信与文章，因为"詹伯慧教授八十华诞暨从教五十八周年国际学术研讨会"即将于今年6月举行，这是学术界很高的荣誉。

家学："岭南词宗"之子

詹伯慧1931年7月出生在广东省潮州市，祖籍饶平县新丰镇。祖父詹辉琼是悬壶济世的老中医，算得上当地名士。父亲詹安泰是中山大学中文系教授，著名古典诗词研究家、文学史家和书法艺术家，尤精于诗词的创作和研究，他的诗词作品及词学论著在海内外有相当的影响，有"当代四大词家之一"、"南詹北夏"、"岭南词宗"之誉。

詹伯慧是长子，父亲对他寄予很大希望。五岁的时候，父亲就开始教他背诵唐诗名篇；稍长以后，父亲叫他临摹碑帖，父亲和朋友们评论诗词、读史解经时他经常跟在身边，从小接受国学的熏陶。在家里，父亲讲的是客家话，母亲是潮安枫溪人，讲的是潮州话，自然而然，詹伯慧从小就是一个典型的双语应用者，他经常分别用客家话和潮州话与父母交谈。抗日战争之后，他随父亲辗转到粤北坪石和广州上小学和高中，使用的都是粤方言。丰富多彩的语言环境使詹伯慧产生了学习和研究语言的浓厚兴趣，也培养了他区分、辨析各地方言的初步能力。

1949年，詹伯慧以优异的成绩如愿考上了当时全国唯一的语言学系——中山大学语言学系，师从中国语言学"泰斗"王力老师，开始了长达五十多年的、至今仍未辍耕的语言学园地的耕耘。

汉语方言学界的"詹家军"

从珞珈山到暨南园，詹伯慧从教五十八年（1953—2011）来，已刊著作逾30部，发表论文300多篇，在汉语方言、汉语辞书、汉语应用和汉语规范等领域做了大量的研究、教学工作，取得了许多令人瞩目的成就，在海内外学术界享有盛誉。

詹伯慧1955年到北京大学进修，师从汉语方言学大家袁家骅教授，期间参加由袁家骅教授主持的《汉语方言概要》的编写工作，负责编写粤方言和闽南方言两章，约占全书50万字中的1/3。此书为中国历史上第一部全面论述汉语方言的著作，在海内外学术界影响很大。

进入21世纪以来，由詹伯慧主编的我国第一部方言正音字典《广州话正音字典》于2002年出版，受到学术界的高度赞赏。同年还出版了他主编的《广东粤方言概要》，此书于2005年5月荣获广东省首届社会科学优秀成果一等奖（政府奖），这是广东语言学科大量著作中获此殊荣的唯一著作。

近期，即届八十华诞的詹伯慧正负责主编《中国语言文字大词典》中的汉语方言卷（约300万字），此书为我国历来最大型的方言及方言学大词典，预计两三年内便可完成。

从教五十八年里，詹伯慧为暨南大学的汉语方言研究和学科建设倾注了大量的心血，作出了巨大的贡献，为广东省语言学事业的繁荣和发展发挥了无可替代的作用，也为我国汉语方言学的建设作出了重要贡献。他1983年从武汉大学调入广州暨南大学任教授，1985年任暨南大学复办后首任文学院院长，1990年被国务院学位办评为博士研究生导师，在暨南大学中文系建立第一个博士点——现代汉语博士点。1991年开始招收攻读汉语方言学的博士研究生。迄今詹教授已培养毕业博士研究生29人，硕士研究生9人，其中包括来自港澳台的博士生5人，硕士生2人。1994年我国首批5名攻读汉语方言学的博士研究生毕业，获授博士学位，其中出自詹伯慧门下的就占了4位。如今詹伯慧的门生都已成为汉语方言学界的骨干力量。语言学界把这支富有活力的汉语方言研究团队戏称为“詹家军”。

语言学研究的至善境界

作为一名语言学家，詹伯慧具有强烈的敬业精神和历史使命感，他呼吁大家要正确对待方言与共同语的关系，既要大力推广社会通用的普通话，也要充分发挥各地方言在地域文化建设中的作用；他认为方言与普通话并非水火不容，而是可以共存并用的，不应有所偏废。基于这一理念，无论是研究方言还是推广普通话，他都尽心尽力，把工作做细做好。

詹伯慧不仅仅是一个语言学大师，还是一位值得尊敬和钦佩的人文学者。由于深厚的家学传统加之长年在世界各地游学、讲学，他真正做到了学贯中西——既对中国国学有坚实的基础，又对西方的文史哲即人文科学有极深刻的领会。

受过他言传身教的许多学生对他的人文学养及治学理念都有深刻的体会。“他尊重人的价值，培养并训练人的技能——科学的技能和艺术的技能，还常常带着教人愉快的幽默感。”

“他对于语言中的新事物、新现象、新用法的包容与鼓励是令人钦佩的，他对于方言以及方言应用中出现的混乱现象的规范问题也做了大量工作，这些都拓宽了语言研究和应用的范围，值得进一步深入和加强。”

"他有着广阔的视野作背景，而且绝不把自己禁锢在传统的知识范围。他研究语言现象和语言规律，是从改造语言文字的远大理想和目标出发的。这正是我们这些从事语言学研究的人心向往之，希望达到的至善境界，这些东西的生命力能够伴随我们研究的始终。"詹老的学生、暨南大学汉语方言研究中心刘新中副教授说。

（原载《中国社会科学报》2011 年 2 月 24 日 2 版《人文岭南》第 3 期）

贺词拾粹

贺詹伯慧教授从教四十五周年

值此伯慧先生从教四十五周年纪念活动并编辑出版纪念文集之际，谨致函表示祝贺。

伯慧先生是我所尊敬的学长。我不但敬佩他的学问，而且对他勤奋严谨、勇于开拓的治学态度，谦逊平易、奖掖后进的学者风范，也由衷地佩服。现在，伯慧先生不但著作等身，而且桃李满园，此时举行这一庆典并著文以资纪念，更可使其德风进一步播扬。

伯慧先生还有一个十分可贵、大家应该学习的地方，这就是虽然他的学术造诣很高，但是从不拒绝做为社会服务的极平凡的工作，自己既注意向社会普及语言文字知识，又时时关心国家的语言文字规范工作，而且经常提出一些实事求是、科学允当的见解。对于这一点，我自到国家语委工作后感触尤为深切。这是中国知识分子传统的继承和发扬，是语言学界前辈如黎锦熙、王力、丁声树、罗常培、吕叔湘等先生作风的再现，在当前的学术界尤其可贵。

在多年和伯慧先生交往的过程中，我从他身上受益匪浅，每当见到他和想到他时，都怀有仰慕感激之情。得悉詹先生的弟子们发起举行这一纪念活动，本拟携文附骥，以表达我对伯慧先生的敬意，却因故不克成行，只能以函代文，略表私衷，至为遗憾与歉疚。

谨祝伯慧先生身体康健，学术青春常在。

祝纪念活动圆满成功。

全国人大常委会副委员长、国家语言文字工作委员会主任、教授　许嘉璐

1998年5月17日

在庆祝詹伯慧教授八十华诞暨从教五十八周年大会上的讲话

尊敬的詹伯慧先生，各位来宾，老师们、同学们：

在这盛暑时节，我们欢聚一堂庆贺詹伯慧先生八秩华诞，我代表中国社会科学院语言研究所的同仁对詹先生和詹夫人表示热烈的祝贺！祝贺詹先生在语言学研究上所取得的卓越成绩，祝贺詹先生年届八旬依然能幸福地从事学术研究工作！祝贺詹先生弟子满园，桃李遍天下！

詹先生出身书香门第，家学渊源，又能厚植基础，博览专精，故而在汉语方言、汉语辞书、汉语应用和汉语规范等诸多领域都取得了令人瞩目的成就。詹先生能讲三种纯正的汉语方言，而且是三种最难懂、最难学的方言——潮州话、客家话和广州话，这为他成为一位优秀的语言学家奠定了他人难以相比的深厚基础。詹先生兼有良好的文学修养，书法也自成风格，颇见功底，在语言学家当中，像詹先生这样文学、书法修养深厚的学者实不多见。

詹先生的学术专长为汉语方言学，尤精于粤方言研究。改革开放以来，詹先生站在学术战略的高度，有计划有步骤地组织学生调查珠江三角洲方言、粤北十县市粤方言、粤西十县市粤方言。一时间，当代輶轩使者的足迹踏遍南粤大地的青山绿水，一本本方言调查报告相继问世，一批批年轻学子迅速成长。他主编了《汉语方言及方言调查》（高校通用教材）、《广州话正音字典》、《广东粤方言概要》等一批重要的方言学专著，为推进汉语方言学的学科体系建设、为方言学研究的蓬勃发展、为方言学科队伍的日渐壮大作出了卓越的贡献。汉语方言学在祖国的南方得以兴盛繁荣，这其中詹先生贡献甚多，功不可没。

詹先生不同于一般只专注于自己做学问的学者，他很关心国家语文政策的制定与贯彻执行，关注社会的语文生活，敢于并善于直面现实的语言文字问题。当有政协委员连续两年提出“恢复繁体字”的提案的时候，当广州一些群众提出“保卫粤方言”的时候，他都或撰文，或接受访谈，深入浅出地阐释国家语文政策，面对媒体直抒己见。他认为，为汉语规范化服务是语言文字专业人士“责无旁贷的光荣任务”。他正是这样一位热爱祖国、热爱家乡，珍惜祖国和家乡语言资源的有着高度社会责任感的人文学者。

年初我读到詹先生的近作《语文杂记》，詹先生实事求是、科学辩证的语文规范观给我留下了很深的印象。

关于规范与应用的关系，詹先生认为规范应该“从应用中来，到应用中去”，体现“源自实践，服务实践”的精神。

关于规范化与多元化的关系，詹先生主张应该“既大力推广普通话，又充分发挥方言的作用”，“推广一种（普通话），保留多种（方言）；要并存并用，有主有从，各司其职”。在对待繁简字的问题上，他的态度是：在遵守规范、继续使用简化字的前提下，又提倡让繁简体字并存下去，在全球华人世界的汉字应用中来一个和谐共处，繁简由之，或“识繁用简”，或“识简用繁”。

关于语音规范的原则是从古还是从今、从众（约定俗成）的问题，詹先生明确表示：“在粤语正音中，既要把握语音发展的历史继承性，又不能对已在群众中广为流行的俗读熟视无睹，而必须采取两者兼顾的做法。如果现代普遍读音跟古代反切已失去联系，我们就只能以‘从今、从众’的态度来对待今音的厘定了。”前不久我参加了国家语委语信司召开的现代汉语审音工作准备会议，我认为詹先生的上述观点完全正确，应该成为今后审音工作遵循的重要原则。

关于如何处理规范与当今语言变异现象的关系，詹先生说：“既不要在多姿多彩的语言现象面前眼花缭乱，无所适从；更不要动辄看不顺眼，评头品足。”对“新潮语、网络语言”等新事物、新现象要“等一等，瞧一瞧，别忙下结论”，“一定要多做收集、分析工作而别忙于说三道四，指手画脚，拨乱反正”，“须知语言规范工作永远都只能滞后而不能超前”。他的“少当语言警察，多做语言导游”的经典名言，深得同行们的认同，引用率极高。

2010 年 6 月，针对广州有些人提出“保卫粤语”的口号，詹先生接受了《羊城晚报》记者的采访，从多角度阐述了国家“推普”政策的精神和“推普”与保留方言的关系，有些话很有震撼力。例如他说：“应该明白，广州不仅仅是广州人的广州，它还是中国中心城市之一的广州，也是国际化的广州。”怎么能不推行全国通行的普通话？“有人说‘要保护粤语’，我不赞成。所谓保护，意思是敌人来了，被侵略了，可普通话真的是你的敌人吗？不是，它是方便全国人民相互交流的工具。”他一语中的地指出：“我们绝不能有要以粤语来抵制普通话在广东推广的思想，那样想是绝对错误的。”这些掷地有声的话语出自温文尔雅的詹先生之口，使我很感意外。原来，在原则问题上，詹先生的态度是如此鲜明，眼光和胸怀又是如此宽广！可以想见，作为权威的语言学家，詹先生的正确观点对纠正一部分人的误解会起到多么有效的作用。回想当时，我在北京也接受了某报记者的采访，我的观点虽然基本跟詹先生相同，但在表述上远没有詹先生那么全面、深刻，那么有穿透力。“姜还是老的辣”，我不得不由衷地佩服詹先生。

詹先生经常用“年龄可以老，学问却不能老化”来砥砺自己，他有一个永远不老的心态和永不满足的追求，因而他的学问总是能回应现实，做到与时俱进。詹先生的一幅书法条幅写着：“莫放春秋佳日过，最难风雨故人来。”这正是詹先生一生爱读书、重友情的文士心怀的写照。因为不放过春夏秋冬的每一天，他因此著作等身，事业有成；因为把友情、乡情和师生之情看得很重，他因此赢得了朋友、乡亲们的真情和门生弟子们的爱戴。值此詹先生八十华诞之际，我再次向詹先生表示祝贺，表示敬意。祝詹先生生命之树常青，学术之树常青。

中国社会科学院　江蓝生

庆祝詹伯慧教授八十华诞暨从教五十八周年贺词

詹伯慧先生即将迎来八十诞辰及从教五十八年，在此之际，我谨代表东京大学、在日的许多友人和学生，表示由衷的祝贺和敬意，并祝愿詹伯慧先生健康长寿。我们相信，詹伯慧先生将来一定会撰写一部《百年自述》，深入描述新中国成立以后中国方言学八十年的发展历史。

詹伯慧先生曾于1980年作为首任中国教授到东京大学执教，两年期间跟日本的许多汉学家和汉语学家结下了深厚的友谊，通过多次的学术活动，介绍中国语言学和方言学的研究状况、取得的成就及主要人物，给当时的日本汉语学界带来了很多新鲜宝贵的信息，奠定了双方学界交流的基础。日本学者的脑子里还非常清楚地记着他许许多多的音容笑貌。1999年詹伯慧先生又偕夫人来东京短期讲学，再次给大家留下了深刻的印象。先生所著的《现代汉语方言》曾被翻译成日文，大大地促进了日本对汉语方言的认识。

我记得有一次，詹伯慧先生在东京的寓所里给我看了他带来的尊翁詹安泰先生的大量的手稿，使我深受感动，因为在那“文革”十年的风暴里把它完整地保存下来该经历过多艰巨的困难啊。

詹伯慧先生曾在日本度过他的五十岁生日，那时我们中文专业的教员在东京涩谷的一家台湾菜馆一同聚餐，向他表示祝贺。尔后又过了三十年的茫茫岁月，世界的变化实在太大了。这三十年间，由詹伯慧先生牵头的中国南方方言学不断发展壮大，在量和质的方面都取得了惊人的成果。这当然是詹伯慧培养出了一大批新秀，并很好地组织他们，让他们各尽所能的结果。

我常常佩服詹伯慧先生，他精力一点也不减当年，东奔西走，席不暇暖，参加各地的学术会议，教导后学，孜孜不倦。我则身体愈加羸弱，难以参加此次盛典，深以为憾，特委托大西克也先生代为致贺。让我再次祝愿詹伯慧先生健康长寿，阖府康乐。

日本东京大学名誉教授　平山久雄　谨志

2011年6月20日

联贺詹伯慧先生执教四十五周年

欣逢伯慧先生执教四十五周年荣庆，聊备一联，敬申贺悃。

乘辎轩　释方言　考八方之风雅　六百万言日精月华　文章成潘江陆海
执翰管　诂凡语　通九州之异同　四十五载春风夏雨　桃李及东瀛南洋

注：

①乘辎轩　释方言：汉应劭《风俗通》有“周秦常以岁八月遣辎轩之使求异代方言”句。扬雄《方言》全称亦为《辎轩使者绝代语释别国方言》。

②考八方之风雅，通九州之异同：语出常璩《华阳国志》“此使考八方之风雅，通九州之异同，主海内之音韵，使人主居高堂知天下之风俗也。扬雄闻而师之，因此作《方言》”。

③六百万言：读张晓山先生《詹伯慧教授对汉语方言学的主要贡献》文，悉伯慧先生四十余年笔耕不辍，大作凡600万言。

④诂凡语：“凡语”、“通话”、“凡通语”乃扬雄称共同语之名。伯慧先生为推广现代汉语共同语不遗余力，著述甚多；在新加坡曾数次演讲或著文论及方言与共同语关系问题，为本地语文政策的推行作出贡献，还曾著文向中国读者介绍新加坡推广华语的情形（《新加坡的推广华语运动》等）。

⑤春风夏雨：语出汉刘向《说苑》：“春风风人，夏雨雨人。”

⑥桃李及东瀛南洋：伯慧先生执教四十五年，曾多次赴海外讲学任教，故“桃李满天下”一句实非虚言。伯慧先生在海外任教时间最长的国家是日本（1980—1982年）和新加坡。自1997年12月至今，伯慧先生任新加坡国立大学中文系客座教授，分别为硕士班及本科生开设“汉语方言学”、“汉语导论”等课程，深受当地学生欢迎。

新加坡国立大学中文系暨汉学研究中心主任　陈荣照　谨题
1998年6月15日

庆祝詹伯慧教授八十华诞暨从教五十八周年贺词

谨代表教育部语言文字资讯管理司，衷心祝贺詹伯慧先生八十华诞暨从教五十八周年！原本要亲自来面贺，但因俗务缠身，只能以文祝贺。

詹先生是我国著名的语言学家，在语言学理论、现代汉语、汉语方言、民族语言、文字改革、普通话教学、辞书编纂等领域，皆有学术建树，其中以方言学成就尤为突出。他参与编写的《汉语方言概要》，他的《现代汉语方言》、《汉语方言及方言调查》等著作，影响了几代方言研究者。詹先生的《万宁方音概述》、《海南岛军话语音概述》、《潮州方言》、《广州话正音字典》和《广东粤方言概要》，也都是沉甸甸的方言学著作。

中国知识分子的优秀传统，是同时肩承着学术使命和社会使命。伯慧先生秉承了中国知识分子的这一优秀传统，在进行学术研究之时，从不忘社会使命，从教五十八年，育得桃李满天下。先生十分关心社会语言生活，积极引导社会语言生活。例如：1955 年全国文字改革会议和现代汉语规范问题学术会议刚刚结束，他便在《长江日报》连载《关于汉语规范化》一文，编写了《武汉人怎样学习普通话》，在《中国语文》上发表《有关编写〈学话手册〉的几个问题》。又如去年，在广州亚运会筹备之期，他无私无畏，仗义执言，积极宣传国家的语言政策。近来又主持“大家小书”系列丛书，动员语言学家共同进行语言学的社会普及工作。现在，社会上不断讨论富人的社会捐赠问题，作为知识富有者的专家们，该怎样向社会“捐赠”知识？詹伯慧先生树立了榜样。

祝詹伯慧先生身体健康，学术宝刀永远不老！

教育部语言文字资讯管理司　李宇明

2011 年 6 月 26 日

庆祝詹伯慧教授八十华诞暨从教五十八周年贺信

尊敬的詹伯慧教授：

今年是先生八十寿辰的年份，今天海内外汉语研究的同仁齐聚暨南大学，隆重、热烈地庆祝先生八十华诞。在这个喜庆欢乐的时刻，请允许我代表澳门理工学院及其澳门语言文化研究中心并以我个人的名义，向先生致以崇高的敬意。

先生师出名门，是王力教授、袁家骅教授等语言学大师为新中国培养出来的第一代语言学家中的佼佼者。从教五十余年来，先生在汉语方言学、汉语辞书学、汉语应用研究等诸多领域都取得了令人瞩目的学术成就，可谓著作等身。您早年参加的由袁家骅教授主编的《汉语方言概要》是我国历史上第一部全面论述汉语方言的著作，您撰写的《汉语方言文集》、《语言与方言论集》、《方言·共同语·语文教学》、《漫步语坛的第三个脚印——汉语方言与语言应用论集》四部个人论文选集，是您学术精华的裒辑，您主编的《广州话正音字典》、《广东粤方言概要》、《珠江三角洲方言调查报告》、《粤北十县市粤方言调查报告》、《粤西十县市粤方言调查报告》多次被评为国家教委和省社科优秀成果奖，您主编的全国高校通用文科教材《汉语方言及方言调查》获授全国优秀教材奖。您的著作深受学界瞩目，学术影响深远，哺育了一代又一代学人。

先生曾多次应聘到日本、法国、新加坡、美国等国家的著名学府讲学，应邀到香港中文大学、台湾“中研院史语所”等学术机构任客座教授或开设讲座，目前还兼任着香港大学语言学系名誉教授，尤其要提到的是，先生经常到澳门出席学术活动，多次到澳门理工学院为我们师生传道授业解惑。先生教泽广布，桃李满天下，为内地和台港澳两岸四地培养了不少高端的研究人才，为中国语言学走向世界作出了巨大的贡献。

先生精湛而等身的学术著作，无远弗界的学术影响，表明您是今日中国当之无愧的一代宗师。祈愿先生龙马精神海鹤姿，不断有更新的著作奉献给学界和青年一代。盼望先生暇时再来澳门，再来澳门理工学院，来澳门语言文化研究中心，检查指导我们的工作，给予我们提携和奖掖。

仁者寿。衷心祝愿仁慈的长者詹伯慧先生健康长寿！

澳门理工学院院长暨澳门语言文化研究中心管委会主席　李向玉

2011年6月27日

在庆祝詹伯慧教授八十华诞暨从教五十八周年大会上的讲话

能参加“庆祝詹伯慧教授八十华诞从教五十八周年暨汉语方言国际学术研讨会”，我很高兴，也很激动。我想表达两点意思。第一是祝福：代表邢福义老师，代表李向农副校长，代表华中师大的所有同仁，向詹先生表示衷心的祝福和崇高的敬意！第二是感想。

詹先生是学问家。半个多世纪以来，詹先生潜心于汉语方言研究，辛勤耕耘，著作等身。三十多部著作，三百多篇论文，这对一位学者来说，是一个惊人的、一般人难以企及的数字。这个数字，记录了詹先生数十年学术探索的足迹，反映了詹先生学术上的突出成就。

詹先生是教育家。詹先生从武汉到广州，从教五十八周年，桃李满天下，培育出一支赫赫有名的“詹家军”，实在是了不得。这既是詹先生对暨南大学的贡献，更是他对中国语言学界的贡献。

在我的心目中，詹先生是一位令人景仰的高人，是学问家和教育家，更是一位令人尊敬的慈善长者。记得1994年，我在华中师大的招待所第一次拜访詹先生的时候，怀揣的是一颗敬畏之心。此后跟詹先生近二十年的接触和交往，让我深深地感受到了詹先生对人的平易、真诚和友善。我不止一次听邢福义老师说：“詹先生是一位可以不设防的朋友。”在我看来，能够达到詹先生的这种境界，是很不容易的。

作为一个学人，既要为学，也要做人。怎样为学，如何做人，我想詹先生就是榜样。他是学界的一名标兵，一面旗帜。今年湖北省高考的作文题目是“旧书”，我参与了评卷。有的考生把历史比作一部旧书，有的考生把母亲比作一部旧书，还有的考生把老师比作一部旧书。这里，我也想把詹先生比作一部旧书，一部十分珍贵、意蕴丰富、让人常读常新的旧书。我要不断地研读詹先生这部旧书，朴朴实实地生活，踏踏实实地为学，老老实实地做人。

最后，祝詹先生健康长寿，学术常青，人生更加精彩！

华中师范大学语言研究所　汪国胜

2011年6月29日

贺 词

詹伯慧教授、暨南大学汉语方言研究中心：

欣闻暨南大学汉语方言研究中心举办詹伯慧教授八十华诞暨从教五十八周年庆祝大会，民盟广东省委对大会的召开表示热烈的祝贺，并通过大会对原民盟广东省委副主委詹伯慧教授躬耕桃李、言传身教五十八年如一日的高尚师德致以崇高的敬意，并向詹伯慧教授的家人致以诚挚的问候。詹伯慧教授从教五十八年来，在汉语方言、汉语辞书和汉语应用研究方面都取得了令人瞩目的研究成果。詹教授早年参加的由袁家骅教授主编的《汉语方言概要》是我国历史上第一部全面论述汉语方言的著作；他还曾担任《汉语大字典》编委多年，主持该字典的收字审音工作；也是《中国大百科全书·语言文字卷》中方言分科的副主编。

詹伯慧教授一直致力于语言学的国际交流。1980 年詹教授作为我国教育部推荐的学者受聘为日本东京大学客座教授，为期两年，为中日两国语言学的交流开了先河。此后，詹教授先后多次在法国、新加坡、美国以及中国香港、台湾等国家和地区的学术机构任客座教授或开设讲座。

詹伯慧教授著作等身，已刊著作二十多部，发表论文逾三百篇。詹教授主编的著作被评为国家教委和省社科优秀成果奖，主编的全国高校通用文科教材《汉语方言及方言调查》获全国优秀教材奖，主编的《广东粤方言概要》获广东省哲学社会科学“九五”规划优秀成果奖。

詹伯慧教授也是卓越的社会活动家。詹教授担任广东省文史研究馆副馆长达十年之久，1988 年被选为第七届全国人民代表大会代表，1993 年和 1998 年又连续两届出任第八届、第九届全国政协委员。詹教授还兼任有关学术团体的领导职务，如广东省中国语言学会会长、中国语文现代化学会副会长、全国汉语方言学会理事、中国辞书学会理事等。詹伯慧教授不仅在汉语方言、汉语辞书等方面取得重大研究成果，在海内外学术界也享有崇高的声望。他在担任民盟广东省委副主委期间，热心盟务，参政议政，为民盟发展壮大和多党合作事业作出了突出贡献。

我们衷心地祝愿詹伯慧教授健康长寿！祝庆祝大会圆满成功！

中国民主同盟广东省委员会

2011 年 6 月 29 日

贺　词

尊敬的詹伯慧教授：

获悉暨南大学和国内外学者为您八十华诞暨从教五十八周年举行隆重的庆祝活动和国际研讨会，我们由衷地感到高兴，特此表示热烈祝贺！您从 20 世纪 80 年代初调回广东省后，曾担任广东省中国语言学会会长长达二丨余年之久。在您的组织和领导下，我省中国语言学的学会活动得以长期、稳定而且活跃地开展。您在步入中年以后仍然不辞艰辛，带领一批年轻的方言学者，踏遍了我省延绵的方言沃土，为我省方言的大面积调查作出了巨大贡献；尤其是在珠江三角洲、粤西和粤北的粤方言调查中，一再取得优异的成果，多次获得我省和全国哲学社会科学优秀成果奖励，是我省优秀的专家学者。我们还欣喜地看到，作为大学教授，您在方言学领域培养了一大批硕士研究生和博士研究生，他们已逐渐成长为我省方言研究的后备骨干力量。

虽然您因年事已高，在学术领导岗位上已退居二线，但仍然是广东省社会科学界联合会的顾问和广东省中国语言学会的名誉会长，仍然是学术活动的热心人，并且仍孜孜不倦地主编《中国语言文字大词典》的汉语方言卷。我们为您执着的学术追求和长期保持的工作热情而感动，为我省能够拥有您这样德高学富的学者而感到骄傲。

诚挚地祝愿您健康、长寿！

广东省社会科学界联合会

2011 年 4 月

贺　词

暨南大学汉语方言研究中心、中文系：

值此“庆祝詹伯慧教授八十华诞从教五十八周年暨汉语方言国际学术研讨会”即将举行之际，我谨代表省政府参事室（文史研究馆）向詹伯慧先生致以热烈的祝贺！

詹伯慧先生是广东省人民政府文史研究馆馆员、暨南大学中文系教授、著名语言学家。他笔耕不辍，孜孜以求，在汉语方言、汉语辞书和汉语应用研究等方面成果丰硕，参加了我国第一部全面论述汉语方言的著作《汉语方言概要》的重要编撰工作，主持了《汉语大字典》的收字审音工作，担任《中国大百科全书·语言文字卷》方言分科的副主编等，在汉语方言研究方面作出了积极贡献，享誉海内外，1992年获国务院颁发“有突出贡献”证书，享受政府特殊津贴。他从教五十八年，诲人不倦，对传播汉语知识、加强中国传统文化研究、促进民族交流与发展发挥了重要作用，培养了许多优秀的汉语方言方面的专门人才，在暨南大学中文系建立了第一个博士点，多次应聘到国内外著名学府讲学，担任广东省中国语言学会会长等学术团体的领导职务。他曾任广东省文史馆副馆长，热爱文史，以馆为家，积极参加省文史馆举办的各种活动，为推动文化强省建设、改进馆务工作等提出了许多宝贵的意见和建议。詹先生通过对学术的不懈追求寄寓着对国家和民族的无限热爱，表现出一位学者的赤诚之心。

贵校举办此次国际研讨会，组织有关专家学者深入研究汉语方言，是不断深入和丰富有关研究的具体举措，是建设重点学科，进一步加强优势学科在国内外影响力的重要思路，是全社会尊重知识、尊重人才、尊重创造的充分体现，具有深远影响和重要意义。在此，预祝“纪念詹伯慧先生八十华诞从教五十八周年暨汉语方言国际研讨会”取得圆满成功。

广东省人民政府参事室（文史研究馆）党组书记、主任（馆长）　周　义

2011年6月

贺　词

值此庆祝我国当代著名的语言学家、方言学家詹伯慧教授八十华诞之际，我谨代表广东省中国语言学会向詹先生致以崇高的敬意和真挚的祝福。

詹伯慧先生是新时期我国方言学界的领军人物之一，在汉语方言的语音、词汇和语法诸多方面素有研究。其中有三点贡献特别显著：

第一，在汉语方言学的学科建设方面立下了汗马功劳。他不仅参加了《汉语方言概要》等重要著作的编写，而且领衔撰写了《珠江三角洲方言调查报告》、《粤北十县市粤方言调查报告》、《汉语方言及方言调查》、《现代汉语方言》等论著，对我国方言学的繁荣和发展功不可没。

第二，对粤语、潮汕话的调查研究作出了突出贡献。他不仅发表了许多独具慧眼的论著，还领衔撰写了《广东粤方言概要》，该书荣获广东省第一届社科成果一等奖，对现代粤语的研究具有深远的意义和影响。

第三，对汉语方言语法研究情有独钟。早在1965年，他就跟黄家教先生合作发表了《谈汉语方言语法材料的收集和整理》，而后还发表了关于潮州方言语法的专题研究，引起语言学界的广泛关注。这一超越时代的研究对汉语方言研究具有示范作用。

詹伯慧先生还是一位杰出的教育家。从1984年开始，他就招收硕士研究生，并在1990年领衔申报现代汉语博士点，先后培养了几十名方言学的博士。他们都已经成长为我国方言研究的中坚力量，不少人已经晋升为教授，有的还成了博士生导师，人称“詹家军”。詹先生在教书育人方面，也是我们后辈学习的楷模。

詹伯慧先生还在普通话推广、语言规范化、语言的社会调查等方面有杰出的贡献。

詹伯慧先生还是一位声誉卓著的社会活动家。他曾经多年担任全国人大代表、全国政协委员，积极参政议政，表达了我们语言学家关心国家大事的心声。詹伯慧先生是个乐观开朗的学者，风风雨雨，潇洒一生。他从不知疲倦，从不知辛劳，充满朝气，像一头老黄牛，在语言学界、教育界辛勤耕耘。今年恰逢詹伯慧先生八十华诞，他虽然年事已高，但是依然活跃在学术界，思维依然敏捷，谈吐依然幽默，身体依然健康。

自1986年以来，詹伯慧先生曾经长期担任广东省中国语言学会会长，对学会的发展作出了重要贡献，现在他还是我们学会的名誉会长。暨南大学为有这样的老教授而感到欣慰，我们学会为有这样的老会长而感到骄傲。

祝愿詹伯慧先生阖家幸福、笑口常开、万事胜意！

广东省中国语言学会会长　邵敬敏

2011年6月

贺 词

尊敬的詹伯慧教授：

为了庆祝您八十华诞和从教五十八周年，您的弟子和友好今天在广州举行学术研讨会，开展一系列活动。在此，谨祝研讨会成功举办。

阁下一贯“学而不厌，诲人不倦”。长期以来，在汉语言文字学上，努力钻研，孜孜不倦，著作等身，成绩斐然。特别在粤方言研究方面，贡献尤大。

阁下重视作育人才，至今桃李满门。在汉语言文字的研究和教学方面，大多有成，佚能薪火相传，后继有人。

阁下对推动澳门学者开展汉语言文字的研究工作，不乏余力。自1987年本会邀请贤伉俪首次莅澳访问后，便往来不断，经常出席本澳有关汉语言文字工作的研讨会。特别难得的是，阁下亦为本澳培育不少人才，其中有学士、硕士和博士，阁下在澳的高足，是澳门研究汉语言文字特别是研究粤方言的生力军。

今天，在研讨会隆重举行之际，谨祝

阁下松柏常青，健康长寿；在学术研究方面能与时俱进，更上一层楼。

此致崇高的敬礼。

澳门中国语文学会

2011年6月28日

贺　词

欣悉本会顾问詹伯慧教授八十大寿，谨具函祝贺。

詹教授是我国著名语言学家，五十多年来，在汉语方言、汉语辞书和汉语应用研究等方面著作等身，成绩卓越。其勤奋认真、勇于开拓的治学态度，平易近人、奖掖后进的学者风范，有口皆碑，在学术界备受尊崇。

谨祝詹教授身体健康，在学术上取得更大的成就。

香港中国语文学会会长　姚德怀

2011 年 3 月 10 日

贺　词

尊敬的暨南大学中文系及方言研究中心各位先生、女士：

欣闻贵处隆重举行“庆祝詹伯慧先生八十华诞从教五十八周年暨汉语方言国际学术研讨会”，谨表热烈祝贺。詹伯慧教授是当代杰出的语言学家，在方言学领域造诣精深，成就卓著，为推动汉语方言的调查研究作出了重大贡献。在逾半个世纪的教学生涯中，詹先生教书育人，呕心沥血，滋兰九畹，精心培植，一批又一批的优秀人才出于先生门下，令人敬佩、景仰。

恭祝敬爱的詹先生健康长寿！预祝研讨会圆满成功。

香港科技大学中国语言学研究中心

贺 词

暨南大学汉语方言研究中心、暨南大学中文系：

欣闻“庆祝詹伯慧教授八十华诞从教五十八周年暨汉语方言国际学术研讨会”将于2011年6月27—30日隆重召开，韩山师范学院潮学研究中心全体同仁，谨此向詹伯慧教授致以诚挚贺忱，祝詹教授福如东海、松鹤长春，并预祝大会及系列活动取得圆满成功！感谢詹教授和贵单位长期以来对潮学研究中心的关心与大力支持。

专此

恭颂

韩山师范学院潮学研究中心 全体同仁敬上

2011年5月

贺 词

暨南大学汉语方言研究中心暨詹伯慧教授：

值此“庆祝詹伯慧教授八十华诞从教五十八周年暨汉语方言国际学术研讨会”召开之际，谨祝詹伯慧先生健康快乐，寿比南山，学术之树常青！预祝庆典活动及学术研讨会取得圆满成功！

多年来，詹伯慧先生十分关心粤西方言的研究，提出了广东方言研究“西进”的战略思想，给了我们莫大的鞭策和鼓励，有力推动了粤西方言的研究。我们相信，在詹伯慧先生的关心支持下，在暨南大学汉语方言研究中心的指导下，粤西方言乃至广东方言的研究必将取得更加辉煌的成绩！

湛江师范学院人文学院、人文社科中心

暨南大学汉语方言研究中心湛江师范学院工作站

2011年6月26日

贺 词

暨南大学汉语方言研究中心、暨南大学中文系：

欣闻贵校即将召开“庆祝詹伯慧先生八十华诞从教五十八周年暨汉语方言国际学术研讨会”，谨致以崇高敬意并表示热烈祝贺。

著名语言学家詹伯慧先生幼承孔训，少从名师。璞赋天工，玉美和璧。至于学术之专精，著述之宏富，非特岭外罕有之匹，并海内亦屈指可数焉。况其壮总纂政，蓬莱藏传世之典；久掌高坛，陋巷多问字之车。戴东原之幕下，济济多士；王高邮之事业，丹黄灿然。衡门李畔，蹊如周行；九畹百亩，兰蕙芬芬。辕辖攘攘，为映白云之清岫，仙舟迟迟，更泛珠水之绿波。岂羡中书之考绩廿四，为慕季长有受业三千。远近少长，共奉兕觥。二难四美，为长者寿。

敝社虽处化外，亦感沾风沐雨之幸，仰止高山，宁不叨陪末席，一接嘉泽。故申区区，专奉同仁企慕之怀。

恭祝

詹伯慧先生福如东海，寿比南山

并祝

汉语方言国际学术研讨会圆满成功

澳门诗社全体同仁顿首再拜

辛卯夏至前一日于濠上

友好忆旧

回忆詹伯慧先生在东京生活的片段

平山久雄

在东京大学任教多年的中国教授黎波先生要在1980年春退休，我们有关教员商议了一下，决定从中国大陆聘请教授，并于1979年的秋天，通过中国使馆向中国教育部要求推荐一位汉学专家，任期两年。年底快放假时，中国文学专业主任伊藤漱平先生打来电话告诉我，大使馆刚刚把教育部的文件寄来了，推荐的是一位汉语方言学专家，武汉大学教授，名字叫詹伯慧。我听了很高兴，因为我曾读过他早年的几篇著作，素有钦佩之心。过完年开学后，我们就在文学部的教授会上详细介绍了詹伯慧先生的著作内容，然后由全体教授会成员投票，结果是全票赞同，这样便正式决定聘请了。

签证手续顺利办完，1980年4月初詹伯慧先生来到东京。请他先住旅馆休息两天，与大使馆联系好之后，我陪他到东京大学来办手续，中午和中文专业的教授们一起聚餐。这时我忽然想到，我们虽然已写过几次信向他介绍东京大学的教学情况，说明请他担任的课程内容等，但还没有好好解释一下学校对个人的关系，我心里就着慌了。因为日本的大学和中国的很不一样，无论是教员还是学生都不住在学校里面，学校只给教员发俸薪，其他一切都不管，也没有“外办”。学校只是按规定给外国教授提供一定限度之内的租房费用，因此我们已替詹伯慧先生在离学校不远的地方租定了一所公寓，不过每天做饭、洗衣服等琐事，基本得由他自己来解决。詹伯慧先生虽出身于书香门第，但不像我们日本男人，他生活能力很强，为人又十分积极、乐观，竟能较容易地适应新的生活条件，这使我们展了愁眉。他很快就学会了简单的日语会话，可以自己买东西，也掌握了东京复杂的地铁线路，在广阔的东京市内，到什么角落都很自在。詹先生喜欢听音乐，每晚十点电视台播送的十分钟“世界名歌”，是他最爱看的节目。他随身带来了一套精巧的功夫茶用具，时常让我们一边听组合音响的音乐，一边品尝佳茗的清香。

那时中日间学者的交流刚开始不久，官方规定不能随带家属，我们几次向使馆提出有关要求，但詹夫人来日终究没能实现。詹伯慧先生在东京生活两年，可能始终感到不便与寂寞，这是我至今深为遗憾的。在这不很顺当的生活条件下，詹伯慧先生不惜精力和时间，也不顾劳累，做过多次学术报告，介绍了中国大陆汉语研究的最新信息和动向，对中日汉语学界的交流起了重要作用，也为以后交流的发展打下了坚实的基础。通过詹伯慧先生的课、报告以及日常谈话，我对中国汉语学界的许多人名都耳熟了，以后在日本或在中国，每有机会跟某位中国学者初次见面，都没有一点儿陌生的感觉。在那两年里，王力先生、饶宗颐先生相继访问日本，如果詹伯慧先生不在东京的话，我恐怕只能在演讲会上遥遥瞻望，难以亲承二位名家的謦欬了。

詹伯慧先生很愿意给人帮忙，又因继承了詹安泰先生的关系，交际范围非常广。当时中国各地常有人给他来信，其中往往写着各种各样的要求，他都一一极诚恳地对待。

例如，有位内地的老先生在信中说：听说日本有叠伞，不知是什么东西。詹伯慧先生赶紧弄了一把，一面打听出东京大学研究所有位教授要到那地方开会，就托他带去。还记得有一位南方的学者要恢复当地的世界语组织，请他跟东京的世界语支部联系，把最近世界语的资料和旗帜要来。我就帮他查了电话簿子，知道世界语支部在早稻田，我们一同坐地铁去完成了任务。如此，我对东京和东京大学加深了了解，人际关系网也大为扩展了。1983 年东京大学工学部国际交流部的相马教授邀我一起去访问中国科学技术大学，回国途中参观了建设中的宝钢，这也是由于詹伯慧先生留下的关系。因为有几位中山大学的计算机专家来日本，詹先生委托我和工作部联系，安排交流，我才结识了相马先生。据我观察，詹伯慧先生为人做事都采取十二分主义，我们东京人倒是七分主义，总喜欢留有三分空白，詹伯慧先生可能对此常感到有隔阂。

有一次詹伯慧先生得了病，有个博士生陪着他去东京大学医学院附属医院，医生看了就说："需要动手术，但这里不能开这种小刀，给您介绍一所校外的医院吧。"詹伯慧先生在那里住了半个多月，跟同房的几个病人用英语和日语交谈，谈得很熟，病房里笑声不绝。其中与一位姓源宫的老人特别有感情，出院后我们一起去拜访他在横滨的家，顺便也到附近的名园三溪园走了一趟。在詹伯慧先生的《汉语方言文集》里有一张三溪园的照片就是那时拍的。后来我也得了同样的病，就直接到那所医院开刀，尽管我的日语十分熟练，然而跟同房的谁都没有结成朋友。

在那两年里，我和伯慧先生经常交谈，无论在学校、彼此的家里，还是在地铁里、旅行的途中，几乎不断地闲聊，古今中外无所不谈。我们是同行，年龄又比较接近，虽然一直生长在大洋两边，但同样曾度过动荡的岁月，所以有一种同时代人的感觉，不乏共通的话题，相同的感受也比较多。詹先生是位老成人，但又不失童心，对凡所寓目的事情都感兴趣，我总用自己贫乏的汉语努力给他解释，怕每每只给他留下隔靴搔痒之憾。与此相反，我吸收的东西非常丰富，开阔了眼界，除了学问之外，也学到了不少为人处世之道。他具有中国南方人的那种独立自主的气概，并常常从谈笑中透露出来，给我留下了难忘的印象。我们的看法有时也不能完全一致，这倒也有意思。记得有一次谈到学术上的"权威"，我说日本要是有人推某一位学者为权威的话，一定会有另一个人说他并不是什么权威；詹伯慧先生听了莞尔笑曰："权威并非由个人认定的。"这句话当时让我很受启发。

之后，我在东大任教期间，每逢有与詹伯慧先生熟悉的中国学者来访问时，总要邀他们去参观三个地方，一是东大农学部校园里"朱舜水先生终焉之地"纪念碑，二是鲁迅先生所住"伍舍"的房子，三是詹伯慧先生住过的公寓，这三处都在离东大文学部走一刻钟的范围之内。而现在朱舜水纪念碑据说不知搬到哪里去了，伍舍早就被拆了，只有隔着围墙望见的树丛依旧，詹伯慧先生的公寓也改建了。上野公园附近有一家被詹伯慧先生评为"实惠"的中国饭馆，在山东老板去世之后最终关闭，变成了一家游戏店。詹伯慧先生离开日本已将近二十年，在这段岁月中东京的变化实在不少，好在当时和他结交的许多友人，除桥本万太郎、辻伸久不幸病逝以外都还健在。在他们的心中，詹伯慧先生的形象还是格外鲜明、亲切的。

（日本东京大学中文系名誉教授）

见溪群疑是个开头

柳存仁

筹备庆祝詹伯慧教授从教四十五周年文集的朋友们寄信给我，请我也贡献一篇文字。我看了他们的征稿函，除了学术、教学这些重要的文章外，也旁及于友情和交谊。我不是专治语言文字之学的人，别的当让专门的学者去发挥叙述，幸而还能抓住这友谊一项，借这个专刊聊致远人慕念微忱。

六十多年前我在北京大学做学生，进的是国文系，声韵、文字在初入大学之门的时候规定是必修的。教授的老师有罗莘田（常培）、魏建功、陆颖民（宗达）、沈兼士诸先生，这一个门面是北大的“绝活儿”，或者就是一般人说的标榜吧。自然，就功课的成绩说，我也就勉强及格罢了。无奈性情所偏爱的，始终和它不近，于是乎就进了至今还只可视为杂学的一个方面。虽然和语言、声韵之道“无违”，可也去仓、许、孙、陆之学远矣。为了这样的偏嗜，所以对于南北治语文之学的朋友们，一向有极高的羡慕和敬畏。1980 年的夏天我经过北京，时间仅有半天，同班的俞叔迟（敏）、周定一及老师陆颖民先生三位开车到我的朋友家文章胡同来找我，一齐坐车到前门外全聚德去吃烤鸭。那天定一兄刚巧从社会科学院语言研究所退休，要返回他的湖南老家继续他的伟业。闲话之际，我对叔迟说，我对你的“绝学”毫无贡献，他却表示很反对，还提醒我曾从上海寄赠过他一些藏语的课本，我却根本不记得哪一年哪一月有过这么一回事了。陆颖民先生当时已经年过八十，却精神矍铄，虽然不再听他唱金少山的“黑头”了，可是酒兴跟酒量却依旧甚豪。我知道怎样凑趣，恰巧那时候洋酒在国内还是销售不多的，便用了外汇券在饭馆里换了两瓶威士忌，一瓶当时还敬主人们，一瓶归了陆先生，散席告别时带回家去赏月。席上我听说叔迟兄被日本的汉语学者桥本万太郎教授邀请，不久要到东京外国语大学去讲学，实在深为高兴，知道国人这一辈学者们的研究已经又获得国外同行的倾赏了，种种辛勤艰苦，总算扬眉吐气了。一位不羡荣利的学人，除了自己耕耘的荒田上的收获，还有何求？

然而因为各项事情的变易，叔迟兄东游之举后来似乎并不曾实现。1981 年春天，我从我工作的岗位上告了五六个月的假，到日本去访问了十余个文库、图书馆，特别是去参观了宫内省书陵部和东京大学东洋文化研究所藏的明刻梵荚本的《道藏》。我要看这些书，也有一个目的，就是要见识一下他们印的书目上说明的明嘉靖本的《道藏》是怎么一回事。因为被称做嘉靖本的《道藏》，在中国是没有的，也许有过却没有能够保存。但是我更怀疑也许这个嘉靖本是靠不住的，其间也许有些缪巧或记录上的谬误。我开始认识詹伯慧先生就是在这个时常出入的东京大学。詹伯慧是我知道的当时由中国教育当局推荐正式到日本应聘讲语言专门之学的头一位。他那时候在东京大学开课，在日本中国语学会上第一次公开讲演的就是"三十年来中国语言工作的一些情况"，由此我们也就可以知道双方有多少年少有交流及隔阂之深了。所以伯慧先生那一次出门，对两国间的关系贡献之大，是不言而喻的。日本东京龙溪书舍出版的他的《汉语方言文集》、《浠水方言纪要》和他自己后来在国内印的《东瀛杂记》（人民文学出版社版改名为《日本面面观》），都可说是这个时期的宝贵纪念。

我和伯慧先生在东京晤面是偶然的，虽然我早已仰慕他的工作和成就。在香港的友人罗慷烈、陈湛铨先生都是伯慧先生的尊人祝南老伯的门人，饶选堂先生（宗颐）是祝南老伯的乡后辈，他们都早已告诉过我，伯慧先生近几十年在语言学、方言学的贡献是"看从岭表振家声"的。因为祝南老伯的《无庵词·鹪鹩巢诗》是大名作，而伯慧先生不只是"克绍箕裘"的。有这样人成就的学者，我在日本和他短时期相过从，却觉得他十分谦逊，真具"恂恂有容"的风度。我在国外小住才四五个月，整日接触的都是故纸堆里的蠹鱼，连东京隔壁的横滨都不曾去。到我快要离开那里之前，用过某一天大半日的时间去横滨见识了一下，就是伯慧先生带我去的。在那里，除了地方上的饮食、名胜之外，更有意思的是，他带我去上过一艘供参观的船舶，看见那边有许多挂着中国旗的商船，这是我三十年来第一次重新看见中国船舶。记得我离开东京的前一天，在一个地铁站上，跟他离闸握手，大家频频地说"再见"。日后想想，这不是因为我们同在异乡为异客么？

从 1981 年以来到今天，已经又快二十年了。上面所说的"再见"，沾了近年中国改革开放的光，我和伯慧先生重晤居然还不止一两次，就是大家同客新加坡，这已经是第二回了。目前他在新加坡这个簇新的、充满朝气的国家讲学，其饶益地理上东南亚这一方面的学术建设和对学者的栽培是无疑的，然而我却还不料伯慧先生在教育方面孜孜不倦的努力，已经四十五年了。纪念文集筹备组的邀约，我怎敢推脱呢？祝南老伯《无庵词》的《齐天乐》有句"要气派新开，声华豪举"，我能不能借花献佛，说四十五年还只是"见溪群疑"开头呢？

1998 年 7 月于新加坡客次

（澳大利亚人文科学院院长、澳大利亚国立大学名誉教授）

和詹伯慧教授的深交

冈村繁

此值畏友伯慧教授从事研究教育工作四十五周年之良辰佳节，可喜可贺，不胜同庆，诚为衷心祝贺。

真可谓“逝者如斯夫”，我与伯慧教授的深交将垂二十年之久。

1981 年 12 月 17 日是难以忘怀的，那是我与伯慧教授的识荆之日。当时，伯慧教授是以东京大学部客座教授的身份来日的。那天，由我的旧友东京大学平山久雄教授陪同，不辞路遥，特意赴九州大学文学部来访问。

虽然，在这以前，我便久仰中国语言学的著名硕学伯慧教授的高名，更悉知其乃我专攻的中国古典文学的先达、中山大学的已故詹安泰教授之嫡嗣，但直接聆听拜观伯慧教授的音容笑貌，此乃嚆矢。我们一见如故、情投意合。在促膝交谈中，我被伯慧教授博大精深的学识与温和敦雅的人品深深地吸引了，不知不觉地伯慧教授便成了我终生难忘的学问上的盟友。

伯慧教授返回广州之后，我们的交往虽不得已不时地由鸿雁来传递加深，但与伯慧教授再会契机的降临可谓意外地迅速，令我欣慰不已。

1984 年 11 月，为了签订中山大学和九州大学的学术交流协定，我作为九州大学田中健藏学长的随员访问了广州。当时，任暨南大学文学院院长的伯慧教授，于同月 12 日上午 9 时，专程造访我们下榻之友谊饭店。无法抑制喜悦之情的我，情不自禁地把伯慧教授迎进自己的房间，此情此景，犹如梦幻展现。交谈的时间虽然不长，可是积压已久的话语，彼此起落，犹如樱花吐艳，二人都沉浸在出乎意料的欢欣之中。

就在这时，伯慧教授提出了暨南大学文学院和九州大学文学部之间缔结学术交流协定的方案。这个提案，对于九州大学的中国学研究者来说，无疑是非常值得庆幸的。

当时，我已卸了九州大学文学部部长之任，虽然不能直接承担缔结学术交流协定的责任，但我一回国就把伯慧教授的提案向当时的文学部部长松永雄二教授作了传达，并向他提出了尽快实现这个提案的要求。幸而松永文学部长也对这个协定的缔结倾注了极大的热情。不久，便在文学部的教授会上通过了伯慧教授的提案。缔结协定终于作为九州大学的方针被决定了。

总之，经过了这样的程序之后，1986 年 9 月，暨南大学迎来了建校八十周年的纪念大典。配合纪念大典，暨南大学文学院和九州大学文学部之间的学术交流协定也将予以缔结。九州大学派出了以松永文学部长为团长、中国文学部研究室的竹村则行助教授和我共三人组成的代表团，途经香港前赴广州出席协定的签字典礼。

为此，我们在广州逗留了一个星期。其间，我们领受了来自伯慧教授的无法用语言来表示谢意的真情笃意。不仅如此，在我们三人完成缔结大任，离开广州之时，伯慧教授特意搁下手头繁忙的工作，亲自把我们送到广州站，紧紧地握住我们每个人的手，感激得热泪扑簌簌地掉了下来。此时此景深深地感动着我，伯慧教授是一位多么诚实的学者啊！这一瞬间，那纯洁无瑕的友情溢满了我的胸怀。

不久，学术交流的协定生效了。暨南大学开始向九州大学派遣交流学者。伯慧教授特意选拔派遣了少壮优秀的学者李文初教授。李教授的专业和我一样，他也是专攻以陶渊明为首的六朝文学的气锐颖出的学者，在广州时，我们也曾亲切地交谈过。恐怕正是因为考虑到这点，伯慧教授才特意选派他来九州大学交流的。可嘉可喜。

更为可喜的是，在参加这个学术交流协定的签字典礼的过程中，还留下了一段“鸳鸯传”的日中友好的佳话。如上所述，参加这个学术交流协定的签字典礼的有松永文学部长及和我同行的竹村则行助教授，他日后成了我的后继者，升任为九州大学文学部中国文学研究室的教授。在参加签字典礼过程中，有位说着一口流利日语的小姐为我们做翻译，她便是暨南大学外国语系日本语科的周龙梅小姐。真可谓“有缘千里来相会”，竹村君和周龙梅小姐在此邂逅，成了这段佳话的两位相亲相爱的主人翁。回顾当初，如果詹伯慧教授没和平山教授一起来访问九州大学的话，竹村君和周龙梅小姐是不可能有今日的幸福生活的。

对于竹村、周夫妻来说，对于我来说，伯慧教授诚然是一位无上的“福神”。

（日本九州大学、久留米大学名誉教授）

《汉语方言论文集》序*

丁邦新

研究汉语方言的人利用一套语言调查和分析的方法，应该能就地取材，遇到什么方言就加以记录研究。既要能收集基础语料，发表报告，又要能在理论方法的层面上有所发明；既要能深入研究单一方言点的内涵，又要能广泛研究大方言区的概况；既要能耐得住寂寞，从事个别的研究，又要能经得起考验，主持大型的计划。在汉语方言学界这样的人才不多见，而詹伯慧先生正是这种典型的一位学者。

詹先生研究过的方言包括闽语、粤语、客家话和官话。从海南岛的万宁方言、广东的潮州话到饶平的客家话、湖北的浠水方言，他都做过调查，发表过论文或专著。近年来和张日升先生合作，主持珠江三角洲以及广东西江、北江流域的方言调查，发表了几百万字的调查报告，成为研究粤语的必备参考书。在汉语方言学界，袁家骅先生主编的《汉语方言概要》（1960）是一本经典之作，无人不读，其中粤方言和闽方言两章就是詹先生执笔的。在这个基础上，詹先生出版了《现代汉语方言》（1981）一书，把当时汉语方言研究的情形加上自己的看法作了总结，涵盖面既广阔，个别的讨论也深入。没有深厚的学养是无法撰写这种著作的。这本书在1983年即由日本樋口靖教授译为日文，可见其受重视的程度。

中国文化中的一个优点就是尊师重道，詹先生是王力先生的及门弟子，在日本的《中国语》上发表过《王力先生——经历和业绩》的文章。现在詹先生的弟子们——包括1984年起训练的硕士和1991年起培育的博士——在他66岁华辰的时候，出版《汉语方言文集》作为给老师的贺礼，这份贺礼是隆重而有意义的。其中张晓山先生写的《詹伯慧教授对汉语方言学的主要贡献》是一个全面的介绍，正因为有这样一篇文章，我就找到一个良好的借口，在这篇序里提到詹先生学术成就的时候容许我有“挂一漏万”的自由。

认识詹先生近二十年了，从神交到通信，从初谙到熟识，正是海峡两岸同行学者交往过程的一个例证。要我给这样的书写序，在二十年前是不可思议的事。所以还是让政治的归政治，学术的归学术，做学问的人总是有共同的语言，永远愿意为中国的学术进展携手合作。在詹先生的著作目录里，发现他在1966—1979年之间没有正式著作发表，初时深感讶异，但稍一思索已明其理。在执笔写此文时，深深盼望中国的学术界再也不会遭受那样的摧残。如果历史能够改变，那么像詹伯慧先生这样的学者，在他光辉的学

* 原载《汉语方言论文集》，香港：现代教育研究社，1997年。

术生涯里就不至于损失宝贵的十年了。

丁邦新谨序

1997年4月5日于香港科技大学

［原香港科技大学人文社会科学院院长、美国加州大学（柏克莱）教授，现为台湾“中央研究院”院士］

学无涯　情无涯

——为庆祝詹伯慧教授执教45周年而作

王　均

我和詹伯慧教授是有四十年以上交谊的老朋友了。我们同是王了一（力）先生、袁家骅先生的弟子，不过同门的成就大有高下，仅仅因为我比他痴长了9岁，他竟对我谦称为“晚”；其实要论学术成就，我难望其项背。仅他赠我的专著和论文集就有高高的一摞，我愧无以回报！在我主编《语文建设》月刊时，每有约稿，他无不及时写出颇有卓见的精彩论文来满足我们的请求。同样的问题，例如语文规范，经他写来，有情有理，有事实依据，有具体建议和方法，就让人觉得特别有说服力，这就显出与众不同的才智和功力来了。例如，发表在《语文建设》1988年第6期上的论文《新加坡的推广华语运动》，我一直认为那是对我国“推普”工作最有启发意义的佳作。他是个有心人。

其实我们相识，应该还能提早十年。1946年秋，恩师了一先生就任中山大学文学院院长，函约我当他的助手，我就成了中山大学文学院研究所的助教。当时，伯慧兄的尊翁安泰先生是中山大学中文系的词学名教授。我在旁听讲座之余，曾经登门拜谒，欣蒙先生飨以亲炙的潮州名茶，并获亲聆教益。可惜当时伯慧兄不在家，未缘相识。

1955年夏，前辈中南民院副院长严子君（学宭）先生受聘为中国科学院少数民族语言调查第一工作队海南分队队长，率队调查海南黎族苗族自治州的民族语言。我任子君先生的助手，应命从在广西的第一工作队带了几位骨干队员同去海南。我因把主要力量放在广西，只是海南分队调查工作开始和写调查报告时短期参加，所以虽有缘和伯慧兄相识，并畅叙过几次，但在一起的时间是很短的。当时我心目中只有侗台语族中的黎语和当时梁敏在澄迈发现的临高话，连当地坚称“苗语”实为瑶语勉话的情况都因另有苗瑶语专家而未曾注意，更没有对海南岛的汉语予以足够的重视。而伯慧兄则在调查民族语中连带着搜集汉语方言资料，写出了《海南岛军话语音概述》、《万宁方音概述》和《海南方言中同义字的训读现象》等论文。这一方面说明子君先生胸有全局和慧眼识英才，邀请伯慧参加海南队真的正确明智，也从另一方面说明一个人的学养和识见。

1982年初，根据中美学术交流计划，我受美国科学院、印第安纳大学和密歇根大学的邀请，赴美作短期学术访问，后来又接着访问了乔治敦大学、康乃尔大学、加州大学（柏克莱）和夏威夷大学。但到回国时，中国民航在夏威夷没有站点，日航答应可以送我经过东京回国。当时恰好伯慧兄在东京大学任客座教授，这岂不是我们在异国重逢的绝好机会？我同伯慧通了电话，他立刻表示欢迎。我就住在伯慧兄在东大任教时的寓所，两人促膝相谈，有时平山久雄先生来，参加我们的叙谈，使我大长见识，真是愉快！平山先生还热情安排了我对东大的参观和在东京市的旅游。他们陪我参观了东大校园和中国学部的部分中文藏书，又观光了东京都的市容，游览了包括王宫在内的几处名胜。白天旅游，晚上“神聊”，在东京的三天逗留给我留下了永难忘怀的美好回忆。最后，正值我因在日访问的整卷胶卷报废而不胜惋惜的当儿，却收到了伯慧兄寄赠的一册访日留影集和他的访日散文集《东瀛杂记》。伯慧真不愧是安泰先生的贤哲，他不仅在语言学上有众所周知的成就，他笔下的散文随笔也那样清新隽永，有真情，有文采，令人不忍释手！后来我又收到他惠赠的《詹安泰纪念文集》。“一家双教授，两代皆英才！”这是大家都承认的。伯慧对一切人都那么深情、那么诚恳，所以他也得到亲人、师友和后辈们一致的好评。不说别的，单说一点，有多少人能够像伯慧那样，每次应邀参加全国性或国际性的学术会议时，他都争取带他的研究生参加会议，让他的学生在这类学术活动中得到锻炼，并把他的学生介绍给一些知名学者。从中你可以看出他对提掖后进是多么不遗余力！

伯慧对语文事业的执着追求，特别是在汉语方言方面研究的广度和深度，用不着我多说。且不说那些专著所涉及的种种方面，单说他所提出并用实践所示范的一些主张，应该承认，我是十分赞成的。例如，汉语方言分区的多层次划分（他所说的“多层次”有他自己特定的含义），方言调查之语音、词汇、语法不可偏废，方言特点之中交叉之处应分主次、分本质现象和非本质现象，方言划分条件“以语言材料为依据，以社会历史资料为主要参考”的原则，等等。伯慧都不仅是提出原则，而且随时都可以从他的著作中看出他是怎样实践的。因为要综论汉语方言的划分，如果单凭少数几项特征判断条目来区分，就难免争论不休，所以伯慧提出采用“特征判断法”之外再采用另一种“综合比较法”来补充。伯慧的某些论点如把汉语方言分为六个大区，我是赞成的，同行中虽有不同意见，但他绝不强加于人。过去方言调查强调发音合作人的方言纯正性，后来渐渐注意到大城区中方言的相互影响和方言特点的演变，把社会语言学的原则引进方言调查研究中，确实是个进步。伯慧十分强调成片方言的综合调查研究和动态的调研，这样，眼界就高了。他还强调学习吸收国外新技术、新方法，并强调一定要结合汉语的特点、结合汉语研究的传统，不能生搬硬套，这从他所主编的《汉语方言及方言调查》一书所附各方言参考资料选目的中外文献并举中，可见其一斑。

我特别欣赏伯慧兄在语言生活方面的见解和贡献。关于方言和共同语普通话的关系，关于双语生活中两者无可争议的主次地位，以及两者必然长期共存和各自的活动领域，关于现代社会双语制的作用和必要性，以至关于粤语规范的宗旨和原则等，他都有精彩的论述。仅就《粤语研究中几个问题的思考》一文，便可见其大概：研究精深，故能驾驭全局；关心现实，因此语能中的，言能动人。通过他对粤语的归属、地位、规范等语文界热烈讨论的问题的表态，我很佩服伯慧兄的见识，绝不是表面的恭维。

学无涯，情无涯。伯慧兄在学术上的造诣没有止境，大家也感受到他对人的无限情谊。在他从教45周年之际，我们祝愿伯慧教授健康长寿，继续为祖国作出更大的贡献！

（原国家语言文字工作委员会副主任、博士研究生导师，第七届、第八届全国政协委员）

恭贺伯慧八十华诞

黄雁洲

暨南大学中国语言文学系发给我一份邀请函说："2011 年 7 月份系我国著名语言学家詹伯慧教授八十华诞暨从教五十八周年的喜庆日子。詹伯慧教授在语言学界德高望重，贡献良多。为回顾他老人家的业绩，推动语言学研究向前发展，暨南大学汉语方言研究中心拟于 2011 年 6 月举行一次学术研讨会，隆重庆祝詹先生八十华诞暨从教五十八周年。"来函邀我撰文并附照片等。

我是语言学的门外汉，但与詹教授认识已有六十四年了。在此或可谈谈我俩之间的个人交往，以表我对詹教授八十大寿的热烈祝贺！

我与詹教授相识始于 1946 年。是年夏天，我从广西偏僻山村来广州投考高中，获当年中山大学附属中学录取。入学后，和伯慧同窗三年，同住景堂院集体宿舍，同享公费待遇，同在学校食堂用餐。同学们来自四面八方，讲各种方言。我刚从乡下出来，广州话也说得不标准。日常除认真听老师讲广州话学习语言外，还暗自练习用广州话读书，不敢多与同学交流。伯慧口齿伶俐，会用广州话、潮汕话、客家话、普通话等与同学们交谈，令我十分羡慕。一天，我见他在操场上骑单车，当时他未学会怎样上车，我主动帮他踩车、上车，自己也租辆单车同他一起踩。一个星期天，我俩约了班里的几位单车老手，从学校骑车去黄花岗郊游。伯慧识路，他踩车在前头，我跟在最后。路上互相关照，笑声不断，很快到了黄花岗。我们在墓园里转来转去，放心踩车，大声呼叫，十分兴奋！又在七十二烈士墓前照相留念。从此，我和伯慧交上了朋友。

伯慧出生于岭南词宗詹安泰书香之家，读书很用功。他记忆力很强，记车牌号码和电话号码在班里是一流的。他读书简直过目不忘。他长于语文科，学习英语进步很快，常得到英文老师的表扬。课余时，他常用些学到的英语和同学们开玩笑，十分幽默，同学们都很喜欢他。伯慧很有正义感，很爱国。1946 年圣诞节，北平发生"美军强奸北大学生沈崇事件"，引起全国学生举行反美示威游行。1947 年 1 月 7 日，广州全市大、中学生进行示威游行，队伍在我校操场上集中后才上街，伯慧就在游行的队伍里。1947 年 5 月 31 日，广州大、中学生又举行"反饥饿、反内战、反迫害"的示威游行。当天早上，伯慧从石牌家里回校，他向我们讲述了昨晚他在中大体育馆内看见大学生们集会的情景。他积极鼓动同学们参加当天的"五·三一"示威大游行。在中大附中游行队伍里，伯慧走在中排，前面有侯瑞珍、邓杰等同班同学。至今我还保存着这张照片，戴着布帽的伯慧同学的英姿清晰可见。当我们的队伍行进至长堤大马路时，突遭反动派特务打手的疯狂袭击。同学们和特务打手搏斗、被驱逐干扰后，队伍又集合返回惠爱路（今中山四路）中大附中操场，继续控诉反动派的暴行。伯慧始终走在队伍里。

次日，反动当局派军警进入中大石牌校区，搜捕进步学生，居住在石牌的伯慧目击了这些事情。他回附中后向我们讲述了所见所闻，同学们非常痛恨反动派镇压学生的暴行，敢怒不敢言。此后，伯慧和我们不再进行公开的活动，只是秘密传阅一些进步书报，埋头读书。1948 年淮海战役后，国内形势发生了急剧的变化。伯慧和我都积极准备毕业考试，当时他就对我说："准备读语言系。"

1949 年上半年，平、宁、沪已先后解放，大军过了长江指向南粤。我们在 6 月底考了毕业试放假后，伯慧返回石牌中大教授住宅区他父亲家居住，我和外地来的同学仍然住在景堂院集体宿舍等候高考。是年 7 月 23 日凌晨，国民党军警进石牌中大校区抓走师生两百多名。我由地下学联组织安排迅速撤离广州转移去游击区，从此我与伯慧分手。是年 10 月，我随部队返回解放后的广州，在公安部门做侦查、预审、反特工作，无缘与同学们接触。自 1949 年 7 月，我和伯慧失去联系之后，历经二十五年，才得以恢复。

那是在 1975 年初，我在广州工业部门工作，因公出差到武汉。我利用工余去武钢探访同班同学邓杰兄，相约一起去珞珈山武大寻访伯慧。那些年，电话不普及，去见詹伯慧未能事先打个招呼。历经 1/4 世纪，杳无音讯。当我和邓杰兄突然出现在詹伯慧面前时，他眼看我良久，却想不起我是谁。待邓兄说出我的姓名，伯慧才"啊"一声拉住我的手，喃喃自语："我以为你已不在人间了呀！"三位老友抱成一团，严冬酷寒顿然消失。久别重逢，我们仿似又回到了二十五年前热血沸腾的时代！

当天夜里，伯慧留我住在他家。那时，他一家三口，妻子在武钢医院当医生，女儿在小学读书。他家住在一间小平房内，约 30 平方米。当晚，他的夫人和女儿住在后房，我和伯慧住前房。两人同床共枕畅谈，伯慧给我讲述了他在"文革"中的遭遇，至今我还记得他的故事。他说，有一次，他站在讲台上被批斗，台下有个教授叫喊："詹伯慧把手表拿出来！"恰恰，他的手表给了妻子使用。那个教授又说："詹伯慧的手表是发报机。国民党在新中国成立后不久来炸白云机场，就是詹伯慧发报的。"工宣队一听，那还了得！唯恐伯慧通知妻子把手表藏起来，马上将詹伯慧押到妻子工作的武钢医院，把手表取去检查。过了几天，查无实据，才把手表还给他。

在"文革"批斗的日子里，詹伯慧吃尽了苦头，受尽了凌辱。但詹伯慧始终相信真理终能战胜谬误，小人得道的日子不会太长。他虽被加上莫须有的罪名，但只是一笑置之。"文革"的中后期，武汉大学去农村办分校，詹伯慧无论被分配干什么工作，他都不计较，毫无怨言，勤勤恳恳，乐观向上，埋头苦干。学校要他去教小学生学英语，他可以把全校学生的英语课都包揽下。学校又分配他去盖房子，做泥匠，没人教，全靠自己摸索。在冬天很冷的日子里，他也能穿着单裤跑到泥塘里用脚拌泥。1974 年，全国开展"批林批孔运动"，中央下发的文件上有些孔夫子的话，造反派看不懂，学校又派他去辅导，当语文教员。

重逢那天晚上，我俩几乎合不上眼。特别是由于他家的猫儿因房门关了，进出不能，猫儿用爪扒门，伯慧得起来关照门户，令我俩更不能安睡。早上起来，我向伯慧建议，我帮他在房门上开个猫儿洞，他觉得此主意甚佳，于是拿来工具，由我动手将那扇木门卸下来，在门下底部开个猫儿洞。关门时，猫儿仍可自由进出，随时出入追捕老鼠。我们吃早餐时，他夫人陈雅仙医生夸赞我的小手艺快捷顶用，令我俩不禁捧腹大笑起来。一夜未眠的倦意，就此完全消除了。

伯慧与我自附中分手，失去联系二十五年，现偶然恢复起来，多么值得珍惜啊！改革开放后，我调到广州法院工作，他仍在武汉，我俩虽身处异地，友谊却常在怀中。自重逢见面后，他常给我写信，谈工作，谈家事，叙旧情，问候同班同学，等等。行文如流水，热情奔放。尤其是在1980年4月至1982年3月，他被派往日本东京大学讲学的那两年里，他在百忙之中不忘友情，不断地给我写信，并附寄他在报刊发表的《东瀛杂记》和《樱花随笔》等佳作，令我眼界大开，得益不少。詹教授是我的高中同窗，现可是我的语文老师。我俩既有同学之情，又有师生之谊。

詹教授和我自1975年于珞珈山重逢至今，转瞬又过去三十五年了。在我收到暨大的邀请函后，我将伯慧寄来的信加以整理，竟有四十多封、一百多页。在我俩的个人交往中，我深深感到，詹教授从中学时代就对语言学特有天赋，读书非常认真，记性又好。他重视友情，乐于助人。他爱国爱生，能言善文，敬业勤奋。他在语言学上倾尽全力，然而道路并不平坦。只有在打倒“四人帮”、改革开放后，阳光普照中华大地，他的聪明才智始得以充分发挥。数十年来，他著作等身，桃李满园，成就不菲。目前，他仍孜孜不倦地写作，不断追求学问，以谋更大的发展。在庆祝詹伯慧教授八十大寿暨从教五十八周年的大喜日子里，我衷心祝愿詹教授寿比南山，高徒满园，家庭幸福，万事如意！

（广州市中级人民法院离休干部）

友谊长存

阮绍光

欣闻2011年将为与我相交六十二年的学友詹伯慧隆重庆祝八十华诞和从教五十八周年，不禁感叹时光流转之快。当年英才少年，竟被称为“他老人家”了。八十大寿、五十八年耕耘在语言学术领域，著作等身、勇于创新、桃李满天下，怎能不令人仰慕、尊敬！

中国语言学大师王力先生所指引的航向，把弟子们送到科学院、高等学府、出版社、报社、政府机关，其中有詹伯慧和我的同窗学友，大家勤勤恳恳，努力为中国的语言文字科学作贡献。伯慧遵循先师王力的足迹，自己在教书育人的岗位上身教力行，培育出一批又一批优秀人才，不断地丰富了中国的语言学。

我不能忘记，1949年晚秋，首次与伯慧见面那一刻。当时，我25岁，同宿舍住进一位18岁少年，原来是本校中文系主任詹安泰教授的长公子。从此，我们建立了情同手足的友谊。我帮助小师弟学法语，小师弟帮助我学中文。伯慧天资聪颖，家学源渊，对法语发音的关键音能很快掌握，显示出语言天资。我们俩还一同参加了中文的文字改革、拉丁化新文字的研究和实际运用。伯慧勤学慎读的学习态度给我树立了一个好榜样。

我不能忘记，1950年，我受邀在伯慧家过了一个温馨的春节。师母烧出来的菜，吃在嘴里，其味道和我那远在天那边的母亲做给我的一模一样。师母慈爱，师尊待我如自家子弟一样谆谆教导，我有家了。漂泊在外，有家的感觉，真是暖在心间。

1951年8月，我们要分别了。伯慧留校继续学业，我被分配去北京工作。从此，见面虽不可能，但心仍连在一起。

我更不能忘记，1976年1月，在那风雨如晦、严寒逼人的日子里，我回越南探亲，乘坐的列车经过武汉时，伯慧到车站为我送行，祝我一路平安。此时此刻，是友谊把我们的手牵在一起。火车一声长鸣，我们的手分开了，但那温暖的一握，一直伴随着我走在回国的路上。

1982年，由于伯慧在学术上的造诣、语言学上的才能，由国家推荐到日本东京大学执教并不断走出国门讲学。此时阳光普照大地。伯慧又荣任全国人大代表、政协委员、中国语文现代化学会副会长等职，时常会来北京。有一次在京工作的中山大学语言学系的学友大联欢，大家各自捧出新作互相切磋。我从伯慧的著作中不断吸收新的养料，更进一步地热爱中国语言科学，中肯、准确地理解中文，从而无误地将中国发生的事物介绍给法语界读者。

我与我的中国恩师、我的中国兄弟、我的中国同窗学友，有说不尽道不完的恩情友谊。

在这里再一次谨祝伯慧健康长寿，永远是语言学界的常青树！

（越南朋友，《今日中国》杂志社法语专家、中国外文出版发行事业局国际传播终身荣誉奖获得者）

忆与同窗好友詹伯慧的交往

林穗芳

中山大学文学院在院长王力等教授的主持下于1946年创办了全国唯一的一个语言学系，到1953年院系调整并入北京大学中文系为止，共办了7年。不像中文系和外文系等大系，这个年幼的学系每届招收的学生都不多。系小也有它的好处，学生可以得到名师更多的具体教诲和个别指导，师生关系密切，不同班级的同学胜似一家人。毕业后，伯慧数十年如一日，同分散在全国各地的师友经常保持联系、交流工作情况和切磋学问，在前进的道路上互相关心、互相鼓励。

在信息技术革命的时代，语言学作为基础科学和先导科学的地位越来越为人们所认识。语言学系存在的时间虽然不长，它在半世纪前的设立，为新中国输送了头几批语言学教学和科研人才，反映了创办者的远见卓识。我在1947年高中毕业报考语言学系之前从未听说过中大有这么一个系，系教师我一个也不认识，根本不了解语言学系将为国家培养哪些急需的建设人才。既然是语言学系，总得教学生学语言，中外语言我都喜欢，我是全凭“语言学”三个字的意思报考该系的。伯慧的情况和我大不相同，选择志愿不会有我这样的盲目性。他家就住在中大，家长对语言学系的任务、专业设置和师资配备一清二楚。1949年迎新时，知道有一位新同学是中文系主任詹安泰教授的公子，在中大众多的院系中偏偏选上了我们这个小系，大家都很高兴。后来各位同学所走的不同发展道路证明，在学校里奠定牢固的专业思想基础对一个人的事业的成功多么重要。

语言学系设有“新文字实施方案研究”等文字改革课程，当时把推广拉丁化新文字看作朝这个方向采取的一个实际步骤。伯慧、耀文和我都是推动中大新文字研究会在1950年5月成立的积极分子，我们常在一起商量如何开展活动和撰写宣传稿。伯慧年轻，精力充沛，一入学他的文采就为同学们所赏识，所以宣传稿多公推他来执笔。他曾写过一篇《加强团结，把新文字推广开去》，刊载于上海《新文字周刊》1950年第46期。1950年10月19日鲁迅逝世14周年时我也在当天的《南方日报》发表一篇纪念文章《鲁迅和拉丁化新文字》，借这位新文化运动伟大旗手的威望来促进文字改革的研究实验。新文字研究会最引人注目的一项活动是，成立后在文学院通往校中心市场的十字路口一侧树立一个专用的壁报栏，张贴宣传材料。有一期壁报被拍摄下来，我至今仍保存着这张珍贵的照片。内容是“中大新文字研究会给世界民主青年联盟代表的信”，对世界青联的代表们来校访问表示热烈欢迎。信分左右两栏，以“新文字”和汉字对照的形式书写。“新文字”标题和正文像西文报纸编排一样以大小字号、黑体和白体、正体和斜体搭配，个个字母工致匀称、清秀悦目，准是出自越南籍同学阮绍光之手，比今天用英文电脑绘制排印出来的美术字体毫不逊色。

上四年级时我在《南方日报》兼任见习编辑，一周上班六天，一天休息。前三年我修的学分较多，四年级只余下四个学分和写一篇毕业论文，系里的老师很关怀照顾我，把我必修的课程都安排在我倒休的那一天，好让我回校上课把学业修完。我回校上课时，伯慧就把他在学生宿舍的铺位被褥让给我午休和留校过夜用，他自己则回家里住。否则，我一天要奔走于沙面南方日报社和石牌之间，辛苦疲劳不待说，学习时间就更少了。

师生同学之间真挚深厚的情谊，随着岁月的流逝有许多细节都已逐渐被淡忘，我这支秃笔已无法以青年时代的激情再现当年语言学系的老师同学们朝气勃勃、奋发向上、爱校爱国、亲如一家的动人情景，写回忆只好求助于那些残存的旧时记录了。“我系的师生向来就好像是一家人一样”，这是系主任岑麒祥1951年1月14日在一次隆重欢送我系两位同学参加军干校的大会上深情地说出来的。下面是我当时写的一篇实况报道。

今天欢送光荣去，明天欢迎凯旋还！

——记中大语言系欢送参加军干校同学大会

14日，石牌中大教授住宅区辽河路24号严学窘教授的家里在张灯结彩，好像是办喜事。严先生亲自揩地板、搬台凳，一家人都在忙着布置会场。严先生说：“我家里就是过年也没有这么热闹过，这是参军的英雄们带给我们的光荣！”

晚上7时半，参加军干校的同学刘鹿舟和岑云骐，全系的老师、师母、弟妹和同学们差不多都到齐了。欢迎大会在隆重的气氛中开始。首先系主任岑麒祥致欢送词：“我系同学90%都报了名，很是难得。今天光荣榜上就有了我系两位同学的名字……我系的师生向来就好像是一家人一样，我们就是代表你们亲爱的爸爸妈妈兄弟姊妹欢送你们到光荣的岗位，革命最需要的地方去！希望你们不要思家，一切服从组织，努力学好本领。”接着他又敦嘱没有被批准参加军干校的同学，留在学校安心学习，加紧锻炼，准备将来做文化战士！

批准参加军干校的同学刘鹿舟是语言系四年级同学、优秀团员、文学院院会常务，大家叫他做“院头”。他在致答词时很感动地说：“我坚决保证把我的一切献给祖国国防建设，我不会辜负师长同学们对我殷切的期望，我要做一个光荣的共产党员回来！”另一位参加军干校同学岑云骐是一年级的小弟弟，这次运动中涌现出来的积极分子，为了鼓励他的爱国行动，团支部在前几天通过了吸收他为正式团员。他们都讲了话。坐在他们身旁的两位女同学代表大会把两朵大红花插在两位同学的襟头上。这时四座响起了热烈的历久不息的掌声。

正在达到“高潮”的当儿，张为纲教授刚好从二十多里以外的广州市赶回来参加。我们即请他讲话。他以很幽默的口吻说：“今天我系两位好女儿出嫁，像这样热闹空前的喜事非赶回来参加不可。”他随即把结婚时朋友送给他的名贵的汉玉送给同学佩带，以示“守身如玉”、“坚贞不渝”，希望他们在胜利日记上写下一生最宝贵的回忆和英勇的战斗事迹。张先生这才开始唱他自己事先编好的鼓词：“喜欢喜欢真喜欢，欢送英雄们去军干；学好本领守国土，捍卫祖国保安全；今天欢送光荣去，明天欢迎大凯旋。”

这时已是9点钟了，大家开始聚餐。那些丰盛的酒菜都是各个师母在她们自己的家里弄好送来的。师母们的母爱使我们感动得说不出话来。周师母首先道出了她们心里的话:“我代表千千万万的母亲和孩子向你们致敬!”“因为有了你们,我们的祖国的国防和我们和平幸福的生活就有了保证,我们再也不会受帝国主义禽兽侮辱、欺压、残杀了!”周达夫先生也不甘落后,站起来代表全体人民教师“向参军同学致敬”。俄专侨生吴一民,用俄语唱了《青年团之歌》、《祖国进行曲》之后又代表海外侨胞“向祖国参军的英雄们致敬”。严学宭先生的女儿也代表中国少年儿童先锋队“向英勇的哥哥同志致敬”……

最后,由主席宣读贺词:“年青的新中国的卫士,光荣属于你们。让我们为你们祝贺,让我们为你们欢呼!”(载《南方日报》1951年1月16日)

保卫世界和平,反对帝国主义侵略,是时代的主题。伯慧当年就在华南人民出版社出版了《在反动统治下英勇斗争的和平战士》一书。在这次大会两个月之后我自己也参加中国人民志愿军,奔赴朝鲜前线了。临别时在纪念册上为我题词留念的有岑麒祥、严学宭、周达夫、陈必恒等老师和周耀文、阮绍光、冯惠贞、詹伯慧、唐作藩、陈光远、饶秉才、欧阳觉亚、胡瑞昌、王豫远等同学。题词表达了师长同学们热情的勉励和殷切的期望:“积极发挥国际主义和爱国主义精神”、“工作不忘学习”、“全心全意为人民服务”、“多教育一个俘虏,就多增加一分和平力量”、“为全人类的和平事业而奋斗”、“去吧!英勇地去吧!为了祖国美丽幸福的明天!!!”伯慧的题词以“新文字”书写,别具一格:

Ba S. W. dai dao cianxian ky,
Ba wenz geming de zingshen fajang kilai!
Sung
Suifang t-zh dao Chaosian ky cangia fanji gungzo.
Boxui
1951n. 3ye 25rh, Shpai.

Sin Wenz缩写为S. W.,说明大家当时对“新文字”已经很熟悉,一看缩写就知道代表什么意思。“新文字”在前线的确派上了用场,那时我所在的军司令部侦察科有一位来自延边的朝鲜语翻译(大家都亲切称他为Kim tongmu),口授简单的朝鲜语日常会话,我就是靠“新文字”的帮助把近似的语音记录下来的。朝鲜停战后,我被调到军队干部文化学校教语文,学员都是红军时期、抗日战争时期和解放战争时期的营连排级干部,准备在提高文化程度后转业到地方工作。我一到学校就给教务处写了长篇书面报告,建议给学员讲授北方话拉丁化新文字方案,说明以它作为辅助语音教学的工具,将有利于提高教学效率、缩短教学时间。我自己讲课就是利用“新文字”拼写方案给生字难字注音的。这在某种程度上可以说是试图实现伯慧的期望,把文字改革的精神带到新的工作岗位。

1956年8月我被调到北京，在人民出版社做编辑工作。伯慧在1956年6—12月参加中国科学院少数民族语言调查队赴海南岛调查黎语回京后，我才得知这位阔别了多年的老友在1955年已从武汉大学来北京大学进修，师从袁家骅教授专攻汉语方言学。确定主攻专业方向对学者的生平事业是具有决定意义的抉择。“知彼知己，百战不殆”，孙子的这一制胜谋略伯慧算是学到家了。他了解我国语言学研究的薄弱环节和知道如何发挥自己的优势。他从小在“双语”家庭长大，有敏锐的审音辨音能力，上学时能像说母语一样操南粤各大方言；又在荆楚任教多年，重视华中地区方言的调查研究；接着来到京城听京调析京音，对普通话和各方言音系的差别有了更丰富的感性知识。他从一代宗师那里学得了系统的方言学理论，参加了《汉语方言概要》的编著，又在实践中掌握了科学的调查方法，下一步要做的便是在所选定的方向上熟悉前人已有的全部研究成果，披荆斩棘开拓前进。他早期的力作《现代汉语方言》一问世，便在国内外产生了重大影响。伯慧为现代汉语方言学理论体系的完备和国际影响的扩大所作的杰出贡献，是同行专家有目共睹的，用不着一个外行人在这里多费唇舌了。

“四人帮”被打倒之后，我到武汉大学组稿，使我有机会和老友欢聚了好多天，这大概是离开母校以后我们在一起相处时间最长的一次了。我本住在校招待所，他索性让我住到他家里，一块上街买菜做饭。他还陪我到汉川探望了我妹妹全家，并合影留念。那是1976年11月，他在中文系为国家培养人才默默奉献了全部青春年华，生活条件同其他大多数知识分子一样仍然相当艰苦。改革开放时代的到来，使他得以展翼飞翔，在更广阔的天地施展才华。中文系全国各地大学都有，国家教委偏从武大中文系选拔伯慧作为第一个赴东京大学长期讲学的学者不是偶然的。学有专长、能教中文、普通话讲得流利的学者不少，兼谙多种汉语方言的学者就不多了。出国教中文，懂外语的自然优先。伯慧掌握两门外语——英语和法语，恐怕也是被看重的一个条件。聘请客座教授不只看职称，更重要的是看是否有真才实学。派出国推荐的教授要经聘请国审查合格同意接受才行。东京大学教授审议会在讨论通过之前要全面了解伯慧的学术研究成就，他的主要著作大部分在日本都能找到，有几篇论文是在国内发行量不大的学报上发表的，在日本看不到，要作者补寄了这几篇的复印件。可见对方的审查评议是认真的、严格的。

上海辞书出版社以出版高质量的辞书著称于世。《辞海》修订本就是该社出版的。该社在1992年还出版了一部在出版界影响很大的《出版词典》，上面有伯慧撰写的“口语”、“书面语”、“文言”、“白话”、“普通话”、“方言”等多个条目。可能因为是“小条目”被遗忘了，没有收进《詹伯慧教授著述目录（1950—1997）》。权威性工具书的“小条目”概括性强，使用率高，影响可能比一般报刊的某些“大文章”还要大。这些条目是我拟设的，受《出版词典》编委会委托组稿。我在1986年7月约伯慧撰写，同时还约作藩兄撰写“音韵学”条。他们尽管教学任务繁重（作藩当时还要为出国参加国际学术会议做准备），还是爽快地答应了，在当年就先后把稿子写好交来了。上海辞书出版社的要求是非常严格的，编辑部负责人就该社如何把好辞书质量关的问题专门给我们这些参加编纂的人讲过课。我约写的其他条目有不少都经过与撰稿人反复商讨后才改定的。他们两人写的条目完全合乎要求，无须修改一字。我把稿子寄去，责任编辑未提出任何修改意见，照原样采用了。我为另一部辞书约写几十条目，不必修改就可用的极少。有一个条目原稿只有千把字，我几次写信与撰稿人商量如何修改就写了几千字。为使自己的论据站得住，能为对方接受，得花费不少时间去查阅有关参考资料。选择作者不合适，苦了编辑自己。

中大语言学系的同学相当多一部分在北京工作，主要分在高等学校、社科院和新闻出版部门。因住处分散，平时又各忙各自的事情，难得见面。自伯慧当选第七届全国人民代表大会代表和第八届全国政协委员以来，每年都来京参加会议，使老同学常常得以借此机会到他下榻处畅叙。有一年政协委员的住处安排在香山饭店，进城不便，他还是打电话约我一同到外文出版局宿舍探望我们同班同学阮绍光。阮绍光从中大毕业后作为语言专家留华工作至今，为新中国的翻译和出版事业的发展、为中越两国人民世世代代的友好竭诚无私地贡献了毕生的精力和全部才华，赢得了同学和同事们的普遍尊敬和爱戴。

伯慧和我最近一次晤面是在1997年7月，他来京参加国家语委召开的一次有关新时期语言文字工作规划的专家座谈会。承赠送一册刚出版的《汉语方言论文集》（邓景滨主编，香港现代教育研究社，1997年），使我对这位同窗好友的道德文章和在语言学界的建树有了更全面的了解。从教45年，桃李满天下，确实是值得庆贺的日子。特撰此文，在追忆一些共同度过的美好时光的同时，祝愿他老当益壮，为培养我国跨世纪的语言学人才、为汉语方言研究水平的进一步提高作出更大的贡献。

1998年5月3日

（人民出版社编审、“韬奋新闻奖”获得者）

《田野春秋》序言

唐作藩

光阴似箭，日月如梭，一个花甲前我们班里最小的同学阿詹亦已进入八十华诞了。1948年秋，我考入中山大学语言学系时同班同学有20人，1949年夏由于解放战争，我们许多同学离校或休学了。1950年秋，我和饶秉才、许绍早三人复学时就与1949年入学的欧阳觉亚、詹伯慧同年级了。这时同班七人中还有1947年入学而休学了两年的麦梅翘大姐和1950年自香港插班进来的王豫远。我们同在石牌本校生活、学习了两年，共同选修了岑麒祥先生的“语言学引论”、商承祚先生的“文字学”、严学宭先生的“读书指导”、张为刚先生的“国语与方言”和陈必恒先生的“现代中国语法”等课，但由于革命运动一个接一个，所有的课程都未修完。记得1950年复学不久，就投入修建白云机场的劳动中；接着参加抗美援朝战争，许多同学都报了名，最后我们语言学系1947级的林穗芳同学被批准入伍，全校相继举行了欢送会。1951年春夏，我们被调去参加以李德全部长为总团长的少数民族慰问团，奔赴粤北瑶族地区进行慰问活动。我们的分工不一样，伯慧、欧阳与系主任岑先生等参加少数民族语言调查组，我则被指派参加秘书组，具体负责一路押送慰问品。完成任务之后，我们回到广州还参加了在省委礼堂举行的庆祝晚会，华南局第一书记兼省委书记叶剑英同志和李德全部长与民同乐，和大家一起跳舞。是年秋，我们又被派参加广东省土改工作团，赴粤中清远县山区农村参加土地改革运动。我被分配在副点，担任一个乡的工作队副队长，而伯慧则被派在面上，独自一人掌握一个乡，受到了很大的考验和锻炼。1952年春，我们又提前被调回中山大学，参加“三反”运动，实际是要我们参与老师们的思想改造运动，听取老师们的思想检查。后来又让我们投入忠诚老实运动。回想起来，这些都是当时对待知识分子的一种极“左”的做法，而我们都经历了。

1952年暑期后，全国高校进行院系大调整，中山大学的文、理科迁入岭南大学所在的康乐村，和岭南大学文、理科合并，成立新的综合性的中山大学，取消院一级行政，文科设有独立的中文、语言学、历史、政治、外语等系。原岭南大学文学院院长王力先生担任我们语言学系系主任兼汉语教研室主任，并为我们大四班开设了“语法理论”课。岑麒祥先生任语言学教研室主任，给我们讲授“斯大林的马克思主义语言学”课。严学宭先生调去武汉中南民族学院担任少数民族语言研究所所长，后又兼任副院长；张为刚先生则调入新成立的华南师范学院。原岭南大学高华年教授和钱淞生讲师留在中山大学，钱先生给我们讲授“音韵学”；高先生为我们班开设了“少数民族语言调查研究”课。上课之余，我们还常在一起参加一些课外活动，比如学习拉丁化新文字。

1953年6月底各门课程基本结束后，高华年先生让我们自己到武汉中南民族学院去实习。我们班一行七人到武汉后即去看望严学窘先生，他非常支持我们，把我们分成三个组，分别调查三种少数民族语言，为我们选派了发音人。我与伯慧兄分在一组，调查广西仡佬族语言。经过两周的实习，我们合作写了一个调查报告作为实习成绩，复写三份，交给严先生一份，我们各自留一份。回到广州后，即去华南理工学院报到，参加全广州市各大学应届毕业生的集中学习，听了陶铸同志的政治报告，其主题是：坚决服从分派，到祖国最需要的地方去建设社会主义。约一个星期的毕业学习结束后，每个同学就收到一份工作分派通知书。伯慧兄被分派到武汉大学中文系任教，而我则留校做语言学系助教兼系秘书。

但一年之后，我们中山大学语言学系全体师生调往北京大学，并入其中文系。真是有缘分，不久，伯慧兄也被武汉大学派来北京大学进修，我们又在一起聆听王力先生的“汉语史”、岑麒祥先生的“语言学史”和袁家骅先生的“汉语方言学”等课。伯慧进修的主攻课程就是方言学。他自小就随着父母熟悉了饶平的客家话和潮州的闽南话，后来又生活在广州，掌握了标准的粤语，富有学习方言学的天赋，所以袁家骅先生很赏识他。这时，许绍早也被所在的东北人民大学（即今吉林大学）派来北京大学向王力先生进修“汉语史”。1957 年 7 月，我与绍早兄作为王力先生的助手，而伯慧兄作为袁家骅先生的助手又一起到青岛海滨分别参加编写《汉语史》和《汉语方言学》教材，我们朝夕相处，共同生活了一个月。此后，汉语方言学就成为伯慧兄一生教学与研究的专业。

伯慧兄才思敏捷，勤于笔耕，著述等身。在上大学四年级时，他非常钦佩那些拥护世界和平运动的使者，于是写了一本歌颂世界和平运动的倡导者的书，即《在反动统治下英勇斗争的和平战士》（1951）。20 世纪五六十年代在武汉工作期间，为了响应与配合全国方言普查和推广普通话，他很快就编写出《武汉人怎样学习普通话》（1956）和《湖北方言概况》（合作，1960）。在武汉大学除了开设“汉语方言学”课，他还参加现代汉语的教学，编著《现代汉语方言》和《现代汉语》教材（集体）。20 世纪 60 年代文化大革命开始后，他成为被冲击的对象，教学与研究被迫停止，我们也暂时失去了联系。70 年代末我去武汉探视在城市建设学院工作的二妹夫妇及在咸宁湖北变压厂工作的大孩子时，曾到珞珈山上去看望伯慧兄。他们一家三口挤在一个平房单间里，他谈到“文革”中受凌辱的情况，居然被污蔑为特务，胡说他的手表是用来向国民党发报的发报机，真是太可笑了。“文革”结束，雨过天晴以后，我们才又恢复经常的联系。1980 年秋，他被教育部派往日本东京大学担任客座教授，负责语言学课程的教学，直至 1982 年春才回国，我们一直书信不断。据我所知，他在东京曾为促成王了一先生 1980 年访问日本做了许多准备工作，了一先生抵日时，是他陪同平山久雄教授到成田机场接机的，期间他又曾在东京客居寓所，亲自下厨弄几道“中华料理”，约请几位渴望见到了一先生的日本朋友来他家和了一先生伉俪畅叙友情。伯慧兄在日期间，出版了《浠水方言纪要》（1981）和《汉语方言文集》（1982），业余还写点日本见闻，在香港《文汇报》上连载，后来出版了单行本《东瀛杂记》（1982 年武汉大学出版社初版，1989 年人民文学出版社出版增订版）。他的《现代汉语方言》一书，也由在东京大学听他讲课的筑波大学讲师樋口靖译成日文在东京出版（1982）。

暨南大学饶秉才兄欲在暨南大学建立语言学系，通过组织向武汉大学、吉林大学和北京大学发出商调函，要求将伯慧、绍早和本人调去暨南大学。我们虽然都支持秉才兄，但结果只有伯慧如愿以偿。1982 年秋他回国后，经过一番努力，终于在 1983 年秋调入暨南大学任教授。我于 1982 年曾应聘来暨南大学讲学三个月，为研究生与高年级同学开设音韵学和汉语史两门课程。那时伯慧兄尚在东瀛，我们虽未能共聚暨南园，但他的夫人陈雅仙大夫已先期调入暨南大学，我和夫人也常常到他家去，从嫂夫人那里得知伯慧兄在国外的一些情况。

伯慧兄于 1983 年 10 月正式调入暨大，1985 年就出任刚恢复的暨大文学院首任院长，对暨大的文科建设和发展发挥了重要的作用。不久，他主持建立了暨大汉语方言研究中心，开始招收研究生。1990 年他成功申请在暨大中文系建立第一个博士点，开始招收以方言研究为专业方向的博士生，此后他连续 15 年培养了 29 位博士生，在暨大逐步建立起一支高水平的汉语方言研究梯队，被学术界戏称为“詹家军”。这支方言研究队伍在伯慧兄的组织领导下，对广东境内的方言（包括粤语、客家话、闽南语以及各种土话）逐步进行普遍、深入的调查和研究，并逐渐扩展到广西、海南岛及香港、澳门地区的方言，为我国南方的方言研究作出了突出的贡献。20 世纪 80 年代末之后，我不断收到他邮寄来的著作。例如，《汉语方言及方言调查》（1991）、《珠江三角洲方言调查报告》（三卷本，主编之一，1987—1990）、《粤北十县市粤方言调查报告》（合著，主编，1994）、《语言与方言论集》（1993）、《方言 · 共同语 · 语文教学》（1995）、《汉语方言论集》（合作，1997）、《粤西十县市粤方言调查报告》（合著，主编，1998）、《广东地区社会语言文字应用问题调查研究》（主编，2000）、《广东粤方言概要》（2002）、《广州话正音字典》（合作，2002）、《漫步语坛的第三个脚印——汉语方言与语言应用论集》（2003）、《新时空粤语》（主编，2006）、《詹伯慧语文评论集——庆祝詹伯慧教授从教五十五周年》（2008）等 30 多部专著。他还发表了 300 多篇论文。伯慧的成就愈来愈大，他的学术影响愈来愈广。论资历年轮，他在当年方言学界的“九兄弟”中排行老三，但其著述成果却格外突出，所以党和政府也越来越重视他，不断赋予他重任，给予他荣誉。自 1988 年当选为第七届全国人民代表大会代表后，他又于 1993 年和 1998 年连任第八、第九两届全国政协委员。他在 20 世纪 80 年代中期加入中国民主同盟之后，就连续两届被选为民盟中央委员和广东省委副主委。每年春、冬两季都要来京开会，每次动身前他都要打电话或发电子邮件见告他的行程，让我通知在京的中大语言学系的老朋友，约定相聚时间。有时在会议期间，有时在会议结束之后。如在会后，往往留宿在阮绍光学长府上，有时也到寒舍来歇脚一两个晚上。有一年春天，正逢清明节，伯慧还与我们一道到万安公墓为王力先生与岑麒祥先生扫墓，以怀念我们最尊敬的老师。

平时我和伯慧还在一些学术会议上见面。比如在中国语言学会上，在纪念王力先生、岑麒祥先生、吕叔湘先生等师辈的学术研讨会上，特别是近几年我们连续三次在广州、南宁、香港相会在粤方言国际学术研讨会上。2008 年 12 月，他还约了麦梅翘、饶秉才、欧阳觉亚、王豫远等老友相聚在香港，同班七人中就缺许绍早，可叹他在 11 年前已永远离开了我们！

2006年，我与杨耐思兄主编的《中国语言文字学大辞典》出版，是年10月出版社在重庆召开专家座谈会，伯慧兄等应邀出席。会上有人提议、大家附和并决定编写一部七卷本的《中国语言文字大词典》系列（包括《现代汉语卷》、《古代汉语卷》、《汉语成语卷》、《汉语方言卷》、《汉语俗语卷》和《少数民族语言文字卷》）。大家还一致推举伯慧兄出任《汉语方言卷》的主编，他看在我们老同学的分上，推辞不掉，会后立即商定编写班子和编委成员，网罗了全国各大方言区的顶级学者，于2007年4月在暨南大学召开编委和顾问联席会议，商讨编辑方针、规模和完成时间，并在暨南大学文学院前举行揭牌仪式。后来由于经费未能及时到位，搁浅了一段时间，一直拖延到今年秋天才重新上马，伯慧兄依然勇挑重担，下决心要在一两年内让这部350万字的方言大词典杀青面世。他的雄心令我深感惭愧和抱歉！

今年8月在为纪念王力先生诞辰110周年举行的中国语言学发展之路——继承、开拓、创新国际学术研讨会上我们又见面了。本来10月下旬在湖南湘潭举行的第二届湘方言国际学术研讨会上又有一次见面的机会，不料他临行前一天眼底出血，医生要他住院治疗，非常遗憾！但有幸我们于本月中下旬又在广州、潮州相聚了，参加了潮州市人民政府和韩山师院联合主办的纪念我国著名的词学家、教育家、诗人詹老伯安泰先生的国际学术研讨会。我本于文学是门外汉，但伯慧兄的盛意难却，抱着学习的愿望与怀念的心情欣然前往，与会之后收获不小，感受甚深。明年6月伯慧的弟子们和暨南大学文学院、中文系的领导与同事们将为他举办庆祝八十华诞的盛会，并编辑出版庆祝文集，约我写点儿东西，我当然很高兴，于是记叙了我们六十年来的交往与友情，以作为我对伯慧兄的祝寿词。谨祝伯慧兄健康长寿，为汉语方言学和中国语言学的大发展作出更多的成就和更大的贡献！

是为序。

2010年12月30日
于北京蓝旗营寓所

（北京大学中文系教授）

半个多世纪的情谊

——我与詹伯慧的交往

欧阳觉亚

我和詹伯慧很早就认识，从 1949 年开始，到今天足足过了六十二个春秋，比一个甲子还长。在这漫长的年月里，我们始终保持着友好联系，互相关心、互相帮助，胜似手足。参加工作以后，虽然彼此相隔千里，但仍然经常有机会见面，我几乎每年都要去南方出差，而他也经常来北京开会，彼此见面的机会很多。就是退休多年以后，相见的机会也不减当年，这也许是缘分。现在我们不知不觉已步入耄耋之年，但仍然来往不断。每次见面都和过去一样，海阔天空地谈论家事国事。同学们按照广州话的习惯称呼詹伯慧为阿詹（即老詹）。他为人爽朗坦荡，个性好动，喜欢会友，而且消息灵通。他每次来京都不辞劳顿走访大家，大家自然也盛情相待。从他当上全国人大代表和全国政协委员以来，每年来京开会以后，都要抽时间与老同学们相聚，这已经成为我们在京老同学们的习惯。20 世纪 80 年代初，他完成在日本东京大学两年的教学任务后回国，在北京逗留期间，他母亲和夫人陈雅仙医生趁机来京相聚。他夫妇住在离我们家不远的王力教授长公子王辑志家，而他母亲就住在我们家。我们每天在一起生活，每天聊天沟通，非常融洽，从此我们两家就更加亲近了。

詹伯慧天资聪慧，性格外向，喜爱写作，是我们班同学中的佼佼者之一。早在大学时期，他就利用学到的外语翻译小书出版。工作以后，只要做过什么，到过什么新的地方，就发表随笔、杂谈等文章。而我们大多数同学只顾十年寒窗，埋头读书、工作。阿詹有一个别人少有的条件，就是他的家庭背景使他有利于成为一个汉语方言学家。他父亲是客家人，母亲是潮州人，他从小生长在广州，使用广州话，又较早学会普通话，这对学习研究汉语方言有无比的优越性。

学生时代的回忆

我们在 1949 年考取了中山大学文学院语言学系，同班的有我和詹伯慧以及另外两名同学，后来那两位同学都退学了，又增加五位复学的同学，全班七名同学，一直到毕业。大学时代的生活很值得怀念，我对这段时间的生活记忆犹新。记得开学以后，我和詹伯慧情趣最为相投，两人形影不离。他的许多优点和习惯爱好，对我的影响很深。我们喜欢文艺活动，跳舞、听音乐、唱英文歌曲、看电影、弹钢琴等都参加。学生会举办的舞会少不了我们，我们经常参加“学生公社”每周举办一次的交响乐欣赏会，课余饭后，我们练唱英文歌曲，课外活动时间，我们到华南师范学院钢琴室自学弹钢琴，十多天后，因为越练越难，又无人指点，就知难而退了。体育活动方面也经常进行。最有意思的是打篮球，我们班刚好凑够五个人组成一个临时球队。有几次跟别系的同学打球，按规定打赢的继续跟另外一队打，打输的退场。我们是临时球队，只会乱跑乱抢，容易犯规，投篮命中率不高，可是伯慧老兄因身体不够壮实，不敢跟人拼抢，但躲在篮筐底下，一有球来就往上送，一中再中，连连得分。这样我们这个杂牌队竟然赢了训练有素的对手，正所谓“盲拳打死老师傅”，大家兴奋不已。这里詹伯慧这个前锋立了很大的功劳。

在学习方面，我们对英语颇感兴趣，就相约旁听英语系二年级的课，开始听不大懂，后来慢慢习惯了，就基本上懂了。在课余时间，有时两人用英语练习会话，虽然词不达意，但彼此都能理解。有时也去旁听中文系的课。这些活动都是我们两人共同的行动。在专业课方面，对王力教授的现代汉语语法很感兴趣，有时相约到王先生家里请教语法问题。有时利用星期天休息日跟系里同学到岑麒祥教授家里做客，或在校园里游玩，老师学生犹如一家人一样。

在生活方面，伯慧兄好像成熟得比较早，对什么都感兴趣，在学校时就有女同学常跟他来往了。而我在这个时候还处于“蒙昧时代”，在这个问题上没有向他看齐，只喜欢舞蹈、打球等文体活动。

光阴荏苒，大学生活就要终止了，转眼就面临毕业和工作分配的问题。我和另外两位同学被分配到中国科学院语言研究所，詹伯慧被分配到武汉大学。从此，我们天各一方，独自施展自己的才能去了。

老同学新伙伴

1956年夏，由于工作的需要，我从工作过两年的广西少数民族语言调查第一工作队被抽调到海南分队参加黎语方言调查，打算为黎族创制拼音文字。碰巧，队长袁家骅教授把在北大进修汉语方言学的詹伯慧派遣到海南分队，参加黎语的调查工作，同时要他抽空调查海南三亚的汉语方言——崖城的军话和迈话等。郑贻青刚好从民族学院毕业，也被选拔到海南分队，我们三人刚好被分配到一个小组，全组约十个人。彼此分别三年的老同学又重聚在一起了。记得在海南头一次下乡，我们计划先从通什（今五指山）乘车到崖城，然后走两天路到乐东县。到了崖城后，雇了挑夫运送行李和调查材料，第二天一早出发，可是行走没多久就遇到台风，我们被迫暂时借住在一个农场的仓库里。台风过后，第二天立即上路，一路上水沟纵横，行人要不断地过沟过河。为了赶路谁也来不及脱鞋挽裤，大家就直接蹚着齐腰深的水过去。一天总共要涉水七八次。最难熬的是在烈日下走路，台风过后，太阳特别猛烈，还没走到半路大家随身带的水壶早已空空如也。荒山野岭没有人家，找不到水喝，大家口渴难忍，看到田边有流动的清水，有人就不顾一切地喝起来。当时大家虽然很累，但都不觉得苦，因为路上有伯慧兄为大家说笑鼓动，早把渴和累忘记了。

乐东县黎语调查结束后，小组经过两天步行又回到崖城。詹伯慧还有另外的任务，要调查当地的汉语方言。作为小组长的我，当时只顾调查黎语，对他的任务不够重视，没有给他安排足够的时间和条件调查军话和迈话。尽管这样，他也没有很多的意见。不久他回到北京，很快就在北大的《语言学论丛》上发表调查结果的文章，并寄送给我。当时我在高兴之余回想我这个组长对他照顾得不周，真有点儿内疚，至今仍难以忘怀。

从20世纪70年代末以后，我们经常有机会南下，而詹伯慧又经常来京，两家人来往频繁起来。每次我们到海南出差，路经广州时，尽量抽时间前去暨大探望詹伯慧和陈雅仙医生伉俪，而阿詹每次到我家都带来礼物，有时是雅仙医生送给贻青的食品或用品，有时是他刚出版的著作。有一次他出差新疆，回京时给我们带来了一个大哈密瓜；有一次从广州来又给我带来几大本专著：《珠江三角洲方言词汇对照——珠江三角洲方言调查报告之二》、《粤西十县市粤方言调查报告》、《粤北十县市粤方言调查报告》，以后凡是他出的书无一不送给我参考。这些宝贵的资料对我从事粤方言研究有很大帮助。当然，我出版的著作也少不了要送给他，尤其是有关广州话方面的。有一次他对我说，他在介绍广州话时所用的参考资料主要是我的著作，听了这话，我甚感欣慰。

人们常说，当老师好，桃李满天下。詹伯慧就是这样。每次到暨南大学见到他跟年轻老师们在一起开会、研究问题，一介绍无一不是他的历届学生。我们跟他调侃说都是“詹家军”。他的高足都早已是博士、教授，成为学校的支柱，而如今他还为培养最后一批博士生而忙碌着。我们见他身体过于劳累，曾劝他说工作是干不完的，见好就收。前几年他在家摔断了腰骨，以为他从此可以歇息了，没想到不几个月又恢复如初，还是干他的本行。为了锻炼身体，他坚持每天晚上到运动场上练快走，一走就是五圈。现在走起路来还健步如飞。有一次我们去找他，他不在，雅仙医生说“他百足（蜈蚣）那么多爪，不知跑到哪里去了”。2008年冬，我们班的老同学从四面八方赶到香港城市大学参加第十三届粤方言研讨会。开会之余，我们中山大学语言学系的老同学借机大聚会，会后走访了伯慧和雅仙的住所，然后一起回广州拜谒母校的老师。回想1953年我们在中山大学毕业时，同学们表示以后在北京天安门前再见，想不到大家离校五十五年，退休多年之后又一起回到母校重聚，而且各人带着各自的眷属，带着各自的成绩向母校汇报，与老师们欢聚一堂。

（中国社会科学院民族学与人类学研究所研究员）

贺伯慧

陈章太

一

当接到暨南大学“庆祝詹伯慧教授从教45周年筹备组”邀我为“庆祝文集”写稿的通知时，我立即想到，40多年来伯慧兄教书育人，辛勤耕耘，培养出一批又一批优秀的弟子，发表了相当数量高水平的论著，真是桃李满天下，著述颇丰硕，实在令人敬佩！暨南大学向来尊师重道，在伯慧从教45周年之际，决定为他举行庆祝活动，这是很有意义的。作为伯慧的师弟（他在北大中文系学习，我也曾在北大中文系短期进修过）和老朋友（相交40载），我应当而且乐意为“文集”写稿，以表示对伯慧兄的祝贺——贺他已取得的辉煌业绩和成就，祝他老当益壮，继续作出重要的贡献！

二

同伯慧相识相交已40年。记得初次相识是1959年，那时我在语言所方言组工作，随李荣先生到南方了解汉语方言普查的情况。在途经武汉时，住在武汉大学招待所。伯慧正在武汉大学中文系任教，具体负责湖北的部分方言普查工作。在交谈工作时，好像先是李格非先生详细介绍湖北方言普查的情况和问题，伯慧在座并谈了一些情况，所谈简明清晰，意见中肯，可见他的方言知识丰富，普查工作细致，掌握情况具体，这给我留下了深刻印象。这之后，我们还在招待所附近的一条林荫道上散步、聊天，话题主要围绕着方言调查研究，他建议有机会时开一次方言学术讨论会，以促进方言调查研究工作。这一建议实际促成以后在厦门举行福建省汉语方言科学讨论会。这次相识，彼此似乎都有一种情投意合的感觉，心似乎也是相通的。人们交朋友有各种各样的情况，或重情义、或重爱好、或重利益、或重金钱……伯慧和我大概都重情义和爱好，所以这之后的数十年里，虽经风雨沧桑，又各居异地，但情意总是连绵不断，正如白居易诗云：“交心不交面，从此重相忆。”

1963年8月我们又在厦门相会了。那时我们共同参加在厦门大学举行的福建省汉语方言科学讨论会。同行聚会，切磋学术，感到格外欢乐与欣慰！会议期间，我们共游厦门名刹南普陀，在拍照留念时，无意中九人依岁数排队，摄下了一张值得永远纪念的“兄弟照”。在照片中，家教是老大，世民是老二，伯慧是老三，我居老四，宝华老五，文涛老六，盛裕老七，福堂老八，如龙最小居老九。后来在“文革”的劫难中，文涛不幸英年早逝，好不令人痛惜！应当说厦门会议的举行和同道弟兄的结识，伯慧是有功的，所以他一贯十分珍惜这份以学术为纽带而结成的友谊。1994年借暨大方言学博士生毕业论文答辩之机，他请诸好友再次聚会羊城，进一步探讨学术，共叙友情，这实在是难得啊！

改革开放以来，我们见面的机会比以前多了，有时一年能见一两次面；只要他来北京，就一定到寒舍看我，而我去广州，总是先去他家拜访。我们每次会见，都有说不完的话，叙不尽的情。我们的这种深厚友谊，连国外有的朋友也了解。1985年我赴日本短期讲学时，东京大学的平山久雄教授请我到东大中文系作学术讲演，见面时他就对我说："詹伯慧教授在我们这里讲了两年学，您同他是至交朋友，今天也来讲演，我们格外高兴！"会后，他陪我去看看伯慧在东京的住处，以示重视我和伯慧的友谊。

时光易逝，转眼40年就过去了，然而我和伯慧的友谊却因时光的流逝而越发深厚！

三

凡跟伯慧熟悉或交往的人，无论是其师辈、同事、朋友或学生，对他的为人无不称赞不已。伯慧性格温和豁达，为人敦厚正派，对人热情宽容，办事有条有理，说话不紧不慢，待人礼貌，举止斯文，给人以温文尔雅、精明干练的印象，我一直把他看成是一位宽厚、能干的好人。他的境界犹如陶渊明诗云："清气澄余滓，杳然天界高。"当今社会，除极左论者外，阶级观点已很少有人提及，社会上不再以阶级来定人的身份，而是常以好人或坏人来评论人；尽管"好人"、"坏人"的含义丰富、深邃，很难确切界定，但在一般人的心目中，好人总是正派、简朴、热情、勤奋、助人，以此衡量，伯慧当属好人无疑，而且是一位颇受师友们赞誉的好人！他的恩师王力先生称赞他治学勤奋、群众关系好。王师母更夸他尊师重友，多次对我说："伯慧这个人真好！"已故老友新魁兄就对我说过："跟伯慧交朋友绝对靠得住。"《中国大百科全书·语言文字卷》责任编辑李鸿简同志也曾对我说："伯慧这个人做事认真，跟谁都合作得很好。"平山久雄教授在同我的几次见面中，几乎每次都怀着真挚的感情提到伯慧，说他"太好了"！师友们对伯慧的这些评论，我以为都很恰当。伯慧确实是一位实在、能干的好人，衷心祝愿他一生平安！

四

伯慧是一位学人，一生以治学为本。他研究和教学时，"如切如磋，如琢如磨"，达到深入、细致、自如的境地。他知识丰富，功底扎实，学风严谨，用力甚勤，造诣颇深，已为学术界所赞誉，国内外多种报刊、专书、辞典、名录都有专文介绍。他是同辈人当中成就比较突出的一位，是我学习的楷模。

汉语方言源远流长，丰富复杂，吸引了国内外诸多学者奋力耕耘。在汉语方言研究这一领域中，伯慧占有重要的一席之地。他研究汉语方言，主要涉及方言调查研究的理论、方法，方言概况的描写，方言分区问题，以及闽、粤方言的深入研究。个人或与他人合作出版了《汉语方言及方言调查》（1991）、《汉语方言概要》（1960、1983）、《现代汉语方言》（1981、1983、1991）、《汉语方言文集》（1982）、《浠水方言纪要》（1981）、《语言与方言论集》（1993）、《珠江三角洲方言调查报告》（共三卷，1987、1988、1990）、《潮州方言》（1959）等十多种专著。其中有的著作影响较大，多次出版。有的著作的内容虽然不够精细（如《珠江三角洲方言调查报告》），但有重要价值，也为学术界所重视。他还发表了一批重要的论文或报告，如《有关汉语方言分区的一些问题》（1963）、《关于汉语方言词汇调查研究的问题》（1963）、《谈汉语方言语法材料的收集和整理》（1965）、《汉语北方方言的一致性和差异性》（1981）、《闽方言的分布及其主要特征》（1988）、《汉语方言分区问题驳议》（1989）、《四十年来汉语方言研究的回顾》（1992）等，这些文章内容充实，富有新见，受到国内外同行的好评。

伯慧研究学术不囿于学术，他十分重视对语言应用的研究。从20世纪50年代开始，他就发表了语言规范化、推广普通话和文字改革方面的论著，如《武汉人怎样学习普通话》（1956）、《关于汉语规范化》（1956）、《关于简体汉字的问题》（1951）、《有关编写〈学话手册〉的几个问题》（1960）、《略谈普通话学习中的“知己知彼”》（1979）等。在我国实行改革开放政策以后，随着语言文字工作范围的扩大，伯慧对语言应用的研究也拓宽了领域，注意并加强对双语双方言，语言接触与相互影响，语言文字的规范化、标准化，辞书编纂和语言教学等问题的考察与研究，取得了可喜的成绩。

伯慧发表的论著有两个明显的特点：一是重视材料，尤其是第一手材料，这使他的论著内容充实、基础扎实；二是突出重点，深入论述，这就加深了论著的深度，让人印象深刻，正如韩愈所说：“纪事者必提其要，纂言者必钩其玄。”

伯慧不仅是写作学术论著的能手，他的散文、游记也写得优美，1982年以柏苇为笔名发表的《东瀛杂记》就是明证。《杂记》共收游记、杂谈42篇，抒写了伯慧在日本讲学两年的见闻。文章短小精悍，散文韵味浓烈，让人读后既获得知识，又有一种甜美的享受。我在日本也住过较长一段时间，深感《杂记》写得真实、生动，极富文采。伯慧不愧是一位多才多艺的学者和作家！

五

伯慧对语言学的贡献还表现在热心语言学事业方面。他积极支持并参加各有关学会的活动，在中国语言学会、中国应用语言学会、汉语方言学会、中国语文现代化学会、中国辞书学会等都有他的踪迹，在这些学会中都担任过理事、常务理事、副会长、顾问等职。在广东语言学会中，他发挥更大的作用。上述这些学会举行的一些重要的学术活动，如学术年会、研讨会等，他大都踊跃参加，并提交有较高水平的论文，在学术活动上作出积极的贡献。闽语、粤语学界没有成立学会，但学术活动频繁，定期举行学术研讨会，编辑出版有分量的论文集，在学术界有一定影响。伯慧是闽语、粤语学界的活跃人物，对促进闽语、粤语的学术活动发挥了重要的作用。

作为一位学者，伯慧还十分重视国内外的学术交流。自20世纪80年代以来，他经常应邀到国外一些大学和科研单位讲学。他先后多次去过日本、法国、新加坡等国，以及我国港澳台地区，在这些国家和地区讲学，进行学术交流，加强学界联系，促进学术繁荣，表现出了卓越的才能。

1998 年 7 月于北京寓所

（原国家语言文字工作委员会副主任，语言文字应用研究所研究员、学术委员会主任）

岁月悠悠，情意绵长

——与伯慧先生交往琐忆

许宝华

我和伯慧先生是年轻时因与方言工作结缘而认识的。半个世纪以来，汉语方言调查研究的种种工作和事情，仿佛一根不断的红线把我们联系了起来，在悠悠岁月中产生和不断加深了彼此间的情谊。

20世纪50年代后半期，因开展全国汉语方言普查工作的需要，各省市从高校和教育部门抽调部分青年教师和工作人员经培训后从事此项工作。普查工作结束后进入撰写调查报告阶段，各省市各地区之间的学术交流研讨活动多了起来，继续从事方言教学和研究工作的青年教师也就多了参加会议和结识同行朋友的机会。

1963年8月，福建省方言普查工作指导组在厦门召开福建省汉语方言科学讨论会，重点讨论普查成果调查报告稿《福建省汉语方言概况》，邀请北京中国科学院语言研究所陈章太、张盛裕，北京大学王福堂，南京大学施文涛，武汉大学詹伯慧，中山大学黄家教和复旦大学的我共七人作为外省市的同行代表与会。会上对汉语方言的分区、福建方言的划分以及莆田、仙游话的归属等问题进行讨论，大家畅所欲言，十分热烈。会后，伯慧兄和家教、世民一起，把在会上的发言整理成一篇文稿《有关汉语方言分区的一些问题》联名发表在《厦门大学学报》1963年第4期上，引起了全国方言学界的关注。

会后，厦门大学的陈世民（英语系教师）和李如龙两位陪我们外地七位同志游览厦门南普陀，施文涛带来相机要合影留念，大家不知该如何站立，一时哄哄然。当时倒是我建议：各人自报岁数，以年龄大小依次排列。果然一下子就井然有序，拍下了今天看来很有意义、弥足珍贵的一张九人合影：前排左起第一人是黄家教先生，接着是陈世民、詹伯慧、陈章太、许宝华；后排左起第一人为施文涛，接着是张盛裕、王福堂、李如龙。大家称家教为“老大”，依次数下去，伯慧为“老三”，我为“老五”，如龙列末位，当为“老九”。后来方言界朋友戏称的“九兄弟”该由此来。现在偶尔还有老朋友提起这个“雅号”，勾忆起近半个世纪前的往事，犹有些许温馨之感呢！

20世纪80年代至90年代二十年左右的时间里，是我和伯慧先生联系、见面最多的一段时期。

记得1981年秋天，我应日本中国语学会邀请出席日本第三十五届中国语学会学术年会，会上见到了波多野太郎、桥本万太郎等好几位日本著名的中国语学专家。当时伯慧已在东京大学当客座教授，也参加了这届年会。会议结束的第二天，伯慧约我下午去他那里一叙。我按伯慧事先给我画的“路线图”前往，一路很顺利。到达时，已有一位年轻人在那里，伯慧介绍说，他是东京都立大学的中国语学研究生古屋昭弘先生，对苏州话、上海话很感兴趣，说是要来向我请教的。古屋看上去质朴平和、举止文雅、一介书生的样子，普通话说得相当流利，所问问题也很专业。此事至今差不多已隔三十个年头了，我犹印象清晰，而古屋先生如今已成为一位著名的中国语学者了。

当晚我回住地，走到离我所住旅馆不远的一条地道，发现之前走去时的那个通道口走不出去了，大概那个地道的通道口晚上到规定时间就封闭了，必须改从另外的几条通道走出去。我犹豫了一下，选了其中一条通道走去，结果发现路面情况跟我去时记忆中的颇不一样，走来走去，走不到我住的旅馆所在地的那条路了。此时已是晚上十二点多了，路上行人已经很少，我又不会日语，不免有些紧张。我回头换个方向朝另一条通道走去，看到一个穿花衬衫的中年男子站在那里，身旁的衣被等杂物铺放在地道边上。我用普通话向他问话，他连连摇头。后来有朋友告知，此类日本人大多是浪人。此时我再回头走出地道口，从另一条路往前走，走到一家店铺门前。见有店员在，我就用笔在纸上写了我所住旅馆的名字。他会意到我是迷路了，就走出店门引我走了一段路，再转个弯，指指不远处我所住旅馆外墙上方竖着的高高大大十分明亮的霓虹灯店名。此时我豁然开朗，向他连声道谢后很快回到了旅馆。要是没有那位热心的日本人为我引路，真不知在路上还要徘徊多久呢！

因上述两件事，我于1981年第一次去日本访问期间，乘便对伯慧兄所做的那次访问也就印象特别深刻，成了一段永不忘怀的往事。

1982年8月，我赴北京出席由吕叔湘先生署名邀请的第十五届国际汉藏语言学会议，“九兄弟”中出席此次会议的还有伯慧兄、家教、章太、盛裕、福堂和如龙六位。会议期间，我们在住地北京友谊宾馆的庭院里拍了张七人合影；伯慧兄还抽暇与我和家教、如龙谈了拟合作编写一本《汉语方言及方言调查》教材之事。我很赞同此事，认为这是顺应很多高校中文系已开设“汉语方言”、“方言调查”一类课程尚缺少合适教材的现实需要。

1983年5月，伯慧兄和我都去安徽合肥参加全国汉语方言学会第二届学术年会，“九兄弟”中出席会议的还有家教、章太和如龙几位。期间，伯慧约我和家教、如龙一起，讨论制订《汉语方言及方言调查》的编写大纲，确定分工编写计划，要求大家分头先把教材初稿编写出来。会后，我们四人还一起上黄山游览，由当时安徽师大青年教师伍巍陪同引路、导游。后来，伍巍考入暨大，成为伯慧先生门下的博士生，如今已是学有所成的佼佼者了。

1984年，我和伯慧先生同时接受中国大百科全书编委会的聘请，担任《中国大百科全书·语言文字卷》方言分支学科的正副主编，汤珍珠和颜逸明两位教授也受聘为方言分支的副主编。我们四人共同负责方言分科条目的撰写和审稿定稿工作。在近三年的工作过程中，我们互通音讯，交换意见，讨论问题，合作很是顺利、愉快。我和伯慧兄两人还合作编写了方言分支学科的一条长达两万余字的领头条目“汉语方言”。在此期间，伯慧兄和我等几位“兄弟”把大百科全书方言条目的编写工作跟《汉语方言及方言调查》教材的编写结合起来，修改了一部分已经写出来的教材初稿，使教材的立论尽可能与大百科方言分支的条目取得一致，以求较好、较准确地反映近年来汉语方言研究的新成果。

1985 年，我曾两次跟伯慧兄会面。一次是在 5 月，我接受香港中国语文学会主席姚德怀先生的邀请，出席香港普通话教学与测试研讨会。伯慧兄也参加了。我记得会议期间，《文汇报》记者还专访伯慧，发表了专访文章。另一次是同年 7 月，伯慧兄和我都去山西出席第三届全国汉语方言学会年会。会议期间，我们两人交流了正在进行编写工作的《汉语方言及方言调查》和《中国大百科全书·语言文字卷》中方言分支这两个项目的进展情况。

1988 年 1 月，我应云南师范大学校长、云南省中国语言学会会长吴积才教授邀请，去昆明参加由云南省地方志编纂委员会和云南省语言学会联合召开的《云南省志·汉语方言志》审订会，伯慧和家教也接受邀请去参加了。我们几位外省市的汉语方言学者与云南省多位参与方言调查和撰写《云南方言志》的同行一起认真审读了《云南省志·汉语方言志》稿，认为这部文稿总体说来质量已相当不错，只是内容安排和行文表达方面还存在一些问题和不足，提出了一些修改意见。翌年，这部文稿修订后于国庆节正式出版，作为新中国成立四十周年的一项献礼。这是新中国成立以来全国第一部正式出版的省级汉语方言志，是云南省汉语方言工作者多年辛勤耕耘所获得的一项重要成果，实在可喜可贺！伯慧兄和我都曾分别撰写了评介文章。审稿会后，会议东道主还组织我们几位省外专家参观市容并去外地游览了云南省的几处风景名胜。

1992 年，记得伯慧兄写过一篇题名为《四十年来汉语方言研究的回顾》的文章，我则在《语文建设》第 4 期上发表了一篇题为《方言研究 40 年》的文章。同年，我们两人的文章还都入选河北教育出版社出版的《中国现代语言学家》一书的第四分册。

1991 年 8 月，我们四“兄弟”——詹伯慧、李如龙、黄家教和我集体合作编写的方言学教材《汉语方言及方言调查》由湖北教育出版社正式出版，这是体现“兄弟”间学术情谊的一项成果。教育部有一个规定：凡要申请列入“高等学校文科教材”的教材，必须设一位主编，我们就共推伯慧兄担任。此书从酝酿、组织到编写、出版的过程，伯慧兄出力最多。此书后经补充、修订，复于 2001 年印出了第二版，受到了方言学界的重视和关注。《方言》杂志于 2001 年第 2 期的《书讯》栏中专门作了以下报道：“詹伯慧、李如龙、黄家教、许宝华四位教授合作编写，詹伯慧担任主编的《汉语方言及方言调查》，作为高等院校文科教材出版于 1991 年。1995 年荣获国家教委优秀教材二等奖。该书涵盖汉语方言学基础知识，比较详细地介绍了汉语方言调查的理论和方法。”

记得 1991 年 2 月，接到家教兄来信，建议“九兄弟”再次聚会厦门，讨论 1963 年首次聚会以来三十年间大家研究汉语方言的心得体会，会后争取出个论文集。这个建议很好，我马上回信表示欣然赞同。后来，我因接受日本京都外国语大学聘请，1993 年要去讲学一年，还要顺访几所高校，1994 年春才能回国。1992 年章太兄已去日本讲学，1993 年如龙也要去香港访问，都要到 1994 年春才能回来。

1994 年春，伯慧和如龙二位已先后从武汉大学和福建师范大学调到暨南大学工作，大大加强了暨南大学方言学教学和科研的力量。伯慧兄要为所带的方言学博士生伍巍、邵宜等四位组织学位论文答辩，答辩会定于 1994 年 5 月在广州举行。暨南大学邀请家教、章太、福堂、盛裕和我五位教授参与答辩。家教兄正好乘此机会把拟议中的再次聚会改为1994年5月在广州举行。聚会期间，诸兄弟自是畅所欲言，十分高兴，并进一步商定每人选论文（或译著）两篇，以十八篇文章编一个文集，来纪念"九兄弟"相识三十周年。此事先前议过，再经过此次商量，也就落实下来了。是年年底前，诸"兄弟"的文章大都先后汇寄到伯慧兄那里。伯慧很快把文章编订后前去看望"老大"，告知文集编辑情况，并请家教兄写个前言，家教兄当然是"义不容辞"。

1994年10月，全国语文现代化学会在北京召开，伯慧兄和我二人应邀前去参加，并且都当选为副会长。两年之后，即1996年10月，第二届全国语言文字现代化学术会议在桂林召开，我和伯慧再度在会上见面。

1997年6月，北京语言文化大学出版社出版了我们"九兄弟"的合著《汉语方言论集》。编辑出版这本《汉语方言论集》的原委我是知道的，上文也大致作了说明，但当我拿到这本刚出版的外封面主色调呈淡红色、署名"黄家教等著"的新书《汉语方言论集》时，我的眼睛还是不禁为之一亮，心情很是激动。一是因为看到扉页后面、书的正文之前附有三张照片，以时间先后为序，第一张上端题"鹭江结识"，第二张上端题"京华欢聚"，第三张上端题"羊城再会"。照片下面则分别注明合影的时间、地点和人名，如第一张下面的注明文字是"1963年8月，应邀参加福建方言研讨会而结识的九个道友，前排左起黄家教、陈世民、詹伯慧、陈章太、许宝华，后排左起施文涛、张盛裕、王福堂、李如龙"；第二张下面注明"1982年8月，在第十五届国际汉藏语言学会议期间，摄于北京友谊宾馆庭院"；第三张下面注明"1994年5月，参加广州暨南大学现代汉语博士论文答辩会后，在中山大学校园合影"。照片上的题词颇有雅意，下面的说明清楚具体，照片也选得好，因而显得弥足珍贵，具有纪念意义。二是因为看到署名方式也似有"深意存焉"。外封面署"黄家教等著"，简洁明了，"九兄弟"中黄家教为"老大"，以他为代表，最为合情合理。扉页上则署"著者（按文章排列次序）黄家教、詹伯慧、陈世民、李如龙、陈章太、张盛裕、王福堂、施文涛、许宝华、［美］余霭芹"共十个人的姓名，"九兄弟"之外，增加了一位美国华裔语言学家的名字。这是因为该文集中收录了在厦门大学外文系工作的"老二"陈世民翻译余霭芹教授的一篇重要论文《语法演变中的词汇——汉语语法的词汇扩散》。这种将所有作者名字全部印在扉页上的署名方式，不仅"九兄弟"看到了都会感到高兴，也是合作项目中署名得体、符合学术规范的一种方式。

1999年4月，伯慧兄和我应邀出席中国社会科学语言研究所和江苏教育出版社在北京人民大会堂联合举行的《现代汉语方言大词典》分卷本出版座谈会。同年6月，为了庆贺我和日本宫田一郎教授主编的《汉语方言大词典》这一中日合作成果的出版，复旦大学、京都外国语大学和中华书局在上海美国研究中心联合举行出版首发庆贺会，伯慧兄虽未莅临会议，但对此书的出版仍十分关注，撰写了长篇评介文章《〈汉语方言大字典〉：取舍之间见功力》［载《复旦学报》（社科版）2000年第3期］予以高度评价。

进入21世纪以来，我和伯慧兄又有过几次见面的机会。2005年9月，伯慧兄出席在苏州举行的汉语方言学会第十三届学术年会之后，偕夫人前来上海参访，我和内子陪他们夫妇俩游览了上海豫园，参观了城隍庙，并在著名饭店绿波廊品尝美食。2007 年 5 月，伯慧兄和我都出席了由天津师范大学文学院主办的“继往开来的语言学发展之路——2007 学术论坛”，我们两人在论坛上的发言，后来都收入由语文出版社出版的《继往开来的语言学发展之路——2007 学术论坛论文集》一书。同年 7 月，我出席由暨南大学在广州召开的《中国语言文字大词典·汉语方言卷》顾问和编委联席会议。该书由伯慧先生任主编，乔全生教授担任副主编，我也忝列顾问。2008 年冬，香港中文大学中文系举办“历时演变与语言接触：中国东南方言国际研讨会”，伯慧和我都应邀出席。会上伯慧兄作了“从广东三大方言的相互影响看语言接触的走向”的专题发言，我则作了以“纪念赵元任名著《现代吴语的研究》发表八十周年”为主旨的发言。伯慧兄和夫人陈雅仙女士在会议期间还抽暇来住所看望我，并馈赠营养品慰问我身患重病的老伴陆慧华。

上面我谈了近半个世纪以来跟伯慧先生的交往，乃举例性的，难免遗漏。我记性素来不好，又无记日记或要事本的习惯，所以写回忆性文章时，对往事发生的时间和地点常常记不清楚，当时生动感人的细节也大都给忘记了，写出来的东西也就干巴巴的，流水账似的，没有文采。然而，我还是把这篇回忆、纪念性文章“硬写”出来了，虽然我自己很不满意，但在数十年间平平淡淡的交往中，我们逐渐积下了深厚的情谊。古人云“君子之交淡如水”，平平淡淡才是真嘛，我和伯慧兄的交往就真是这样的。

2006 年，我在敝帚自珍的《汉语研究文集》的后记中曾说：“詹伯慧先生是我在上海地区以外认识最久、交往最多的一位朋友。”现在“朋友”寿届耄耋，其门生正在筹备“庆祝詹伯慧教授八十华诞暨从教五十八周年国际学术研讨会”，并拟出版《田野春秋——庆祝詹伯慧教授八十华诞暨从教五十八周年纪念文集》，来信征求文稿。此稿我一定要写。遂以“琐忆”所及，傅成此篇，以作纪念，略表对伯慧先生的祝贺之意和钦敬之情。

末了，我不会作诗，还是要硬凑几句“七言”（不成七律）置于文末，附庸风雅，以为点缀，再表对伯慧兄八秩寿诞的庆贺之忱和祝愿他寿臻百岁的衷心之情。

人生七十古来稀，如今八十不足奇。
著作等身载史册，桃李结果压满枝。
老骥跃腾志千里，辉煌再铸犹可期。
平和大度心态好，寿臻期颐再吟诗。

（复旦大学中文系教授）

我和伯慧先生多年来的交往

王福堂

时光荏苒，转瞬间竟已过去半个多世纪。回想20世纪50年代以来我和伯慧先生的交往，还历历如在眼前。而今他竟已八十高寿，从教已近六十年了。

我是在1956年北大毕业后留中文系工作，认识伯慧先生的。当时伯慧先生在中文系语言学教研室跟随袁家骅先生进修。时值“大跃进”时代，教研室开始吸收年轻人参加科研工作。我和伯慧先生都参加了《汉语方言概要》、《汉语方音字汇》、《汉语方言词汇》三部书初稿的编写。不过，伯慧先生主要联系的是袁先生和石安石先生，跟我的接触并不多。我们真正交往还是在几年之后。

1963年夏天，厦门大学讨论福建省汉语方言概况，邀请袁家骅先生参加。袁先生因为有事，让我代替他去。我很高兴地同意了，于是先去买火车票。那年夏天，北京几乎天天下雷阵雨，我坐公共汽车快到天安门时，暴雨才停了下来。天安门广场一片汪洋，一辆空空的无轨电车竖着辫子停在那里，一个人蹚着齐腰深的水吃力地推着自行车，自行车都只看得见车把和坐垫了。真是印象深刻。好不容易到前门车站买了票，但出发也不容易。雷雨天公共汽车特别少，一堆人挤在车站上一等就是半个小时。好不容易赶到建国门火车站上了车，竟然不到十分钟就开动了。不过年轻人不怕累，惦记着开会，这些就不算什么了。

到了厦门，我住在新建的鹭江大厦。又见到了伯慧先生，还有很多不认识的年轻同行。开会吃住都在宾馆里。调查报告写得很好。大家讨论涉及莆仙话的归属和汉语方言的谱系，十分热烈。讨论中，一位50来岁的建瓯来的中学老师说：“感谢各位把我们闽北方言从闽东方言的压迫下解放了出来。”说完，他深深鞠了一躬，弄得我们大家都目瞪口呆，由此也认识到闽方言内部的分歧有多大。开会以外的日子也是有趣的。乍到南国，一切都很新鲜。不免要参观厦大的校园，见识许多新奇的树木花草。宾馆里打开窗户就吹进来呼呼的海风，海湾里白帆点点，有时还能见到两条白色的海豚远远游过，据说它们会驱赶鲨鱼，会救人，是海湾的守护神。夏天的晚上，市民们都喜欢到海边散步纳凉，在楼上能听到大街上木屐声噼噼啪啪响成一片。那年我们这些外地人还正好碰上龙眼季节，五分钱一斤，真让人大快朵颐。我们这些年轻人聚在一起，从工作到生活，很快变得无话不谈。但我印象最深的，还要数长兄似的家教和伯慧、温文尔雅的宝华、精力充沛的如龙。记得后来游览南普陀寺，摄影时大家不知道怎样排队，于是有人提议按年龄顺序。从此以后，九个人称兄道弟，结下了深深的友谊。

多年来，我们大家不但是同行，还是好朋友。我们一直在业务上互相切磋、互相帮助。比如，“文革”后如龙先生在福建建瓯举办方言调查学习班，九兄弟中就有不少人参加。那时我准备修订《汉语方音字汇》和《汉语方言词汇》两本书，伯慧、宝华、如龙几位先生都伸出援手。宝华先生还特意到苏州作了调查。伯慧和宝华寄给我的字音词语材料都是尽量详备，抄写得又工整，我至今还珍藏着，唯恐丢失损坏。可以说，这两本书现在修订得能够使用，与包括九兄弟在内的众多好友的帮助是分不开的。而伯慧先生因为要赶去日本讲学，需要有人帮忙校对《现代汉语方言》，宝华先生准备在重印《汉语方言大词典》之前稍加修订，我也曾尽力给予支持。

工作以外，我们的交往也很密切，不仅经常有书信、电话联系，有机会时还总要在一起聚一聚。1994 年伯慧先生的第一届方言博士生毕业，章太、盛裕、宝华等先生和我都曾前往暨南大学参加论文答辩会，趁便聚了一次。那年我还和洪君、徐通锵先生去台湾参加学术讨论会，在广州也是在伯慧先生这里“中转”的。有很长一段时间，伯慧先生在全国人大和政协工作，有机会经常来北京，我们见面的机会也就更多了。1995 年伯慧先生还起意出版一本方言论文集，每人提供两篇文章，作为兄弟们结识三十周年的纪念，出书的费用则大部分由伯慧先生提供。九兄弟这样的友谊，我认为是值得称道的。

伯慧先生发表的第一篇著名论文是《海南岛“军话”语音概述》，多年来大家都从中得益。海南的方言伯慧先生是很熟悉的。不过他原来在武汉大学工作，不得不以湖北的官话方言作为主要的研究对象。“文革”以后，出于照顾家庭的需要，伯慧先生调回广州，在暨南大学工作。就方言研究来说，伯慧先生的这次调动等于是回到了老家。此后，他就在熟悉而钟爱的闽粤方言园地上积极耕耘，不断有所贡献。他不仅发表了许多重要的单篇学术论文，还组织力量编写了许多地区性的大部头著作，如三卷本的《珠江三角洲方言调查报告》、《粤北十县市粤方言调查报告》、《粤西十县市粤方言调查报告》、《广东粤方言概要》、《广州话正音字典》等，推动了广东的方言研究工作。一个人竟然能这样有力地推动一个地区的工作，实在是让人吃惊。如今广东已经成为汉语方言研究——特别是闽粤方言研究的重镇，这和伯慧先生个人的业务能力固然有关，和他的组织领导也是分不开的。

伯慧先生在待人接物方面还有一个特点，那就是善意。他对周围人，不拘是朋友、同行、学生，都能善意相待，鼓励他们在业务上不断进步，取得成绩。可以说，正是因为有伯慧先生参与其中，近三十年来广东的语言研究工作才能如此欣欣向荣。这当然是伯慧先生的组织能力起了作用，但组织能力得以发挥，也应该是基于他内心的善意。

伯慧先生在对待父亲的态度上也给人以很深的印象。作为长子，对曾经受到不公正对待的父亲，只是影印出版了《詹安泰诗词集》一书作为纪念。对父亲、对社会，这也是可以用善意来解释的。

人总是要衰老，要退出历史舞台的。这是自然规律。九兄弟中已经有几位逝去了。伯慧先生也年事已高，目前为目疾所累，一不小心就会摔跤，精力也和过去不能相比。但老骥伏枥，还能有一时奋起的能力。作为老友，我愿他在八十大寿的今天，长寿、健康，在可能的情况下继续发挥作用。

（北京大学中文系、北京大学汉语语言学研究中心教授）

一位可以不设防的朋友

邢福义

1998年3月，在参加全国政协九届一次会议和列席全国人大九届一次会议时，每次去人民大会堂，我都要习惯性地走到“江山多娇”的前边，转一转，站一站。

这个“习惯性”，刻记了一个友朋会见的故事。五年前，即1993年3月，上届全国人大和上届全国政协会议在京举行。当时，语言学界的几位朋友，一有机会便约好在人民大会堂的巨幅国画“江山多娇”的前面见见面，说说话，照个相。年年如此。其中，有全国政协民盟组的伯慧兄，教育组的王均先生和我，社科组的林茂灿兄，全国人大的刘焕辉兄、张永言兄和徐思益兄。有几次，现在已经当了人大副委员长的许嘉璐兄也来了。见面时间虽短，却留下了“约会”的一串串美好记忆。而“约会”的主要积极分子首推伯慧，其他各位也都十分热心。至于我和伯慧二人的见面和交谈，那就更多了。起码有两次，到剧院看节目，他的住处离剧院较远，我的住处离剧院近些，我还为他“占位子”，为的是两人好坐在一起，边看节目，边东一句西一句地闲聊。

新一届的全国政协，由于年龄关系，王均先生不参加了，他已经连任过两届委员；全国人大那边，刘焕辉兄和张永言兄也不参加了，他们也已连任过两届人大代表。伯慧兄仍然是全国政协委员，可他这个关键性人物，两个月前已飞到新加坡讲学去了。友情醇厚，约会不再，不禁有点“怅怅”。我脑子中自然地涌现了两句诗：“嘤其鸣矣，求其友声。”我没去考究意思是否切当，这诗句就那么涌现出来了。

伯慧兄是一位优秀的语言学家。由于他成果丰硕，著作等身，特别是在方言研究上能开疆拓土，有突出贡献，因而遐迩驰名，这已为学术界所公认。现在，我特别想要说的是：在我的心底里，伯慧兄是一位可以不设防的真正朋友。

伯慧兄为人随和。跟他第一次见面，是在20世纪50年代末期。那时，他在武汉大学工作，我在华中师范学院（现为华中师范大学）工作。有一天，我应邀到湖北人民出版社编辑部，商谈编辑部组织编写几本通俗读物的事。我到出版社时，他已在那里了。在报过名去、通过名来之后，我才知道这位中等身材、帅气洒脱的秀才就是詹伯慧。他的一些文章和书，如发表在《中国语文》上的《对争论语法理论问题的意见》、由湖北人民出版社出版的《武汉人怎样学习普通话》，我早已拜读。我正想说两句“仰慕”意思的话，他已十分平实地开了口：“我猜想，你们学校是你来。”从此，我们开始了40年的交往。“文革”结束之后，学术活动频繁，见面的机会就越来越多。我不爱动，不习惯串门，尽管有几次到过他家里，更多的时候却是他到我家。他并不计较“对等原则”。一到我家，他就说想法、讲消息，谈学术活动怎么开展，提出如何组织出版论文集的意见。有一次，他到我家时已近中午12点，我太太上班去了，只有我一人在家。我说：

"怎么办？我家就只有面条！"他连声说："好好，盐水煮面条，多放点白菜！"20 世纪 80 年代初期，伯慧调往暨南大学，他人去了广州，可我总觉得我们之间什么时候都心有灵犀。1995 年 4 月上旬，第四届国际闽方言学术研讨会在海口市海南大学举行，他是会议的第一召集人。会后，我们到海南各地去参观，一天下午车子开到了南部的一个小镇。傍晚，大家吃过饭后在街上游看，我买了一挂小香蕉，分给大家吃。伯慧剥开咬了一口，颇感意外地说："呵，别看它其貌不扬，还真很甜！"我马上说："就像你一样，别看是这个样子，实际上满腹经纶，肚子里全是学问。"这时，新加坡南洋理工大学的云惟利博士夫妇在场，年轻的云太太很认真地审视了伯慧好一会，然后又很认真地反对我说："其实詹教授很好看！"随和的伯慧，立即"随"口"和"之："我哪有他好看！"大家哈哈大笑，特别是为云太太认真地打抱不平的神情笑得特别开心。

伯慧兄容易合作。我们的学术合作，属于"长时间"的有两次。一次是我们两人和中山大学傅雨贤兄、香港大学缪锦安兄等一起支持陈恩泉兄创建深港语言研究所，在深圳举行双语双方言系列性国际研讨会。从 1986 年到现在，研讨会举行了 5 次，会议论文集出版了 5 部，在学术界引起了广泛的重视，在国内外产生了良好的影响，使得深圳成了我国双语双方言研究最引人瞩目的南方基地。为了开展好活动，在会议召集人小组讨论有关"决策性"问题时，伯慧总是畅所欲言，多方面提出建议，但从不固执己见，大家"有商有量"。在各届研讨会上，召集人小组或者安排他致闭幕词，或者安排他在某个时段作重要发言，或者安排他写点什么，他总是"革命战士一块砖，哪里需要哪里搬"，硬是像个"普通战士"尽心尽力地干事。我常想，大凡表现得很普通的人，其气质和度量往往是很不普通的。另一次合作从 1991 年开始，范围更小，只有我们两人。1990 年，国务院学位委员会批准他为现代汉语专业博士生导师，他所在的暨南大学设现代汉语博士点；我同一批被批准为该专业博士生导师，但当时华中师范大学未被批准设点。按学位委员会文件的规定，我可以在华中师范大学招博士生，但要挂靠到有博士点的单位。我的第一选择，当然是他那里。于是，经过他的架桥铺路，我兼任了暨南大学博士生导师，我和他都从 1991 年开始招收了各自的第一届博士生。此后，我经常去暨南大学，他也经常来华中师范大学。我每次去暨南大学，他为了"提高规格"，都要敲校领导的竹杠，饶芃子、赖江基两位副校长都多次请我吃饭。想起暨南大学，我就有一股子亲切的感觉涌上心头。几年下来，伯慧的博士生跟我关系都特别好，而我的博士生，则像对我一样把伯慧视为导师。应该说，这是我们之间最有意义又配合得十分默契的合作，而这合作就像一面镜子，照出了伯慧的一张标准像。后来，华中师范大学有了自己的博士点，但是，我们之间、我们两个学校之间的合作，将会青山不改，绿水长流。

伯慧兄有大学者的涵养。什么是大学者的涵养？我的标准是：第一，本人有大学问，同时善于和乐于带领一班人去做学问；第二，本人有独创性，同时能涵容不同学说，特别是能充分看到别人的长处和优点。我不想一一举例说明，说多了有吹捧之嫌，只说一件小事。1994 年年底，伯慧写信告诉我，第四届国际闽方言学术研讨会将于 1995 年 4 月在海口市举行，要我写篇文章，参加这次会议。我对方言没什么研究，他要我写文章，是因为我是海南人，我可以借这个机会顺便回家乡看看，因公而及私。于是，我写了

《从海南黄流话的“一二三”看现代汉语数词系统》，提交给会议，并在会上宣读了。这篇文章，后来发表在《方言》1995年第3期。伯慧在他执笔撰写的《第四届国际闽方言研讨会述评》中，用相当长的一段话肯定这篇文章，特别强调“触及了当前语言学界非常关注的理论、方法问题”，并指出“现代汉语语法中的许多难以解决的问题，一旦和方言的语法现象结合起来考察，就会有可能迎刃而解”。提到这件小事，不是因为伯慧说了我的好话，而是因为透过这件小事可以看到伯慧的涵养。作为一个方言学家，他心中装着我国方言研究的全局，脑子里考虑着我国方言研究发展的方方面面。正因如此，不管看到别人的文章有什么样的长处，他都会由衷地高兴，充分地肯定。并非所有大学者都有大气量，大学者而有大气量，这便高人一筹了。

40年了，我一直把伯慧当成一个可以不设防的真正朋友。“不设防”和“真正”，二者之间互为条件，互成因果。我们这个年纪的人，“文革”结束以前经历过一场接一场的运动，接受过一次又一次“白专”批判的洗礼，深知嘴巴设防的重要性。而这种设防，是最令人难受的。写到这里，我想起一部电视连续剧《篱笆·女人和狗》中的“篱笆和狗”四字。朋友们之间相互交谈，嘴巴门口要安一道篱笆，要蹲一只看嘴狗，难道不是特别难受的事吗？我和伯慧，可以无拘无束地相处，可以无拘束地东拉西扯，谁也不必防着谁。我想，我们能够长相交，这是根本原因之所在。

郭遐叔《赠嵇康五首》有句：“君子交有义，不必常相从。”心意的相从，也许是更有意义的。在伯慧兄执教45周年之际，我在长江之边桂子山之上，遥祝他永远那么英姿勃发，那么“潇洒没商量”！我希望，再过55年，在他的弟子们为他庆祝执教100周年的时候，我再用动情的笔触，写一篇《一位可以不设防的朋友（之二）》。

1998年6月2日于武昌桂子山

（华中师范大学教授、博士研究生导师，原中国对外汉语教学学会会长，第八届、第九届、第十届全国政协委员）

结缘在星洲

袁行霈

说来有趣，我和詹伯慧教授在国内错过了结识的机会，而在新加坡却有较长的共事时间，我们的缘分似乎结在了远在赤道边上的星洲。

论辈分，詹教授是我的学长。当他在北大进修时，我还是大学本科生。我们一起听过袁家骅先生的“汉语方言学概论”这门课，就在哲学楼一层的阶梯教室里。那是袁先生第一次开这门课，也是中国有史以来第一次有这门课。袁先生清癯的身影，富有感染力的微笑，那种融会了中西文化气息的言谈举止，至今犹在眼前。可是在那一年里，我和詹教授并没有相识。1982年，我应邀赴日本东京大学任教，行前听说詹教授是我的前任，我下榻的宿舍也仍是他住过的位于西片的那套公寓。本来约好在我动身前，他回到中国途经北京时在王力先生家和他见面，由他介绍一些东大的情况给我。可惜，他一回来就发高烧，那次约会竟未能实现，于是又错过了一次结识的机会。但他写的那些回忆日本生活的生动的散文，我倒是读了，从中知道了不少关于日本和东大的情况。一位研究方言学的学者，竟有如此生花之妙笔，大概和詹安泰老先生的熏陶有关吧。

岁月飞驰，一晃又是十几年，直到1991年我去新加坡参加汉学研究之回顾与前瞻学术研讨会，才正式地结识了詹教授，他也出席了这次盛会。凑巧的是，1997年年底我应聘到新加坡国大任教，詹教授也同时应聘来到这里，我比他早到一天。我们的办公室是隔壁；我们的宿舍同在新建的肯特村，隔楼相望。虽然聚在一起聊天的时间并不多，但总可以感觉到他在我的身边，遇到事有他这么个朋友可以商量一下，心里就踏实多了。

詹教授是一位做事认真谨慎、按部就班的人，学生的成绩单上有评语一栏，他认真填写。他的办公室很整洁，东西放置得有条不紊，不像我，乱七八糟地摊一桌子。他很有毅力，要做什么便坚持到底。我每天上下班总是坐公共汽车，觉得在烈日下走二十几分钟的路，汗流浃背，的确太辛苦了。新加坡雨多，在雨中步行那么一段路尤其不便。可是詹教授从不乘车，坚持走路以锻炼身体。看他走路的样子并不怎么健壮，听说还摔过一跤，但还是坚持着他的锻炼。他不像我，午饭后总得打个盹，他中午从不休息，而是到阅览室看报，除了中午有课大概没有间断过。我想，詹教授能在学术上取得重要的成就，一定和这些性格特点有关。

詹教授从教45年了，在汉语方言学这个冷门的学科里，培养了许多优秀的学生，老一辈学者的薪火得以承传，这是值得纪念的。我由衷地祝贺他，为他取得的成就而高兴，并希望他在今后培养出更多优秀的学生，为教育事业作出更大的贡献。以他的身体和精力，相信他一定能做到的。

（北京大学教授、博士研究生导师、传统文化研究中心主任，中央文史馆馆长，国务院学位委员会委员，全国政协常委）

池塘春草詹家新

鲁国尧

今年春天，正好有位友人从南京返新加坡，我托他带了封信给詹伯慧先生。信封上写的是“敬呈南洋大臣詹大人钧鉴”，我知道这样写并不合古代格式，但目的在于突出“南洋大臣”四字。我在信中讲，詹先生将要遍历“四洋”。他在1980年至1982年任东洋日本的最高学府东京大学的客座教授，数年后又去西洋法国高等社会科学院讲学，此番应新加坡国立大学之邀设帐狮城，因此坐上了“南洋大臣”的宝座。我还预言，詹先生返辕羊城之后不久将转任“北洋大臣”，俄罗斯或蒙古的科学院和大学会闻风而动，重币礼聘这位著名语言学家去弘播学术，至时皑皑北国也将翻作雨花天。

詹先生在西洋的情况未得而闻焉，但他在东洋授学的情况，我则知之甚稔。说来话不短，1983年5月10日詹先生在南京车站赠我一本《东瀛杂记》，这是本新书，武汉大学出版社在1982年10月出版的，印数15 000册，端的了得！犹记得那日我从车站回到家，立刻打开书，如饥似渴地拜读，忍着眼疼一口气读完，击节叹赏多次。原来我只知道詹先生是位著名的方言学家，啊，他竟写得一手好散文！就凭这本书跟那些职业散文家相比，亦不多让。此后我不断将这书推荐给同事、学生、儿女。1990年我去日本访学前又仔细阅读，它成了我的“案内”。每逢整理藏书时，我都要把这本书拿出来翻阅，每多会意，时有感触。比如在《读书之风》一文中，詹先生说，日本人“那种随时随地利用一切时间贪婪地看报读书的习惯，很使人感动”，的确如此，我也屡屡叹服！詹先生在《时间和效率》一文中叙述了平山教授特别认真的情形，这我深有体会。回忆1990年9月18日晚我方抵达成田机场，到了寓所，吃饭，收拾，就寝时已过了子夜，我很希望19日休息一天，就是半天也好。然而19日上午9时平山先生准时到达我的寓所，商谈研究计划后，引我同去学术振兴会办手续。已是花甲之年的平山先生走路特快，我只有“紧跟”的份儿，日本人的做事效率就是这样高！詹先生又说：“就拿大学来说，教职员和学生的比例一般是1∶10，一万多名学生的东京大学，只有一千多位教职员呢！我们国内一般老牌大学的教职工和学生的比例几乎接近1∶1，许多教师合教一门课的情况比比皆是。”须知詹先生这番话是在20世纪80年代初说的，而时至1998年8月，国内有几所大学不是行政、后勤人员的数量达到教员的两倍左右？有几所大学不是校长一走廊，处长一礼堂，科长一操场？读了詹先生的书，能不佩服他的切中当时及后时之弊的勇气？人非木石，能不感慨系之？

长时间的闭关锁国，随着史无前例的文化大革命的结束而结束，中国进入了“新时期”（我不知这词儿出自何典，是从研究当代文学的专家那儿学舌来的），伯慧先生大概是中国语言学家中最早出关的，堪称“先行者”。他为邻邦贡献了郁结半生的学术，为祖国贡献了这本散文集。今后如果有好事者编“新时期走出国门丛书”，此书应该入选。我以为这本散文集的特色是：事实、情真，这是里；而其表足以副之，即文字平实。在这儿，我得声明，我拈出“平实”二字来评价詹先生的散文，不是贬语，不是泛辞，而是推许，而是赞叹。新时期已经新了二十年了，不妨回头看看那些数不清的文章（包括一些语言学人的论文），令人非懂似懂、似懂非懂的语汇充斥其中，而在詹先生的书中可能找到那新潮的句式、时髦的词语？再看那近来红火的“文化散文”，往往故弄玄虚，铺张渲染，而我们的伯慧先生非不能也，实不为也。他只是将在扶桑的所见、所闻、所感娓娓道来，平平常常，实实在在，给人的感觉是自然亲切。犹如一个人长时期处在喧嚣的市区，满眼是滚滚红尘，多么盼望宁静；犹如在这酷热难当的三伏天，五花八门的饮料使人口舌生腻，忽然见到久违的凉开水，怎能不仰首痛饮？

崇尚自然，珍视平常，是我们中华民族的传统。八百年前的一位先贤早就说过：“豪华落尽见真淳。”伟哉斯言。谨诵此句以祝伯慧先生从教45周年。

附言：詹先生是方言学名家，著论之富，甲于天下，曾以多书赐我。我虽亦为文论南北朝宋元明通语与方言，忝列同道，然自忖不足以窥伯慧先生之学。而我爱散文家詹伯慧，今再谈《东瀛杂记》，撰此文“为先生寿”。文中“校长—走廊，处长—礼堂，科长—操场”十五字，非我自撰，系录自今谣谚，如今各地皆有今谣谚流行，惜无人集之。又，文中用“郁结”二字，伯慧先生其许之乎？

1998年8月中旬

（南京大学中文系教授、博士生导师）

贺伯慧兄从教四十五周年

侯精一

时间过得真是很快，今年已是伯慧兄从教45周年了。谨以此短文表示衷心祝贺。

记得在“文革”结束后的1978年，我到南方为复刊不久的《中国语文》杂志约稿，在武汉见到了伯慧。那一次见面至今还有一些印象。他说他正在为《汉语大字典》注音，说起注音工作的诸多辛苦、困惑，以及他对一些具体问题的看法。如，对待规范化的态度问题，从今、从众、从俗的问题，合乎规律的字音与例外字音的处理问题。一些看法颇有见地。当时语文工具书相当缺乏，《汉语大字典》、《汉语大词典》刚刚开始着手编纂，在这种情况下，《中国语文》杂志刊出有关辞书注音问题的文章是有必要的。我当即向他约稿，他很高兴地答应了。伯慧的手勤笔头快，《汉语字典词典注音中的几个问题》很快就完稿了，发表在1979年第1期《中国语文》上。那次会面留下的印象是伯慧在语言研究上的敬业精神和开阔视野。我想正是具备这两点，他才有可能为我们的语言学事业作出贡献。

伯慧的著述很多，他参与了袁家骅教授主持的《汉语方言概要》一书的编写，这本在20世纪60年代初出版的书在国内外影响很大。问世至今已近40年，还经常为人们所引用。之后，在80年代初，伯慧出版了《现代汉语方言》，这本篇幅不大的书，对于了解汉语方言的概貌是很有用处的。1991年伯慧主编的《汉语方言及方言调查》作为高等学校文科教材出版了。这本书既注重学术上的探讨与理论上的概括，也注重具体调查方法与技能的指导，是一本具有实用价值的教学用书。从60年代到90年代，30多年来伯慧在现代汉语方言学教材的建设上做了很多工作。与此同时，伯慧还调查、研究、撰写了多篇闽粤方言的论著，成绩斐然。

作为一名学者，伯慧研究视野的开阔表现在他积极参与策划双语双方言的研究，热心参加汉语规范化问题的讨论，关注语用问题。他重视实际、面向社会，积极参与香港、澳门两地语言发展路向的讨论，注意在实际社会生活中发展、充实汉语方言的研究。他善于协调“精深”与“广博”的关系。他的治学之道对我们都有借鉴意义。

伯慧的《东瀛杂记》一书记述了他在日本的见闻，涉及“列岛风光、社会风习、学府风貌、学人修养、中日文化交流”。可能是我也有在日本工作了一段时间的经历，所以读起这本书来感到亲切，可说受益匪浅。像《札幌记游》、《上野一瞥》、《横滨剪影》、《浅草风情》等文，篇名就对读者有吸引力。看过之后在增长见识之余，也为跃于字里行间的文采叫好。

45年的教学生涯，其间虽不乏坎坷曲折、风风雨雨，更多的却是累累硕果带给人的激情与欣慰。在告别辉煌的“过去”之际，我们相信伯慧兄迎来的是充满希望、更加充实的未来。

1998年8月5日于北京，时值盛夏酷暑

（中国社会科学院语言研究所研究员、原中国语言学会会长、《中国语文》杂志主编）

一友三益

——祝贺詹伯慧教授从教45周年

徐思益

詹伯慧教授是当代著名语言学家，他先后执教于武汉大学、暨南大学，培育出硕士、博士生数十人，又曾到日本、法国、新加坡等国高等学府讲学，真是桃李满天下。他广博精深，著述甚丰，多有创见。他为人雍容大雅，贤愚同等，可谓友谊遍四海。概言之，他的做人、做学问都是我们应该学习的。

我在20世纪50年代就知道伯慧兄的大名，读过他的不少文章，他是我辈中人的佼佼者。我最早在《关于建立新的"语言学引论"课程的讨论》(《中国语文》1959年第4期）中就与伯慧兄的学术观点有过认同和争鸣。由于我在祖国西北边陲新疆工作，虽然与伯慧兄神交已久，却无缘面晤，接席论道。

我国实行改革开放政策后，1979年4月，我到兰州参加黄伯荣、廖序东先生主编《现代汉语》（教材）学术讨论会，才有幸与伯慧兄初面，他的道德文章给我留下了深刻的印象。接着，1979年8月，我们在乌鲁木齐召开的由李兆同和我主编、全国5所高校参编的《语言学导论》（教材）学术讨论会，又邀请伯慧兄参加讨论指导。他在讨论会上发表了许多建设性的意见，为我们改革开放后出版的第一部理论语言学基础教材作出了贡献。

从这以后20年来，我与伯慧兄或在全国的一些学术会议上，或在中国民主同盟中央全会期间，或在全国人大、政协两会期间，有更多的机会在一起共话衷肠，谈道德学问，议国家大事，堪称莫逆之交。古人说，益者三友，"友直、友谅、友多闻，益矣"。我得伯慧兄这位良友，可谓"一友三益"。

伯慧兄在汉语方言研究方面独具慧眼，颇多建树。我国方言学者研究汉语方言多偏重于语音描写，普遍认为汉语方言的差异主要在于音系方面。伯慧兄较早地提出对方言进行语音描写的同时，应该调查方言的词汇和语法，进行综合研究和比较研究。他深入调查了一些重要方言之后，发表了《粤方言中的虚词"亲住翻埋添"》（《中国语文》1958年第3期)、《潮州话的一些语法特点》(《中国语言》1958年第5期）等一批很有说服力的文章。这是对方言调查和方言理论的新建树。他对汉语方言进行综合研究和比较研究后，提出把闽北、闽南方言合成一个大方言区，主张汉语方言应划分七大方言区的观点。这是对汉语方言传统划分的突破。20世纪90年代，他调查了我国语言生活实际情况后，在香港中国语文学会作了"普通话'南下'和粤方言'北上'"的学术讲演，令人耳目一新。他进而提出，在当今汉语社会中，存在着多种形式的双语双方言（多方言）现象，构成一幅幅绚丽多彩的语言生活多元化的图景。他认为汉民族共同语（普通话）和方言的关系，只是主从关系，推广普通话不是要方言退出交际舞台，自然消失；普通话和方言两者各司其职，有主有从，构成互补和谐的良好语言环境。[①] 坦率地说，恕我愚顽，对于伯慧兄提出的这一新思想，我是经过几年的思考和实际的语言调查研究后才有所认识的。因为，根据经典的说法，在语言发展过程中，共同语占着统治地位，并使方言服从自己；方言逐渐“丧失了自己的独立性，融入这些语言中，并在这些语言中消灭了”（斯大林《马克思主义与语言学问题》）。看来，经典说法未必正确。伯慧兄对双语、双方言调查得出的结论，以及我们对新疆少数民族使用汉语情况的调查结论（见《语言接触与影响》，新疆人民出版社，1997），都有力证明，当今社会普遍存在着双语、双方言现象，并在进一步扩大发展，它们各司其职，共存共荣，不存在谁消灭谁的问题。据此可以说，伯慧兄的这一新思想，不仅匡正了我多年存在的偏颇认识，尤为重要的是，他从方言研究中升华出来的思想，丰富了语言学理论。所以，伯慧兄成了我“友直”、“友多闻”的益友，这绝不是空谈。

伯慧兄立足教席，心怀祖国，待人真诚，肝胆相照。我们在一起谈问题，总是讲真话、谈热点话题，谈得最多的是如何振兴教育，培养高质量的人才，尽快使国家富强起来。记得大概是5年前，我与伯慧兄闲谈，我说你们广东是全国的首富，各方面建设都不错，应该在人财物方面多帮助像我们新疆这样的贫困落后省区的建设。伯慧兄不假思索地直言道，我到你们新疆考察过，相比之下，并不是我们广东什么都好。我们粤北山区也有几十万农民生活在贫困线下，我们深广城市的精神文明建设问题很多，还不及你们乌鲁木齐干净。总之，任何事物都有正负两面，没有十全十美的，你们新疆也有许多优势嘛。确实，看问题要看到正负两面才叫全面，要多看到人的长处，多找自己的短处，取长补短，才能进步。推而广之，伯慧兄的话也是做人、做事、做学问的箴言，使我受益良深。

今年是詹伯慧教授在教学科研战线上辛劳耕耘45周年，正是秋光娇艳、硕果满枝的丰收时节，作为同行好友，谨写下一些我的心里话，祝愿伯慧兄再创辉煌，为祖国富强、为人民幸福、为语言科学的发展持续奋斗。

1998年5月24日

（新疆大学中文系教授、第八届全国人大代表）

① 詹伯慧：《再论方言、共同语与双语制问题——在第三届双语双方言研讨会（国际）的讲话》，《语文建设通讯》1993年第42期，后载《双语双方言（三）》，香港：汉学出版社，1993年。

笃志之学者　谦恭之学长

——相与詹公伯慧教授缅忆

向光忠

我与詹公伯慧教授相与，已逾半个世纪。历经漫长的岁月，相闻、相遇、相识、相熟、相交、相知，逐渐建立了友谊。

我原籍湖北，他祖籍广东，异地暌隔，本来陌生。而我之知詹公其人，如今追思，则还得回放进入大学之初的记忆。

1953年夏秋之交，我从高中毕业升入大学受业，詹公大学卒业后步入高校教坛。

20世纪50年代初，语言学尚未普及，一般人都不熟悉这门学问。我们班的同学报考大学中文系，原是爱好文学，想成为作家，可是进入大学却被分配去学习语言学，开始大都转不过弯来，这就需要进行专业思想教育了。在迎新会上，老同学杨耐思谈个人体会，向我们这些新同学说："我原来不了解语言学，从未想到学语言学，上大学后，进入语言学园地，啊！我惊讶地发现，语言学是美丽的花园，这样，我就越学越感兴趣了……"现在想来，当时杨耐思师兄谈的是实际感受，并非花言巧语，可我们这些尚未入门的新同学却不以为然，会后在回宿舍的路上，便纷纷议论。有同学说："原本是枯燥无味的学科，老杨却说是'美丽的花园'，别哄人了……"后来同学们通过学习，才逐渐地不以杨说为非了。而真正对同学们的专业意向有所触动的，是王力先生的引导。王先生在一次讲话时启示我们说："同学们都喜欢文学，不愿意学习语言学。有个詹伯慧，他的父亲是中文系研究古典文学的教授，按说，他受家学熏陶，只会偏爱文学，可是，他上大学却选择了语言学，一直坚持下来，学得很好，毕业后被分配到武汉大学中文系，今后将专门从事语言学的教学与研究……"这是"詹伯慧"的大名第一次传到我们的耳鼓。王先生耐人寻思的训诲，可真是引发了大家的思考，觉得詹伯慧的志趣很奥妙，经仔细琢磨，便开始改变原先的偏好，逐步加深了对语言学的认识。从此，我们班的同学便都记下了"詹伯慧"的大名。詹伯慧与唐作藩二位是同班同学，唐先生毕业后也做助教，此时任我们的副班主任，这样，从唐先生那里，我们对詹大学长便渐有所知了。一天早上，全班同学来到教室，静待岑麒祥先生讲授"语言学引论"。上课铃响之前，唐先生走进教室，登上讲台，笑容满面地对大家说："同学们！好消息，詹伯慧从武汉大学给同学们寄来了信！"接着，他就提高嗓音逐字逐句地给我们念了这封长信。詹大学长爱好语言学，便希望我国的语言学人才辈出，代不乏人。而在我国，以往上大学的人少，学语言学的更是寥寥无几。如今为适应客观需要，我们班按计划增收至四十名，实际就学的也有三十八名，人数之多，在我国高等教育的语言学科史上是空前的。詹伯慧学长喜见后来者如此之多，便满怀激情地给我们写了这封信，十分亲切地欢迎我们加入语言学的队伍，热情洋溢地称呼我们为“语言学新伙伴”，意味深长地勉励我们这些“新生力量”积极钻研语言学，成长为语言学人才，献身于语言学事业……同学们听后，都为之感动，立即报以热烈的掌声。此时，我们虽然是只闻其信而未见其人，但是，詹大学长却在我们脑子里留下了深刻的印象。

1955 年秋，我们上三年级，袁家骅先生给我们讲授“汉语方言学”，詹伯慧学长从武汉大学来从袁家骅先生进修，随我们班听课。久仰大名的詹大学长终于出现在我们面前了。英俊、儒雅、谦和、潇洒，生长于教授之家，言谈举止不俗，表现出文质彬彬的书生形象。他还随我们班听王力先生新开设的“汉语史”课及其他先生的课，另外，中文系语言学专业开展一些学术活动，我们也常相聚在一起，这就时有接触了。袁先生给我们讲完“汉语方言学”之后，即着手修订讲稿，准备出版。在此过程中，詹伯慧君参加了编修工作，用力甚勤。此后，他回到了武汉大学。我们班的同学于 1957 年毕业后，便各奔东西了。而我则遭遇狂风恶浪冲出燕园，被发落到了天津。从此，我们之间未再联系。而后耳闻，在史无前例的文化大革命浩劫中，像詹伯慧这样出自书香门第的一身清白的青年学者，竟然也饱受折磨，实在是荒谬绝伦！

万恶的“四人帮”垮台后，长久窒息的学术界开始焕发生机，深受禁锢的学者们开展学术活动，我与詹公便时相聚会了。20 世纪 70 年代末和 80 年代初，教育部为恢复并推进高等学校正常教学，曾组织教师编写新教材，詹公与我都参与了黄伯荣、廖序东两位先生主持的《现代汉语》的编写。作为主要成员之一，詹公撰写了有关方言的内容。为配合《现代汉语》教本，曾编著一套供教师参考的《现代汉语知识丛书》刊行。詹伯慧著《现代汉语方言》一书，反映了当时的学术水平，以充实之内容入丛书之系列，广为流传，卓有效应。而《现代汉语》之为高等学校文科教材，在经久编修过程中，我们曾多次参加编写会或修订会，共同研讨，分担任务，每次都是实有成效地在一起度过一段有学术意义的日子。由于詹公之富有情趣，其中还有一些小趣事。有一次在开封举行《现代汉语》教材会，连续数日，十分紧张。一天傍晚，詹公约我和我同班的徐青兄出去散步，让脑子紧绷的弦放松一下。我们在大街上遛弯儿，边走边聊，十分惬意。他转脸看到马路边有摆摊儿卖烤红薯的，便特意走过去买了三个刚烤熟的香喷喷的热红薯，人手一个。他笑盈盈地说：“烤红薯小摊儿，这是开封的街头一景，我们到此一游，也就要有所体验，品尝一下马路风味小吃嘛！”由此可见，詹公之生活情致，短暂的小憩也被增添了乐趣。詹公曾说：“我工作任务越重，越要抽时间玩。”我揣摩，他如此安排生活节奏，固然是以“逸”解“劳”，也意在体察风土人情，而这就自然相关于其方言研究了。若干年后，有一次，他莅会天津，夫人偕行。在会外自由活动时，他要我指引一个有特色的好去处，我陪他们伉俪游览天津富于欧陆风情的繁华街景，也品赏中西风味小食，他觉得很合意，赞赏我导游的景观之可观。在语言学界，学术研讨会及其他学术活动频繁，我们有机会常在一起聚首。而每次重逢，詹公既在会上畅所欲言，发表高见，给人启发，也在会下访谈叙旧，相约出游，活跃相聚的氛围，让大家轻松爽快。

1980 年至 1982 年，詹公应聘东渡扶桑，执教于东京大学，传扬优秀华夏文明，促进中日文化交流，其成功之学术活动及产生之学术影响，我也耳有所闻，为之赞誉。其间，日本学界邀请王力先生讲学，詹兄陪侍王先生与师母，照拂甚殷，王师母曾将照片给我留作纪念。詹公归国后也将他所写的《东瀛杂记》寄赠给我，这就是他在东京大学承担繁重的教学任务而忙里偷闲漫游日本各地的游记，我从中了解到他旅日游历的情景和日本各处的风土人情。

詹公的待友之情谊，也让人感到其恳切。20 世纪末，他应邀莅临南开与会，蒋绍愚教授也应邀莅会。一天晚上，他们拘礼，特地枉顾舍间，正巧我刚迁进新居，他们出乎意料地看到我“出自幽谷，迁于乔木”，便为之欣喜。看了看新房的格局、书斋的陈列，落座客厅叙谈有顷，才告辞离去。翌日，詹公有所感触地对我说：“你年轻时受了很多罪，现在处境好了，可以说是令人满意了，今后晚景一定会越来越好的，我们为你高兴……”我听了，莞尔颔首，内心洋溢着关切之语的融融暖意。

2006 年仲春，语言文字规范化学术研讨会在北京举行，我和詹公都应邀赴会。报到那天，我先到达，得知会务组安排我们两人同住一个房间，便欣然等待着他的到来。他一进房间，就真情实意地说：“你看，会务组将我们两人安排在同一个房间，这说明我们有缘，总聚到一起。”接着，他又叹息道：“我们年纪越来越大了，以后出来参加会议将越来越少了，见面的机会也就不多了，正好我们住在一起可以多聊聊……”那几天我们都是聊到很晚才入睡。有一天晚饭后，他和我一起去看望陈章太同志和居家养病的王均先生。詹公每到一处会友，都能营造和谐的气氛。章太兄及夫人热忱接待，摆出茶点果品，詹公引出有趣的话题，我们开怀畅叙，谈兴甚浓，非常融洽。继而到王均先生府上，王先生看到我们登门拜望，喜出望外，忙挪动病体让座。我们问安后，詹公特别提到王先生为他的著作撰写长篇序文并对他的学术成果认真评价，由衷表示感激。王先生听了，十分欣慰地说：“几年前的事，你还记在心上。”詹公就是这样牢记前辈或同侪之善待于己。此次会议结束，时值清明。我和詹公及唐作藩先生同几位老学长相聚，去为王力先生与王师母、岑麒祥先生与岑师母扫墓，以表达对先师的缅怀与崇仰之情。

是年孟冬，唐作藩先生主持《中国语言文字学大词典》审订会，我们聚集于重庆。接着沿江而下，抵宜昌，过荆州，经潜江，至武汉，辗转不少地方，詹公都很熟悉。我诧然道：“你比我这个湖北人还更了解湖北？”他说：“我在湖北待的时间长嘛！”我一想，可不是么，詹公任教于武汉大学长达三十年，足迹及于湖北很多城乡，而且是以方言学者的视听，体察风物特色与方言特点，这就自然是所到之处都留有印象。而我上大学后就离开了湖北，从出生到高中毕业，只不过十几年，于是我只得说：“看来，我这个湖北人不成其为‘湖北佬’，你这位广东人则堪称为‘湖北通’！”

2010 年 8 月，我们出席纪念王力先生诞辰 110 周年国际学术研讨会，又在北大聚首一堂了。詹公在会上作了题为“大力加强汉语方言的应用研究”的报告，强调指出“方言工作者应该继续沿着王力先生等前辈学者早年为我们开辟的道路，把方言的研究与语言社会应用的需要密切结合起来，使方言的调查研究在贯彻落实国家语言文字政策中能够更好地发挥作用”，反响甚好。晚餐时，他招呼我到他那张餐桌，同几位老学长畅谈。此次重聚于母校，当年同堂听课于燕园以及尔后屡次聚会于北大的具体情景，历历在目，这里就不细述了。

有多年之交谊，对詹公伯慧教授之处世与治学，我是颇为清楚的。

其处世，胸襟豁达，心地坦荡，广泛交游，善结人缘，他对学界之同好谦恭相待，士林之同仁与他友好相处。

其治学，别具只眼，自辟蹊径，早年选学语言学，就读于王力先生在中山大学创办的全国唯一的语言学系，亲炙当代语言学大师王力先生与普通语言学专家岑麒祥先生授业，奠定了扎实的根底。1954 年中山大学语言学系调整到北京大学中文系而成为全国唯一的语言学专业，他又负笈燕园，师从著名方言学家袁家骅先生主修汉语方言学，并再度聆听王力先生授课，汲取汉语史研究的新创获。此后，则主攻汉语方言学，而行有余力亦兼及其他相关学科。在漫长的岁月中，他笃志于学术事业，笃志于语言科学，笃志于方言研究，潜心投入，不遗余力，涉足田野，置身前沿，积极进取，勤力开拓，悉心考察，锐意探究，认真教学，培育新人，获取了丰硕成果，推进了学术发展，扶掖了众多后学，壮大了学术力量。

欣逢詹公伯慧教授八秩华诞暨从教五十八周年，谨此恭祝洪福遐龄，硕果盈仓，桃李争艳，令誉远扬！

庚寅冬节于南开园西南村笃学斋

（南开大学中文系教授）

教书育人　奉献年华

——庆祝詹伯慧教授从教45周年

张振兴

我最早知道詹伯慧教授的大名是在20世纪60年代初期。当时我在厦门大学中文系读书，对语言学，尤其方言学颇感兴趣，课余常常找些研究汉语方言的论文读读，尽管有时候读过了仍不知所云。就是在这个时候，我读到了詹伯慧教授的《海南方言中同义字的训读现象》、《万宁方音概述》、《潮州话的一些语法特点》、《浠水话动词“体”的表现方式》等论文。从文字上景仰詹教授的风采，受益良多。当时曾经奢望有机会亲聆像詹教授这些学术名流的教学，可是事实上没有做到。1963年秋末，他与一些学者到厦门讨论福建方言，其时我已北上到语言研究所报到，再后就是漫长的“文革”时期，我们没能有互相认识、见面的机会。

一直到了20世纪80年代初期，我终于盼来了这样的机会。大约是在1983年春末的一天，出差北京的业师李如龙教授打来电话，相约周末到西郊香山公园一游，说还有其他几个朋友参加，其中就有詹伯慧教授。我高兴极了，星期天一早就赶到香山公园东门等候。过了一会儿，大家都到齐了，一共有五六个人。我们一行进了东门，盘山拾级而上，一直登上香山最高点香炉峰。那一天风和日丽，登高远眺，京城轮廓，一览无遗。李如龙老师、詹伯慧教授他们几人都是同辈，谈笑风生，山林添色，乐趣油然。而我是晚辈，听得多，说得少。记得詹伯慧教授当时刚从东京大学讲学回国，他谈了很多讲学的体会，偶尔会说一些在日本碰到的新闻趣事，让同行的朋友乐一乐。午饭时也是他做的东，请大家吃了便餐。游山的时候，我找机会向詹伯慧教授作了自我介绍，我说已拜读了大作《现代汉语方言》一书，学到了很多知识。他非常谦虚地说，这本书写得还是很匆忙，应该补充很多东西进去，并要我多提意见。这第一次见面，詹伯慧教授给我留下了非常深刻的印象。他健谈、谦和、坦诚。我心里想，他作为一个师长，一定让人觉得厚道、可敬；作为一个朋友，一定让人觉得真诚、可信。后来十几年的交往，证实了我当时的感觉是正确的。

一转眼就到了20世纪80年代后期。从那以后，我和詹伯慧教授的交往就非常频繁了。1989年以后，詹伯慧教授频频在《方言》季刊亮相，先后单独发表或合作发表了许多重要论文，如《广东境内三大方言的互相影响》（《方言》1990年第4期第260～269页）、《广东省饶平方言记音》（《方言》1993年第2期第129～141页）、《珠江三角洲粤方言常用词述略》（与张日升合作，《方言》1989年第4期第262～266页）、《粤北十县市白话语音特点述略》（与张日升合作，《方言》1994年第4期第281～285页）、《粤西十县市粤方言语音综述》（与邵宜、伍巍合作，《方言》1997年第1期第39～44页）等。

而恰好这些年我的很多时间和精力是用在《方言》季刊上的。与此同时，这些年来，我有机会参与主持汉语方言研究的一些重大课题。而詹伯慧教授往往也是这些课题的主要参与者，同时他也亲自主持一些重要的研究项目。这样就使我们共同关心、共同感兴趣的话题越来越多。这自然就少不了对一些问题或书信或电话的往返讨论。他来北京办公事，一定会打电话约我见见面；我有机会去广州，也一定会登门拜访。这些见面客气话都说得很少，主要都用来讨论一些问题。这些讨论对我来说，都是向詹伯慧教授求教的机会。

这些年的交往，使我有机会近距离地审视詹伯慧教授的教学与学术生涯。我认为，詹伯慧教授主要抓住三件事：

（1）重视学术人才的培养和储备。在老一辈的汉语方言专家学者中，他素以重视培养后辈人才著称。他历来所带的硕士生、博士生，遍布广东省内外，包括港澳地区，他们都已成为所在教学、科研单位的业务骨干，很多人在汉语方言研究领域作出了显著的成绩。大家都承认，广东省已成为我国汉语方言研究的重要基地之一，“詹家军”的积极贡献是一个重要因素。

（2）抓住重大的科研项目，开展科研活动，带动学科建设。詹伯慧教授是汉语方言学科著名的学科带头人之一。由他主持并组织实施的“珠江三角洲粤方言调查”、“粤北十县市粤方言调查”、“粤西十县市粤方言调查”等三大课题，前后连贯，系统性强，不仅在广东，而且在全国的汉语方言学界都是著名的科研项目。已经出版的《珠江三角洲方言字音对照——珠江三角洲方言调查报告之一》、《珠江三角洲方言词汇对照——珠江三角洲方言调查报告之二》、《珠江三角洲方言综述——珠江三角洲方言调查报告之三》，在海内外学术界产生了重要影响。这些都是有目共睹的。

（3）积极倡导并组织学术会议，广泛开展学术活动。詹伯慧教授是全国汉语方言学会的倡导者和组织者之一。由他发起并组织的“国际粤方言研讨会”已连续举办了六届，由他参与发起并组织的“国际闽方言学术研讨会”也已举办了五届。据我所知，还有很多学术活动，也是跟他的参与和支持分不开的。这些学术会议、学术活动，对于推动汉语方言研究事业的发展具有重要的作用。

做好以上三件事，要花费大量的时间和精力，要有一种奉献的精神。有人说，对于一个成熟的学者来说，奉献尤其不易。我想这句话有点儿道理。如果詹伯慧教授不去做这三件事，他可以多写出几十万、上百万字的专著和论文，这对他来说并不难；他还可以潇洒、自由地享受生活，过一个恬淡的学者所能享受到的乐趣。可是我们也得假设一下，如果没有他和其他学者的努力奉献，能有今天广东语言学界的繁荣吗？粤语或其他方言的研究能达到今天这样的深度和广度吗？“衣带渐宽终不悔，为伊消得人憔悴”，奉献自己，的确是一个高尚的精神境界。

值得庆幸的是，詹伯慧教授虽然事务繁多，可一样也没有耽搁。他过去是全国人大代表，现在是政协委员，政务烦劳，可以想见；他要带学生，经常外出讲学；还要组织并出席各种学术活动和学术会议，组织并实施各种大型的科研项目。就是在这种情况下，还发表了很多学术论文，出版了不少专著，而且这些论文和专著，很多都是甚有见地的。

这个容易吗？反正要是换了我就做不到。我有时候想，詹伯慧教授真是精力过人，其聪慧也远非我所能及。

今年是詹伯慧教授从教45周年，遂写了以上几段文字，表示祝贺。《庄子·大宗师》上说："相濡以沫，未若相忘于江湖也。"我和詹教授文章往来十几年，不敢说"相濡以沫"，但从他那里我确实学到了很多：对事业要奉献，对学术要追求，对己要严，待人要宽。属于詹教授一代的学者，为我们带来了很多宝贵的财富，我们这一代人，还有下一代人，更应该奋发向上，在汉语方言研究领域作更多的开拓。

（中国社会科学院语言研究所研究员，原方言研究室主任、《方言》杂志常务主编）

枝出粤东，叶荫广西

——祝贺詹伯慧老师八十大寿

刘村汉

欣逢詹伯慧老师八十华诞，衷心祝愿詹老师健康、快乐！

其实，詹老师本来就很健康，也很快乐。年届八旬，老当益壮，仍然为方言事业而操劳、奔忙。身体是铁骨钢筋，走路、爬山，好些中年人都赶不上他，伏案工作，一直勤劳不辍；事业上，是枝繁叶茂，成果丰硕。没有快乐的体验，是难以达到这种境界的。詹老师真是一棵不老松。

詹老师著作等身，他独著或主编或参与编著的作品《汉语方言概要》、《现代汉语方言》、《珠江三角洲方言调查报告》、《粤北十县市粤方言调查报告》、《粤西十县市粤方言调查报告》、《汉语方言及方言调查》、《广州话正音字典》、《广东粤方言概要》等，都有很高的声誉，有的还被选为高校教材。他的著作哺育了一代又一代学人。

詹老师的建树是多方面的，最突出的是通过岗位工作和校外指导，培养了一大批学术人才，入门弟子都已成为学术骨干，形成了一个稳固的学术团队。他以执着的精神、不懈的追求，熔铸为人格力量，又以人格魅力聚集人气，形成广泛的人脉，结成强大的学术阵容，开拓了一片天地，使粤语研究成为举世瞩目的热门显学。

我是通过詹老师的书跟他认识的，在学术活动中多次接受他的指导和鼓励，受益良多。詹老师对后学的热情关怀有口皆碑，凡有问学者，未尝不教焉。这真是“大方无隅”的大师风范。

詹老师对广西的方言研究也很给力。广西从事方言研究的人，差不多都得到过他的指导和熏陶；广西举办的方言会议，他都拨冗出席，他的“粤语西渐”口号，对广西方言工作的促进和进一步开发发挥了巨大作用。

记得十年前我和詹老师一起登南岳，下车后要走很长一段山路。青年人精力旺盛，早就走到前面去了，只有一帮老人，相互呼应着逶迤而行。一路奇石芳草，茂林修竹，山花烂漫，野果飘香，娱目醒脑而且爽神。我策着扶老，时时停下来容与流眄，借观景稍事喘息，总是落在队伍后面。抬头一望，老人队稀稀拉拉拖了好长，詹老师就当起队长来，不时停下来招呼大家，指点歧路，并给我们鼓劲。他还找来年轻人讲幽默段子，借以鼓舞士气，一路笑声不断，老头老太们也都不觉劳累，跟着队伍爬上了祝融峰。在祝融殿前后，放眼望去，周围群峰罗列，层峦叠嶂，气势磅礴，气象万千，个个感到心旷神怡、如醉如仙，很有成就感，很是感激詹老师这位带头人。衡山古名寿岳，寿比南山的“南山”就是南岳。我特地从记忆深处捡出这段经历和体验，为詹老师祝寿。

我同詹老师第一次见面是在20世纪80年代初，一个桂子飘香的季节，在武汉大学珞珈山麓他的寓所，距今已有三十年了。后来拜访他，就是在暨南大学的苏州苑了，那里也有很多桂花树。如今桂树发了一茬又一茬，詹老师仍然这样健康、这样快乐，这是詹老师的福分，也是我们的福分。

2011年3月于桂林

（广西师范大学中文系教授）

我尊敬的师长——詹伯慧老师

周长楫

我第一次见到詹伯慧老师是在1963年7月，那时，我刚从厦门大学中文系毕业，留校做助教。正好，以厦门大学和福建师范学院（现为福建师范大学）为主组织的福建省汉语方言普查组在完成全省汉语方言普查工作的基础上，写出了《福建省汉语方言概况》一书的初稿，并决定这年的7月，邀请国内方言学界的专家学者，在厦门召开一次讨论会，征集意见，以作进一步的修改。詹伯慧老师是应邀的学者之一。当时，我作为会议的秘书组成员，参与接待和做会议的记录员，自然有机会接触这些专家学者。

那时的詹老师，可说是一位风华正茂的年轻学者。使我留下比较深刻印象的是，那年参加会议的大部分人都是像伯慧老师这样的一群年轻学者。在会议上，伯慧老师是那么热情而沉稳，既对福建学者这本书的初稿给予充分的肯定，又提出了许多有建设性的宝贵意见。

我第二次见到詹伯慧老师是在1979年6月。那年，詹老师应邀来厦门大学参加厦门大学汉语方言科学讨论会。十年的动乱，我们的方言研究和其他许多学科一样，遭到了严重的摧残。拨乱反正，又给方言研究和其他许多学科带来了生机。从第一次见到伯慧老师至今已相隔16年了。虽然岁月流逝，可我看到伯慧老师风华依旧，精神不减当年。记得在会上和会外，伯慧老师大声疾呼要重视和加强汉语方言研究工作。为了使全国汉语方言工作者更紧密团结起来，扩大交流和协作，他还积极倡议成立全国性的汉语方言学会，并亲自起草了倡议书。没过多久，全国汉语方言学会成立大会和第一届学术年会在厦门召开了。这是全国许多方言工作者努力的结果，然而伯慧老师的热情呼吁和积极带领大家所做的努力，当功不可没！

给我印象最深刻的是在会议期间我们俩单独的一次长谈。伯慧老师知道我是《普通话闽南方言词典》编写工作的主持者之一后，称赞这是一项很有意义的科研项目。他热情地鼓励我要有信心，并教给我调查、整理方言材料的一些方法，这对我有很大的帮助。记得他回去后，还多次写信给我，问起词典编写出版的情况。我虽然没有直接做他的学生，但是，我始终认为他是我所尊敬的一位师长，因为他对我在方言研究工作中的指点、鼓励和帮助是永远令人难以忘怀的。

不久，詹老师被国家委派赴日本讲学。据我所知，他是我国大陆改革开放后第一个被派往日本讲学的汉语方言学专家。在日本讲学期间，伯慧老师向日本学者介绍了我国方言研究的历史、现状和未来发展的趋势。我记得他从日本给我寄了一本《中国语学》的学术刊物，里面就有一篇关于中国汉语方言研究的长篇文章，其中有一段提到了厦门大学成立汉语方言研究室和编写《普通话闽南方言词典》的事。这给了我们很大的鼓舞和鞭策。

20 世纪 80 年代和 90 年代，在中国的大地上，出现了汉语方言研究的大好局面。各地方言调查研究报告的不断出现、多个地方方言的专题研究的问世、汉语方言地图的编制、现代汉语方言大词典的编纂、北方方言词汇的调查等，很是引人注目。更令人兴奋的是，汉语几个重要的方言，像吴语、粤语、闽语、客家话以及北方方言等，都在一批方言学界学术带头人的积极组织和精心筹备下，开始举行了中国方言史上从未有过的定期学术讨论会，进一步推动了汉语方言研究向纵深发展。

这个时期的伯慧老师可真够忙的。他不仅是学术上的带头人、辛勤培育与造就我国语言学一代新人的园丁，而且也是我国语言学界的知名学者和我国语言文字各项重要改革发展工作的杰出活动家。

我读过他著的《现代汉语方言》一书。这本书虽然只有二十来万字，却把汉语各主要方言的重要特点说得精当而清楚，书里还补充了作者调查研究的许多重要材料，提出了一些精辟独到的见解。我用过他主编的教科书《汉语方言及方言调查》，这本书系统地总结了我国汉语方言学的研究成果与经验，是一本科学性和实用性都很强的学术著作和优秀教材，学生反映极好。我知道他主持完成的珠江三角洲粤语调查是迄今为止粤方言调查研究工作中具有填补空白意义的一项重大科研项目，在国内外已产生了很好的反响。当然，这些年来伯慧老师发表的论著还很多，其中的许多创见丰富了我国方言学和语言学的宝库，这我就不多说了。

詹伯慧老师在肩负繁重科研任务的同时，还牢记他作为教师的神圣职责是培养与造就新一代的接班人。在国内的语言学界，伯慧老师是带硕士和博士生最多的导师之一。我接触过他的几个硕士和博士研究生，无不称赞詹老师是教书育人的楷模。别的我不了解，但在我跟詹老师一起参加的几次汉语方言学会年会和闽方言学术讨论会上，我都看见詹老师带着研究生来参加。这些研究生不是光来听会的，而是都带着论文来宣读，并积极参加会议的讨论和争辩的。我知道，这是很不容易的事呀。因为事先导师得花许多的精力来指导研究生们写论文，还要为他们张罗经费。但这对研究生业务上的提高和锻炼却是大有好处的。他所带的研究生毕业后，都成为国家“四化”建设的栋梁。那些在高校和研究机关从事语言文字教学和科研工作的，都有较高的造诣。

詹老师在粤、客、闽方言的研究方面是卓有成就的。但他不单注意个人的研究，而且更注意组织学术界的同仁相互协作，集体攻关。就拿闽方言来说吧，为了团结更多的闽方言研究者，他四处奔波，争取国内外学者的支持，先后组织了多次闽方言国际学术讨论会。每次会前，他和一些同志都参与了许多具体的组织工作，甚至连会议的开幕词，他都自己动笔，从不劳人。更值得敬佩的是，他每次带来参加会议的论文，都是花了力气，严肃而认真地写出来的，他的论文都有一些新的材料和创见，我每每都受到了启示和教益。最使人感动的是，会议中的许多事务，他都主动关心和帮助。会后，他为了使与会者辛勤劳动的成果能服务于社会，繁荣语言科学，让更多的人得以分享，他又继续做了大量极为辛苦的工作——从审改稿子，到亲自写序；从积极筹措经费，到落实出版社的出版，他都过问并帮助解决各种困难。今天，闽方言学术研讨会能越办越好，为国际语言学界所瞩目，这里面，不知倾注了伯慧老师多少心血呀。至于他在国内语言文字规范化的学术和社会活动中所作的贡献，大家都看得很清楚，用不着我多说了。

对往事的回忆往往会使人激动、感奋和沉浸在一种难以抑制的深情中。从认识伯慧老师至今的三十多年里，我们见面的机会并不太多，但他对事业孜孜不倦的精神、对后辈诚挚耐心教诲的崇高师德，一直给我留下难以磨灭的印象，也是我学习的榜样。

在庆贺伯慧老师从教45周年的时候，我们为中国语言学界有这样一位卓有成绩的学者感到骄傲，我们为教育界有这样一位辛勤耕耘的园丁感到自豪。祝愿伯慧老师在未来的岁月里，为我们语言学界培养更多更好的年轻学者，给我们语言学宝库增添更多更好的精品。

（厦门大学中文系教授）

伯慧先生印象

刘勋宁

一

2004 年 4 月，我应丁邦新先生的邀请，去香港科技大学讲学。一推开教室门就看见詹伯慧先生赫然坐在其中。詹先生是方言学界的前辈，我们又是同行，见到他真是又惊又喜。詹先生说，他正在香港探亲，听说我要来讲学，就特意赶来听讲。这让我更加感动。先生那年该是 73 岁高龄，又是学富五车、名满天下的学者，完全可以不来听我这后生小子的逞能弄斧。然而，先生渡江跨海来了。从这里可以看出先生的品性——不放过一切可能获取知识的机会。我们常说“大海不涓细流”，这不正是先生的写照吗？大凡真正做学问的人，都是唯恐所知太少，唯恐得道太晚的。我曾经在《怀念王力先生》一文中记道：“王先生虚怀若谷，不论是平辈人的意见，还是晚辈人的想法，只要有些微可取，他都热情接受；对别人的一得之见，他也惜之若金。”詹先生是王先生在中山大学初创语言学系时期的学生（1949—1953 年），他是得了王先生的真传。詹先生迄今有著作 30 多部，论文 300 多篇，这些成就的取得，恐怕与先生这种好学的品格有关。

第二天，我要到香港大学讲学。先生说：“你的讲演我是要听的。”果然，当我到达那里的时候，先生又坐在教室里等我了。

二

我和詹先生过从最密的还是 1999 年 9 月詹先生在筑波大学讲学的那一次。先生下榻在我的学校宿舍，跟我谈了许多个人的往事。那次我才知道，先生出身于书香门第，令尊大人是岭南词学名家詹安泰先生。1957 年，高等教育部组织北京大学、复旦大学、中山大学、武汉大学四所大学编写高校中文统编教材，王力先生主编《汉语史》，詹伯慧先生协助袁家骅先生主编《汉语方言概要》，詹先生令尊詹安泰先生则参与主编《中国文学史》。教材编写由政府组织，相当于钦点，后来都成为不断再版的名著。詹先生父子同时参与其盛，不啻是父子状元，应当说是同堂翰林。放在旧时代，我想是要立牌坊的。参加编写的人员有一张合影，不光在詹先生的有关书籍中屡屡被采用，就是在北大中文系的许多回忆录中也多次看到。可见，这是大家都引以为荣的。

那一次詹先生还送给我他的散文集《日本面面观》（初版书名为《东瀛杂记》，武汉大学出版社，1982 年；此书是其增订本，人民文学出版社，1989 年）。我惊叹于先生清丽洒脱的文笔。语言学家因为长期沉思于琐碎的材料中，又讲究言必有出处，思维枯涩化，文章写得好的人不多。先生于平时人们不经意处寻找题目，娓娓道来；有些题目是老生常谈，先生又能汰芜存菁，在切要处着笔。史实与数据共冶，知识与趣味并存，读来引人入胜。文如其人，先生治学和为人，大概都是这样洗练诚挚的吧。

明海大学的招生手册上引用格言“读书让人充实，写作使人正确”，我十分欣赏。我最近在总结研究者的任务时说：“研究追求的是事物间最广泛的联系和事物变化的最深刻的动力以及这种动力的最直接的转递方式。虽然研究者也有一个怎样向同行和外行说明自己的成果以寻求支持的问题，然而这毕竟不是最主要的。”可以简称为“三最一说明”。“说明”虽然不是最主要的，但还是必要的，有时候能制约那三个“最”。记得社科院语言研究所当初招收研究生，只考作文。我不能说这完全正确，但在相当程度上是正确的。能写一手好文章，其实是思虑周密的表现。据我所见，那些文章写得不怎么样的人，学问也不怎么样，这几乎是一定的。过去把“文字、音韵、训诂”看成“小学”，那是因为组织思维与表达的工具是脱离时代的文言，现在废除了文言，就应该把“写作”看成“小学”，没有这个基础就不要读研究生。

三

2010年8月，我到北京参加王力先生诞辰110周年纪念会议时碰到詹先生，詹先生送给我《詹伯慧语文评论集——庆祝詹伯慧教授从教五十五周年》（下称《詹伯慧语文评论集》）。我突然在书里看见我的名字，十分惊奇。我赶快看了一下内容。原来詹先生对我的官话分类表示赞成。当面夸过我的分类的人不少，可是正式在书面上明确表示赞成的，詹先生是唯一的。

关于官话的分类，在我之前，有中国社会科学院语言研究所所长李荣先生的分类。最近有人把我和李先生的分类制成一张表，发表在维基百科的“南方官话”条下。表如下：

<table>
<tr><th>刘勋宁分区</th><th>李荣分区</th><th>古清音</th><th>古次浊</th><th>古全浊</th></tr>
<tr><td rowspan="4">北方官话</td><td>胶辽官话</td><td>上声</td><td rowspan="4">去声</td><td rowspan="6">阳平</td></tr>
<tr><td>东北官话</td><td>派入四声，上声较多</td></tr>
<tr><td>北京官话</td><td>派入四声</td></tr>
<tr><td>冀鲁官话</td><td>阴平</td></tr>
<tr><td rowspan="2">中原官话</td><td>中原官话</td><td colspan="2">阴平</td></tr>
<tr><td>兰银官话</td><td colspan="2">去声</td></tr>
<tr><td rowspan="2">南方官话</td><td>西南官话</td><td colspan="3">阳平（或保留、阴平、去声）</td></tr>
<tr><td>江淮官话</td><td colspan="3">保留</td></tr>
</table>

有了这张表，我和李先生的分类特点及其区别一目了然。我的分类没有多少创造，

只是李先生分类的进一步概括。我自豪的只是我的概括揭示了新的知识：中国古代的入声在北方官话中是一分为三的，在中原官话中是一分为二的，在南方官话中是不分化的。可是我不是官，竟无人敢表示赞同。许多人爱说“只要你说得对，我们就照你的办”，其实未必。举一个例子就可以知道，要做到这一点谈何容易！北大中文论坛网上，有人想在我的分类之外另行分类，经过十几个回合的论战，最后势所必至地得出了与我同样的结论。然而讨论也就此戛然而止，既不说认同，也不说偶同。由此可见，平时那些口口声声要坚持真理、服从真理的人是多么假惺惺。相反，有人吹捧李先生的分类是用“单一标准”进行分类的成功范例，李先生的分类是“高度”概括云云。对比上面那张表，可以看出这些话距离事实有多远！支持我的分类，表现了詹先生不媚上、不轻下、唯真理是从的高贵品格（我认为这是做学问和做出学问的必要条件）。

李荣先生的分类是建立在1983—1987年间的大规模方言调查基础上的，是第一次运用严格的语音标准进行分类的。正是由于有了这样好的基础，我才能进一步概括。对于李先生的分类，我们既没有遗漏一个方言，也没有剩余一处土语，还消除了例外（西南官话在李先生的分类里是存在例外的，这在上面那张表中就可以看到，而在我们的分类里没有了）。我们尊重李先生，就是要发展他的学问，完善他的学问，而不是止步不前。李先生曾经引用赵元任的话说：“知音的反对比外行的同意更叫人高兴。”如果李先生天国有知，对那些内行的表扬一定会很欣慰。

四

詹先生对我观点的偏爱也许是一种私爱。因为我们有一个基本观点是一样的。早在1963年，詹先生在与人合作的《有关汉语方言分区的一些问题》一文中就明确提出，汉语方言的划分应当“以语言材料为依据，以社会历史资料为主要参考”。我们依据语言的特征为官话分了类，而这样的分类又正好反映了这样的社会历史关系：北方官话地区是元代以后的新兴政治中心区，以北京话为代表，延伸到河北、山东和东北；中原官话地区是元代以前的政治中心区，以西安—洛阳话为代表，实际上是被压缩到现在的河南、关中、甘肃及其尚未退出的毗连地区；南方官话地区则是由南方方言退化出来的，东部以南京（金陵）为代表，西部尚待研究。就连“北方官话”、“中原官话”、“南方官话”这些名称，也都是历史留给我们的馈赠品：古代不是就有中原雅音、南音、北音的说法吗？所以说，我们的分类并不是我们故意要这样做，而是汉语方言自己走过的社会历史要我们这样做。

进一步的事实也证明，把语言特征和社会历史材料结合起来的分类是反映实质的。1998年，我们又发表了《中原官话与北方官话的区别及〈中原音韵〉的语言基础》一文。文章揭示出北方官话古宕江摄入声字读ɑo韵，中原官话则读o（e）韵划然不紊的事实。可比较下表：

北方官话

	薄	落	脚	着	学	药
哈尔滨	pau	lau	tɕiau	tʂau	ɕiau	iau
长春	pau	lau	tɕiau	tʂau	ɕiau	iau
沈阳	pau	lau	tɕiau	tʂau	ɕiau	iau
北京	pau	lau	tɕiau	tʂau	ɕiau	iau
保定	pau	lau	tɕiau	tʂau	ɕiau	iau

中原官话

	薄	落	脚	着	学	药
徐州	pə	luə	tɕyə	tʂuə	ɕuə	yə
郑州	po	luo	tɕyo	tʂuo	ɕyo	yo
洛阳	pə	luə	tɕyə	tʂuə	ɕuə	yə
西安	po	luo	tɕyo	tʂuo	ɕyo	yo
银川	pə	luə	tɕyə	tʂuə	ɕuə	yə
西宁	po	lu	tɕyu	tʂu	ɕu	yu

就是个外行，也能看出这是两个方言区。这再一次说明方言分区不是在预设的条件之间摆游戏。人是在社会历史中活动的，语言是人说的，社会历史是管得了语言的。詹先生支持了我，我也没让詹先生失望。

我曾经把黄土高原的方言定名为“秦晋方言”，并且指出，它是“北方话里的山里话”。第一，它是北方话；第二，它是山里话。有人说江淮官话是官话，所以秦晋方言也可以叫官话，这种说法，我不能同意。具体的差别须写专业文章，不适合在这样的散文里作术语铺排。我只说一个好似开玩笑其实不是开玩笑的理由：江淮地区的人口口声声说自己曾经是汉语的标准语，甚至不让天下，独尊自己是唯一的标准语——也就是说是“官话”而不是“民语”；秦晋方言区的人可从来没有说过自己是标准语，非但没有说过自己是标准语，还说过“天不怕，地不怕，就怕兴县人说官话”的话，甚至还有人认为自己是少数民族语言的遗留呢！就冲着这一条，秦晋方言就不是官话，而是方言。所以我想草拟这样一个词条：

秦晋方言，俗称晋语。分布在东起太行山，西近贺兰山，北抵阴山，南至汾渭河谷的黄土高原上。在北方话失去入声的背景下，这是一片相当广袤的入声区。这个地区语言复杂，文白异读丰富。通过文白异读可以区分许多古音类……其中汾河下游的中原官话是秦晋方言的退化区。

我非常高兴，《詹伯慧语文评论集》的最后几页里这样写道：

詹先生也同意刘勋宁的建议，把它改称秦晋方言，作为跟其他官话平行的、同属他所说的“基础汉语方言（北方话）”下的两支北方话，认为这也不失为一个解决的办法。

詹先生又一次支持了我。这究竟是私爱呢，还是公义呢？我想，最重要的还是詹先生是真正的“只要你说得对，我们就照你的办”的人。

五

我常常在想，詹先生为什么会对我这么好呢？也许因为我们是校友（他1955—1958年在北大进修，我1977—1982年在北大学习），也许是同门（他曾经帮袁家骅先生编写《汉语方言概要》，我是袁先生最后的学生）。总之，我觉得他对我关爱有加，实不敢当。2001年，先生邀请我参加在广州召开的第八届国际粤方言研讨会。晚上，我们同游珠江。先生的几代学生同行，欢笑而来，簇拥而去。我明白了。詹先生不是独对我好，而是对谁都好。前面说了，不涓细流，方成大海；另外，方其为大海，也才能众流归之。

作为一个教师，我从心里羡慕詹先生，我觉得这才是当老师的最高境界。教师的本职是“传道、解惑、授业”不错，不过在这之外，还应该有别的东西。教师也是人，面对后生小子，他的为人就是一种教育的模范，所谓“身教重于言教”。那种把“传道、解惑、授业”仅仅理解为专业实在太狭隘，还应该加上“传为人之道、解人生之惑、授处世之业”的另一面。孔子是教师之祖，《论语》里有这样一段：“莫（暮）春者，春服既成，冠者五六人，童子六七人，浴乎沂，风乎舞雩，咏而归。”我非常向往。许多古代文选也常选用这一段，可见大家都喜欢。詹先生的一生，有学有乐，看先生的学生也有乐有学，个个呈现出健康的人生取向和不掠美、不伪善的学风和作风，我觉得先生是成功的。

六

今年（2010）是我最忙的一年，光答应给别人的纪念文集写的文章就有4篇，为书写序2篇，杂志发表论文2篇。我实在忙得不可开交。11月在北京开会，碰见先生的门生——甘于恩先生，他知道我忙，出主意让我写首七律来表表心意就行。可是，我觉得不能。詹先生如此厚爱我，就是写七律，也必须是一首好七律才对得起先生。可那就更难了。还是写一篇文章来记叙我们的交情吧，虽然写不好，却是实实在在的感情。我希望写得好一些，可是到了年底的这个月，才思已经枯竭，也没有时间充电，只能写成这样了。不过我的心意已经表达。我祝愿先生寿比南山，福如东海。祝愿先生像一片阳光，永远照耀着他的学生。

（日本明海大学教授、博士生导师，东京现代中国语研究会会长，东日本汉语教师协会副会长）

讲台上和书斋里的詹伯慧先生

左鹏军

大约从三十年前上大学的时候开始，我在大一、大二两年学习过“现代汉语”、“语言学概论”、“古代汉语”等课程，且取得了相当好的考试成绩，并逐渐知道这个世界上还有一个专业领域叫做语言学研究、有一种荣誉称号叫做语言学家之后，我就对语言学研究和语言学家怀有特别的敬意，甚至曾经浪漫地梦想过自己能够成为一名语言学家。

也是从那个时候开始，除了听我们的语言学老师精彩地讲授几门语言学必修课程和选修课程之外，课堂上的浓厚兴趣又引领我在课外满怀兴味地读了一些语言学著作。至今还记得，在高中时候就读过的吉林师范大学中文系（今东北师范大学）编著的一本《语文基础知识》、吕叔湘先生和朱德熙先生合著的《语法修辞讲话》，还有一本已经不记得是哪位学者（好像是黑龙江省教育学院）编写、内部印行的《古代汉语基础》，觉得自己的语文水平明显地有所提高——这当然主要是因为自己无知浅薄和盲目地感觉比较良好，实际上并没有自己估计的那么好。在进入大学中文系以后，又在老师课堂教学的启发下，认真读过胡裕树先生主编的《现代汉语》（这是我们当时采用的教材）、黄伯荣先生和廖序东先生主编的《现代汉语》、张静先生主编的《现代汉语》。还记得张静先生主编的《现代汉语》教材是在张静先生来我们学院讲学之后读的。此后还写了一封请教的信给张先生，我还荣幸地收到了当时在郑州大学工作的张静先生的回信，这对我多有鼓励。而且，在当时几乎没有什么零用钱的困难情况下，我还把节约下来的一点儿钱用于购买书（那时候的书比现在便宜许多倍）。此外，我还阅读过王力先生的《中国现代语法》，吕叔湘先生的《汉语语法分析问题》、《中国文法要略》，朱德熙先生的《现代汉语词汇研究》、《语法讲义》，赵元任先生的《汉语口语语法》、《语言问题》，陈原先生的《社会语言学》，郑子瑜先生的《中国修辞学史稿》，杨伯峻先生的《古汉语虚词》，高亨先生的《文字形义学通论》，唐兰先生的《中国文字学》，周秉钧先生的《古汉语纲要》，等等。尽管经常觉得读不懂，最多是半懂不懂，实际上读懂的部分也真的不多，但自己觉得还是比不读书要好很多。当然，陈望道先生的《修辞学发凡》、马建忠先生的《马氏文通》等书我也尝试阅读过，但主要是因为难度太大而没有认真读下去。许慎的《说文解字》也是当时经常查阅的工具书，还背诵过一部分说文部首。在好不容易买到并读过王力先生主编的《古代汉语》之后，还将自己读书中的困惑和不同看法写成了一封请教信，不知深浅地寄给北京大学中文系古代汉语教研室，居然还收到了一封以北京大学中文系古代汉语教研室的名义写来的回信，尽管信中的内容并不多，但我也觉得如获至宝。由于这些因缘和经历，我把那个时候在我上大学的吉林省的那个中等城市难得在书店里买到或通过邮购得到的这些语言学书籍中的一些至今还保留着，一直不忍让它们离我而去，尽管时间已经过去了三十多年，我已经从东北来到了岭南，尽管我的专业已经转向了中国古代文学，且早已不可能再从事语言学方面的研究。

在我所知之不多的语言学研究领域中，难度最大的可能要算比较语言学、音韵学、方言学。因为在我的粗浅认识中，假如不是精通两种以上的外语，就几乎无法从事真正的比较语言学研究，如同假如不精通一两门外语就难以从事比较文学研究一样。对于说北方方言，以及连什么是入声都完全没有感性认识，又不肯下功夫背诵古代韵部分类及有关古汉语知识的我来说，音韵学简直是难之又难的，这也是我大学阶段望而生畏、难以入门的唯一一门课程；还有一门令我在课堂上困倦难挨的课程就是“中学语文教学法”，尽管考试得到了很高的分数。而方言学对于北方方言区的许多人来说，也有着特殊的难度，因为在广阔的北方方言区，方言现象并不像南方方言那样丰富多彩、变化多端。因此，我大学毕业时的学位论文选择的绝不可能是音韵学或方言学，而是当时我最有兴趣的汉语语法学方向，并且至今还记得那篇后来得了优秀成绩的文章题目是《论现代汉语中的“N的V”结构》。今天自己想来，那篇文字甚至很难算得上是学术论文，更不敢奢望能否入得了真正的语言学家的法眼，但是那个时候的我居然还对自己的文章颇为得意了一阵子。1984年初，也就是我大学毕业前半年，出于对语言学研究的向往，我报考了兰州大学中文系的硕士研究生，当时招生目录上公布出来的招生导师是黄伯荣先生。那一次的考试成绩我至今还记得：现代汉语76分，语言学概论80分，外语（英语）14.5分——这个分数比我考大学时候的外语分数仅仅多了0.5分，这就是我大学期间在外语方面的全部收获了。不用说，这样的成绩是绝对不可能被录取的，甚至连复试的机会都没有得到。很明显，那次考试主要是失败在外语上，而且竟然失败得如此彻底。尽管，我第一次参加的硕士生入学考试以失败告终，但专业考试取得的成绩还是给了我不小的鼓励，我对语言学研究的向往并没有因为这次考试的失败而发生改变。

1984年7月初，四年的大学生活结束了，在面临着毕业分配（那时候的大学毕业生还是国家计划之下的分配制度）的时候，我毫无准备、极其意外地陷入了非常困难的境地——其间见到的一些匪夷所思的人和发生的一些莫名其妙的事，我至今还是不能明白——当然早已没有弄明白的兴趣了。总之，我自己以一个普通的应届毕业生的身份几乎不顾一切、不计后果地去奋力抗争，当然也有正直的好心老师们道义上的支持，并且惊动了我读书的那所师范学院（如今已改为师范大学了）的主要领导，由学校主管部门对中文系毕业分配工作进行了直接的干预，我才终于被批准留校，并获得了“优秀毕业生”的称号，从而成为当年全校的五名优秀毕业生之一。但是作为一个普通的本科毕业生，在面对研究生资格的要求的时候，我已不可能有机会进入中文系的现代汉语教研室或古代汉语教研室工作，从事我喜欢的语言学的教学与研究，只好被迫留在中国古代文学教研室，做一点儿中国古代文学主要是元明清文学及近代文学的教学，再后来开始学着搞一点儿相关的学术研究。从那个时候起，我就不无失落感地知道，自己的语言学家的梦想就真的永远只能是一种离我渐远的梦想了。因此，尽管经历了如此之多的阴差阳错、有意无意，但是我心中对语言学家的敬意却不曾消失，而且一直保持到现在。

我已经不记得是什么时候第一次听到詹伯慧先生的大名，但是一定与先生的高足、我现在的同事邵慧君教授有关。邵慧君是先生所带的第一届博士生，1994 年来我们系工作，是我们中文系（现在已改称文学院）的第二位博士——第一位博士是如今已经退休的傅剑平教授，我当时则是硕士毕业留校的年轻讲师。后来，我又有幸认识了先生的多位高足弟子，听闻先生名字的机会也就逐渐多了一些。在我的印象中，起初听说先生的名字，只知道他是一位著名的语言学家、一位具有标志性意义的杰出学者，并没有觉得还有什么特别之处，也没有什么直接的感受；更由于我的孤陋寡闻，并没有将先生的名字与詹老先生安泰教授的名字联系在一起。詹安泰教授我是早些年就知道的，记得大学一、二年级的时候，还从学校的图书馆借阅了詹老先生主持编写的一本《中国文学史》（先秦两汉部分），当时还希望继续看到其后的部分，还查过图书馆的藏书卡片，当然不可能找到，觉得有些遗憾。当时并不知道，由于政治局势的急剧变化和政治运动的意外冲击，此书本来就没有写出后面的部分，当然更不可能想到詹老先生后来经历的种种坎坷与艰辛。

现在回忆起来，我已经记不得是什么时候第一次见到詹伯慧先生了。我经常记起的，是近几年来先生在讲台上和书斋里的身影与謦欬；我从中感受到的，是一位家学渊源深厚、学术建树杰出的著名学者的敦诚严谨与睿智通达。

2009 年 11 月，我们主办“岭南文献与岭南学国际学术研讨会”，特意邀请先生，希望他能光临指导。但是当时先生刚刚出院不久，身体还在恢复之中，我们既想请先生前来，却又有些于心不忍，生怕难为了先生。到开会的那天，先生不仅勉力来了，而且应我们之请，作了精彩的大会发言。先生说，这是他出院后第一次下楼，就赶到了会场，这个会是一定要参加的，因为岭南文化和方言研究很重要，很有加强的必要；以后只要身体情况可以，又没有外出的话，我们的会议就一定还要来参加；并对岭南文化研究的继续发展寄予厚望。先生如此重视和支持我们的学术活动，既是因为他与业师管林先生是三十多年的老友，他们在学术上曾经有过愉快的合作，留下了值得珍视的回忆；也是因为先生出于长者的慈爱之心和对学术的挚爱，对我们这些晚辈后学给予提点扶持。那次会议期间的一个晚宴上，我与先生坐在一起，席间闲谈的时候，不知道说起一个什么话题，大家说到有心与无心，我说自己就是一个无心的人，先生马上机敏地说：“假如你无心，我今天就不会坐在这里了。”说话之间，先生的鼓励勖勉之情溢于言表，尽管我深知自己远远没有做到先生所说的那样或应当做到的那样。我虽非詹门弟子，今后也不大可能有成为詹门弟子的荣幸，却经常可以感受到先生的关心和爱护。这于我，也是一种难得的幸运。

由于先生的执着努力和来自多方面的支持，2010 年 12 月，在詹安泰先生工作过的韩山师范学院，举行了隆重的“纪念詹安泰先生国际学术研讨会”。整个会议期间，不论是大会发言还是分组讨论，不论是詹老先生当年的学生还是后生晚辈，当许多人追忆起詹安泰先生的道德文章、学术经历、文学才华、坎坷命运、晚年生活的时候，当大家经常不能自已、难以平静、不能不动情的时候，讲台上和讨论中的詹伯慧先生却表现出惊人——至少令我非常惊讶——的平静淡然与淹通达观，支撑着先生的，仿佛是一种强大的理性力量和深远博大的情怀。但是，在这种淡定通达、不动声色的表象背后，彼时彼刻先生的内心里究竟会是怎样的感受呢？先生的思绪究竟会是怎样的百般纷杂呢？以我极其有限的人生经历和对先生的了解，是实在无法也不敢猜测的，只觉得那仿佛是曾经沧海一般的超迈达观，是反复积蓄酝酿而成的醇厚幽深，又怎能没有积累了几十年的内心激荡！但是先生的情绪也不是没有偶露峥嵘的时候。当会议的研讨阶段即将结束、第二天就要赴先生的老家饶平县考察的时候，在先生的思绪愈来愈亲近故土和父亲的时候，先生在大会的致辞中说出了这样一句令在场的人们不能不动容、催人泪下、荡气回肠的话："故居没了，故土还在!"

近五六年来，我由于工作的关系，有时候需要向詹先生请教，接触的机会稍多了一点儿。在《岭南学》学术集刊的编辑过程中，我们想得到先生的支持，邀请先生作一次关于詹老先生的访谈，先生不仅爽快地答应，还顺利地完成，这就是发表于《岭南学》第二辑（中山大学出版社，2008 年）的《岭南词宗詹安泰》。而且在这篇长篇访谈录的后面，还附录了先生亲自整理的"詹安泰教授已刊著述年表"，先生的细致与用心为研究者和读者提供了极大的方便。特别是最近一两年来，由于先生筹措出版《詹安泰全集》的事宜，幸得先生和出版社的信任，我与先生见面、通话的时候更多了一些，也就有机会看到了书斋里的先生。根据我的体会，先生似乎有一个习惯，就是对重要的事情特别认真，而对一般的事情则顺其自然。在工作和交往中特别守时，事先约定的事情就一定按时处理或完成，假如有什么特殊情况或临时变化，一定事先电话通知，绝不肯耽误别人的时间。

炎热的夏天里，先生在家中忙碌的情景令我特别难忘。先生家住顶层楼，在夏日广州的骄阳的长时间照射下，到了下午，屋子里的温度总是很高，直到傍晚时分，那种热气也难以散去，大有在蒸笼中一般的感受。在这样的条件下，先生总是在并不宽敞的客厅兼书房里，在没有空调的情况下坚持工作。先生经常穿着一件已经明显变旧并且有些变形的长长的白色背心，一条深灰色的短裤，脚上则穿着一双明显大许多的旧式拖鞋，在电脑和书架之间往返，脚步灵活而且轻快，涔涔汗水则经常湿透了先生的背心，先生背心的前后全是湿漉漉的一片，可是先生的行动却特别轻盈灵活，仿佛这并不是一位已经年届八旬的老者。先生平时似乎说话不太多，但是每当讨论起学术问题、每当说起自己的父亲和自己年轻时的经历、谈起众多门生弟子所取得的学术成就的时候，先生却总是谈兴勃发，说得神采飞扬。

先生身体并不是特别健壮，却一直保持着刻苦治学、勤勉著述的习惯。这一点，有先生几十年间丰富的语言学特别是方言学著作及其产生的深远影响为证，先生的学者本色也由此得到了最充分的展现。在我看来，先生还是一位桃李满天下的教育家，不仅培养了众多的学术人才，而且有着先进而明晰的教育理念。作为我国第一批汉语方言学博士研究生导师，自从 1991 年以来，已经培养了许多位博士研究生和硕士研究生。在先生的众多弟子中，有的已经成长为汉语方言研究领域的知名学者。先生对弟子们的精心培养、严格要求、提携奖掖，诠释着薪火相传的精神内涵。先生虽然没有继承詹老先生的专业方向，继续从事中国古代文学特别是词学的研究，但先生仍然保持着对中国古代文学、诗词、书法的浓厚兴趣，有时候还挥毫作书，先生的家学渊源也从这一角度得到了充分的展现。

作为一位语言学家，先生本身的语言就是极为生动有趣、机智幽默的，在平日的言谈之中，时常可见先生语言智慧火花的闪烁。先生走路的时候，经常会微微向左边倾斜，先生就打趣地说自己是“左倾”。先生病一目，病眼已经完全没有视力，给读书和写作带来极大的困难，可先生却笔耕不辍、著述不止，并不以自己的视力不济为意，还曾幽默地说自己这是“一目了然”。实际上，这种语言的智慧，岂止是先生专业素养、学术功力的生活化表现，又何尝不是先生的人生智慧、人生态度的精妙传达呢！

先生年已届八十，对已经去世四十五年的老父亲的一往情深自不待言，而先生对詹老先生的学术精神、学者风骨的继承与传达，更是一笔值得珍视的精神财富。另外，詹安泰先生对这位长子的期待和慈爱也仍然可以在他的诗词中看到一些。詹安泰先生在《得慧儿报艺冠其曹，成此却寄》一诗中写道：“知谁为汝品题宽，使我于今笑恼难。蹉跎半生书岂外，沉绵万劫眼频看。多时未信龙失驭，何日真能风与抟。共慰唯馀一事在，高堂长健故家安。”[①] 虽然时间已经过去了几十年，但是詹老先生对长子的热情鼓励、殷切期待宛在目前。詹先生也的确没有辜负父亲为其取名“伯慧”所蕴含的期望，确是取得了超迈同侪的杰出成就，表现出过人的才华与智慧。

循着这样的思绪，看着眼前这位年届八旬而仍然健朗的詹伯慧先生，感受今天如此隆重的庆典中的无限喜悦和满堂祝福，我想斗胆地把这首诗的最后两句稍作调整，用以表达我们这些后生晚辈对詹伯慧先生的美好祝愿：“共庆同祈一事在，先生长健阖家安。”

（华南师范大学岭南文化研究中心教授、主任）

① 《詹安泰纪念文集》，广州：广东人民出版社，1987 年，第 137 页；又见《詹安泰诗词集》，香港：翰墨轩出版有限公司，2002 年，第 222 页。

永远的良师益友

——庆祝詹伯慧教授八十华诞

刘兴策

我最初认识詹伯慧老师是在五十多年以前。1956年8月，22岁的我在华中师范学院中文系毕业后，留在汉语教研室任教。1957年2月，华中师范学院和湖北省教育厅派我赴北京，到教育部和中国科学院语言研究所合办的第三期普通话语音研究班学习，系统地听了丁声树、李荣、周殿福、徐世荣等老师的授课。那年7月回到武汉，8月在省教育厅办的语音研究班讲课、辅导，并调查和记录湖北籍学员的方音，经受了一次锻炼。那一年我读了詹伯慧老师的《武汉人怎样学习普通话》一书，对我进行现代汉语教学和推广普通话都很有帮助。

根据当时高等教育部和教育部联合发出的《关于汉语方言普查工作的指示》，调查方言的任务主要由各地综合大学和高等师范学校的中文系担任。调查研究方言的主要目的是为了更有效地推广普通话。1959年湖北省教育厅决定由武汉大学詹伯慧、武汉师范学院王书贵和我共三名教师承担湖北方言普查的任务。从1959年下半年到1960年上半年，我们三个人在华中师范学院和武汉师范学院找方言较纯正的一、二年级的大学生作发音人，主要记录他们的方音。我和詹老师还分别下到湖北的部分县市进行了实地方言调查。1960年7月到8月，我们几人住在省教育厅招待所里，用了整整两个月的时间，写完了《湖北方言概况》（以下简称《概况》）。詹老师在我们三人中是当之无愧的主要执笔人。1960年国庆节前夕，这本著作以湖北省方言调查指导组的名义内部出版。直到1980年10月，李荣先生到武汉参加中国语言学会成立大会时，我才将《概况》送给他一本。这是新中国第一本撰写湖北方言的著作。虽然当时因我国正处在三年困难时期，经济状况不佳，只出了个油印本，但在1988年公开出版的、由中国社会科学院和澳大利亚人文科学院合编的《中国语言地图集》这部重要著作中，仍将《湖北方言概况》列为参考书目之一。从1959年到1960年一年多的时间里，在与詹老师合作调查方言和撰写《湖北方言概况》的过程中，我向詹老师学了很多东西。在这两年，我最大的收获之一就是结识了詹伯慧这位学长。

伯慧先生虽然只比我大三岁，但他在做人和做学问方面都是我的良师益友。

首先，伯慧先生在做人方面堪称我的老师。他牢记王力先生的教诲："要把自己的学业和社会的进步、祖国的前途紧紧相连。"① 他赞扬王力先生"把自己毕生从事的语言科

① 詹伯慧：《师道悠悠——杂忆了一师》，《漫步语坛的第三个脚印——汉语方言与语言应用论集》，广州：暨南大学出版社，2006年，第482页。

学事业视为提高全国人民科学文化水平、提高全民族素质的重要一环”[1] 的高尚情怀。实际上，伯慧先生本人就是这样，把自己所从事的学术事业与祖国的前途、社会的进步紧密地连在一起。他对汉语方言学和语言规范化事业的热爱，他满腔热情地为祖国的语言科学和教育事业贡献力量，正是他对新中国热爱的具体体现。

我青年时代从武汉大学的一些朋友那里得知，詹伯慧的父亲詹安泰先生早在20世纪50年代就是著名的古典文学教授和书法家，詹伯慧是出生于书香人家的名门子弟，但他从来不以此向别人夸耀。1960年我们在一起编写《湖北方言概况》时，我对他能熟练地使用国际音标标注方音、对中古音韵那么熟悉、对概括湖北省内方言小区的特点那么简练和准确都很敬佩。但他从来不盛气凌人，而是平易近人、平等待人，使人感到容易亲近，愿意向他请教。1979年上半年，我对我的故乡湖北随县的方言词汇进行了调查，并整理成《湖北随县方言词语略释》和《湖北随县方言词汇特点初探》两篇文章。那年9月16日上午，我将这两篇文章送到他家，请他帮我修改或提出修改意见，但我万万没有想到，这两篇共有一万多字的文章，他只用了两天时间就看完了，并且写了书面意见。9月18日傍晚，我骑自行车到他家去取了两篇文章和意见后，回到家里仔细地看了詹老师写的三页纸的意见。主要意见有：“方言词汇列举时，注音可否把调值注上，否则不掌握这个方言音系的人，看了读不出音来。引用古代韵书资料时，体例最好一致，有的注了反切，再注释义，有的只注古韵书释义，没列反切，不妥。不注反切就难以看出方言词与古汉语语词之间的联系。”“个别有疑问的地方，在原稿旁边用铅笔打‘？’号，以供参考。方言词汇既然是与普通话不同的，要严格一点儿，如果这个词普通话也用，就不宜作方言词。”意见提得明确、中肯。这正说明伯慧先生对朋友的真诚，绝不是敷衍了事。他要我在文章中不仅要标方言词的调类，还要注明调值，以便没掌握这个方言音系的人能读出来，这样做，既能帮助作者增强文章的可读性，又便于读者更好地阅读。这看起来是一条小意见，却生动地反映了詹老师处处为读者着想的大境界。他提的意见坦诚，但又讲究分寸；他不摆架子，而是用商量的口气和爱护的态度，问自己的意见“可否”，说“供参考”。这又使我联想到伯慧老师曾说郭绍虞教授赞扬王力先生“不矜己长，不攻人短，是真学者，是好风格”[2]。我认为，伯慧先生自己也是这样的“真学者”，也具有这种“好风格”。

正因为伯慧老师待人真诚、随和，所以我很乐意同他交往。根据我的日记记载，1979年6月13日上午，我骑自行车去武汉大学，到他家同他谈心，他和夫人陈雅仙留我在他们家吃午饭。当我告辞时，詹老师还送给我两本《延边大学学报》。1980年2月23日下午，我又去詹老师家，他将日本东京大学给他的信拿给我看，那封信是用毛笔在八行纸上竖写的，字体歪歪斜斜，但文字通顺。原来是东京大学教养学部、文学部、大学院邀请詹先生去讲学两年，除讲授汉语方言、现代汉语等课程外，还要讲授汉语口语和汉语作文课，要我帮他找几种写作方面的教材。恰好20世纪70年代后期我在华中师范

① 詹伯慧：《师道悠悠——杂忆了一师》，《漫步语坛的第三个脚印——汉语方言与语言应用论集》，广州：暨南大学出版社，2006年，第481页。

② 《王力先生生平》，《王力先生纪念论文集》，北京：商务印书馆，1990年。

学院中文系写作教研室任教，我答应为他搜集教材。3 月 14 日，伯慧老师到华中师范学院找我，刚好我不在，他留了张便条说："我昨天下午从广州回来，今天奉访未遇，估计20 日以前我不会离开武汉。你什么时候有空，再来舍下一叙。詹伯慧 3. 14 中午。"于是3 月 19 日，我与朱道明老师一起到詹先生家，给他带去了我们集体编写的《文章选讲》、《散文赏析》、《写作基础知识》（上、下册）共四本书，送给他作为出国讲学的"礼物"。那一天詹老师将他在日本东京大学的通信处告诉了我，并说他的夫人陈雅仙的工作关系已从武钢医院转到暨南大学医院，我和朱道明向他们表示祝贺。

1980 年 12 月，湖北人民出版社政文组组长邱久钦将詹伯慧著的《现代汉语方言》的清样派人送给我，请我帮忙校改。12 月下旬到 1981 年 1 月中旬，我一直在校阅《现代汉语方言》的清样。这本专著写得不错，但清样中国际音标符号和方言字的错误较多，为了准确地改正清样中的错误，我多次查阅《汉语方言概要》、《汉语方言字汇》、《汉语方言词汇》、《江苏省和上海市方言概况》等书。1981 年 1 月 14 日我将校改完的清样送交邱久钦同志，他向我表示感谢，并送给我《训诂学要略》、《语文基础知识》等书。没想到第二天，我又收到伯慧教授从东京寄来的信。他在信的开头写道："兴策兄：来信收到，非常高兴，拙作《现代汉语方言》蒙你费神校对，感激在心！"他到国外去讲学，我作为较年轻的同行帮助学长校改清样，本是应该做的事，不足挂齿，他却要表示"感谢"，这也反映了他为人谦和的品质。

1982 年春天，詹老师从日本回国后曾到华中师范学院与邢福义教授和我谈在东京任客座教授期间的工作情况与感受。1983 年他调到广州的暨南大学后，我与詹先生还断断续续保持书信来往。我在 1988 年 2 月 27 日的日记中写道："接詹伯慧同志来信，知道他被选为第七届全国人大代表，我感到高兴。"1988 年 8 月，我和中文系几个同事在赴深圳参加"双语、双方言"研讨会前，从武汉乘火车南下，8 月 19 日到广州。8 月 20 日下午我与田文玉一起到暨南大学，陈合宜同志带我们到詹伯慧家去看望。我送给詹先生两本书。詹夫人陈雅仙热情地接待我们，还请我们吃糖。我与詹老师相互谈了近况，他说他现在教学、科研任务较多，又担任广东省民盟副主任委员和省政协委员，事情也多，拟辞去文学院院长职务。8 月 22 日在深圳参加"双语、双方言"研讨会时，又见到了詹先生。他看到湖北省语言学界去了不少代表，感到格外亲切和高兴。他从 1953 年到 1983年在武汉大学工作了整整三十年，从某种意义上说，武汉是他的第二故乡。他是一位广交朋友和重视友情的学者，在湖北，他也有很多朋友。

另外，伯慧教授在做学问方面也是我的老师。这主要表现在以下几个方面。

一是他重视调查研究、坚持实事求是地反映方言实际的优良学风，为我们树立了一个好榜样。我在北京语音研究班第三期学习时，系统地听了丁声树先生讲汉语音韵知识、李荣先生讲方言调查方法、徐世荣先生讲普通话基础知识，还跟周殿福先生学习国际音标，都受益良多。同时学习组织用丁、李两位先生编制的《汉语方言调查简表》和《汉语方言调查字表》（皆油印本）记录了同组一位湖北江陵籍年轻教师的江陵话声韵调。回武汉后，我还在湖北语音研究班，调查过老河口、汉川等地的方音，初步掌握了记录方音的方法、步骤。为了编写《湖北方言概况》，必须掌握当时湖北省内汉语方言的现状，于是我同詹老师等一起，对湖北省内的汉语方言进行了一次普查，先在华中师院、武汉师院两所高校对刚离开家乡到武汉上大学的一、二年级的湖北籍学生调查其方言，后来我与詹老师又分别到下面进行实地调查。詹老师好像调查了广济、浠水、郧县等地的方言，我则调查了宜昌、宜都、当阳、嘉鱼、蒲圻等地的方言。通过这些调查研究和整理、写作，我在较准确地用国际音标记录方言的声韵系统，较全面地了解和记录方言词的文白异读现象，较科学地确定方言的调类和调值，探求中古音和现代方音的发展演变规律等方面，都增长了知识，提高了本领。而詹老师的言传身教，对我这个当时只有二十五六岁的青年助教来说，有相当切实的帮助。但更重要的是，通过一年多的合作、共事，我深深感到詹老师特别重视方言的实地调查和第一手方言实际材料的掌握。1936年，前中央研究院历史语言研究所赵元任、丁声树等先生在武汉调查记录了湖北省64个县市的方言材料，1959年到1960年上半年，我们在武汉和专县共调查了74个县市，其中实地调查的有包括武昌、汉口、汉阳在内的十多个县市。通过这些实地调查，我感到对语音研究班老师们教的方言调查知识有了较深切的理解，运用国际音标记音的技能较为熟练，对于湖北方言的面貌也有了较多的感性认识，写作《湖北方言概况》时也就好做"有米之炊"了。1983年春天，我带邢福义教授的第一届硕士生李宇明、萧国政、徐杰、青年助教李汛和中文系四年级学生向平等到钟祥去实地调查方言，他们回校后也都写出了相当好的论文，尝到了实地调查的甜头。1988年我又到钟祥去调查方言，写成了《钟祥方言的历史演变》一文，将1936年赵元任的《钟祥方言记》和20世纪八九十年代的钟祥方言作了比较研究，1997年在青岛举行的首届官话方言国际学术研讨会上报告论文后受到了同行们的好评。这也是遵照丁声树、李荣先生的教诲和学习詹伯慧等学长的优良学风所取得的成果。

二是詹老师把研究方言和推进汉语规范化工作视为生命，全身心地投入到学术事业中。特别是党的十一届三中全会以后，武汉地区高校教师和全国各地的高校知识分子一样，热烈欢呼科学的春天的到来。我和詹老师都希望将1960年内部出版的《湖北方言概况》加以修订、补充，争取能公开出版。经我们两人商量，我于1979年1月10日先将这本《湖北方言概况》油印本送到湖北人民出版社，交给政文组组长邱久钦和编辑陈箕裘先生。他们粗略地翻阅了一下后说，这是一本内容比较稳定的书，出版时间不受限制，你们可以先着手进行修订。同年1月17日，我与詹老师一起去湖北人民出版社与邱、陈两位编辑面谈，他们仍要我们吸收读者对这个油印本的意见后，进行修改。1月21日我到武汉师范学院找到1960年合作编写本书的王书贵老师，他先表示愿意参加修订工作，但后来大约是因为有一些实际困难，不能参与修订工作，这样修改《湖北方言概况》的分工也不能落实下来。1979年11月我们将朱建颂老师从武汉六中调到华中师范学院中文系。12月18日，我和詹伯慧、朱建颂三人一起应邀到省文改领导小组办公室与李仲英同志谈，商定1980年第一季度对湖北方言进行复查，第二季度开始对《湖北方言概况》进行修订。但是我们不曾料到的是，1980年2月下旬，詹老师收到日本东京大学邀请他赴东京讲学两年的信，并于4月动身；我于1980年3月接到教育部的通知，要我5月初到北京参加全国高考语文命题工作，到7月上旬全国语文高考开始后才能返回武汉。这样，修订《湖北方言概况》的计划只得再次延搁。1980 年 11 月，我收到詹伯慧教授 10 月 30 日从东京寄来的信。信中说："最近在武汉召开全国语言学会成立大会，学者云集，这确是一个大好的学习机会，我没有机会旁听许多报告，太可惜了。""《湖北方言概况》的修订计划如何？省里有没有抓？建颂同志是不是开方言学的课？我虽然身在海外，不能出力，总希望你们能在这方面多作贡献，早作贡献！汉语方言的调查研究，现在在国外是很受重视的，日本有名的亚非文化研究所，其中'中国组'只有三个人，全部是研究汉语方言（以桥本万太郎为首），由此可见汉语方言研究的重要性。"我给伯慧教授回信后，1981 年 1 月 15 日再次收到伯慧兄来信，他谈道："汉语方言工作中很重要的一环是各省方言概况的编纂，湖北有基础，不知近来仲英同志抓了你们没有？"伯慧兄身在异国他乡，教学任务繁重，可他仍然十分关心《湖北方言概况》的修订工作，几次从东京写信给我都谈到这件事。他对汉语方言研究的热爱和执着令我敬佩，催我奋进。关于修订、增补《湖北方言概况》的事，我曾和朱建颂老师向时任中国语言学会副会长、湖北省语言学会会长、华中师范学院中文系主任严学窘教授汇报，得到他的支持。严先生还特别向省地方志办公室提出，湖北省地方志必须有一卷是方言志，得到了办公室的认同。1981 年 3 月 30 日，严学窘先生约我和武汉大学的宗福邦教授到他家去，谈编写《湖北省方言志》的问题。从 4 月 14 日到 17 日，我和宗福邦到省第三招待所参加省地方志编写研讨会，会后由宗、刘两人向严学窘先生汇报这次会议情况以及关于编写省方言志的初步计划。经严会长同意，并与武汉大学、华中师范学院、华中工学院、中南民族学院、武汉师范学院等高校方言研究人员一起，商定了各校进行方言复查的地区和相关要求。但是省地方志办公室却明确表示无力拨款，甚至说各高校派人下去调查方言的差旅费、给发音合作人的酬金都得由调查者所在单位负担，这样就使编写《湖北方言志》、修订和公开出版《湖北方言概况》的愿望又落空了。正因为湖北省有的工作部门思想不够开放，对汉语方言调查研究缺乏正确的认识，因而对编写《湖北省方言志》和修订《湖北方言概况》等课题缺乏必要的支持。在当时那种条件下，湖北省高校的方言工作者对于修订和公开出版《湖北方言概况》的计划，的确是"非不为也，是不能也"。但是湖北省许多方言工作者还是如严学窘、詹伯慧等先生所期望的那样，积极开展对湖北方言的调查研究，有几所高校在积极培养方言学研究生，全省范围内在出方言研究人才和出方言研究成果方面取得明显的成绩。1998 年 5 月在成都举行的庆祝《方言》创刊二十周年学术讨论会上，《方言》季刊常务主编张振兴研究员在总结发言中指出，北京、上海、山东、山西、广东、湖北和湖南是全国汉语方言研究的七个重要基地。

三是詹伯慧教授高瞻远瞩、开拓进取、努力开创方言研究和汉语规范化事业新局面的精神值得我们好好学习。詹伯慧从小跟着父母学会了讲客家话、潮州话，在粤北读小学和在广州读中学、大学时，又学会了讲粤语，这使他在学习语言和研究汉语方言方面具有"先天很足"的优势。更为重要的是，他"后天"又得天独厚，在中山大学语言学系读本科时受到语言学界多位名家的教诲，大学毕业后到武汉大学工作不久，又到北京大学师从袁家骅教授专攻汉语方言学，并参加了《汉语方言概况》的编写工作，为他以后深入研究汉语方言打下了坚实的基础。他在武汉工作的三十年中，又积累了丰富的做学问的经验。1983 年回到自己熟悉的故乡，回到我国最早实行改革开放的广东省，这对詹伯慧来说，真是如鱼得水。在这片兼有“天时、地利、人和”的沃土上，他善于抓住机遇，充分发挥自己的专业优势，团结和依靠广东省和香港、澳门的大批老中青年语言专家学者，积极开发广东省丰富的方言资源，大力推进汉语方言研究和汉语规范化事业。作为全国人大代表和全国政协委员，他能站在更高处看待广东省和全国其他省市推广普通话、促进汉语规范化和研究汉语方言的事业与工作；作为与香港、澳门、台湾的方言学家和语言学家有广泛联系和密切交往的教授，作为曾到泰国、澳大利亚参加国际汉藏语言学和汉语语言学会议的学者，作为多次赴日本、新加坡、法国、美国等国访问、讲学的著名的方言学家，他又能从世界的角度来看待新中国的汉语方言研究、推广普通话和汉语规范化等各项工作。他在东京大学担任客座教授的两年里，在给我的信中几次谈到“汉语方言的调查研究，现在在国外是很受重视的”，“汉语方言工作深受国外汉学家重视。日本的大学中，有人专门讲‘广州话’，把汉语的某一方言作为一门课来讲，这在咱们国内尚无先例”。他不仅能及时地向国内的同行传递国外汉语方言研究等方面的信息，而且通过到所访问的国家作学术演讲、发表文章、出版著作等方式，把新中国在推广普通话、实行汉语规范化和研究汉语方言方面的有关信息与成果介绍给出访国家的同行，因而有效地促进了中外学术交流的开展，并把汉语方言学推向世界。

我曾经不止一次地独自暗想，如果詹伯慧教授从日本讲学回国后，能继续留在武汉大学工作该多好。那样我们湖北省的方言学界就会有一位热爱教育事业、热爱方言学、热爱“推普”事业并精通专业的德艺双馨的领军人物，湖北省汉语方言的研究就会有更丰富、更重要的成果，就会培养出更多的汉语方言研究人才。但我又想，不能只从湖北省的角度看，而应从胸怀祖国、放眼世界的高度上来看。这样看来，詹伯慧回到广东，湖北省方言学界虽然少了一位主要的领军人物，广东省的语言学界却迎来了一位难得的举旗人。他不仅为广东省的汉语方言研究培养了一大批高层次的人才，为广东省的方言科学和“推普”事业作出了很大的贡献，而且对全国和海外推动粤方言、闽方言、客家方言的研究广泛深入地开展，对在境外和国外更好地推广普通话和推行汉语规范化，都发挥了重要的作用，取得了丰硕的成果。

其实，詹老师调到广东以后，对湖北省的方言工作还是继续关心的。我记得 1987 年 9 月到浙江舟山市参加汉语方言学会第四届学术研讨会期间，请詹伯慧、钱曾怡、颜逸明等老师同我谈培养方言学研究生的问题，对我有很多启示。1993 年 7 月在青岛举行的全国汉语方言学会第七届学术研讨会期间，在 7 月 24 日上午论文报告会休息时，我带领我的方言学硕士生盛银花、赵葵欣去拜见詹伯慧、钱曾怡、翟时雨、谢自立等教授，詹老师等都热情鼓励她们努力学习，并与两名研究生合影留念。当天晚上汉语方言学会理事会开会，邀我和汪平教授参加。在商讨 1995 年方言学会开学术讨论会的地点时，我和汪平教授都恳切地表示希望和欢迎下届研讨会在武汉召开。詹老师第一个表态，积极支持在武汉召开这届研讨会。后来理事会一致同意在武汉举行第 8 届学术研讨会，并选举我、汪平和朱建颂三人为新一届理事会的理事。由于得到全国汉语方言学会、湖北省教育厅、华中师范大学、湖北省语言学会和省内外同行的大力支持，在武汉举行的这次研讨会的论文质量、数量、活动安排和服务工作都受到了积极评价，其中也包括学长詹伯慧教授的热情鼓励和赞扬。伯慧先生在1998年的《〈方言〉二十年述评》这篇论文中讲到“海南籍语法学家、语法研究中‘两个三角’理论的积极倡导者邢福义教授到会宣读从他的家乡黄流话的数词‘一、二、三’看现代汉语数词系统的论文，引起到会闽语学者的注目”①，还提到《方言》创刊号上陈汉清、朱建颂合写的《用数学方法描述方言的差别》一文②。2000年詹先生在另一篇文章《二十年来汉语方言研究述评》中，提到暨南大学、福建师范大学、山东大学、湖南师范大学、华中师范大学等也在20世纪80年代陆续建立了汉语方言研究室或汉语方言研究中心③。该文末尾列出“主要参考文献”16种，其中第八种就是我发表在《方言》1998年第3期上的那篇《近百年来湖北汉语方言研究综述》。仅就以上这些事实也足以说明，詹伯慧教授调回广东工作以后，并不是只注重发展广东的方言研究事业，有些时候他也是“身在粤营心在汉”；更确切地说，他是“人在羊城，心向全国，关注天下”。

光阴似箭，日月如梭。詹伯慧教授告别武汉回到故乡已经有二十多年了，但是他热爱教育事业、热爱学术事业的精神仍然激励着我们前行。他对湖北省的汉语方言研究和推广普通话的贡献，我们永远不会忘记。我在自编的打印教材《汉语方言学》中，把詹伯慧参编的《汉语方言概要》和他的独著《现代汉语方言》列为研究生的必读书目；在《汉语方言研究漫谈》、《湖北方言分区小议》、《近百年来湖北省汉语方言研究综述》、《再论近20年的湖北方言研究》等文章中，我谈到詹教授的《武汉人怎样学习普通话》、《浠水方言纪要》、《汉语方言文集》等论著；在讲到“湖北省的方言研究之所以能持续不断地取得成果”时，认为主要原因一是有严学宭、詹伯慧等“语言学科带头人的重视和倡导”，二是“有一支老中青相结合的方言研究队伍”④，这可以说是多年来湖北省方言工作者的共识。

回顾往事，我发现高校许多方言和语言教育工作者，常常是在研究汉语方言和推广普通话、推进汉语规范化两条战线上共同奋战，是共同的事业和理想把我们连接在了一起。2006年我应教育部语言文字应用管理司的邀请，写了篇《神圣的事业　宝贵的缘分》，⑤ 是讲我和推广普通话、促进汉语规范化事业结下的不解之缘。我能得到中国社科院语言研究所丁声树、李荣、侯精一、贺巍、熊正辉、张振兴等先生，中国文改会和国家语委倪海曙、徐世荣、王均、陈章太、孟吉平、刘照雄、李行健、于根元等先生，以及詹伯慧、王福堂、钱曾怡、许宝华、颜逸明、翟时雨、鲍厚星等教授多方面的指教和帮助，也是由于“神圣的事业”而带来的一种“宝贵的缘分”吧。

---

① 詹伯慧：《〈方言〉二十年述评》，《方言》1998年第3期，第167页。

② 詹伯慧：《〈方言〉二十年述评》，《方言》1998年第3期，第168页。

③ 詹伯慧：《二十年来汉语方言研究述评》，《方言》2000年第4期，第318页。

④ 詹伯慧：《〈方言〉二十年述评》，《方言》1998年第3期，第176页。

⑤ 见教育部语言文字应用管理司编：《国务院发布〈关于公布“汉字简化方案”的决议〉和〈关于推广普通话的指示〉50周年纪念文集》，2006年，第65～66页。

在庆祝詹伯慧教授八十华诞暨从教五十八周年的喜庆日子即将到来时，我在扬子江畔的江城写了这篇文章，略表对永远的良师益友詹先生祝贺的心意。衷心祝福伯慧教授身体更健康，全家更幸福，晚年的生活更加充满阳光！

（华中师范大学中文系教授）

风义平生友亦师

陈世铙

与伯慧兄交往已经整整五十个春秋了。伯慧兄1953年毕业于中山大学语言学系，比我早了七年，是我的校友和学长；从1960年到1983年，我们同在武汉大学中文系汉语教研室和《汉语大字典》编写组工作，是多年的同事；我曾经听过他的“汉语方言及方言调查”课，并在他的带领下参加过方言调查，所以，他又是我的老师。1983年他由武汉大学调到暨南大学以后，二十多年来，我们一直保持联系，音讯不断。

“亦师亦友”这四个字似乎可以概括我们这五十年的交往。

我和伯慧兄相识于1960年9月，那时我刚从中大毕业，分配到武大中文系。当时武大的青年教师大都住在东湖之滨的湖边宿舍，中文系教工团支部书记就带领我们几个新教师去认识住在湖边的中文系同事。当时，伯慧兄未到三十，风度翩翩，与陈恩泉同住湖边三舍305室。团支书引见时说：“这位叫詹伯慧，是你们中大的校友，中大詹安泰教授的大公子。”伯慧兄点头微笑，未发一言，却给我一个“翩翩佳公子”的感觉。当时我做梦也没想到，我们以后会同在一个教学小组，一起共事数十年。

武大依山傍水，自然风景和校舍建筑都很美，又是重点高校。我刚到武大，心里美滋滋的，对未来充满了美好的憧憬，但很快我就仿佛挨了当头一棒，经历了一段十分痛苦、迷惘而不知所措的时期，心情坏到极点。原因是系里分配我到汉语教研室教现代汉语，这跟我原来的兴趣、爱好、期望和业务准备完全背道而驰。

我在中大读书时，中文系是分了文学专门化和语言专门化的。我特别喜欢的是詹安泰、黄海章和王起这几位先生主讲的中国古代文学史，四年的学习、精力也多专注于此。我是班上的特困生（虽然当时尚无此说），大概也是全年级唯一的一个四年没有离校回过一次家的学生，因为一次来回要花二十元钱。在中大的八个寒暑假，不论白天黑夜，我基本上就是泡在图书馆里一本又一本地埋头读文学方面的书籍，认真地做笔记，写心得。读过的书，除了陈望道的《修辞学发凡》之外，竟没有一本跟语言学有关。如今要我改行，远离自己深爱的文学专业，去跟自己兴趣索然的主语、谓语、元音、辅音打一辈子交道，实在是痛苦至极。越想越觉得自己不是搞这一行的料，思之再三，终于鼓起勇气谒见系主任李健章先生。我向他说明，我只在一年级学过“现代汉语”、“古代汉语”和“语言学引论”这几门基础课，我只有一年级学生的水平，教不了“现代汉语”。没想到健章主任这么答复：“没学过？好，很好！毛主席说了，一张白纸，没有负担，好写最新最美的文字，画最新最美的图画。安排你教‘现代汉语’，最合适不过了。”我无法申辩，只好回去，把黎锦熙、朱德熙、刘世儒等诸位先生的著作翻出来，从头读起。每天只能读几页，读后回想，脑子竟然是一片空白，对他们诸多的不同说法，更是迷茫莫辨。自己曾经深爱的文学专业，更是痛煞煞的叫人舍不得。思来想去觉得自己去搞语言实在是挟泰山以超北海，于是向系领导请求到中文系资料室当资料员，不准；又请求到武大附中教语文，不准；请求到兄弟院校进修一两年后再上课，还是不准；再请求给我指定一位指导教师，回答是："没有。我们系里教现代汉语的都是青年教师，你们一起集体成长吧！"

当时，武大中文系现代汉语教学小组除我之外还有三位老师，全是二十多岁的助教。伯慧兄是1953年中大语言学系毕业的，在三人中资历最老，参加过《汉语方言概要》（袁家骅主编）和《湖北方言概况》的编写，出版过《武汉人怎样学习普通话》一书，还发表过二十多篇文章。按理说，如果是在别的院校，早应升为讲师了。还有一位1957年在北大毕业的陈恩泉和差不多同时从华中师院研究生毕业的钟隆林（他大约在1963年初调往湖南）。既然没有给我指定导师，我就很自然地把伯慧和陈恩泉当成了业务上的指导者，有问题就常向他们请教，他们也很耐心地给予解答。比如当时我对各家不同的语法系统感到茫然无措，难以辨析，他们就建议我参看张静的《比较语法》，说这本书对解决我的疑难会有帮助。

我在中大时没有学过语言方面的选修课，到了武大只好从头"恶补"一番。于是跟刘赜先生学《说文》、《广韵》，跟黄焯先生学《诗经》，每周登门两次。另外，还到中南民院听严学窘教授讲"古代汉语"。到1964年，就跟学生随堂听伯慧兄的"汉语方言及方言调查"。刘、黄两位老教授是黄侃先生的嫡传弟子，学问很深。但由于自己的语言学基础太差，许多地方听不懂，课后还要花许多时间去消化。严先生的"古代汉语"课是给中南民院中一级学生开的，讲得生动，但比较显浅，业务上所得不多，但从中学到了一些讲课技巧。伯慧兄的方言课，讲得深入浅出，明白易懂，还通过带学生到湖北襄樊市做实地调查，使我懂得了国际音标，初步掌握了方言材料的记录整理和分析研究的一整套方法，实际上这就是从事语言研究的基本功。从此，我对方言学有了点儿兴趣，又用《方言调查字表》对我的母语广西玉林方言作了记音，想不到又有意外的收获。原来听刘赜先生讲"广韵"课有许多弄不懂的问题，通过《方言调查字表》的记音和整理，竟有了豁然开朗之感。这以后我就常对学生说，利用《方言调查字表》对自己的母语音系作一番记录和整理，是学好汉语音韵学的一条捷径。我听过好些语言方面的课，竟以伯慧兄所授的方言课所得为多。

我们教学小组的几个青年教师也经常在一起研讨一些教学和学术上的问题，比如汉语拼音的词儿分写问题、汉字改革问题、词汇规范问题和汉语词类的分类原则问题等等。我还没有入门，讨论时无从置喙，基本上只是聆听。但这些讨论对自己逐步迈入现代汉语的门槛很有帮助。到武大半年多之后，1961年4月6日，我怀着惴惴不安的心情第一次正式登台讲课，给图书馆学系四年级学生讲汉语拼音及其应用。事前，伯慧兄和陈恩泉仔细看了我的讲稿，提出建议，又花了两个小时听完了我的第一次课，课后帮我总结，并且鼓励有加，对我这样一个毫无自信的新教师来说，真是莫大鼓励。1961年下半年，汉语教研室主任李格非先生从莫斯科大学讲学回来之后，听课才形成了制度。每个学期全教研室的教师都要集中听青年教师的课两三次。课后点评，肯定优点，指出不足。这办法对青年教师的成长确有帮助。记得有一次我给中文系学生讲汉字改革，登台之后才猛然发现伯慧兄跟学生坐在一起，神情专注地听完了两节课，课后，还给我积极的肯定和鼓励。五十年之后，此情此景，还恍然在目。刚毕业时我还买不起手表，讲课时就借伯慧兄的手表以掌握时间。这一块海外亲友送的进口表，在“文革”时期竟被诬为特务活动用的发报机！1961 年下半年，我们教学小组还合作编过一本《现代汉语》教材，铅印的，厚厚的 16 开本。陈恩泉写语音部分，伯慧兄写语法部分，我写文字和词汇部分。我每写完一章，就请詹、陈二位审定。我写的教材，说不上有自己的研究心得，只是做了些综合和梳理的功夫，其中以其昏昏使人昭昭的地方肯定不少，但毕竟是我生平所写的第一本教材，敝帚自珍，保留到现在。

伯慧兄曾为武大汉语教研室的建设出过大力，此事则罕为人知。1961 年底，李格非先生从莫斯科大学讲学归来，命我当教研室秘书，管一管教研室的杂务和仪器设备。当时教研室购置了大量留声片，有国际音标、作品朗读、相声等。最有特色的当数伯慧兄费尽心血四处搜购来的全国几十种方言戏曲、曲艺的留声片，还专门做了柜子，分成一个个的格子，按地域摆放，这都是方言研究和教学的好材料。正式出版的《方言调查字表》和记音卡片，当时书店里都买不到，伯慧兄又联系武大印刷厂翻印了一大批，作为教学和学生实习之用。1964 年我们带领学生到襄樊市调查方言，就用自己翻印的《方言调查字表》和卡片。文化大革命中，教研室被造反派学生的战斗队占据，中间占据者又几度易手。十年浩劫之后，教研室的全部仪器、资料、教具、唱片、字表和卡片都已荡然无存，靡有孑遗，实在可惜！

1963 年，“念念不忘阶级斗争”又被提到了“为纲”的高度，知识分子的日子就很不好过了。1964 年秋，武大中文系部分师生到孝感县农村参加“四清”运动，同时全校又下放了十七名教职工到武昌县郑店公社参加劳动锻炼，原定期限为一年。这十七人中有脱帽右派，有被开除党籍的，有因“作风”问题受了处分的，有被认为有修正主义言论的，有出身不好和社会关系复杂的，也有的说不上有什么问题，似乎只是领导“不待见”而已。我和伯慧兄等五人同一个小组，不知何故，指定我为组长。我们五人住在一家农户的堂屋里，紧挤在用五块门板连成的统铺上，挨肩而卧。里边紧挨一口棺材，外边是天井，冷风微雨都可以毫无遮拦地飘到脸上。日出而作，由队长派工，收割、挑土、基建等许多农活、杂活都干过；日落而息，大家挤在统铺上，或开会，或聊天。劳动和生活都很艰苦，幸而没有严厉的领导要求互相批评揭发或者写检讨和交代，我们五人也始终友好相处，还不至于每日愁眉苦脸地过日子。“世路当年遍蕀榛，劳其筋骨乏其身。荷锄学稼归来晚，一枕连肩话夜深。”我曾写过这样一首小诗，描写当年与伯慧兄相处的情景。半年以后，孝感的“四清”运动人手不够，我们这批人员又被调到孝感，当了“四清”工作队队员。到 1965 年夏天，“四清”结束后才回到了武大。“文革”后期，才得知校方原准备以劳动锻炼作为过渡期，然后把这批人当成处理品调离武大。

1966 年 3 月，武大中文系迁往襄阳分校办学，校址就在当年诸葛亮曾躬耕陇亩的古隆中。不久，史无前例的文化大革命的浪潮就汹涌而至。6 月 3 日，揪出了李达校长、朱劭天书记和何定华副校长，称为“武大三家村”。十多万份大字报布满校园，省市几十万人来校声援武大师生的"革命行动"。中文系师生又受命回到珞珈山参加文化大革命。接着，各个系或捕风捉影，或无限上纲，也揪出各系的"三家村"和一大批"黑帮分子"。全校被打成黑帮的教职工多达数百人，按"罪行"轻重，分三部分组成"黑帮劳改队"，强制劳动改造。其中的161名"重犯"就由民兵押送到武昌县东升公社劳改。中文系副教授以上的教师和右派分子基本上都在"重犯"之列。伯慧兄既无"反动言论"，也无"反动文章"，更非"右派"，职称只是讲师，也还不够"反动权威"的资格，却被抄了家（他积攒多年的十多本集邮册也被抄去，从此不知下落），列为"重犯"，押送东升。伯慧兄何罪受此"严惩"，我至今不得其解。

"文革"开始不久，武大也和其他高校一样很快陷入一片混乱。批判工作组的资产阶级反动路线，造反派夺权，成立革委会。接着教工和学生的群众组织又分成"龙派"和"虎派"，互相攻击，争论不休，有时还发生武斗，大多数教师都曾一度身陷其中。伯慧兄则比较明智，两派都不参加。到1968年11月，工人解放军毛泽东思想宣传队进驻武大，领导"斗、批、改"，主持"清理阶级队伍"。当时，北京抓"六厂二校"为运动试点，"二校"是北大和清华；湖北抓"六厂一校"为试点，"一校"就是武大。武大被看作"庙老神灵大，池深王八多"的单位。军工宣队一进校，就实行军事编制，严令教工和学生集中居住，每人都要写揭发、交代。一时检举揭发的大字报铺天盖地，捕风捉影者有之，乱攀乱咬者有之。被认为有问题的人则编入"重点班"，被严格监督，不能随意行动。中文系刘绶松教授及其夫人，就是不堪忍受"清队"的重压而双双自杀的。当时有大字报说，詹伯慧1950年在广州石牌中大读书时，某日散步路过解放军高炮阵地，第二天美国飞机即来轰炸广州。两事相连，绝非偶然，而且指称海外亲属送给他的一块进口手表就是发报机。工宣队大概急于立功，竟深信不疑，派了工宣队员和揭发者一道到武钢医院（伯慧夫人陈雅仙医生的工作单位）索取这块手表。后来，我问过伯慧兄大学时的同班好友唐作藩先生。唐先生说，伯慧当时还是大一学生，十八九岁，好奇心重，看见高射炮就问："口径有多大，能打多高？"因此引起了警惕过甚的军人的怀疑，最后是由班长出面领回学校的。想不到十多年后被人诬陷，并与美机轰炸挂起钩来，他的手表也变成了发报机。这件"文革"十年中的荒唐事，是可以写成《拍案惊奇》的续篇的。

到1975年，我和伯慧兄都参加了由湖北和四川两省共同承担的国家文化建设重点项目《汉语大字典》的编写工作，我们都是1979年由国家出版事业管理局和教育部任命的第一批28名编委之一（后来多次增补，到《汉语大字典》正式出版时编委增加到50多名）。我负责大字典"编写方案"和"编写细则"的拟订，伯慧兄则与西南师院的李运益先生（后来是《汉语大字典》副主编）等一起拟定大字典第一批资料建设的书目，并负责审音工作。此后，他经常奔走于川鄂两省之间，组织审音人员讨论和草拟大字典的审音条例，并结合初步的注音实践，在1979年第1期的《中国语文》上，发表了《汉语字典词典注音中的几个问题》。此文对《汉语大字典》注音条例的拟定多有启示作用。

1980年4月，伯慧兄经教育部推荐，被日本东京大学聘任为该校文学部第一位来自中国大陆的客座教授，任期两年。我很为他高兴。伯慧兄临别前对我说，他父亲詹安泰先生的遗稿《离骚笺疏》已送交湖北人民出版社，嘱托我代为处理出版前的一切未尽事宜，文字上若有违碍之处，也要我代为删改。詹安泰先生是我就读中大时最为尊崇也是受益最多的一位老师。他给我们中一级讲中国古代文学史，只讲完了《诗经》，就在1957年误陷“阳谋”，成了“右派”，被剥夺了讲课的权利。《楚辞》部分，无人接讲，只好又让他给当时的中一级讲《楚辞》。我抓住机会，跟一年级的同学一起听讲，受益匪浅。只是感到詹先生以前那种大开大合、天马行空式的讲课风格有了很大改变，似有无形的束缚，讲话变得小心谨慎。潇洒不羁的詹先生已不可复见，我不禁感到一阵悲凉。如今我能为先师遗著的出版尽点力，自然是责无旁贷。后来出版社的责任编辑找到我，说印刷厂的工人无法按原稿检字排版，要求重抄，把原稿的直行改成横行，繁体字改成简化字，注音字母改为汉语拼音，并说时间紧迫，不宜拖延。我就找了同窗好友钟木辨帮忙。老钟听说是为先师遗稿出版的事，欣然应允。结果我们两人总算不负伯慧兄嘱托，《离骚笺疏》得以顺利出版。

1982年春，伯慧兄从日本讲学归来，似乎仍打算留在武大认认真真地干点事。他曾对我说：“我已经向系里提出，要求安排两三位教师跟我一块搞方言。你如果能来，暂时安排你一个也可以，我们一起搞。”当时我正负责大字典的审稿工作，无法脱身。他的调人要求，系里没有答应。另外，他夫人在武钢医院上班，每天来回奔波要花四五个小时，给他的家庭和工作都带来很大困难，他要求把夫人调来武大。从这两件事看，伯慧兄此时还没有坚决南调的想法，只是他的要求被一直拖着不办，才下定决心走出一步高招，让夫人先调到暨大医院，这样武大就再无理由扣住不放。李格非先生爱才，也不同意伯慧调走。我告诉他雅仙夫人已先一步南调，他禁不住一声长叹：“大势去矣！”1983年10月，伯慧兄终于实现了调往暨大的愿望。这时，我们几个跟他亲近的朋友，只有怀着难舍的心情，帮他捆扎行李、装车，然后送往车站，依依惜别。

伯慧兄在武大工作整整三十年，由于当时极左的政治大环境和武大复杂的人际关系，他是被人管而不是管人的人，连教学小组组长这样的最低职务也没有担任过。尽管他一直低调处世，但是每次政治运动一来，还必受到或大或小的冲击，他多方面的才干也不可能得到应有的发挥。而南归之后，立即进入“潮平两岸阔，风正一帆悬”的境界。他先后担任了暨大文学院院长、暨大汉语方言研究中心主任，广东省中国语言学会会长、省文史馆副馆长，全国人大代表、全国政协委员，民盟中央委员、广东省副主委等许多重要的学术职务和社会职务，而且都干得恢恢然游刃有余。他在教学和科研两方面也进入“井喷”阶段，先后为暨大创建了汉语方言的硕士点和博士点，培养了数十名汉语方言学的博士；先后到中国香港、澳门、台湾和新加坡、法国、美国等许多地区和国家讲学；出版了30余部著作，发表了300多篇文章。其巨大的成就令人瞩目，其旺盛的精力也令人诧异。他主持的粤方言研究的学术活动，更是办得风起云涌、有声有色。由粤、港、澳三地（后来又加入广西）轮流做东的国际粤方言研讨会已经举办了十多届，论文集出版了十多本。我曾应邀参加过两次这样的研讨会，目睹耳闻，深感如今粤方言研究声势之壮，人数之多，成果之富，涉面之广，研究程度之深之细，是全国其他任何一种方言的研究都望尘莫及的。作为广东省中国语言学会会长，伯慧兄功不可没。“莫道珞珈山水秀，岭南风物更宜君。”伯慧兄由武大南归，这条路确实走对了。

实至而名归。用一句粗俗的老话形容，如今伯慧兄是“阔”了。但他没有“一阔脸就变”，对当年的旧友仍一如既往，平易可亲。1982 年以来，先师詹安泰先生的诗词集以及学术著作出版或重印了十种左右，他都一本不漏地惠赠予我。他自己的新著，也大都及时地给我邮寄。他每来武汉，必到武大找我，然后邀约几位好友一起畅谈。我每到广州，也必登门造访，由他再邀约二三老友，于校内餐厅小酌，尽兴地胡聊海侃一番。广西大学的李衍年教授是我同窗学友，对先师詹安泰先生崇敬有加，十分渴望能得到一本《詹安泰诗词集》而久觅不得。去年，我曾当面代求于伯慧兄。伯慧兄当即签名惠赠，又加送一本精装的《詹安泰词学论集》，让衍年兄大喜过望。偶尔谈及书法，我说五十年前初识时，就觉得他的字颇具尊大人安泰先生书法的风范，钢笔字尤其酷似。伯慧兄说他们都是先临魏碑打下的根底，并随即捡出一纸条幅送我，还应允以后专门为我再写一幅，作为纪念，并邀我参加 2010 年底在潮州举行的纪念詹安泰先生国际学术研讨会，告辞时一直送我到地铁入口处。《汉语大字典》出版之后，我已到武大古籍整理研究所，先后参与《汉语大字典简编本》、《故训汇纂》和《古音汇纂》的编纂工作，从事的专业已经离方言学很远了。伯慧兄却想起当年我在闲聊中向他描述过的我的母语玉林方言的一些特点，嘱我写成文章，参加国际粤方言研讨会。我的方言知识是在四十多年前向他学的，荒疏已久，由此得以重新温习，两次参与盛会，认识了很多新的师友，开阔了视野，得益良多。

伯慧兄如今年届八旬，令名传天下，桃李遍神州，成就卓著，家庭美满，人生如此，夫复何求！喜逢华诞，谊为旧识，遥望南天，凑得一联。不计工拙，聊表贺忱：

齿德俱尊，杖履煦春风，有著述等身，椽笔昔曾干气象；
学行并著，门墙承化雨，看群流仰属，他年再共庆期颐。

（武汉大学古籍研究所教授、《汉语大字典》编委会委员）

道德文章，沾溉后学

——记我与詹伯慧先生二三事

乔全生

詹伯慧先生是蜚声海内外的著名语言学家，他从事汉语方言学研究近六十个春秋，在汉语方言、汉语辞书、汉语应用和汉语规范化等领域成果丰硕，著作等身，迄今已出版著作30余部，发表论文300多篇。曾主持广东省社会科学“七五”、“八五”、“九五”重点研究项目，其研究成果获国家教委和广东省社会科学优秀成果奖。他的业绩曾被海内外多部名人辞典刊载，在语言学界享有崇高声誉。岁月荏苒，我与詹先生交往已近三十年，对先生严于律己、和善待人的为人准则和认真严谨、一丝不苟的治学精神十分敬仰。恰逢先生八十诞辰之际，我有感于先生的教诲和提携，特将与先生交往的几个片段写出来，以表达学生对先生的敬仰之情。

一、先生是我走上方言研究道路的引路人

大学毕业后，我起初选择语言风格学作为主要的研究方向，曾发表论文《试论文艺语言与科技语言的风格异同》，该文先后被《全国高校文科学报文摘》头条摘编、《人大复印资料》复印，并被《建国四十年来风格学述评》评述。作为刚刚从事语言研究的青年学者，有幸得到学术界的关注和评价，心中自然十分欣喜。师友们都认为我一定会沿着这条路继续走下去。但出乎大家的意料，甚至连我本人也始料未及，我的研究兴趣会转移到汉语方言学上来。现在回忆起来，这与有幸结识詹先生、聆听他的教诲有很大关系。

詹先生的大名和学术影响，早在大学期间就有所耳闻，但一直无缘得见其真面目。初识先生是在1982年，这年3月，我参加了华中工学院（现华中科技大学）中国语言学研究所举办的“全国语言学研讨班”，大概是4月份，轮到詹先生讲授“汉语方言学专题”，那是我第一次见到詹先生，第一次领略到他的风采。听说詹先生当时刚从日本讲学回来，没来得及休息就来到班上授课，他连着讲了好几天，广博的学识和引人入胜的讲解深深地吸引了我。聆听先生列举的许多有趣的方言现象，使我对汉语方言的认识进一步加深，兴趣逐渐浓厚。因为在半年前，1981年7、8两月，我曾参加福建建瓯举办的“全国汉语方言研讨班”，那个班上，曾是“方言大家”云集，遗憾的是没请到詹先生，原来他是去日本讲学了。所以这次聆听詹先生授课就有不同的感受，如果说在福建建瓯班使我对方言有了初步的兴趣，那么这次听詹先生讲授方言则是兴趣的加深。方言世界竟然是这样的异彩纷呈，历史与文化的年轮全然印在了方言这一活化石上。从那时起我便确立了今后的研究方向——汉语方言。每每想起此段经历，看着与詹先生的合照，至今还颇有感触：詹先生何曾不是使我坚定走上方言研究道路的引路人。

二、先生的道德文章惠我终身

因为有三十年前的师生缘，所以我每次参加全国的汉语方言学年会总要关注詹先生是否与会。后来我才知道，詹先生是参加全国汉语方言学研讨会最全的学者之一，倒是我有几次没有参加。平时虽鲜有书信往来，但先生的治学精神和学术思想时常激励着我。詹先生是汉语方言学界的领军人物，他对方言学界存有争议的问题从不回避自己的观点，如对晋语问题、平话问题以及徽语问题，先生都曾有非常精到、令人信服的分析。1985年7月，我在全国汉语方言学会第三届年会（山西忻州）上见到过詹先生，当时我做会务，也没能向先生请教。先生当时提出的汉语方言分区的原则、依据和方法极具指导意义。他认为汉语方言的分区要一切从方言的实际出发，全面剖析比较方言的特征，还要考虑语言以外的因素。方言的分区能否达到最佳效果，关键在于所选取的特征条目有没有足够的典型性，能否充分显示方言的特征，既对不同方言区的方言具有明显的差异性，又对同属一个方言区的方言具有明显的一致性。先生的教诲给我很大的启示。1991年11月，我参加在南京召开的全国汉语方言学会第六届学术讨论会时，又见到了詹先生。先生在会上宣讲的论文是《珠江三角洲方言调查与研究》，这是先生的大手笔。广东省是方言大省，拥有粤、闽和客家三大方言，如何调查和研究这种方言资源十分丰富的地区的方言全貌，能使学界共享，已是当时方言学者十分向往的课题。詹先生的讲演，真可谓石破天惊，启动了这一宏伟工程。这一举动为我国其他方言分布较为复杂地区的方言调查和研究起到了非常重要的指导作用。2001年10月，我参加了在西安举行的全国汉语方言学会第十一届学术研讨会，詹先生自然是作主题报告。我记得曾就拙文《晋语调类的分合》向先生求教，非常受益。在会议考察期间，先生与我同车，在车上又有向先生求教的机会。我们在车上谈论的话题很多，虽然具体内容记不大清，但先生和风细雨式的谈话、慈祥和蔼的笑容至今历历在目。

近十几年来，詹先生涉及的研究领域颇广，除了一贯致力于方言研究之外，在辞书研究、汉语应用以及语言规范化等方面也令学界瞩目。分别在第十三、十四、十五届年会上宣读的论文《濒危方言的研究大有可为——读丘学强〈军话研究〉》、《对"平话"问题的再认识》、《略论香港的"社区词"——兼评〈香港社区词词典〉》都给与会学者留下了深刻的印象。每与先生在会上见面，我总免不了向先生求教，他多次鼓励我要在汉语方言研究领域多花精力、多出成果。令我难忘的是，2005年4月，由我们倡议并发起，山西大学文学院、山西大学方言研究中心、山西省社会科学院语言研究所、《语文研究》编辑部、山西省语言学会、山西省方言学会联合主办的"新世纪中国语言学科建设与发展研讨会"在山西大学隆重召开。我们邀请了省外16位著名专家与省内20余位学者共商语言文字学科发展大计。詹先生偕师母欣然应邀，拨冗参会，不顾舟车劳顿，作了题为"略谈方言地区的双语应用问题"的学术报告，会后又应邀为研究生作了"方言研究30年"的学术讲演。因为时间很紧，这次学术讲演是在詹先生刚从晋祠参观回来后的下午两点开始的，当时我真怕詹先生吃不消，没料到他一讲就是两个小时，七十多岁的高龄，精力竟然那样充沛。

三、我的学生圆了我的求学梦

詹先生家学渊源，学问精深，在学界有崇高地位。他是我国汉语言文字学专业的首批博导之一，那时的博导必须由教育部学位委员会审批，全国的语言文字学博导屈指可数，当时博导在学界的名望可想而知。詹先生从1991年开始招收培养汉语方言方向的博士生，与此同时还招收培养来自香港、澳门等地的兼读制研究生。据朋友告知，从1991年到2005年先生退休，15年里先生共培养了29名博士生。先生在带博士生期间，基本没再招硕士生，全身心投入到博士生的培养上。每谈及此，先生总对我们说："我带的研究生不多，每个学生，我都真心对待。我看到他们在学术上成长，是我晚年最愉快的事情。"其实，詹先生在方言学界带出的学生是最多的。先生奖掖后学，不遗余力，时常跟青年人一起商定研究选题，为他们提供资料；经常让学生参与重大调查研究课题，将对青年人才的培养和重大课题的调研完美结合起来。詹先生教育学生非常得法，虚怀若谷，从善如流。在调查工作中，每当学生提出合理的建议，他都能认真采纳，经常鼓励学生要有敢于质疑权威的科学精神。我的两名硕士生孙玉卿和崔淑慧在21世纪初先后考到詹先生门下读博士，有幸成为詹先生的入门弟子。一次开会时，詹先生见到我，半开玩笑地对我说："乔全生啊，你的两个学生成了我的学生，咱俩成了平辈了。"我赶忙回答："詹先生！哪里，哪里，我永远是您的学生，她们俩成为您的弟子也是我的荣幸。"其实，说起来，我1982年就听过詹先生的课，就是詹先生的学生了。记得20世纪90年代初，好友伍巍兄南下成为詹先生高足，令我羡慕不已。我也曾数次考虑投詹先生门下增长学问，但出于种种原因未能如愿。她们二位成为詹先生的博士生，从某种意义上说，也算是圆了我的一个求学梦。詹先生师德高尚，令人敬仰。在詹先生的辛勤培养下，有多名弟子已成为优秀的方言学者，在汉语方言学界，成了赫赫有名的"詹家军"。

四、我有幸成为詹先生主编汉语方言卷的助手

中国语言文字大词典编纂委员会聘请詹伯慧先生、张振兴先生担任《中国语言文字大词典·汉语方言卷》的主编，蒙二位先生的信任，我忝列为副主编。这是一部有史以来最大的方言大百科词典，聘请了50余位顾问和编委。能给詹先生、张先生当助手，我当然高兴，但一看承担这么大工程的编纂工作，我不免有些顾虑。但"长者赐，不敢辞"，可谓辞之不恭，受之有愧，我只能竭尽全力完成先生交代的任务。先生多次与我一起商讨并起草方言卷的体例，商定编纂工作会议的召开等相关事宜。记得有一次在广州，先生和我一起讨论大词典的编写方案，由于内容较多，时间紧促，我们一直工作到很晚。我曾几次提醒先生早些回家休息，但他就是不肯，非要坚持完成工作。等工作结束，已近深夜。为了不耽误第二天的会议，詹先生顾不得回家，干脆在宾馆休息。先生这种工作起来不要命的精神，让我颇为感动。由于编纂方言卷的缘故，最近四五年来我两次到北京，两次到广州，与先生一起为方言卷奔波。我既是先生的学生，又是先生的助手，先生言传身教，使我受益良多。其实，对于方言卷工作，按理说，我年轻，应多承担一些，但是詹、张二位先生却做了大量的工作。工作中，先生精力充沛，反应快捷，举重

若轻，给我留下了深刻的印象。编纂字典头绪繁多，任务艰巨，年轻人尚且感觉疲乏，先生却始终精神矍铄，从早工作到晚，且从不午休。在组织编纂的过程中，先生面前无困难，情绪非常乐观，遇到棘手的问题，先生总能妥善解决。先生总是说："这是我一生中的最后一个项目了，干完我就可以休息了。"正是在先生这种精神的感召和鼓舞下，全体编纂同仁加倍努力，积极投身到这项功德无量的工作之中。

詹先生是中山大学王力先生创办的语言学系的学生，尔后又去北京大学参与袁家骅先生主编的《汉语方言概要》的编写，书中分量最重的两章："粤方言"和"闽南方言"，是詹伯慧先生执笔起草的。詹先生偶然发现的"军话"，常被语言学界作为不可多得的说明"北方方言岛"的资料。詹先生曾是编纂《汉语大字典》的骨干成员，主编过《珠江三角洲方言调查报告》、《粤北十县市粤方言调查报告》、《粤西十县市粤方言调查报告》及《广东粤方言概要》等，又是《汉语方言及方言调查》的首席主编，晚年又主编《中国语言文字大词典·汉语方言卷》，都是大手笔，令世人钦羡。詹先生一直致力于汉语方言学研究，辛勤耕耘半个多世纪，成为当今汉语方言学界的大家，培养的学生已遍布世界，芬芳桃李，试问学界能几人？

（山西大学中文系教授、语言科学研究所所长，长江学者，中国音韵学会会长）

瞻远扶近，惠泽后人

苏新春

来到厦门一晃已十二年有余。虽然在厦门，学术上别有洞天，但我对在广州度过的十七年生活仍有着深深的回味。在那儿，有着曾经长期相处过的同事，有从读研时起就一起切磋切磨成长起来的学术同辈，也有不断从中获得教诲、提携的师长。伯慧先生就是其中最让我怀念、崇敬的一位师长。

记得20世纪80年代中期，詹先生刚从武汉大学调到暨南大学，那时我还在华南师范大学读研究生，不时会听到老师们谈起学术界人员的调动，明显感到老师们对隔壁高校詹先生的到来十分关注，充满期待。那时广州的语言学界，中山大学、华南师范大学、暨南大学三校呈鼎足之势。老一代如中大的容庚、商承祚、赵仲邑等先生，华南师大的吴三立等一批著名学者正在慢慢退出学术舞台。一批中年学者年富力强正当时，中大有李新魁、曾宪通、陈炜湛、孙稚雏、张振林等先生，华南师大有我的导师唐启运，以及周日健、沈开木等先生，暨南大学有黎运汉、饶秉才等先生，而詹先生的加盟顿使暨大语言学大显壮色。特别是1990年前后，詹先生领衔一举成功申报现代汉语博士点，使暨大语言学，特别是方言研究，在短短的几年中产生了一批重要研究成果，在国内异军突起。伯慧先生是那种兼具学术实践、学术眼力及学术运筹能力的学者，其在耕耘方言学、营造学科建设、运筹广东省语言学会等方面都游刃有余，相映生辉。能兼具几种能力，并各得其彩，在当代语言学家中殊为少见。

20世纪80年代中后期，我们广州几所高校的语言学年轻人，正处在想干事，愿干事，却还没有进入正轨，无大事可干之时。大家在一起意气风发，信独学无友，奉特立独行，组织了广州青年语言学沙龙，在广州师范学院、暨南大学、中山大学、华南师范大学、广东省教育学院等几所高校轮流举行活动。广州师范学院的我、李启文、李军，暨南大学的杨启光、甘于恩、彭小川、曾毅平，中山大学的李铭建、麦耘等都热心其中，一个月举行一次活动，每次半天。我们还自编自印了《广州青年语言学学刊》，大约半年一期，共印了五期，记得第五期还是远在汕头大学的林伦伦负责编印的。在那几年年轻人的学术沙龙活动能坚持下来，自然得到广东省语言学会会长伯慧先生的支持，他在大小会上对此多次褒扬。在暨南大学举行的沙龙活动，先生还亲自到场参与讨论，鼓励我们要多观察语言现象，多培养动手能力。

伯慧先生对年轻人的栽培可谓是热情、尽力、主动又十分宽厚。有一件事给我印象很深，于恩兄是他的第一批硕士弟子之一，他脑袋灵、语言功底好、听音辨音能力强，很得伯慧先生的赏识。毕业留校后，他一头扎进“珠江三角洲方言调查报告”大型课题中去，后又获先生推荐赴香港理工大学作研究。从香港归来后伯慧先生希望他继续读博，可于恩兄当时另有考虑，并未应允。后来在社会上周转的几年中，他不断得到先生的关注和教诲，后复入学界，终成大才，现出异样华彩。记得有一次先生也鼓励我，说应该再读一个学位，把基础打扎实。我感觉到这是先生对我的期待。但那时我手头正在写书，又觉得想读词汇学，就没作应承。后来幸亏有了跟葛先生深造的机会，才了了人生一大心愿，否则会一直愧对先生对我的厚爱。

在此先生执教五十八周年之时，我作为学术晚辈，特别是曾长期在先生领导下的广东语言学界的年轻人，对先生怀有特别的感恩。先生的为人和为学，为我们树立了终身学习的楷模。

2011年2月20日于台湾“中央大学”担任客座教授期间

（厦门大学中文系教授）

桃李满天下　威望遍海内

——祝贺詹伯慧教授从教45周年

汤志祥

在我的心目中，詹老师是最值得崇敬和钦佩的语言学界前辈之一。

我有幸拜读詹老师的著作始于20世纪80年代初，当时正值求学于复旦大学著名学者胡裕树、许宝华、汤珍珠教授之时。詹老师《现代汉语方言》一书和袁家骅先生的《汉语方言概要》是每个学生修读汉语方言学的必读书。在他的大作中，詹老师对现代汉语方言现况从理论到实际都进行了严谨、细致而又全面的剖析，展示了他师承当代语言大师王力和袁家骅两位先生的精深的语言学理论功力和丰硕的方言学研究成果。这本书着实使我们这些"文革"后的年轻一代硕士生，无论在方言学知识上还是在治学方法上都获益良多。但最吸引人的还是老师们那段"九弟兄"的故事（詹老师和许老师都是方言学界"九弟兄"之一）。从老师的生动口述中，我们了解到现在活跃在中国语言学界，尤其是方言学界的老一代语言学家们那种与语言研究和教育事业"同进退，共奋斗"的精神，以及他们相互之间早已建立的高尚而亲密的友谊。这段当代汉语语言学史上的"佳话"，是我把詹老师认作是自己毕生的老师的开始。

我真正能亲耳聆听詹老师教诲、亲身体验詹老师风范并亲自获得詹老师指点，是在1984年8月离开复旦大学、南下深圳大学之后。一到广东，正值詹老师"主政"广东省语言学会。这位新任会长，高瞻远瞩、意气风发、大刀阔斧、纵横捭阖，很快就把整个广东语言学界、广东各高等学校的专家、学者和教授们都动员起来，开展学术研究，加强学术交流，调查方言情况，推动"推普"工作，一时间广东语言学界的精神面貌、教学、科研都呈现了一派朝气蓬勃、欣欣向荣的大好局面。与此同时，他一头联络台、港、澳三地同行，一头统揽广东粤、闽、客三语研究，使珠江三角洲的语言研究、教学和交流达到了空前繁荣的地步。可以说今日广东语言学界的骄人成绩是詹老师的心血和成就的体现。

詹老师最令人敬佩的还有对年轻学人的奖掖和提携。他一贯是"甘做人梯"、"诲人不倦"。对本科生、硕士生乃至博士生的成长他都是热心培育而又严格要求。几十年来，他培养的学生不仅早已遍及大江南北，而且个个成才，不少已是语言教育界的生力军和顶梁柱。詹老师真可谓是"桃李满天下"。另外，他对全国各地年轻学者著书立说，总是热情鼓励而且尽力帮助。如今请他作序的青年语言学术著作比比皆是，而投向詹老师门下求教求助的学人也越来越多，新加坡、日本等国和我国粤、港、澳等地区到处传诵着詹老师的学识、师德和风范。詹老师真可谓是"威望遍海内"。

作为广东语言学界的泰斗，詹老师最令人信服的是他的学术和著作。在这几十年里，詹老师继《现代汉语方言》后又赐给我们好几部巨著，其中最值得称道的是他参与主编的《珠江三角洲方言字音对照——珠江三角洲方言调查报告之一》、《珠江三角洲方言词汇对照——珠江三角洲方言调查报告之二》、《珠江三角洲方言综述——珠江三角洲方言调查报告之三》。从这三本卷帙浩繁的姐妹篇中我们不难看到一位前辈学者的高风亮节：不畏艰辛、兢兢业业、筚路蓝缕。詹老师的学问透过纸背，给我们展现了求真、求实、求是的敬业精神，树立了严谨、严肃、严实的治学楷模。詹老师最难能可贵的地方还有：他不但是"著作等身"，而且是"亲力亲为"。他写的文章多是亲自动笔，独立署名，而且文笔流畅，语句精练，说理透辟，论断精湛。他著有二十多本专著，两百多篇论文，所论及的课题不仅内容丰繁，而且领域宽广。他于1993年所作的著名论断"普通话'南下'，粤方言'北上'"，至今还一直为人们所津津乐道。

在我的眼里，詹老师还是一位和蔼可亲的谆谆长者。十几年来他对我这样一个名不见经传而上门慕名求教求助的"后生"，一直是"视若己出"，呵护有加。实际上，不论是谁，不论何时，詹老师和师母对待所有登门造访的后辈都一样，总是以礼相待，关怀备至，时时处处让人感到特别亲切温暖，心情愉快。

45年，近半个世纪了。詹老师把他人生最美好的时光都奉献给了他的语言研究和教育事业，都奉献给了新一代的青年学者们。值詹老师从教45周年的吉日良辰，我衷心祝愿他健康长寿、精神爽利；祝愿他的精神和事业都继续发扬光大，更上一层楼。

1998年7月8日

作于欢送詹老师赴新加坡讲学之时

（深圳大学中文系副教授）

案头与田野的交情

陶原珂

20 世纪 80 年代初，在国内大学中文系的本科选修课中，语言类和文学类是基本的分野。选修语言类课程的学生往往比选修文学类课程的学生少得多，在北师大的中文系不到总人数的三分之一。我是这不到三分之一中的一个，学士论文做的是汉语成分分析法。但是，毕业分配似乎与此无关，由于工作需要，我被分配到中国社会科学院文学所，从事外事工作。

然而，我的语言专业兴趣并没有因此泯灭。1986 年我调回广州，从此在《学术研究》这份省级综合性杂志从事学术编辑工作。我很庆幸，在文、史、哲、经、政、法等众多学科中，我所负责的“文”这一块每年可以刊用 1 篇语言研究的稿子，这样，我就可以从工作中捡回一点儿专业兴趣。

当时我对广东语言学界的研究情况还不甚了解，除了采访研究古文字的商承祚老先生之外，我只能凭着这点专业兴趣从自然来稿中筛选，翌年选发了李新魁老师的《吴语的形成与发展》(1987 年第 7 期)，第二年又选用了詹伯慧老师的《广东粤语分区刍议》(1988 年第 3 期)。不久商老便去世了，在惋惜之余，我欣慰地了解到，两篇论文的作者正当著述丰盛的中年。现在想来，他们也恰好是至今与我单独吃过饭的两位广东语言学界前辈学者，一位是来“家访”时在我家里吃的，一位是我前去拜访后以“不用洗碗”为由“强留”在暨南校园吃的，从中让我感觉到，广东语言学界颇为亲近、平实。后来，李老师当了《学术研究》杂志编委；詹老师当了广东省中国语言学会会长，长达 20 年之久。

按我的理解，在现代汉语研究中，案头与田野也是一种基本的工作分野。从编发两位老师的文章的过程中，我真实地感觉到广东方言研究界存在着两支队伍，走着两条不同的路子，一是讲究历时的案头研究，二是讲究共时的田野调查。事实上，李老师后来在《学术研究》上发表的几篇论文，如《数百年来粤方言韵母的发展》(1990 年第 4 期)、《汉语各方言的关系和特点》(1991 年第 2 期)、《粤音与古音》(1996 年第 8 期)等，也都是对方言的历时研究。而詹老师后来在《学术研究》上发表的文章，如《广东粤语分区刍议》(1988 年第 3 期)、《三卷本〈珠江三角洲方言调查报告〉全部编成》(1990 年第 6 期)、《普通话“南下”与粤方言“北上”》(1993 年第 4 期)、《粤西十县市粤方言调查报告》(1997 年第 9 期)、《社会语言文字应用的现象值得重视——广东语言文字应用调查的一些启示》(2001 年第 8 期)等，都是反映大面积田野调查取得的共时研究实绩，由于是原始资料的积累和梳理，可资进一步利用和研究的余地似乎更大一些。

然而，编辑的日常工作主要是案头的工作，当我工作了若干年，专业兴趣慢慢转回到语言研究上来，很想在本省语言学方面继续深造的时候，我似乎不得不面临案头方式与田野方式的选择。本来，1993 年詹老师便给我送过一本他主编的高等学校文科教材《汉语方言及方言调查》，翌年我还采访过他，以“方言沃土绵延　翰林勃发荣枝”为题推介了以他为首建立的汉语方言学博士点。1996 年前后，我在杂志和会议文集上也发表了 5 篇语言研究论文，涉及的专业范围还比较广，应该有较大的专业选择范围，但是，编辑的案头工作性质决定了我不宜选择四处跑点的田野调查；而李老师又不幸得病，去世过早，因而我的选择最终定向另一个案头研究方向——广东外语外贸大学黄建华老师的词典学。

没有想到的是，三年后，当我的博士论文《双重系统中的词位与相关释义类型——以〈现汉〉与 CDO 的比较分析为基础》交稿之后，我的导师黄建华教授邀请了詹伯慧教授做我的答辩委员会主席，让我有机会以答辩学生的身份回答他提出的问题，并聆听他的教导。我更没想到的是，詹老师从我的论文中挑出不少毛病之后，却给了我的论文很高的评价，并建议我开展对《汉语大词典》的研究。这让我汗颜之余，又感到欢欣鼓舞。

2000 年 7 月博士毕业后，我 9 月随即去了多伦多大学的语言学系做访问学者，研究英语的类义词词典。一年半之后，我回到《学术研究》杂志复职，继续从事学术编辑的工作。工作之余，我开始拓展自己的博士论文。这时，我又不自觉地想起了詹老师的提点，开始借助《汉语大词典》作了一些相关的研究，努力使之成为我的第一本论著《词位与释义》的有机组成部分，还形成了独立的文章《汉语词汇发展中的词形延长——从双音节词到三音节词的考察》，翌年即刊登于国家级语言学专业期刊《语言文字应用》(2003 年第 4 期）上。在研究中我了解到，原来詹老师早年在武汉大学期间就曾参与《汉语大字典》的编纂工作。此外，詹老师同一年还送给我两本他主编的厚重新著《广东粤方言概要》和《广州话正音字典》，前者凝聚整理了他与弟子前些年调查的成果，后者则反映了当时学界对广州话字音字形及其与汉语共同语字义关系的规范认识。结合《汉语大字典》的历史字形字义的呈现体例来看，我开始感觉到，詹老师的研究其实并非只是田野的作业，其中还蕴含着大量案头的功夫。我从中看到，案头功夫其实也可以成为我进一步吸收利用其田野成果的路子。

然而，由于还有其他工作，我对詹老师的田野工作成果至今仍只是钦羡多于研究和吸收，还只能门外兴叹。案头与田野的交情主要还是体现在编辑工作上。二十多年来，我除了赴加访学期间外，平均每年刊发詹老师一篇文章，而詹老师的文章似乎也更多从学会会长的工作视野来看问题，越往后越多着眼于社会语言的发展状态和语言学研究工作的进展上，导向性的研究占了四分之三，有的甚至只是最新成果的报道。从二十多年来与詹老师的交往中，我真实地感觉到了一位前辈学者长年不减的工作热情、平易待人的坦诚态度、促进后学的师心厚爱。为了形象表达这种感受，我想起了纪念詹伯慧老师从教五十五周年时曾写下的一首词，兹录如下：

满庭芳·为詹伯慧教授从教五十五周年而作

闽客亲缘，应八方会，三言两语同乡。幼勤庠序，风正促学良。更喜新华教育，崇实践、田野朝阳。承京脉、珞珈山下，查点汉中详。　怀乡，缘暨大，初成巨典，旋过长江。返南粤归根，重整行装。沃土绵延踏遍，沿水系、广溯流长。教无类，苑墙内外，桃李正芬芳。

（《学术研究》副主编）

深怀方言新知走天下

杨贵谊

我是在海南岛第四届国际闽方言研讨会上第一次见到詹伯慧教授的。那次，一群热衷于研究汉语方言的海内外学者，齐集在海口市的海南大学校园内，共同讨论闽方言问题。我有幸受邀参与其事。

我自己是搞马来语的，表面看来与汉语或汉语方言毫不相干。但马来语和华族方言有互相吸收的成分存在，要了解两者之间的关系，对汉语方言也需约略有所认识。因此从一些汉语方言著作上，早就看过詹伯慧教授这位在方言学方面鼎鼎大名的学者的名字，何况他还是四度访新加坡的熟客，只是时机未到，无缘得见罢了。后来通过上述会议，我终于会到了名师，感到无限欣慰。此后，在广州和新加坡，我们又见过几次。今年(1998)，詹教授到新加坡国立大学担任客座教授，虽然不是我们家的常客，但他最近一次前来寓所，在贵宾册上留言时，特别注明他是“四次”到访我家的“同龄友”，留下了珍贵的友谊情结！

关于汉语和汉语方言问题，新马一带有人把学习华文（即汉语）视为畏途，几乎把汉语方言当成是毫无价值的语言糟粕，甚至还试图要令它与汉语解体。我对这种看法和措施本来就不敢苟同，经过和詹教授及一些汉语方言学家的接触和领教，拜读他们的一些论说和方言学著作，及涉猎他们拟写的内容丰富的各种汉语方言调查报告后，眼界大开，使我对汉语方言存在的问题有更明确的认识。

詹伯慧教授迄今已累积了45年的教学经验，若以一个人的成长年龄比喻，他还处在中年期的教学历程。可是在这段时间里，詹教授不仅在自己的祖国培育了莘莘学子，他还深怀方言新知走天下，先后到过日本、法国、新加坡等国和中国港、澳、台地区讲学。在不久的将来，他还要到美国等地去传播他的语言和方言学研究成果，从学术上发扬他的国际主义精神，这实在令人敬佩！

依我看来，詹教授对汉语方言这门学问情有独钟，不单单是因为个人的研究兴趣所趋，更重要的是他透视了方言对社会的作用和价值。詹教授最近在新加坡《源》杂志上发表了一篇文章——《留住方言留住根》，这个题目说明了一切。

（马来西亚翻译与创作协会顾问、北京外国语大学马来语客座教授）

坚信水滴石穿的詹伯慧教授

林万菁

今年，暨南大学中文系的詹伯慧教授从事教学研究工作已达45周年。他所作出的贡献，影响深远，自然不在话下。去年底，他前来新加坡国立大学中文系担任客座教授，讲授“中国方言学研究”及“中国修辞学”等多门课程，劳苦功高。在新加坡期间，詹教授经常与同道互通声气，也以讲演的方式作学术交流。

我多次与詹教授深谈，发现他对汉语方言调查及分析至为执着，而且身体力行，迄今已经培养了二十多名研究生，成果辉煌。香港科技大学的丁邦新教授在邓景滨主编的《汉语方言论文集》（香港：现代教育研究社，1997年）的序言中语重心长地指出：

> 研究汉语方言的人利用一套语言调查和分析的方法，应该能就地取材，遇到什么方言就加以记录研究；既要能收集基础语料，发表报告，又要能在理论方法的层面上有所发明；既要能深入研究单一方言点的内涵，又要能广泛研究大方言区的概况；既要能耐得住寂寞，从事个别的研究，又要能经得起考验，主持大型的计划。在汉语方言学界这样的人才不多见，而詹伯慧先生正是这种典型的一位学者。

丁先生所说，的确是一语中的，发人深省。詹伯慧教授可谓勤勤恳恳，坚信水滴石穿。从他在20世纪50年代发表的《潮州方言》（《方言和普通话丛刊》第2本），已能见出他重视田野调查与实际记录方音的研究取向。

乡音未改，詹教授有时与我用潮州话长谈，听起来格外亲切，别有一番滋味。我的籍贯是广东省潮安县，尽管生于新加坡，长于新加坡，但由于父母都是潮安人，所以我的潮州方言依然不离“乡音”。由于合教“中国修辞学”这门汉语的课程，我与詹教授几乎天天见面。百闻不如一见，正是如此。更何况“听君一席话，胜读十年书”，快哉！

今年3月28日上午，詹教授以“从《方言》杂志看中国方言研究的走势”为题，为新加坡国立大学中文系师生及公众人士作了一次学术报告，反应甚为热烈。詹教授既能从宏观的角度看问题，也能从微观的角度进一步分析问题。作为中国国内的博士生导师，詹教授主要是扮演“引路人”的角色，开启研究的风气。

学无止境，而细水总是长流。詹伯慧教授在培育下一代这方面，耗尽心力，无怨无悔。以上所述，不过随感随录，言不尽意。

1998年4月21日

（原新加坡国立大学高级讲师、中文系副主任）

詹伯慧老师——慈祥的老教授

萧靖玲　杨晓琳

詹伯慧教授自1953年起便在大学读书，1983年起任教于广州的暨南大学，从事语言学方面的研究。詹教授教学经验丰富，曾任教于国内外多所著名大学，如武汉大学、香港大学、东京大学等；也曾在法国和中国台湾的学术研究机构讲学。这次我们感到非常荣幸，詹教授能够到新加坡国立大学（以下简称“国大”）中文系来做客座讲课。

对新加坡的印象

詹教授自1997年底抵达新加坡后，便对新加坡留下了深刻的印象。原本只打算在新加坡逗留半年的他，却待了一年。那么在这一年内，新加坡又给詹教授留下了什么样的印象呢?

詹教授说，其实他对新加坡并不陌生。在这之前，他已经与新加坡有过数面之缘。例如，他分别在1988年、1991年和1996年到过新加坡讲学或参加学术研讨会。他认为新加坡作为一个多元文化、多种语言的社会，汉语与其他语言的交流所带来的成果，促使新加坡成为汉语研究的重要中心。

此外，詹教授认为这里政府廉洁、治安良好、社会安定，是一个理想的居住国。虽然新加坡的天气有点热，但是室内装有空调，再加上詹教授来自中国广东，是南方人，是易于适应这里的酷热天气的。

对国大的印象

詹教授认为国大是一个很适于同学们念书的地方。学校管理层把国大管理得井然有序，为在这里读书的同学及老师带来了极大的方便。就以食堂来说，这种全日提供膳食的服务便令詹教授非常赞赏。此外，电脑的普及和其他现代化设备也有利于老师的教学研究工作及同学的学习。

至于中文系的学生，詹教授认为他们非常用功、勤劳，但是由于学生的背景不一样，所以他们的中文程度参差不齐。对此，詹教授认为这跟新加坡的教育制度也有关系。詹教授认为身为中文系的学生，要有一定的使命感——要努力促进新加坡的华人社会提升其华文水平。

他的生活

詹教授在空闲时喜欢听音乐，尤其是古典音乐。他也喜欢戏曲，如京剧、潮剧等。他在新加坡也去看了《北京四兄弟》在福康宁公园的户外演出。詹教授也喜欢看电视。他还经常很认真地看报纸，以便深入了解新加坡的社会情况及华语应用状态。

他在工作之暇喜欢到处走走、逛逛。他曾多次参观圣淘沙、飞禽公园、克拉码头等。不仅如此，他还常常去当地的巴刹了解新加坡的风土民情。

后记

詹教授给我们的印象是一位慈祥的老教授。在与他交谈的时候，我们很容易便能感受到他对自己的研究工作的热爱和对教授工作的热忱。詹教授，我们非常感谢您在百忙之中抽空接受我们的访问。祝您身体健康、生活愉快。

（新加坡国立大学中文系第 19 届毕业生）

我所认识的詹伯慧教授

李学铭

一

接到“暨南大学庆祝詹伯慧教授从教45周年筹备组”来信，知道暨大将于1998年11月底为詹伯慧教授举行庆祝活动，同时编辑出版《立说传薪风雨人——庆祝詹伯慧教授从教45周年文集》，目的是弘扬尊师重教精神。盛事当前，意义重大，忝属老朋友，不能没有表示。由于詹教授的学问造诣和学术成就自有暨大校方和他的高足来表扬，我在这篇短文里只准备通过对过去十多年来交往的追忆，来谈谈我所认识的詹教授。

二

我与詹教授订交于1985年。那年香港教育署语文教育学院举办首届国际语文教育研讨会，中国语文教学方面，特别从中国内地邀请了两位嘉宾讲者，一位是北京师范大学的张志公教授，另一位就是暨南大学的詹教授。我当时并不认识张、詹两位教授，与他们也从未见过面，推荐他们当研讨会的嘉宾讲者，纯粹出于学术和地域的考虑。张教授来自北京，詹教授来自广州，正好一北一南，而他们的学问造诣和学术地位，又广为香港的语文教育工作者所认识。为了让当时的语文教育学院院长白敬理博士（Dr. V. Bickley）对两位来自中国内地的学者有较具体的印象，我和中文系的同事倒花了不少精力、时间去为他们各准备了一份英文的简介资料，而最费力的则是要用英文去评介他们的主要著述。不过，这样倒促使我开始较全面地了解詹教授的学术成就，并且较积极地多搜求詹教授的大作来研读。

三

我是个不擅社交应酬的人，在陌生人较多的场合，一向颇为木讷、拘谨。但初与詹教授会面，立刻一见如故，相谈甚欢。这固然是因为詹教授待人的态度亲切、随和，同时也因为除了语文教育、汉语方言研究以外，我们还有不少共同的话题。例如我向来对《楚辞》颇有探研的兴趣，并曾在香港教育署辖下的香港中文夜学院（前身是官立文商学院）讲授相关的课，于是在谈话中，不免涉及他尊翁中山大学教授詹安泰先生的三部著作——《屈原》（上海人民出版社，1957年）、《中国文学史·先秦西汉部分》（高等教育出版社，1957年）、《离骚笺疏》（湖北人民出版社，1981年）。他当时向我介绍了他的父亲和内地学者研究《楚辞》的一些情况，并就我对《屈原》一书的评论交换了意见。我的印象是，詹教授虽然是一位以汉语方言研究为专业的语文学者，但他对《楚辞》的认识并不比文学教授差。前几年，我在香港上环一家画廊买了一帧詹安泰教授的书法条幅，后来在一次聚会中，我把这消息告诉詹教授。詹教授当时立刻表现出浓厚的兴趣，并简明扼要地说明他父亲早、晚年的书法特点，连带也论及几位学者的书法造诣。有人说，能者无所不能，观之于詹教授的表现，信然！不知追随詹教授研究汉语方言的高足，有没有兴趣发掘他们老师多方面的才能和兴趣？

四

詹教授待人温厚，处事宽和，有容纳异己的识见和胸襟，因此赢得同辈和晚辈的好感和尊敬。我还记得，那是1992年7月4日的上午，当时我在一个语文教学研讨会中宣读论文，题目是《“容纳异己”教育与中学中国语文科精读教材》①。我的主要论点是：在群体生活中，我们有时会不同意别人的意见和行为，别人有时也会不同意我们的意见和行为，事事坚持，事事不退让，事事不谅解，事事不包容，就会引起摩擦、冲突，人与人之间的关系就会愈来愈紧张。为了与人维持和谐的关系，我们就需要时时自我开放、自我调整，而对待异己之说和异己分子，就要有时认同、有时退让、有时包容，即使自己有所坚持，也应尽量减少摩擦，避免冲突。不过，要真能做到上述各项，并不容易，除非是有“容纳异己”精神的人！因此，我认为启导学生认识“容纳异己”的精神、实践“容纳异己”的精神，固然是公民教育极为重要的内容，也是中国语文教学要做的工作。

在小息喝茶时，詹教授走过来跟我握手，表示赞同我的看法，并且说：“你的意见，对于我们面对香港的语言环境来考虑共同语和方言的问题，无疑有启发的作用。”同一天下午，詹教授宣读论文的题目是《小议中文科教学的一些问题》②。他当时在有限的时间内，曾就语文教师在语文教学中对待方言“干扰”的态度，发表了“容纳异己”和“宽严结合”的意见。稍后他应邀来我所任教的语文教育学院向一群中学教师演讲，把他的意见讲得更为详细、具体。他的主要论点是：在各个方言地区大力推广普通话，是我国一项基本的语文政策。但大力推广普通话，并不是要消灭方言、禁止方言流通。我们一方面要开展“推普”工作，以利全国各地人民交往、沟通；另一方面，照常容许方言发挥作用，作为小范围内使用的交际工具，才是实事求是、有所“宽容”的精神！“宽容”的态度并非消极，而是基于语言应用多元化的客观事实，基于粤语在香港社会中所发挥的作用和担当的角色而形成的观念。树立了这个观念，遇到学生在书面语写作中出现粤语的成分，也就一定会有所分析、有所区别，该宽则宽，需严便严。这中间，如何掌握分寸、抉择取舍，正是语文教师水平高低的具体检验。而且，我们的学生既要面向民族、

① 见香港中文教育学会：《语文教育面面观》，香港：文化教育出版社有限公司，1994年，第87～98页。

② 见香港中文教育学会：《语文教育面面观》，香港：文化教育出版社有限公司，1994年，第307～312页。

国家，面向充满活力的新时代、新世界，也要面向本乡、本土。因此，对待方言“干扰”的问题，确非采用较为灵活、适当的宽容态度不可。① 从上述通达的言论，可见詹教授实事求是的态度和包容、开放的胸襟。

五

关于詹教授包容、开放的胸襟，还可以用广州话审音委员会的工作来说明。该委员会成立于1990年，由广东省中国语言学会和广东省广播电视厅牵头组建，召集人除詹教授外，还有周无忌先生和林受之先生，而委员会主席则由詹教授担任。委员以广东省的语文学者居多，也有一两位来自其他省份的，来自香港和澳门的语文学者则有八九位。每次开会的委员有二十多人，如何调配工作人员召集、组织、安顿这些委员，使他们在同一时间内共聚一堂开会，实在不是一件容易做到的事。而詹教授妥善地做到了，于此可见詹教授的组织、统筹能力。此外，委员的年龄跨度较大，他们的生活环境、教育背景、个人性格又各有差异，于是各人的审音理据固然不尽相同，审音标准也宽严不一；至于各人发言的表现，有非常主动进取的，有较为被动木讷的。作为委员会的主席，詹教授既能引导人人发言，又能虚心纳言、调和争议、折中众说；遇到原则方面的问题，则往往也能适当地坚持。无可否认，他的最后归纳和裁决，有时的确不能做到皆大欢喜的地步，但没有引起任何一位委员的抗议或反感，却是人所共见的事实。从詹教授主持会议的态度，我看到他的宽厚和包容，但并非没有主见，这正好是能“容纳异己”和能“不同而和”的表现。我以为思想不通达、胸襟不开放的人，不可能有这样的态度。

六

詹伯慧教授对汉语方言研究的贡献和在语文教学方面的影响，可说知者甚多，不必由我再来说明。我要提到的是，他的学术论著，不乏精深之作，那不用多说，更难得的是他肯用不少精神时间，写了不少深入浅出、启发性强的论文。写惯学术论文的人都知道，写深入深出的论文虽有本身的难度，但不算太难，最难的反而是写深入浅出、启发性强的论文，因为这必须是一位在专业方面学有所成的学者，他既要有专精的识见，又要有金针度人的胸怀，再加上高明的语文表达能力，才能也才会写这类论文。如果我们论述詹教授的学术成就而不切实肯定他在这方面的卓越贡献，那是不符合实际的。最后，我准备引述张晓山博士对詹教授评论的话语，作为本文的结束：

在汉语方言学界，找一个精于业务、学有所成的人不难，但找一个有学术地位，受大家尊重，能够并且愿意竭诚为大家服务，无私地团结、带领大家共同前进的学者并不

① 参阅詹伯慧：《谈谈汉语方言与语文教学》，李学铭：《语文教师的认识》，香港：香港教育署，1994年，第58～60页。

那么容易。把队伍凝聚起来让各人充分发挥作用、共同促进学科发展，这个作用不是一个人多写几篇文章所能比拟的。难怪有人这样说，詹先生这个位置别人可以充当，但他所做的工作却很少有人能够替代。①

张博士是詹教授的高足，知师莫若徒，我认为他的意见很有概括性，也很中肯。谨愿詹教授以他从教45年的学术成就和影响，继续发挥团结、带领的作用，使汉语方言的研究、教学以及语文教学的各方面，有更好、更大的发展。

1998年夏写于香港理工大学

（原香港教育署语文教育学院副院长）

① 见张晓山：《詹伯慧教授对汉语方言学的主要贡献》，邓景滨：《汉语方言论文集》，香港：现代教育研究社有限公司，1997年，第16页。

论交十八载

单周尧

我第一次见詹伯慧教授，是在1981年的春节，当时伯慧教授任日本东京大学客座教授。他春节返国度假，途经香港，打电话给我。我请他参加香港大学中文学会的春茗。伯慧教授爽朗、亲切、健谈，于是我们一见如故。我们一面谈，一面欣赏中文学会安排的表演节目，然后一起享用春茗的晚宴。席间，伯慧教授认识了港大中文系的多位老师，彼此畅谈甚欢。

其后，港大中文系邀请伯慧教授作学术演讲，日期是1981年3月31日。① 那天刚好是时任中文系主任马顺之教授任内的最后一天。顺之教授当天非常忙碌，但仍然主持了伯慧教授的演讲，显示出他对这次演讲的重视。

1986年10月至1987年1月，由于同事休假，港大中文系需要一位教汉语的老师。我向当时的系主任何丙郁教授推荐邀请伯慧教授来港大任客座教授。伯慧教授时任广州暨南大学文学院院长，日理万机，但仍拨冗来港大帮忙，实在难得。任儿科医生的詹太太陪同伯慧教授一起来港，我也就有幸认识了詹太太。

1987年7月，香港语言学学会、香港中文大学联合主办第一届粤方言研讨会，我承乏担任召集人。研讨会邀请了好几位广东省的学者，伯慧教授是其中之一。他发表的论文题为《珠江三角洲粤方言述要》，提要钩玄，循本究末，为珠江三角洲粤方言的研究绘下了蓝图。

同年12月，中国语言学会第四届年会暨学术研讨会在广州举行。乘出席研讨会之便，我携家人游览广州。身为广东省中国语言学会会长的伯慧教授，是当时实际的东道主。在主持一个大规模的研讨会的千头万绪之中，伯慧教授仍设家宴款待我们一家，实在盛情可感。他一方面邀请我担任广东省语委主办的普通话朗诵比赛评委，并拨冗导游；另一方面，研讨会的一切都进行得井井有条，由此足见伯慧教授的领导才能。回想当时情状，如在昨日，一眨眼已十多年了。

1990年，由粤、港、澳31位粤语专家组成的广州话审音委员会宣告成立。其后数年，委员会举行了一系列审音会议，委员间往往意见分歧，伯慧教授主持审音工作，折中众说，解决了不少问题。开会期间，我和伯慧教授经常就字音问题交换意见。

1995年1月1日，广州话审音工作初步完成，随即成立广州话正音字典编纂委员会和《广州话正音字典》编纂部。《广州话正音字典》的简化字版，决定由广东人民出版

① 《汉语方言论文集》（邓景滨主编，香港：现代教育研究社有限公司，1997年，第352页）所载詹教授简历，说詹教授在1981年1月应香港大学中文系之邀前往访问，作学术演讲，所记日期似不准确。

社出版；繁体字版则希望在香港出版，由我与香港的出版机构联络。这几年我与伯慧教授一直保持联系，谈的主要是字典的编纂和出版。

我和伯慧教授论交快十八年了，印象最深刻的有下列几方面：

（1）伯慧教授个性爽朗，为人随和，待人亲切，健谈，喜交朋友，甫相识即可一见如故，又喜欢参加学术活动，因此知交遍天下，在语言学界，特别是研究方言的学者中，几乎没有人不认识他。他又非常念旧，每至一地，必遍访旧交，因此，有关学术界的消息，他也特别灵通。

（2）伯慧教授是著名的方言学家，但他的学识非常渊博，绝不局限于语言学。而且文笔畅健，有倚马立就之才，书法也秀媚灵动，流畅活泼。

（3）伯慧教授似乎有用不完的精力——20 多本专著、200 多篇文章，可谓纂述如林，著作等身。这众多著作，是他在繁重的职务和社会职务[①]中拨冗写出来的。

伯慧教授从事教学研究工作已届四十五周年，喜见他在学术研究和培养研究生等方面硕果累累，谨衷心祝愿他在未来的岁月中，收获更加丰富。

（原香港大学教授、中文系主任，现任香港能仁书院副校长）

① 参考邓景滨：《汉语方言论文集》，香港：现代教育研究社有限公司，1997 年，第 350 页。

寿詹伯慧教授八十华诞

张双庆

我于20世纪60年代中期考入香港中文大学中文系，不久内地就发生了文化大革命。对我们读文科的人来说，最苦恼的是逛书店买不到什么好书。记得当时还可以买到詹安泰的《中国文学史》（先秦两汉部分），这是新中国成立后由高教部审定的第一部中国文学史教材。比起我们用作教材、在香港翻版的刘大杰的《中国文学发展史》，我们特别喜欢詹先生的书，因为书写得直接简洁，把中国文学诗骚两大源流分析得鞭辟入里，是一部我们爱读的书。这本书的纸质很差，粗糙灰黑，很脆，仿佛一折就断的样子，那是困难时期出版的书所特有的，现在回想起来还很有印象。从此以后，我就记住詹安泰这个名字。但随着我的专业放在语言学、方言学上，再加上“文革”十年的隔绝，也就没有刻意去追看詹先生的其他著作，不知道他是一代词宗，在诗词研究和创作方面有杰出的成就，更不知道他还有一个被誉为方言学权威的长子詹伯慧先生。

“文革”之后，随着中山大学中国语言学研究中心的重建，许礼平先生加入中心担任编辑工作。许先生的学术信息最灵通，他向我介绍了詹伯慧先生，我才想起署名袁家骅等的常用书《汉语方言概要》，其中“等”的作者中就有伯慧先生。随着詹著《现代汉语方言》（湖北人民出版社，1981年）的出版，以及詹先生调到广州暨南大学工作，我们才有了更多机会和詹先生见面合作，得以进一步了解詹先生的为人和学术造诣。

詹伯慧先生有锐利的学术眼光和充沛的研究精力，他气魄宏大，从珠江三角洲粤语的全面研究到近年《中国语言文字大词典·汉语方言卷》一书的统筹编纂，都可见他的研究魄力和领导魅力。我和詹先生相处最多、最密切的一段时间，是在20世纪90年代初。那时我协助刘殿爵教授负责吴多泰中国语文研究中心的日常工作，《中国语文通讯》出版不久，为加强研究实力、做好刊物，研究中心先后聘请陈原先生和伯慧先生来访。当时所方给予的条件较一般，给予两位先生的居所是文化研究所自己租赁的赤泥坪村屋。对此，詹先生全不计较，只醉心于研究与编辑工作中，其敬业乐业的精神，令人钦佩。那是国内外学术活动日渐活跃的时候，第二届闽方言研讨会在汕头大学举办之后，香港中文大学承担举办第三届，詹先生以半个主人的身份协助我做好会议的筹备工作。对于会议举行期间的烦琐事务，詹先生都一丝不苟、全力以赴地去做。其后的几届闽方言会，我们也都有很好的合作。例如，后来到海南岛的一次，他带我们去海口拜会学界、政界的学生、朋友，务求打好关系，开好研讨会。我记得有一次，我们一班人在广州聚会，在看望过中山大学黄家教老师后，在回程的小巴上，詹老师热情地邀请我成为方言学界有名的组合“九兄弟”中的“老十”。年纪稍大的人会记得，20世纪60年代初到福建评审全国第一部省编的《福建省汉语方言概况》（上、下册讨论稿）的九位方言界权威，当年按年纪由老大至老九排列照相。那是方言界的盛事，是方言界的群英会，我何德何能，怎敢叨陪末座。但无论如何，詹先生对我的关心提携，我永远铭感于心。

20 世纪 90 年代我与詹先生的另一项合作是为粤语正音。詹先生以他极佳的人际关系组织穗港澳三地的学者就粤语的正音问题进行讨论研究，目的是编出一部实用的粤语正音字典。在以推广普通话为国策的内地，以及还没有像今天讲求“构建和谐语言生活”的宽松社会环境，这个工作确实需要政治智慧。詹先生能很好地调动三地的人力物力，使工作终底于成，但过程中遇到的困难是可以想见的。在记忆中，粤音讨论会初期的工作进展得很缓慢，一天讨论下来，能达成共识的字音只有十个八个，但令人怀念的是大家都是本着对学术追求的热诚，以开放宽容的态度参加这个工作。会上大家各抒己见，互相尊重，体现了很好的学风。当时的工作进度以及一些讨论文章，为《中国语文通讯》提供了稿件，我们乐于看到我们的刊物成为讨论粤音的平台。据我所知，詹先生近年在学术研究上特别注重应用，这是很有见地的。语言学研究与日常生活息息相关，“撑粤语”事件引起的风波，原因之一是语言学、方言学的知识不够普及，这方面，詹先生的一些文章作了很好的阐释，有关的工作尚待我辈努力。

伯慧先生又是成功的教育家。多年来在学术会议会场上，“詹家军”浩浩荡荡，声势极盛。我参加过多次詹先生名下博士生答辩后的聚会，不同毕业年份的学生云集，气氛热烈融洽，令人印象深刻。近年来，詹先生奔波于穗港两地，继续作育英才。他常以已过了国人平均寿命，生命属于“有赚无蚀”的乐观精神，继续他的研究工作、教学工作和社会活动。我觉得詹先生虽不必“发愤忘食”，但完全有孔夫子“乐以忘忧，不知老之将至”的境界，是我们敬仰的长辈。

（香港中文大学中文系教授）

香江一隅看詹公

张群显

身为粤语母语者，我从非母语者詹伯慧教授身上看到，个人可对粤语研究的兴旺出一分力。1987年，粤方言研讨会在香港举行，这是个历史创举。詹教授毅然宣告暨大要在两年后接办，启动了粤方言研讨会的延续性。1989年7月，在那难以言传的困难时节，他领导暨大同寅坚持开好第二届研讨会，还成功说服了澳门的中国语文学会接办下一届。这样不但使得研讨会能真正绵延不断，还树立了在粤港澳三地轮办研讨会的美好惯例。过去十五届的粤方言研讨会他个人从未缺席过。他在暨大任教的这些年，暨大一直是粤语研究的重镇，他组织的粤方言大型调查以及他所带的粤语领域的研究生就是最好的说明。下一届即第十六届粤方言研讨会将于今年（2011年）12月首次在我校香港理工大学举行。想起詹公推动粤语研究的干劲，我和同寅们一则汗颜，二则感到责无旁贷。

身为土生土长的香港人，我从“移民”广州的他身上看到，可如何利用香港与内地的互补以及港澳与广州的紧密关系闯出学术新天地。暨大与理大合作的珠江三角洲方言调查和粤北粤西粤方言调查、粤港澳三地协力的粤语审音、詹公本人从港澳台所招收的研究生，以及上面提到的三地轮办研讨会的愿景，都是上佳的脚注。

詹公对事物发展的嗅觉十分敏锐，这使得他在许多大大小小事情的决策上往往能得着先机。在语言文字学术界，他是一个得风气之先的学者，同时又是一个着眼于大处而不会拘泥于小节的学者。年轻时我在工作上除了接待过詹教授外，也接待过王力教授。我觉得詹公这方面很有其师王力教授的影子。王力是“粤语人”，在20世纪50年代从中山大学被远调至北大后，基本已不沾粤语。对此，我作为“粤语人”不无遗憾、惋惜甚至苦涩。詹公不是“粤语人”，却翻起了粤语研究的巨浪，我毋宁这样看：他为乃师偿还了粤语学术的债。

詹公是那么达观，永不会自怨自艾。他能把握机会，却也愿意退而求其次而士气不减。他是块硬骨头。什么东西才能让风骨学者折腰呢？是学问本身吗？前几年，他在家里攀高检视藏书，一个不留神跌倒，就把腰给扭了。把腰给扭了，其实腰就更要挺直，遑论折腰了。疼吗？敢情不好受，可他满不在乎，需要他走动的，只要力之所及，他照样走动，甚至穿梭粤港，只是把动作慢下来而已。

内地改革开放之初，广州买不到小按摩器，他趁着在香港，由我们这些后辈领着他跑商店，要捡个价钱合宜的买回去。今天呢？世界上这样的小器材大部分都是在内地制造的了。广州固然近水楼台，价廉物美，且今天的广州已是载誉办完亚运的超级都会，怕要高档的货品才“热卖”了。这不经意的对比，既道出我们认识之久，也道出时间之无情。明天如何？天晓得。

《圣经》说："万事都有定期，天下万物都有定时：……拆毁有时，建造有时；……寻找有时，舍弃有时；保存有时，抛弃有时；撕裂有时，缝补有时；静默有时，讲话有时……"（新译本，《传道书》第三章第1~7节）信焉。我是基督徒，我祝愿这位挚爱的长辈认识上帝有时。

（香港理工大学中文及双语学系原系主任）

亦师亦友　美德感人

曾子凡

我跟伯慧师认识已经三十年了。虽然我不是他所带的硕士生或博士生，但是多年来，一直得到他的关怀和扶持。我在香港大学念硕士和博士，答辩时都是詹老师担任校外评审委员；拙作《广州话·普通话语词对比研究》、《广州话·普通话速查字典》和《香港粤语惯用语研究》都得到老师在百忙中赐序，前两书还有老师的题签。近年来我和老师交往频繁，关系密切，总能得到他的教诲和指导，所以我也就忝列门墙了。

伯慧师一贯热情关怀后辈，他培养了近三十个研究生，个个独当一面，贡献良多，成为社会的栋梁之才。三十年前，詹老师在武汉大学工作，已经是赫赫有名的大教授了。那时我还只是初出茅庐的后学小子。为了得到大方的指点，当时壮着胆子给老师寄去处女作《广州话·普通话口语词对译手册》。没想不多久，就收到老师的来鸿。信中热情洋溢，厚爱有加，我为此无比感动。几十年来老师都在关注和帮助我，从阅稿、写序到题签，乃至发稿推荐，处处亲力亲为，为的是提携和栽培后学。

伯慧师是蜚声国际的汉语方言大家，建树良多，著作等身，这都无须赘述。值得一提的是，作为领头人和主心骨，詹老师对开展和促进粤方言研究的贡献，功德无量。1983 年老师南调穗城，创建暨南大学汉语方言研究中心，大力开展各大方言研究，培养多名研究生。1985 年老师牵头并主持了珠江三角洲、粤北、粤西的粤语调查报告，填补了粤语研究的空白。令人瞩目的重要成果还有，1987 年老师发起并组织了首届国际粤方言研讨会，之后定期在内地和港澳两年举行一次，从未间断。近来更提升到每年举行一次，现在已开完了第十五届。每届方言会，从筹备、安排、开会到出版文集，老师都全程投入、积极参与、献计献策，就像呵护自己的子女一样，看着研讨会从小到大茁壮成长，心中无限喜悦和欢欣鼓舞。历届方言会的论文集，除了第四届的，都顺利出版了。老师对第四届论文集没有出版之事一直耿耿于怀，为之可惜。

伯慧师虽然年已耄耋，但仍然朝气蓬勃，仍有过人的精力，无惧奔波劳碌。早起晚睡，勤于笔耕，走南闯北，讲学赴会已成习惯。这不但是同龄人，就是年轻人都自惭形秽。老师眼睛不太好，可是平时走路很快，低着头急匆匆的，像是要跟时间赛跑似的（我多次劝他放慢脚步，小心走路）。又有一次，他在家整理书籍时，不小心从椅子上摔了下来，结果造成骨折，不得不在医院卧床养伤一个月。老师虽然抱病在床，仍照样工作。我真是由衷佩服：好一个“老骥伏枥”！好一棵泰山顶上不老松！伯慧师持续奋斗永不止步，绝不躺在功劳簿上睡大觉，这是其所有门生一致公认的优秀品质。除了频繁赴会和大量写作外，他目前还在为香港大学硕士班课程授课，又在主编新作《当代广州话正音字典》和《中国语言文字大词典·汉语方言卷》。伯慧师真不愧是活到老、做到老的典范。

伯慧师和蔼可亲，乐于助人。身为大教授，但从不摆架子。遇到的人，无论男女老少，学识高低，同行与否，总是与之侃侃而谈。言谈话语诙谐幽默，娓娓道来。虽已退休，但多年来讲授香港大学硕士班课程，继续培养语言学子。他风趣地说他已经被“丢到垃圾堆了”（戏言已退休），又被单先生（香港大学的单周尧教授）捡了回来。谈到年龄已老时，老师常表示要知足常乐，多活一天就是赚一天，能做就要做，还要多做。可见，老师多么豁达、多么乐观。如果有求于他，一句“定当照办”，即速速兑现。他总是处处关心别人。中秋节到了，他想着给我赠送月饼。我的小孙女从外国回港，初次见面，他与夫人慷慨地赠与“大利是”。点点滴滴，不胜枚举；一举一动，暖人心窝。

通过几十年的交往和接触，我看到了一个光辉伟岸的榜样，从他的身上学到了做人和治学的道理。这当中，亦师亦友是他感人至深的美德。片纸只字实在难以描述老师的卓越成就和优秀品质，实在难以表达我的无限敬仰和衷心感激。在伯慧师八秩华诞之际，再次感谢老师的热情提携，谨此恭祝老师龙精虎猛，身壮力健，生活美好，心想事成。

2010年12月30日

（香港城市大学语文学部）

我们的良师益友

——敬祝詹伯慧教授从事教学45周年

胡培周

詹伯慧教授是誉满中外的汉语言大师、研究汉语方言的专家。他于20世纪50年代开始在武汉大学任教；80年代初转到广州暨南大学任教，以迄于今。期间，他曾先后到过日本、法国、新加坡及我国香港等地的知名大学担任客座教授。他虽然没空前来为澳门的大学生讲课，但他对澳门语文规范化工作以及语文学术研究工作的开展，关怀备至；提携扶掖，不遗余力。詹伯慧教授是我们澳门语文工作者的良师益友。

我认识詹教授始于1984年5月。那时，香港中国语文学会联同香港大学、香港中文大学、香港理工学院、香港城市理工学院、香港浸信学院和香港普通话研习社等单位，举行了一次关于普通话的国际性研讨会。我参加了这次研讨会，蒙主办单位以贵宾之礼相待，得与各地有代表性的专家一起在柏立基餐厅用膳。于是能有较多机会向各地专家请教，获益不少。因此，和詹教授见面、交谈的机会也较多。詹教授虽然是一个极有声望的专家，但他平易近人，毫无架子，给我留下了良好的印象。

1986年7月，澳门中国语文学会成立，笔者忝为创会理事长。同年底，得知詹教授到香港大学中文系担任客座教授。趁此机会，我会邀请詹教授于1987年1月莅澳参与学术交流活动。这次活动，詹教授担任我会主办讲座的主讲嘉宾，详细介绍了20世纪80年代我国关于语文规范化的进展和要求，加深了我们的认识。与此同时，詹教授又先后参观和访问了澳门大学和澳门日报社，所接触的人士中，既有旧友，亦有新知。通过这些活动，詹教授在澳门认识不少新的语文工作者朋友，也扩大了我们澳门语文工作者的团结面，是一次很有效益的学术交流活动。

自此之后，詹教授经常莅澳参加有关语文的学术交流活动。如1989年8月底，参加了我会主办的世界汉语教学研讨会；1990年1月，应我会邀请，詹教授作为广东省中国语言学会访澳团的领队，与黄家教、李新魁、唐启运、陈垂民、梁渭雄等专家、学者一起，来澳进行学术交流活动；1991年7月，又莅澳参加了由我会主办的第三届国际粤方言研讨会；1994年莅澳出席我会主办的粤方言审音工作研讨会；1997年8月，又来澳参加我会主办的第六届国际粤方言研讨会。此外，詹教授常借赴港参加研讨会的机会，带同他的高足顺道来澳；与此同时，他也常举办讲座介绍汉语文工作及粤方言研究的新动态。本会也曾为詹教授到访主办讲座，请詹教授和他的高足任主讲嘉宾。

詹教授虽然是方言专家，但他能正确处理方言与汉民族共同语——普通话的关系，在推广普通话方面也是十分认真的。1996年，我会与澳门教育暨青年局延续教育处辖下的成人教育中心合作，举办了一期普通话班。这个班采用了以暨南大学中文系教授、博士研究生导师李如龙为首编写的教材，并由李如龙以及詹、李两教授的高足伍巍、邵宜两博士共三人任教。教学效果非常理想，学员十分满意。在学员举行毕业聚餐的时候，詹教授作为这个班的顾问，在百忙中抽空来澳出席，并在餐会上讲话，学员们都感到十分鼓舞。

自澳门写作学会及澳门语言学会相继成立后，詹教授也经常来澳参加两会主办的研讨会。詹教授在澳期间，还为《澳门日报》的新闻工作者主讲新闻写作中应注意的语文问题。他还在本会学报《语丛》和《澳门日报》的《语林》中发表文章。这些都是对我们澳门语文工作者开展活动的最大支持。

詹教授对我们的关心，还表现在重视澳门这弹丸之地的代表地位上。由他主持的有关全国性和国际性的研讨会，他都邀请我们澳门派代表参加，使我们通过这些活动，认识了不少国内外有关的单位和朋友，开阔了我们的眼界，从而有利于我们在澳门开展工作。如1987年底至1988年初，全国性的中国语言学会在广州举行年会。这次年会由广东省中国语言学会主办，詹教授以会长名义，邀请我们澳门派代表参加。这次全国性的研讨会，是我们首次以澳门中国语文学会的名义组团参加，以本人为领队，团员有林朗、云惟利、谭任杰、林柏松等。我们这次参加研讨会的人数，比香港的还多。主办单位对澳门代表非常重视，开幕式时，邀请我在主席台上就座。利用研讨会的空余时间，我们邀请了朱德熙、张志公、李荣、詹伯慧等专家共用晚宴，从中请教，获益不少。现在朱德熙、张志公两专家虽已作古，但他俩的谆谆教诲常存在我心中。

第一届国际粤方言研讨会在香港举行，当时主办单位没有邀请我们澳门派人参加。只有林柏松作为詹教授的高足参加了会议。第二届国际粤方言研讨会于1989年8月在广州召开，主办单位是广东省中国语言学会。会长詹伯慧教授对本澳非常重视，发函本会代邀请澳门有关专家、学者，本澳才正式有代表参加这样的国际性研讨会。不仅如此，詹教授还在会上建议第三届国际粤方言研讨会于1991年在澳门举行。正因詹教授和广东省中国语言学会诸领导大力推荐，本澳有关研究粤方言的专家、学者，不仅能参加先后在港、穗举行的第四届、第五届国际粤方言研讨会，我们澳门中国语文学会还得以获得主办单位的资格，先后在澳主办了第三届、第六届国际粤方言研讨会。这两次研讨会在澳举行，获得了与会者的好评，提高了澳门语文学术团体和语文工作者在国内外的地位。

詹教授学有专长，但不为成规所囿。他重视少数人的意见，只要他认为是正确的主张就会大力支持。1984年香港中国语文学会主办有关普通话的研讨会，我在会上发表和宣读了《推广普通话和粤语规范化》一文，引起不少人异议；但也有专家，包括詹教授，认为值得研究。

1989年，在第二届国际粤方言研讨会上，我又发表和宣读了《关于做好粤语正音工作的建议》一文。有人认为建议虽好，但现在推广普通话，要做粤语正音工作似不易通过。我对这些人说，不管能否通过，只要我认为正确的主张，我就会不断提出，想方设法使之得以实现。詹教授却很重视我这个建议，翌年就提出成立广州话审音工作委员会。该委员会以广东省中国语言学会会长詹伯慧、广东省教育厅副厅长及广东省语言文字工作委员会副主任林受之、广东省广播电视学会会长及广东省广播电视厅厅长周无忌三人为召集人。这个委员会虽非官方机构，但从三位召集人所属单位来看，足见其代表性。委员会聘请粤、港、澳三地专家、学者为委员。澳门方面，除聘请笔者为委员外，还嘱澳门中国语文学会再推派一人。结果，本会推选邓景滨为委员，一起参加工作。委员会提出确定常用字的粤语正音和准备出版一本广州话正音字典的工作目标。由于工作者属业余性质且为了精益求精，正音工作用了六年多的时间才完成，现正进入出版字典阶段，相信明年将会面世。在这方面，作为做好粤语正音工作的倡议人，我要对詹教授表示衷心的感谢。

詹教授还有不少高足在澳门，他们对本澳开展有关汉语方言的活动和研究工作，起着中流砥柱的作用。最早受业于詹教授门下的，是1956年从澳门到武汉大学入读中文系的谭任杰和何齐飞，他们俩分别于20世纪60年代和80年代回澳工作。80年代，在澳门粤华中学任教的林柏松，为了在学术研究方面更上一层楼，弃教从学，到广州入读全日制硕士研究生课程，跟詹教授专攻粤方言之学，三年有成。林柏松是主动申请加入澳门中国语文学会的。之前，我不认识他，现在已成挚交。他无论在澳，还是现在身处美国，对本澳的语文工作都是非常关心和支持的。80年代，还有郑伟聪在暨南大学中文系就读，詹教授是他的学士学位论文的导师。此外，在暨南大学曾听过詹教授讲话的澳门学生更数不胜数了。1990年，詹教授获国务院学位委员会批准为博士研究生导师。在澳门的朋友中，我最早获得这一讯息。之后，邓景滨成为他所带的博士研究生；翌年，又有陈伯辉加入。现他们二人已获博士学位，分别在澳门大学中文学院以及澳门理工学院语言暨翻译高等学校发挥作用。

纸短情长，书不尽意，詹教授在汉语方言的研究和开展汉语规范化工作等方面的成就是巨大的，他对澳门语文工作者的提携扶掖，也是功绩显著的。本人将没齿难忘。在这里，谨向詹教授表示衷心的谢意，并祝詹教授青春常驻，健康长寿，在学术研究方面，更上一层楼，不断取得新的成就。

（澳门中国语文学会理事长）

门生感怀

师恩难忘

——回忆同伯慧师五十余年的交往

曹文安

我同伯慧师相识、相交已五十余年。五十多年来，我们虽间有往来，但他的音容笑貌、品格风范却时时在我脑中浮现。

记得第一次见到他是在1958年10月。那时“大跃进”修京广复线，武大的学生大都被派往充当主力。詹师因属青年教师亦不能幸免，同我分在一个小组，同吃、同住、同挖、同挑共二十余日。看得出，他虽无体力劳动的基础，但乐意“改造锻炼”，且嗜买报读报，还经常给我们读点新闻。1959年后，我因被分在“语言班”学习，跟他接触的机会也就更多了。其间，他带“汉语方言学”一课，讲课简洁、流畅，待人随和亲近，大家都感到受益匪浅。我还曾到他的湖边宿舍小坐、请教。1961年春，按教学计划，我们拟去湖北宜昌、沙市做方言调查实习，为此，他一个人先行前往联系安排，后又带我们乘船西进。调查时，请来两位发音人，在詹老师指导下，我们听音、记音并整理音韵结构及对应规律，历时半个多月，收获颇丰。回校后，他又指导我执笔写《宜昌方言调查报告》，并受到他的好评。此份报告，我记得1975年他来宜昌讲课时还曾带上。大概是因为他的宜昌之行，1961年秋我毕业后被分配至宜昌师专任教。那时，因他的未婚妻也来到宜昌当医生，我们也就还能经常会面。1975年春，葛洲坝工程在宜昌兴建，工区急需教师，武大则前来开门办学，詹老师的爱人虽早已调往武汉，但他仍不忘“宜昌情怀”，欣然来工区语文班讲授“现代汉语”。我当时因参与市内教师培训工作，也在该班带点课，故与詹老师在一起的机会就更多了。他也经常来我家走动，我的孩子都称他为“詹伯伯”。他在此近一学期的讲课，深得学员好评。他为人温厚真诚，亲和力强，毫无大学老师的架子，课后常跟学员们散步谈心。多年后有学员去武汉还常去武大看他，至今我在宜昌街头碰到他们时，他们仍总不忘“詹老师”。这期间，我还约他为市里语文教师举行了一次“普通话讲座”，当时既无报酬，也无公餐招待，他仍欣然为之。1980年至1982年，詹师远赴日本讲学，我还常能读到他的来信。詹师调往暨大后，我们仍有联系。20世纪90年代，他还曾两次来宜昌：一次是1994年6月参加华中师大邢福义老师的博士生答辩后随同来宜昌参观旅游，师母陈雅仙亦同行；另一次约是1996年随民盟参访团前来访问、交流。2006年9月，他又随广东文史研究馆一行来过一次，那时他已完全退下来，但告知我好像每周还要去香港讲一次课，并为自己带了29位博士生感到欣慰。他这几次来宜昌，时间均较短暂，但都让宜昌的接待方告知我到宾馆、酒店会面、小聚。每一次跟他在一起，他总是像兄长一样关心我的各种情况，并问候在宜昌的其他友人。1996年那次临行时，我送他上火车，他还赠我一包茶叶，闻之品之，沁人心脾。

岁月匆匆，斗转星移，年华似流水，弹指一挥间。五十多年来虽身处异地，但我同詹师相往、相交都不曾断过，斯人之风常在脑际萦绕。在詹师同我的交往中，有两点最令人难忘。一是他待人坦诚、忠善、厚道，十分看重师生、朋友之情。例如，他爱人曾在宜昌工作过几年，有一些从医的同事、好友，詹师每次来宜昌，都要约我一起去拜访、看望、叙旧。又如在我们的来往交谈中，总免不了要说及一些语言学界的同行，每念及此，詹师总是予以褒扬、肯定，如谈到李新魁先生，詹师十分赞赏他的勤奋、见识与才华，对其英年早逝极为惋惜；又如对华中师大的邢福义先生，其在语法研究上的成就，詹师也总是赞不绝口，誉其为"北陆南邢"，国内一流，而绝无"同行生忌"、"文人相轻"之习。至于谈到他的老师王力先生以及武大的博老（刘賾，字博平）、黄焯等前辈，他更是推崇备至，总感到后人难以企及。而且，他对我的工作、学习也十分关心。他每有大作，总不忘赠我学习，像《现代汉语方言》、《汉语方言及方言调查》、《语言与方言论集》等均是我案头常读经典。"文革"后，武大参与主持《汉语大字典》的编写，因人员紧缺，需调人充实，詹师荐我忝列，武大文学院亦多次派人来宜昌商调，但终因武大不放人而未能成行，我因此失去了一次一辈子也不可能再得的学习机会。20 世纪 70 年代末，我开始担任"汉语音韵学"教学。此课我于 60 年代初在武大曾随博平师学过，但多年未接触，早已生疏。为此我求援于詹师，他一方面赠我资料（有的还是别人送给他的未曾出版的油印本），另又介绍我向他的好友北大唐作藩先生请教。我与唐先生素昧平生，然而他也是极为宽待后学的，常给我寄送有关书刊，前后几年约有七八册，对我的来信讨教也总是每问必应，使我能学有小成、行有所遵，能较好地应付教学。我在工作中若稍有收获，詹师也总是鼓励有加，如 1977 年底我在《光明日报》上发表了一篇关于读"普通话"的小文，次年我去武汉出差见到他后，他主动提起此文并热情予以肯定。80 年代中期，我同原武大同窗合编《实用汉语音韵学》一书，初稿送他征求意见，他致信认为"颇有新意"，并"乐意把大著介绍给广大的读者"。读了他的长篇来信，我们三位原武大的学生都深感慰藉。此外，他的甘于寂寞、枯燥，矢志于方言学的不懈探求的科学精神，也始终在默默地感染、勉励和鞭策着我们。老师的作用不仅是教知识，更主要的是给予方法的启迪，使我们的品格受到濡染，思想受到熏陶，而詹老师正是这样做的。春雨润物细无声，我之所以还能在汉语教学与研究的路上获取一点点雕虫小技并一直默默地走到现在，当然跟詹师的鼓励、扶持和言传身教是分不开的。

"老去情亲旧日师。"如今我也至"藏之，白头搔更短"的古稀之年，但独坐小斋，詹师同我逾半世纪交往的点点滴滴仍常存脑际而不逝。"心乎爱矣，遐不谓矣；中心藏之，何日忘之"，是的，韶光易逝，真情长存，此思此情是永远不会忘记的。"梅花雪，梨花月，总相思"，如今先生八十高寿，在此，谨祝愿他松柏常青，健康长寿，并祈雅仙师母及全家幸福安康！另以此小文表达我对先生的敬慕与怀念。

（三峡大学中文系教授）

我心目中的詹老师

朱炳玉

在我的心目中，詹老师既是我的业师、恩师，又是我真诚的朋友。近半个世纪以来，詹老师和我的师生情、朋友谊，一直延续至今。

詹老师和我的师生情是从20世纪60年代初在武大开始的。武大是五年制学校，大四、大五只上专题选修课。1961年，我上大四的时候选了三门专题选修课，即李格非先生的“中国的字书”、沈祖棻先生的“唐人七绝”以及詹老师的“汉语方言调查及研究”。60年代初是所谓的困难时期，教学设备是很落后的。詹老师的专题课是在一个腾出来的小办公室上的，教室里摆放着12把听课椅（即只在右边有一张可以放书做笔记的扶手的椅子），有一块用木制三脚架支撑起来的木头黑板，还有一张半米多高的小课桌权当讲台。至于电教设备，由于那时还没有那么先进，是不可能有的。詹老师就是在这样简陋的条件下给我们上课的。讲完概论，进行语音训练（学习国际音标）时，他完全靠口耳传授。詹老师为了让学生能看清他的发音口型，时而走到学生面前来示范，时而在讲台前尽力探出身子面向学生示范，为了使身体前倾，有时不得不把一条腿搁在低矮的讲台上。这样两节语音训练课下来，其辛苦是可想而知的。詹老师讲课不是那种激越高亢的风格，而是语速徐缓，音调不高，娓娓道来，让学生跟着他的思路，一步步把学生领进知识的殿堂，从而引领学生走上方言研究之路。詹老师当年给我们上课的情景，给我留下了难忘的印象。

詹老师对待教学非常认真，对待学生也非常热情。在语音训练上他要求每个学生都要过关，一再强调如果语音不过关，将来进行方言调查就不可能做到准确地听音、辨音、记音。有时我们到他的宿舍去请教问题，他也热情接待，对所提问题不厌其烦地给予解答。即使我们毕业以后，他也仍然关心我们，把自己的著作送给我们。我在武汉工作时，他送给我一本《现代汉语方言》，在深圳工作时他又送我一本《汉语方言及方言调查》，让我有机会继续接受他的教育。对学生的一些小进步，他都由衷感到高兴，并加以热情的鼓励。当我把拙作《五华客家话研究》书稿送给他审阅时，他在百忙中为我的书稿作序，他除了对书稿作了充分的肯定以外，还有感而发，表达了他对国家方言研究所取得的丰硕成果的喜悦心情和对存在问题的焦虑。

詹老师严谨的治学态度对我影响也很大。记得20世纪90年代，我在学习王力先生的一些著作和当前方言研究的一些文章时，感到有些问题不好理解，产生疑惑，我就写信向詹老师请教。他对我提出的问题作了详尽的解答，同时又建议我去请教别的专家，还给我开出了专家的名单。詹老师这种严谨的治学态度给了我很大的启发和教育。

詹老师对语言文字的应用也极为关心。就我知道的来说，20世纪70年代初国家

"文改会"为了改进小学汉语拼音教学，实现让学生提前读写的目的，在北京、河南、湖北等省市选择部分小学进行汉语拼音教学改革实验。当武大中文系得知湖北省也接受了这项实验任务时，詹老师、陈恩泉老师和宗福邦老师都主动跟省教研室联系，主动要求参与这项实验活动。在下乡进行选点调查时，他们不怕辛苦，跟省教研室的人员一起深入农村进行选点调查。当年的交通条件很差，不像现在村村通公路，下农村就只能靠两条腿走路。我当年在省教研室工作，也参加了选点调查。詹老师当时有一句话让我至今还记得。省教研室同志一再感谢三位老师对选点工作的指导，詹老师听后半开玩笑地说："你们是省教育厅的，是我们的上级，是我们的领导，我们来参加是完全应该的。"

几十年来，我和詹老师常有书信往来、电话联系，现在又常发电子邮件交流信息、互致问候。我非常珍惜这份真挚的师友情，我想我们这种情谊将永远延续下去。

2010年11月9日

（深圳教育学院中文系副教授）

师生情

许武扬

屈指一算，我与詹伯慧老师相交已有三十九载了。

虽然彼此饱经沧桑，且后来天各一方，但是深厚的师生情谊并没有淡化。我们交往中的种种情景，至今历历在目——

一

20 世纪 50 年代末。武汉大学中文系教室。

上课铃刚刚响过，一位年轻的教师走上讲台，向入学新生讲授“现代汉语”。他略带笑意，用标准的普通话和多样的手势，将枯燥的课文内容讲解得条理分明、有声有色，给人留下了良好的印象。

这位教师便是詹伯慧老师。他和我及我们同班同学黄永强都是潮州人。共同的地域和方言，把我们师生之间的距离拉近了。

那时，正值三年困难时期。食不果腹的学生，既要应付紧张的学习，又要参加学校布置的一些社会劳动。1960 年底，学校动员各系师生到孝感修筑汉丹铁路。经过长途跋涉，中文系师生来到指定的地段安营扎寨。工地上，到处呈现着热气腾腾的景象。詹老师与学生一起，冒着严寒，肩挑粪筐，到附近取土区挑土铺路基，一担接一担，干得风风火火，从未吭过一声苦和累。休息时，他与大家促膝长谈，有说有笑，显得很乐观。有一天收工后，他约我和黄永强等几人，到靠近云梦湖的长江埠的一家小餐馆，凑钱买了一条大红烧鱼，蹲在条凳上，美美地吃了一餐“小灶”。在半个月的劳动中，师生们的肩膀被压肿了，感情则加深了。

詹老师深知我和黄永强等友人学习紧张，生活单调，常常邀请我们到他的宿舍聊天，听听音乐。他住在绿树环抱的湖边三舍，室内陈设简单，较有“现代感”的是一部造型一般的收音机和一部带大喇叭的留声机。他移动留声机的唱头，给我们放送潮乐《寒鸦戏水》、《平沙落雁》和潮剧《荔枝换绛桃》等唱片，让我们从中领略到具有浓郁地方特色的潮乐、潮剧的艺术魅力。他还从广东购来了潮乐乐器，有时兴之所至，就让大家奏起潮州“弦诗”来，有拉有唱，其乐融融。见此情景，我和永强等友人都乐极了。一曲终了，欢声笑语飞出了窗外。

我喜欢听音乐，也喜欢学绘画。詹老师曾在我的宿舍看过我的习作，当面称赞了几句。有一次，他郑重其事地对我说：“阿许，你给我的父亲画一张肖像吧!”说完，递给我一张他父亲的四寸黑白照片。我有些犹豫：詹安泰先生是我国著名的古典文学专家、诗词家和知名的书法家，给这样一位名人画像，画得不好，有损他的形象，让人笑话不说，对他也不够尊重。詹老师看出我的心思，用信任的眼光看着我，鼓励我大胆去画。

我一边琢磨照片，一边想起过去暑假在中大詹老师家中拜见詹老先生的情景。詹老先生脸部很有特征：清癯的面容，略宽的前额，尤其是那双闪着一丝忧郁的眼睛，让人印象非常深刻。“传神写照，正在阿堵（即这个，指眼珠）之中。”（东晋画家顾恺之语）我抓住这些特征，把对詹老先生敬仰之情注入笔端，一笔一笔地勾勒、修改，特别是在画眼睛时下了很大的功夫，力求达到形似和神似。

几天后，我把这幅用炭精粉画的肖像交到詹老师的手中。他端详了半天，微笑着点了点头：“画得不错。”这时，我长长地吁了一口气。那年暑假，他把这幅画带回中大家中，悬挂在客厅的墙上。

后来，詹老师还让我给他夫人和妹妹分别画了肖像。有一幅肖像曾在我组织的一次中文系学生书画展上展出，反映还是比较好的。

二

1964 年金秋，我告别珞珈山，来到湖北日报社工作。

那时，我住在汉口的万松园路尾，詹老师家住武昌的珞珈山，中间隔着滚滚东流的长江，来往不太方便。然而，在假日里，我们仍然时有见面，谈兴依旧。

一天，詹老师骑着自行车，从他家那边渡江来到我的宿舍。他把带来的一包东西放在桌上，揩了揩脸上的汗水，微笑着对我说：“你年头说准备回去结婚，我们几个人联合给你送点礼物，以示祝贺。来，你过来看看。”他一边说，一边解开包东西的绳子。我翻开一看——哗！是一副对联和一套精致的玻璃器具。

这副对联的上联是“共尝金尊沉绿蚁”（李清照《渔家傲》词句），下联为“梦回山枕隐花钿”（李清照《浣溪沙》词句）。这二联的书体系碑体，十分凝重、典雅，独具风韵。上联抬头的“武扬、亚丽结婚志喜”和下联落款的“伯慧、永强、翼翔、国梁、蕃翼、能雄同敬贺”均为楷书，给人以端庄、秀逸的感觉。这是一件珍贵的书法作品。它不仅具有外观的形体美，而且蕴含着丰富的精神内涵，达到了形神兼备的艺术境界。

这副赠联，出自詹安泰先生的大手笔。它是经伯慧老师的提议，由詹老先生从我喜欢的李清照词中挑选联句、挥毫一气呵成的。它凝结着詹老师父子和诸位友人的深厚情谊，寄托着他们的美好祝愿。

我望着詹老师，一时激动得不知说什么话才好，只是连声表示感谢。“不用谢了，这是我们几个人也包括我父亲在内的一点心意。”詹老师说后，叹了口气，“嗨！现在要买一种上乘的宣纸真不容易。”接着，便简单告诉我选购书写这副对联的宣纸的经过。

这一年的暑假，有一天，詹老师对其父亲说及我要结婚之事，要求代书一副对联。詹老先生十分高兴，满口答应，并毅然放下手头的工作，和詹老师一起上街选购宣纸。他们头顶烈日，冒着逼人的暑气，接连跑了好几间文具店，看了又看，选了又选，直到买到满意的为止。最后，两人都累得汗流浃背。

这件事，使我感动不已。那时，詹老先生虽然年仅六十多岁，但是，由于1957年遭到不公正的对待，身心俱受损伤。再者，他所从事的古典文学研究和教学任务又十分忙碌、繁重。在这种情况下，哪能再去麻烦他呢？然而，他却认认真真地办了。

为着给一个学子写对联，先生父子双双欣然上街选购宣纸，这在现实生活中恐怕是不多见的。这件事，充分体现了詹老先生与伯慧老师对后学的一片纯挚的爱心。

后来，我把詹老师等人赠送的对联和玻璃器具带回老家，分别挂在旧屋的墙上和置于陈旧的书桌上。每当一年一次回家探亲，我凝视着那副对联，心中便觉得宽慰了许多……

三

“文革”来了，在这场空前的灾难面前，谁能逃脱得了呢？

“武扬兄，不好了，詹老师‘落水’了。”比我晚几届的好友柯翼翔匆匆跑来，向我提供了这个意想不到的信息。

“啊！他……他有什么问题？”我惊诧、愕然，焦急地询问了他的情况。

小柯喘了一口气，缓缓地告诉我，造反派给他定的罪名是“资产阶级的孝子贤孙”、“特嫌分子”、“搞裴多菲俱乐部，毒害青年”……

这些帽子,重得可怕，重得吓人！

我对小柯说：“这种时候，无论出现什么情况，我们一定要冷静，千万不要跟着人家乱说。我始终坚信，詹老师是清白无辜的。”

小柯点了点头：“是的，我也这样想。”

隔了几天，我回母校一看——哎呀！校园里铺天盖地地贴满了大字报、大标语：“打倒×××!”“斗倒×××!”“把×××打翻在地，再踏上一只脚!”……比比皆是，触目惊心。美丽、宁静的校园，失却了往日的风采，到处充满了呛人的火药味。

据小柯说，詹老师于“文革”开始不久就被关进“牛棚”批斗，失去了自由。这时，我眼前浮现着他的身影，说不出心里有多忧伤。

不久，小柯又跑来对我说：“听说造反派要派人找你提供‘炮弹’，准备再去‘炮轰’詹老师。”

“哼！我有什么‘炮弹’？他们想从我这里弄他的材料，妄想！”我狠狠地说。过了一会儿，我关切地问道，“小柯，你顶得住吗？”

“还可以。”小柯点了点头。

在以后的日子里，造反派并没有派人来找我，而我却一直坐卧不安，老是惦记着詹老师的安危。听说他一直被“监管”在学生宿舍，不得自由。只是1967年4月他父亲病危时才获准回广州和临终前的詹老先生诀别，算是“亲视含殓”了。詹老先生一生坎坷，“文革”中得了癌症，辞世时才65岁，实是我国古典文学界的一大损失。

“文革”后期，武大文科在工宣队的带领下，被一锅端到鄂西北的襄阳隆中办分校。在这期间，詹老师给我写了一封长信，详细叙述他在那里接受“再教育”的种种情况，诉说他的学术资料被抄走，不能继续进行学术研究、撰写学术论文的痛苦心情，末了写道："阿许，如果我有什么不测，你能在我的坟头添上一抔土吗？……"看到这里，我心情十分沉重，眼泪几乎夺眶而出。知识分子被糟蹋到这种地步，复何言哉！

待到心情稍为平静，我给詹老师复了信，除了表示同情和安慰外，还向他报告了我眼下的境况。

那年头，我虽然没有遭到像詹老师那样的厄运，但是，处境也相当艰难：报社被查封了，整天被圈在大楼里办班；不时听到街上造反派高喊"湖北日报的臭老九，滚下来接受老子的再教育"的口号声；被勒令参加各种大小的批斗会……

几个月后的一个星期天，詹老师突然出现在我的眼前：他脸庞黑瘦，头戴旧的鸭舌帽，身穿褪色的中山装，脚着发白的解放鞋。他的外表变了，只是那乐观的情绪没有变。他笑吟吟地说："阿许，好久不见了！"说完，塞给我一包从武大襄阳分校广德寺白果树下捡来的白果，并告诉我如何制作白果才爽口好吃。唉呀，此时我哪有心思去关心这些！我急忙问他是不是"解放"了，他说是有要事请假回来的。

久别重逢，百感交集。我们要说的话很多，很多……

两年后，詹老师回到武大，按照校系的旨意，干着一些与他的方言研究不大相干的行当。我则在报纸复刊后被批准第一批上班，为这张"高级传单"（当时群众戏称）做点采编工作。

我们都有事干了。然而，我们都不开心。那时，我为家庭困难问题所困扰，曾要求把妻子和小孩的户口从南方农村迁来，答复是没办法！既然如此，我不得不申请"打道回府"了。

詹老师理解我的苦衷，不无惋惜地对我说，那也只好走这一步棋了。

1972年底，我接到调回原籍工作的调令。临别，詹老师约我到东湖"听涛"餐厅吃饭，说是为我饯行。饭后，他一只手搭在我的肩膀，深情地说："走，我们去照张合影吧，以后不知哪年才能见面。"我黯然神伤，默默地同他来到了湖边。

当日，天色灰暗，寒风习习。东湖水面荡漾着层层涟漪，武大的罗马式建筑的倒影在水中缓缓摇曳，岸边垂柳的枝条在轻轻拂动……我望着远处迷蒙的景色，顿时觉得心里空空荡荡……

四

回县后，不顺心的事情接踵而来——

开始，我被安排在报道组工作。一次，"革委会"里一位主管宣传工作的军代表叫我写一篇"农业学大寨"典型的假报道，我恪守职业道德，耻于献媚，理所当然地予以拒绝。结果，他恼羞成怒，不到一年，就把我赶走了。

后来，我接连被调换了几个单位，干着与原来业务全不沾边的工作。其间，曾经遭到打击之事，自不待言。

再者，个别头头认为，我岳父是右派（我长期背了这个黑锅），本人又是知识分子，因此，必须接受长期的考验，党的大门“暂时”不能向我打开。

不得已，我“夹着尾巴”去“晋见”一位有关的“头人”，要求安排一个我能发挥作用的单位。不料，那位“头人”跷着二郎腿，拉着长脸说道：“你不是党员，要怎么安排，嗯?”

……

我别无选择，只有面对现实，用积极的态度去对待工作。一到星期天，我就回到离县城十多里路的家里，帮助妻子下地干活，用汗水冲掉憋在心里的闷气。

当然，我不能拿妻子出气，因为她也太苦了。

那时，她一个人在生产队劳动，一年辛辛苦苦下来，等到结账，不仅挣不了几个工分，分的粮食远远不够吃，而且还欠了队里一大笔钱。家里连父母在内七口人，就靠妻子的劳动收入和我一个月57块钱工资，维持生计，艰难度日，连小孩闹着要买一个价值仅两毛钱的小球也买不起。再者，我家借住的两小间老屋（华侨托管），由于年久失修，屋顶破漏不堪，一到下雨，就要端盆子接水，况且，“……雨泽下注，每移案，顾视无可置者”（归有光《项脊轩志》）。多么狼狈！

唉，真是内外交困！那年头，我总觉得，生活对我太残酷了。

我把所有这些都深深地埋进心里，不愿意轻易向别人诉说。所以，很长一段时间，詹老师并不知道我的真实情况。后来，他从我去信告知近况中（他在多次来信中问及此事），才真正地了解到。1980年，他赴日本东京讲学后，在一次来信中深情地写道：“这七八年来，你的处境确实叫人担忧，只是爱莫能助，惭愧得很！希望你在困难中豁达乐观，对前途充满信心！”（1980年10月7日来信）詹老师这番亲切的话语，温暖了我的心，同时唤起了我对困难问题的思索。我想，我面临的许多困难，是生活对我发出的挑战。这未尝不是磨炼意志和充实人生的一次机会。我要走出困境，就应该用坚韧不拔的精神和敢于面向未来的勇气，去迎接这种挑战。

说实在的，物质生活的困难，可以咬紧牙关逐渐熬过去，而工作上的不如意，就觉得日子过得很烦闷。我曾经对詹老师流露了这种情绪，他非常理解，多次写信表示要给予鼎力相助：

——“回普宁这么多年，你有无‘归队’的念头？如果想回报社或新闻部门，我当尽力介荐。”（1983年12月28日来信）

——“我总希望你能有机会换个环境，还是搞你的本行为好，此事一直在留意。”（1984年11月21日来信）

——“你的工作问题，一直记在心上。我总希望你能有个机会发挥你的多方面才能……”（1985年2月10日来信）

詹老师在来信中先后向我提到了几个具体单位，有的问他要人，他郑重地推荐了我，有的听了他关于我的情况介绍，表示同意接纳。他多次热切地希望我“快刀斩乱麻”，“早日作出抉择”。

詹老师的热情关怀和真诚相助，我实在感激不尽。

开始，我动了心，觉得调往他处，对个人事业的发展，可能有好处。后来，我考虑到，原来的业务已荒废多年，现在要从事另一种新的工作，不一定能够完全适应。再说，妻子早已参加工作，父母亲和三个孩子的户口也已迁进县城，而且又分到了房子，再搬一次家，便又要重新去解决许多实际问题。权衡再三，觉得另谋他职已不太现实，罢罢罢，还是“按兵不动”吧！

想起此事，我感到很内疚，因为我辜负了詹老师的一片苦心。

五

不论与之交谈，还是给我来信，詹老师总是抱怨“时间实在太少了、太少了”。对他来说，时间就是生命，就是成果。因此，他对时间是特别珍惜的。

1980 年 4 月，他作为教育部派出的首位语言学学者赴日本东京大学讲学两年。期间，他曾给我写了几次信。有一次，他在信中说：“……过了五十，该是大半截身子‘就木’了，眼看日近黄昏，不无‘时不我与’之叹。……我在这里一直很忙，越是时日无多，越非抓紧做些在国内难以完成的事不可。”

他只身在日本，夫人不能陪伴出国，每天得自己买菜做饭，步行上班。余下时间就都全力扑在工作上：同时开五门课，从大学一年级教到硕士生、博士生；白天上课，晚上备课、写讲稿，一直忙到午夜后才能睡觉。除完成教学和研究工作、进行学术交流外，他还应香港《文汇报》之约，利用假期走访扶桑列岛，把耳濡目染、所思所想的事情写成散文，陆续在《文汇报》的《笔汇》以专栏形式连载，引起海内外读者极大的兴趣，获得好评。回国后，他汇集已登载的几十篇散文，在武汉大学出版社出版了《东瀛杂记》一书，很快销售一空，后来人民文学出版社又出版了该书的增订本，以飨读者。我有幸拜读他馈赠的这本散文集，既领略了这些美文的韵味，又增长了不少关于日本的知识。

1983 年 10 月，他调到暨大任教，越发忙得不可开交。几年后，他在一次来信中感叹道：“我忙忙碌碌，一些从来做梦也没想到要过问的事也都找上门来了，我的许多宝贵时间就这样给花费掉，开会多、杂务多、麻烦多，这是我的几多……我当抓紧时机，回到我的书本堆上来。”又说：“没有足够的时间可以做学问，是最伤心的事。”据我了解，他在校内外身兼几十个职务，除完成繁重的教学和科研任务外，还要应付大量的学术、社会活动，又要经常出国讲学，一年之中，花在这方面的时间少说也有三分之一。显然，他的“感叹”是值得感叹的。

由此我想到了他的身体状况。记得过去在一次来信中，他曾告诉过我，从 20 世纪 50 年代开始，他的眼睛便患有结核性巩膜炎，动了几次手术，后来发展成继发性青光眼，给他带来了极大的痛苦。1995 年元宵前一天，他应邀前来汕头参加受聘兼职教授仪式并进行学术交流。期间，他打电话约我到汕头一晤。在促膝长谈中，我关切地问起他那布满红丝、有点混浊的眼睛的视力状况。他淡淡地说，现在右眼视力只有 0.2，左眼视力稍微好一些，不戴眼镜就什么也看不见了。况且，眼疾一发作，头昏脑涨，难受得很。又说，他的许多学术著作，就是在这种情况下咬着牙齿完成的。最近他受聘到新加坡国立大学任教，在给我的来信中说："我的右眼已完全看不见了，就剩下一只眼在工作……"看到这里，我更加肃然起敬，感慨良多。

啊！詹老师，你那顽强拼搏和无私奉献的精神，无论过去或现在，都深深地激励着我，教育着我。我从你这种精神中感悟到，人生的价值在于拼搏，在于奉献；不管环境、条件多么艰难，只要敢于拼搏，就能立于不败之地。回顾大半生走过的坎坷道路，聊以自慰和可以些许告慰您的是，在处境相当困难的情况下，我没有自暴自弃，没有消极沉沦，而是恪尽职守，努力把"半路出家"的工作做好。尽管没有享受到鲜花和荣誉，但却得到心理上的平衡。此生，我终于找到了自己的位置和归宿，我将沿着自己应该走的路，一步一步地向前走去……

尽管工作繁忙，但詹老师仍时时关心着在外地的学生。他每次到汕头参加各种学术活动和会议，必定要打电话约我前往一叙，有几次还在百忙中专程亲临普宁来看望我全家。前年，一个金风送爽的秋日，他偕夫人赴汕出席学术会议后，又风尘仆仆地来到普宁。那天，一踏进门，他四处看了看，视线从略加装修的客厅移向录像机、音响设备等电器，笑呵呵地说："嗬！阿许，真是鸟枪换炮，变化不小哇！"我说："自己跟自己比，只是有了进步而已。"当下，我们都显得很开心，一边品尝工夫茶，一边叙家常，从眼前谈到过去，往事悠悠，感慨万千！我对詹老师说道："当年，我们在湖边三舍听潮乐、潮剧，我还没有忘记呢。你就因为这事在'文革'中被打成'裴多菲俱乐部'成员，还记得吗？现在，我们可以轻轻松松地来一起欣赏维也纳爱乐乐团演奏的交响曲了，有兴趣吗？"他兴致勃勃地说："好，来一次高品位的享受！"

电视机的屏幕出现了该乐团演出的壮观场面，客厅里顿时回荡着一首首优美、动听的交响曲。老约翰·施特劳斯的《拉德斯基进行曲》，以欢快、亢奋的曲调，拨动着每个人的心弦；约翰·施特劳斯的《蓝色的多瑙河》序奏后的第一首圆舞曲，把合唱曲中的优美词句，轻轻地送到每个人的耳畔：

"春天来了，大地在欢笑，蜜蜂嗡嗡叫，风儿吹动树梢……"

听着，听着，我仿佛与詹老师一起，走进了春天，走进了充满希望的春天……

1998 年 5 月

（武汉大学中文系 1964 届毕业生，现任职于广东省普宁市人民检察院）

重感情的恩师

——记詹伯慧老师

余国梁

在伯慧老师家的客厅墙上，挂着一幅笔墨稚拙的山水画，画的是潮州市的凤凰台和涸溪塔，那是我第三次应伯慧老师之命而画的。每逢踏进他的家，抬头见到这幅画仍然悬挂着，我既因画得不好而觉羞愧，又因数十年的师生情谊而感到无限温暖。伯慧老师是德高望重的教授，许多名家都有字画相赠，但他却属意于一个学生的幼稚之作，原因只有一个：他是个重感情的人。

我是1960年考入武汉大学中文系的，那时伯慧老师是系里最年轻的讲师。他和陈恩泉老师两人共住湖边三舍的一间房，陈老师上我们班的"现代汉语"课，我去拜访陈老师时认识了他。因为他平易近人，对学生尤为爱护，加上又都是潮汕人，而且那时他还未成家，所以交往也就越来越多。当时在他周围的学生还不少，有比我高年级的如许慈航，后来还有比我低年级的如柯翼翔等，都成了往来密切的朋友。伯慧老师对我们这些学生的关怀真是无微不至，又从不以师长自尊，有一颗至今未泯的炽热童心。我们从他那里不但学到了为人为文的知识，还深深感受到亲情的温暖。和他在一起，真是无拘无束，特别自在。1963年系里搞了一次学生书画展，我有几幅画作参展。伯慧老师看过后便叫我画一幅送他，承他看得起，我自然乐意。问他画什么好，他说要故乡景色。我其实并未认真学过画，更没画过山水，担心画不好。但想到老师对我们的情意，就没再说什么，心想一定要尽力而为。后来只用了两天，便将同列为"潮州八景"的"凤凰时雨"（凤凰台）和"龙湫宝塔"（涸溪塔）凑成一幅条幅，还写了一首七律题上去。这是我第一次拿山水画送人，何况又是送给自己敬重的师长，左看右看不满意，忐忐忑忑地拿去交卷。不料他看了却很高兴，当即挂在床头的墙上。

1965年大学毕业后我被分配到广西，随即是"四清"、"文革"，与伯慧老师也断了音讯。1978年武汉大学向广西商调我回去工作，虽然后来没有调成，却使我与仍在母校的伯慧老师等师友恢复了联系。1983年初我调来汕头大学，也就在那一年伯慧老师也调到暨南大学。同在一个省，来往又多了起来。有次他对我说，过去那幅画"文革"时已不知去向，叫我重画一幅。这次我却颇感踌躇了，对他说，我毕业后便没再画画，早就生疏了，更何况他已是个知名的教授、院长，只有名人的字画挂在他家里才相称。他很不以为然，又谈起昔日珞珈山麓的师生情谊，坚持要我画。虽说师命不可违，但我仍一拖再拖，直到他说镜框已经做好，我才又以旧题材小心翼翼地依尺寸画成横幅。写意这东西，越是谨小慎微越是呆板不堪，画完后总觉得不像样，但也已经黔驴技穷，只好给他邮寄去，不料他很快就回信说已经挂在客厅的墙上。前几年因为这一幅画被虫子咬坏，又应命画了第三幅，自然就更差了，但他还是挂着。他不是看重我的画，只不过以之作为情谊的见证——浓浓的乡情，醇醇的师生情。

大学四年级时，伯慧老师给语言专门化的学生上“汉语方言学”课程，我是文学专门化的学生，但还是饶有兴趣地从头到尾旁听了这门课。我感受最深的，是他对学问的专注，简直到了入迷的程度。他对语言现象特别敏感，学习方言的能力很强，除了幼年掌握的潮州话和客家话，以后每到一地，他都能很快地学会当地的方言，广州话、北京话和武汉话都讲得十分地道，上课时“信口道来”的都是生动的实例。别人往往忽略的语言上的细微差别他能一下子就抓住，而且总是随时记下来，绝不轻易放过。有关方言的知识一经他分析和指点，听者就会恍然大悟，顿觉兴趣盎然。一般人总觉得语言学比较枯燥，他却乐此不疲，“一往情深”。这是他当讲师时给我留下的深刻印象。1979 年以后他的事业快步走向巅峰，我不是研究语言的，又不在他的身边，情况不甚了解，但我想与他早年奠定的基础和形成的学风是分不开的。所以 1990 年底，当得知他成了我国首批方言学博士生导师之一的时候，我曾开玩笑地对他说，我三十年前就料到您要成为方言学大家的。

随着学术成就和知名度越来越高，他的社会兼职也越来越多。伯慧老师是个责任感很强的人，连我们这些学生向他提出的要求他都会想方设法来满足，更何况那些社会责任呢！因此，他是越来越忙。好几次他到汕头来，或是作为人大代表来视察，或是处理民盟事务，或是参加学术会议，他总还带着一摞方言方面的资料。公务完毕往往还要接待客人，送走客人他又挑灯夜战，整理文稿。长年用眼过度使他的视力越来越差，但他并不因此放松对学问的探讨，也不借此推脱社会事务。他是汕头大学的兼职教授，除了应邀前来讲学之外，还十分关心家乡这所大学的发展。尤其在汉语言文学的学科建设和学位点建设等方面，他不但在建设计划上加以指点，而且做了许多实际工作予以大力支持，汕头大学文学院的院长林伦伦教授等当有更为真切的体会。总之，伯慧老师无论做什么事，都付以满腔热忱，因为他是个重感情的人。

我结识伯慧老师已经 38 年，他的人格、他的学术造诣，仰之弥高；他对我的培育之恩和关怀之情，久而愈深。在庆祝他从教 45 周年的时候，我衷心祝愿他健康长寿！

（汕头大学副教授、原校党委副书记兼纪委书记）

难忘的回忆

林柏松

不知不觉，自毕业离开暨南大学到现在已有十一年了。回想起在暨南大学念硕士的三年，脑海里常常浮现许多美好的回忆。其中，与导师詹伯慧教授相处的一些往事，我觉得特别珍贵，特别难忘。

1983年秋，我在澳门粤华中学任教的时候，在一次偶然的机会中，我得知暨南大学中文系明年向海内外招收现代汉语硕士研究生，导师是刚从武汉大学调入暨南大学的詹伯慧教授。对于詹教授，我早已拜读过他的大作《现代汉语方言》，并且知道他是"文革"后国内第一个赴日本讲学的中文系教授。能拜读在他门下，当然是我梦寐以求的事情，可是，是否有把握考上，心里则完全没底。于是，我想出了一个"投石问路"的办法，先写一封信给他，把自己的情况跟想法告诉他，随信还附上了我的一篇论文《中古"疑"母与石岐话ŋ声母》。信发出以后不久，就收到了詹教授的回信。他在信中一一回答了我提出的问题，并介绍了国内外研究现代汉语方言的情况，热情鼓励我回内地攻读硕士。从此以后，我下了回内地攻读现代汉语硕士的决心。

记得我和詹老师第一次见面是在1984年2月17日，那是全国研究生入学考试的前一天。由于教务繁重，我要在下午放学后才能从澳门赶去广州暨大参加考试。当时的交通远没有现在这么方便，经过三次转车、五次渡海，到达暨大招待所已经差不多晚上11点了。本来，我是计划好当晚去拜访詹老师的，可是已经那么晚了，我不禁有些犹豫。考虑再三，我还是去了。我按地址找到了教授楼，怀着忐忑不安的心情按了门铃。开门的是一位精力充沛、目光炯炯的中年学者。我用带着广东口音的普通话报了姓名，那位先生"啊"了一声，说："你可来了，请进，请进!"原来他就是我仰慕已久的詹伯慧教授。进门坐定，我不好意思地解释深夜造访的原因，他爽朗地笑着说："没关系，没关系，我每晚不到两点睡不了!"他还笑着说："你是广东人吧？我们就用广东话说好了！这几天，凡是报考我的现代汉语方言的考生都来了，你算是最后一个了!"他是那么随和，那么平易近人，使我一下子忘掉了拘谨，我们一见如故地谈起来了，从我的论文谈到我的工作，从他在武大的教学生涯谈到他在暨大的计划。要不是詹师母提醒，我们还不知谈到什么时候。最后，他对我说："这次全国研究生入学统一考试，考的科目多、范畴广，难度很大，希望你全力以赴，考出好成绩!"

值得庆幸的是，我总算没有辜负詹老师的期望。我以较高的分数被录取了，成为澳门地区考入内地大学的第一名研究生；和我一起被录取成为詹老师第一批研究生的，还有彭小川、陈晓锦和甘于恩这三位内地的同学。在这以后的三年时间里，詹老师带领我们走遍了珠江三角洲的每一个方言点，进行实地方言调查。詹老师言传身教，教书育人，不但向我传授专业知识，而且教给我治学之道，为我以后的专业发展打下了坚实的基础。

记得有一次，我和詹老师在课后用广东话闲聊。突然，詹老师停了下来，望着我说："你刚才在说话当中，两次用了'卒之'（终于）这个粤方言词。这本来是一个很文雅的古汉语书面用词，却在现代港澳口语中出现，这是一个很有意思的语言现象。像"卒之"这类词，在港澳粤语中还有多少？使用的频率到底有多高？"这一问可把我问住了。粤语是我的母语，像"卒之"这类词，我们天天挂在嘴上，可是我从来没有从语言学的角度去想过它们。詹老师以一个语言学家特有的敏锐，善于从日常的语言中发现问题，找到研究的题目，这正是我最需要学习的地方。

还记得有一次，在学习和讨论广州话音系的时候，我对广州话阴平调的实际调值存有疑问。当时方言学界对广州话阴平调的调值分歧颇大，有的记为55，有的记为55或53，有的则把55调与53调处理为上、下阴平两个独立的调类。为此，我专门去请教了詹老师。詹老师还是坚持他在《现代汉语方言》一书中的看法，把53调与55调当作阴平调的两个自由变体来处理。我当时从自己的语感出发，认为把53调与55调作为两个独立的调类固然不对；可是，既然它们之间存在着大量的意义对立，似乎也不应该把它们当作两个自由变体来处理。詹老师听了我的意见之后，不但没有生气，反而鼓励我说："学生不应该局限于老师的一己之见，一切应从语言实际出发。我建议你花点时间到广州市实地调查一下，然后写一个调查报告。"在詹老师的支持下，我花了半个月的时间，到广州市的四个区，找了十九个不同年龄、不同籍贯、土生土长的广州人进行实地调查，事后写出了题为"广州话阴平调值的内部差异"的调查报告。尽管调查报告的结论与他自己的看法不尽相同，詹老师还是很认真地为我审阅了全文，并亲自写信把它推荐给《方言》杂志。通过这件事，我深深感受到老一辈语言学家热心扶掖后辈的闪光品德，以及一切从语言实际出发的优良学风。后来，我在第一届国际粤方言研讨会上宣读了这篇调查报告，获得了与会学者的好评。调查报告收录在《第一届国际粤方言研讨会论文选》，并出版了抽样本。

詹老师在学术上是我的启蒙老师，在日常生活上则是一位慈爱的长辈。我还记得从研究生二年级起，因我太太动手术住院，我家的生活变得困难起来，我曾一度萌生退学的念头。詹老师及时发现后对我做了思想工作，鼓励我克服困难，坚持到毕业。后来，我把我女儿也从澳门接到暨大，她在暨大附小上二年级，我在研究生院上二年级，我和我女儿都成了詹老师家中的常客，我女儿至今还记得"詹师公"给她的糖。在三年级写硕士论文的时候，詹老师破例允许我从星期一到星期五在澳门兼课，周末时才回暨大。而他就在家中为我补课和指导我写毕业论文。在詹老师的热情鼓励和亲友们的大力支持下，我终于克服了各种困难，完成了在暨大的学业，获得了硕士学位。

不知不觉，詹老师从教至今已经四十五年了。从他带出来的我们这第一批研究生算起，他至今已带出了六批博士研究生和四批硕士研究生共二十余人，为语言学界培养了不少人才。他还先后去过日本、法国、新加坡等国和我国港澳台地区讲学，最近又将应邀到美国加州大学伯克莱分校作学术研究。他的学生满天下。今天，在纪念詹老师从教四十五周年之际，我谨从遥远的大洋彼岸寄来一个学生的诚挚祝愿：祝詹老师生命之树常绿，学术之花长开！

1998 年 6 月 15 日于美国加州蒙特瑞市

（1987 年获暨南大学硕士学位，现任美国国防语言学院中文系教授）

两袖清风耘不辍，一生追索到白头

——记著名语言学家詹伯慧教授

伍 巍

深夜的暨南园，走过静静的苏州苑的楼群，抬头凝望四楼的窗口，书房的灯光仍在亮着。几枝迎风摇曳的常青藤爬满窗台，一盏白炽台灯映照着一位戴着老花镜的沉思的学者——他就是我国著名的语言学家詹伯慧教授。一年四季，夏雨春风，只有这盏伴随他多年的普通台灯知道，詹教授以孜孜不倦的追求精神，为心中的事业倾注了多少心血，为我国语言学的发展付出了多少精力！

一、脱颖而出

詹伯慧先生1931年出生于广东饶平一个书香之家。祖父詹辉琼是当地的一位名医，父亲詹安泰教授是中国著名的文学家和书法家、中国现代十大词人之一，对岭南文学的发展影响尤其巨大。当地的饱学之士经常云集詹门，赋诗填词、谈古论今。从小习诵名句名篇、在大人的应对唱和中为父亲研墨伸纸，是詹伯慧的家常作业。书香门第多年的耳濡目染使詹伯慧先生受到良好的文学熏陶，具备扎实的文学功底。难怪《澳门日报》总编辑、知名作家李鹏翥先生在读了詹伯慧于20世纪80年代发表的《东瀛杂记》后，称赞他是“文笔优美的散文作家”。

不过，青少年时期的詹伯慧并没有将文学作为他的主攻方向，偏偏对语言情有独钟，这有一定的原因：他的家乡粤东饶平新丰是个多种土语聚合的地区，母亲是地道的潮州人，父亲是饶平客家人，他的家庭语言环境从来就是多元化的——和父亲说客家话，和母亲说潮州话，“抗战”期间在粤北念高小时又开始接触广州话。特殊的语言环境养成了詹伯慧对语言现象特殊的敏感。他的耳朵能准确地辨别出不同语音间的细微差异，并能相当逼真地模仿。年轻时期的詹伯慧觉得，父辈们评诗论词常常涉及到平仄、声韵，读史解经也总离不开释义训诂，于是他逐渐明白了：文学的基础是语言，语言是文学和一切思想的载体，它是一门值得研究的学科。当他在广州中山大学附中读高中时，适逢当时中国大学中唯一的一个语言学系，就是王力教授创办的中山大学语言学系在广州诞生，王力、岑麒祥、方光焘、商承祚等一批中国一流的语言学家执教于该系，詹伯慧对于这个就在身边的语言学人才培养基地倍感兴趣，于是暗暗下定投考中山大学语言学系、攻读语言学的决心，从高中就开始阅读有关语言学的书籍。开通的父亲见他如此执着，也不勉强儿子继承自己的古典文学专业，而是予以全力的支持。经过艰苦的努力，詹伯慧于1949年报考中山大学，且以各科成绩全优名列中山大学语言学系录取新生的榜首。

入校后，他如鱼得水，在几位语言学权威的指导下勤奋学习，刻苦钻研。为了便于阅读国外的语言学著作，他选修了英、法两门外语。大学三年级时，他偶然在一份法文报纸上看到法国语言学家写的一篇评介斯大林《马克思主义和语言学问题》的文章，很受启发，于是将这篇文章试译成汉语。译文送到当时语言学系主任王力教授跟前时，王先生对其倍加赞赏，为了鼓励全系师生学好外语，当即指示办公室将这篇译文印发给全系的师生阅读参考。詹伯慧在广州的学习生活从高中到大学连续七年之久，把小学时已接触过的广州话掌握得更好，以至于能说一口流利的广州话，谁也不知道他是潮汕人。

1953 年，詹伯慧从中山大学毕业，被分配到武汉大学任教。1954 年，中山大学语言学系并入北京大学中文系，全系师生在系主任王力教授的带领下赶赴北京。詹伯慧这时对汉语方言的兴趣已很浓厚，在武汉一年多的时间里，凭着他那过人的语言学习能力，很快便掌握了一口流利的武汉话。1955 年，经王力先生举荐，他前往北京大学中文系进修，师从著名语言学家袁家骅教授，专攻汉语方言学。在此期间，他又熟练地掌握了普通话。北京大学进修的两年多时间使他的方言学理论和业务能力得到飞跃发展，袁家骅先生发现这位富有刻苦钻研精神的青年具有很大的专业发展潜力，于是决定在实践中进一步培养、锻炼他，让他参加由自己主持的《汉语方言概要》的编写，并要他担负闽南方言和粤方言这两部分难度较大、占全书 1/3 篇幅的书稿的撰写任务。

袁家骅先生是位有远见卓识的方言学前辈。为了扩大詹伯慧的视野，培养他应对复杂语言现象的能力，又为他创造接触少数民族语言的机会。1956 年，袁先生接受中国科学院率队调查壮侗语的任务，安排詹伯慧赴海南岛参加黎语的调查研究。詹伯慧在少数民族地区经受了艰苦的田野作业的锻炼。一次偶然的机会，詹伯慧随调查队穿越林莽丛生的海南岛南陲时，发现在“天涯海角”的崖城镇里，居民说着一种与周边语言迥异的方言。这种特殊的方言，既是语言研究中难得、珍贵的材料，也是考察社会历史、研究先民迁徙不可多得的重要资料。凭着扎实的基本功和敏感的语言判别能力，他在记录了一千多张语料卡片的基础上，认定这是一种已发生变异的北方话。通过相应的历史材料的印证，正式将其定名为“海南岛军话”。在完成黎语调查任务返回北京之后，詹伯慧便把“军话”的语音材料整理出来，在北大主办的《语言学论丛》上发表了《海南岛军话语音概述》一文，引起国内外众多同行学者的关注，纷纷赞叹这位年轻方言学者的出众才华。《汉语方言概要》的参与编写和《海南岛军话语音概述》的发表，是詹伯慧先生方言事业上的第一个里程碑。

紧接着他着力整理了家乡潮州方言的语音，以长达十万字的细致描写和分析受到方言学家丁声树、李荣的赏识。这篇报告发表在丁、李两位主编的《方言与普通话丛刊》（二）上，成为他初具影响力的成功之作。此后，他一发而不可收拾，陆续在《中国语文》等权威刊物上发表有关汉语方言的研究文章，奠定了他作为汉语方言学新秀的地位。

二、十年磨难

1958 年从北京大学结束进修回武汉以后，詹伯慧先生在武汉大学主要给学生开设“汉语方言学”课程，并经常带领学生深入湖北各地调查方言，在此基础上主持编纂《湖北方言概况（初稿）》。此外，他还一方面认真体察自己熟悉的广东粤语、广东闽语

（潮州话），写出一篇篇研究力作；另一方面特别注重拓宽方言研究的视野，联系语言实际，探讨方言研究的理论问题和方法问题。他主张大力开展方言词汇和语法的研究，为此他先后发表了关于调查研究方言词汇、语法的专论，在方言学界产生良好的反响。在汉语方言分区问题上，他赞成“以语言材料为依据，以社会历史资料为主要参考”的分区原则，并主张重视大方言区的下位层次分析。根据这一较为切合实际的原则，他赞成“将闽南方言和闽北方言两个下位层次合为一大方言区——闽方言”的主张。20 世纪 80 年代以来，他的“汉语七大方言”说已普遍为海内外汉语学者所接受，不少“现代汉语”教材使用“七区说”，《中国大百科全书·语言文字卷》也以七大方言体系来设置条目。

然而，詹伯慧走过的道路却远非一帆风顺。20 世纪 60 年代中期，处于精力最旺盛时期的他，正要向更高领域攀登、探索时，一场突如其来的文化大革命风暴席卷了整个中国。由于业务出色，“白专分子”的罪名落到他头上，再加上“右派子女”、“海外关系”等罪状，詹伯慧被列为武汉大学第一批“牛鬼蛇神”之一，成为红卫兵“专政”的对象，多次被游街示众。他多年辛苦积攒的书籍在红卫兵的反复抄家过程中遗失不少，书稿散落一地，家中仅有的几只破旧衣箱也被造反派贴上封条。随后，他被勒令搬进学生宿舍，接受红卫兵的日夜看管，完全失去了人身自由，备受人格的羞辱。某些“积极分子”甚至捏造莫须有的“事实”，加害于他。在工宣队进驻武大后，一位平日交往颇多的同事在学习会上发难：“詹伯慧，你的手表是发报机，你要老实交代，低头认罪！……”詹伯慧欲辩无言，身边唯一较值钱的物品也被没收了！在那人妖颠倒的年代里，他每天面对的是一双双充满敌意的眼睛，听到的是一阵阵批判训斥的声音，睡梦中常常被噩梦惊醒。在备受精神折磨之后不久，他被发配到乡下，开始了劳动改造的生涯：当苦力、做泥瓦工、挑大粪……冬天来了，凛冽的寒风刺骨，一应御寒衣物仍被造反派封存在箱子里，一个才华横溢的语言学家不得不穿着单裤跳入泥塘，用最原始的方法搅拌泥浆。血顺着腿上一道道冻裂的伤口流出来，混合在冰凉的泥浆中……善良的中国知识分子向来善于忍辱负重，每当回忆及此，詹伯慧先生就不由得带着沉重的表情，仰天叹息：“我真有过万念俱灰的时候啊！倒不在乎体力劳动的磨炼，人生最大的痛苦莫过于不被当人看待，当然更谈不上能从事自己热爱的事业了。”在那些失去人身自由的日子里，“万念俱灰”的念头也仅一闪而过，詹先生的内心追求始终没有停息。尽管条件恶劣，詹伯慧先生仍时常一边劳动一边思考语言学的问题，默默构思腹稿，晚上，在昏黄的灯光下偷偷地记下白天思索的心得。谁也想不到，在那“知识无用论”盛行的年代，这个所谓的“白专分子”正在心中为酝酿他的《现代汉语方言》一书收集活素材呢！用詹先生自己的话说，在那漫长的“改造”岁月里，他一不会抽烟解闷，二不会喝酒消愁，唯一的乐趣是留意人民群众说的各种方言土语，有时学上几句还挺风趣的。他相信：方言扎根于人民之中，方言学绝不会无用的！在这方面，他确实酷似其父，他父亲是一位正直而有骨气的老知识分子，一生别无所求，始终执着于学问，在任何情形下对自己的事业都矢志不渝。詹伯慧暗暗告诫自己：“顺利时要夹着尾巴做人——不骄不纵；失意时要抬起头来做人——不屈不挠。”

三、追赶时日

一晃几年过去了，到了20世纪70年代中期，詹先生做梦也没想到，可以从下放地点调回武汉珞珈山，重执教鞭。1975年，他受命参加中国最大的一部字书《汉语大字典》的编纂工作，领导要他主持这部字典的收字和审音工作，他一干就是五年。詹伯慧先生真正回到方言领域重操旧业要从70年代末80年代初算起。1980年，他受教育部的推荐，作为我国"文革"后第一位到日本长期讲学的专家，受聘为国立东京大学的客座教授，为期两年。就在他东渡日本的次年，他带去日本作讲稿用的《现代汉语方言》在国内出版了，与此同时，一位听他讲课的日本学者把此书译成日语，后来也在东京出版。在日期间，日本汉学家还推荐出版了他的《汉语方言文集》和《浠水方言纪要》两部专著。他应香港《文汇报》之约连载的散文《东瀛杂记》，回国后也很快在武汉结集出版。在日本讲学这两年，堪称是他学术事业中最丰收的两年。他在东京大学为学生讲授五门课，广泛开展学术交流，还出版了这么引人注目的几本书，实在是精力充沛、勤奋过人！

1983年，詹伯慧先生南下广州，应聘为暨南大学教授。1984年他组建了方言研究室，开始招收硕士研究生，翌年出任暨南大学复办后首任文学院院长，直到1989年。到广州以后，海外学术界纷纷邀请他出访讲学，詹先生先后赴港澳地区和新加坡、法国、泰国等国家从事学术交流活动，被香港大学、香港中文大学、法国高等社会科学院聘为客座教授或高级研究员。1995年，台湾"中央研究院"历史语言研究所请他前往作专题学术演讲。1998年，新加坡国立大学聘他为客座教授。这年冬天，他还应美国加州大学伯克莱分校之邀前往访问讲学。詹伯慧先生的学术视野越来越开阔，在海内外的声望亦日益提高。

詹伯慧先生又是一位积极的社会活动家，他觉得关心社会问题、推动社会文明的进步是中国知识分子义不容辞的责任。1988年，他当选为第七届全国人大代表，1993年、1998年又连续荣任第八届、第九届全国政协委员。他还是连续三届的广东省中国语言学会会长、广东省文史研究馆副馆长。在各种会议及公众场合，他都不忘记自己肩负的重任，就语言文字的使用、汉语规范化、普通话的推广、语言政策的制订、中小学语文教育水平的提高，甚至是社会文明风气的形成，提出许多切实可行的议案，发表了不少真知灼见，引起了社会的共鸣。他的文章、见解经常被国内外的报刊引用、转摘或评论。

尽管社会活动越来越多，詹先生仍然把主要精力放在教学和科研上。他开始从更广的角度关心方言事业的发展和人才的培养。1985年以来，他的研究主要集中在两个方面：一是组织开展对珠江三角洲方言的系统调查，二是对汉语方言的调查方法论进行总结、研究。"七五"期间，他与香港语言学家张日升教授合作，亲自带领研究生在珠江三角洲的三十多个方言点开展田野作业，继而陆续出版了三卷共150万字的《珠江三角洲方言调查报告》。该书一问世即受到国内外语言学界的注目，先后获得广东省高等教育人文社会科学研究优秀成果一等奖和国家教委人文社会科学研究优秀成果二等奖。不断积累的第一手素材又为詹伯慧先生的理论探讨提供了充分的语料和论据。自《汉语方言概要》问世后的二十多年中，汉语方言的研究逐渐由20世纪50年代以语音为中心的单向调查转向语音、词汇、语法诸方面并重的综合调查研究，学科内容已有很大的扩展。为适应学科发展和培养人才的需要，重新编写一本方言学教科书已是迫在眉睫，于是詹伯慧先生与黄家教、李如龙、许宝华等教授精心合作，从1983年起收集材料、苦心撰写，由他主持编写的40多万字的《汉语方言及方言调查》终于在1991年正式出版。该书运用许多新材料，设计了新的构架，对汉语方言的有关知识和理论，汉语方言的特点及方言语音、词汇、语法的调查研究方法进行了系统精辟的论述。国家教委得悉此书即将问世，便将它定为全国高校文科的通用教材。该书出版后深受欢迎，至1994年已印刷了三次。同行专家盛赞这本书为“汉语方言调查研究方法的集大成之作”。《珠江三角洲方言调查报告》和《汉语方言及方言调查》两部书的出版，铸就了詹伯慧教授学术征途上的第二个里程碑。

四、事业腾飞

1990年，詹伯慧先生以其雄厚的实力和广泛的学术影响，在与同行的其他几位教授的通力合作下，为仅有三十几位教师的暨大中文系赢得了第一个博士点——现代汉语博士点，他被国务院学位委员会评定为博士生导师。与此同时，詹伯慧先生的社会声望更是扶摇直上，各种荣誉头衔纷至沓来，他的名字被收入英国剑桥传记中心和美国传记研究所编纂的数十种世界名人词典，国内的许多名人词典也纷纷载入他的小传。到目前为止，他已出版20多部专著，发表200多篇文章，累计几百万字，可谓是“著作等身，功成名就”了。

经受了那么多的曲折，拼搏了几十载，詹伯慧先生早已年逾花甲，本应放慢脚步歇一歇了，可是强烈的事业心和责任感却始终主宰着他，他总是说一句话：“我的时间表永远是满的，还有很多事没做完呢！”1991年9月，他招收了我国第一届汉语方言博士生。面对这批高层次的新生力量，他似乎铆足了劲儿，筹划另一个广东省社会科学“八五”规划重点项目——“广东北江、西江流域粤方言调查研究”，准备把这一批博士生直接放到科研实践第一线去培养。在此期间，他曾应邀赴香港中文大学讲学一学期，工资常常由他的学生代领。说来令人难以置信，身为博士生导师、全国人大代表的詹教授，每月薪水连同国务院发给的特殊贡献津贴，尚不足千元。在经济大潮汹涌澎湃的南方，这点钱在很多人眼里实在算不了什么。然而惯于清贫生活的詹先生却一笑置之，以诙谐的口吻说道：“我爱上了方言研究，犹如抽上了大烟，这辈子只能干到底了！”

为了确保“广东北江、西江粤语调查研究”项目的顺利完成，在这批博士生入校后的第二年，他就亲自率领人马深入粤北、粤西的数十个县（市）一一开展调查，收集第一手语言材料。白天他与大家一起记音；晚上他戴着老花镜，审查学生的记音材料。通过第一线的田野实践，学生们在业务能力上得到了很大的提高。三年的精心培养与学生们的刻苦努力，终于迎来了收获的季节。1994年6月28日，四位博士生均以优异的成绩在隆重的毕业典礼上戴上了博士帽。他们依次走近詹伯慧教授，向老师深深地鞠躬敬礼——无限的感激崇敬之情尽在这深情的一鞠之中了！中国首届方言学博士仅有五位，其中四位就出自暨大！就在这年的年底，由詹伯慧教授主编、师生共同合作了三年的128

万字巨著《粤北十县市粤方言调查报告》出版了，这标志着詹伯慧教授的学术生涯更上了一层楼。

詹伯慧教授在潜心研究语言学的同时，对语言文字规范工作和普通话推广工作也一直抱着高度的热情。早在1956年，他还是25岁的青年时，就为武汉人编写了《武汉人怎样学习普通话》一书。20世纪80年代到广州后，他一直被聘为广东省语言文字工作委员会委员，积极配合省语言文字工作委员会开展各项社会语文工作，特别是“推普”活动，培训“推普”骨干，组织人力和稿件，帮助电视台和广播电台举办“推普”专题节目。在历次出国讲学期间，他总不忘利用国外的学术讲坛宣传新中国的语言文字政策，介绍我国的语言文字工作成果。每年出席全国人大、全国政协会议时，他都要提出有关加强语文工作的提案和建议。1992年和1997年，詹先生两度被国家语言文字工作委员会授予“全国语言文字先进工作者”称号——这一光荣称号他是当之无愧的！

数十年的心血、数十年的汗水、数十年的忘我奉献，学生们发现敬爱的老师近年来苍老了不少：詹先生一直乌黑的头发已渗出了丝丝斑白；结核性巩膜炎和继发性青光眼时时困扰着他，白翳已围近水晶体边缘，右眼视力已完全消失；独生女曼曼远嫁在外；师母为照看外孙女移居香港，穿梭于穗港之间。如今，盒饭、方便面已是这位知名教授的三餐常食。四十多年来，詹教授几乎将他的全部精力倾注于汉语方言学事业。他还在想什么？他还在考虑方言学人才基地的建设，他还在操心南方的方言研究中心的发展，为南方方言事业的腾飞准备又一次的冲刺。1994年年底，他悉心筹划多年的暨南大学汉语方言研究中心终告成立以后，为了保证这个高层次人才基地和科研基地的发展，他想方设法从福建请来了年富力强、比他小五岁的著名方言学专家李如龙教授，并为其申报增补为博士生导师。李教授的到来，大大加强了博士点的实力，这个南方方言基地更加牢固了。现在他又在考虑怎样把这一基地办成具有更大国际影响力的汉语方言研究中心。与他共事的人都知道他的性格：没有把握的事他不干，他想办的事，就一定要办成了才甘休。四十多年来，詹伯慧先生正是以这种锲而不舍的求实精神实践着他从未停歇过的追求。

走过暨南园，仰望四楼的窗台上那丛葱葱郁郁仍在攀缘的常青藤，熟悉的人们不禁投以深深的敬意！

（1994年获博士学位，现任暨南大学中文系教授、博士生导师）

忆詹伯慧先生二三事

邵　宜

1991 年夏，我参加硕士论文答辩时，导师李如龙先生邀请了詹伯慧先生担任答辩主席，这是我第一次与先生见面。先生个子不高，看上去和蔼可亲。在李先生家短暂停留后，我陪他去招待所住宿。从李先生家到福建师范大学招待所尚有一段路程，我推着自行车，一边向先生请教，一边小心招呼着。我对先生的景仰，不光是因为读过他写的书，更缘于 20 世纪 80 年代中期的一段求学经历。那时我在江西的一所中专师范学校教书，闲暇时胡乱看些语言学的书籍，詹先生编写的《现代汉语方言》给我印象最深。世界上还有这样的学问！我很快就喜欢上了。我当时不知道先生已调往广州暨南大学，就冒昧给先生写了一封信，表达了考研的意愿。结果自然是石沉大海。后来在蒙师高福生先生的引荐下，我投到李如龙先生门下，算是正式踏入方言学的大门。此次见面，本想把这段插曲告知先生，又怕唐突，终不敢开口。没有想到的是，几个月后我成为詹先生招收的首届博士研究生，他把压在箱底的一封信交到我手中，笑着说了声“物归原主”。我一看信封，这不是我数年前写给先生的求学信吗？原来他一直保存着！先生在我心中的形象在可敬之上又增加了可亲。

在先生门下读书的那几年，虽然生活艰苦，精神上倒还充实，参与先生主持的课题，跟随他辗转于粤北粤西，与几位同窗一道完成了《粤北十县市粤方言调查报告》、《粤西十县市粤方言调查报告》两部大书，由对粤语一窍不通到很快掌握粤语的特点。我慢慢发现，先生不仅是一位大名鼎鼎的学者，他治学严谨，为人谦和，生活中还十分幽默。他用客家话给我讲了一个段子：“文革”时，有人偷了生产队两包化肥被当场捉住，村支书马上召集全村老少开现场批斗会。村支书第一个发言，你了不得啊，刘少奇三次才偷一包（村支书是这么理解“三自一包”的），你一次就偷两包，你比刘少奇还坏啊。当时听了，我们个个笑得眼泪都出来了。“广东北江、西江流域粤方言调查研究”项目由先生与香港理工大学（当时还叫香港理工学院）张日升先生合作主持，按照协定，我们几个博士生随先生前往香港工作了一段时间。第一次到香港，我们几个都异常兴奋，像“陈焕生进城”，瞅着什么都觉着新鲜，眼睛看不够，嘴巴说不完。出门时怕我们走散，先生像老母鸡护小鸡似的时时招呼着我们。我们住的公寓有一台洗衣机，法文的，看不懂，不知怎么用。我们几个研究了半天，最后无奈放弃。先生不肯罢休，一个人蹲在洗衣机旁聚精会神地琢磨着，我们几个则回到各自屋里忙着核对材料。不一会儿，先生兴冲冲地推门进来说：“洗衣机弄好了，赶快拿衣服来洗。”我们几个没太在意：“床上的衣服您随便拿。”他老人家抱着一摞衣服就走了。第二天一大早，我们想起这事来，满心好奇地到洗衣机前查看，一掀开洗衣机机盖，一股热浪扑面而来，几件衣服还在里面翻滚着，由于掉色，热水已经变成了墨绿色。原来先生不小心开了热水，我们几件看家的衣服活生生地在里面煮了一夜。赶紧打捞起来一看，伍巍兄的一件毛衣已经宽大如袍。之后的几天，他就穿着这件迎风招展的“大袍”奔走于香港理工大学和百德苑宿舍之间，多年之后说起此事，仍让人忍俊不禁。

1994 年夏，我们几个首届博士生毕业，先生极其重视，请来的答辩导师可谓阵容豪华，陈章太、许宝华、王福堂、李如龙等国内方言学界顶尖专家悉数到场，黄家教先生当时身体欠佳，也抱病到场助阵。答辩之后，先生安排诸位专家去肇庆鼎湖山风景区游览参观，我们几个全程陪同。当晚宴庆之后，先生意犹未尽，嘱咐我们请几位老师唱卡拉 OK。伍巍和晓山师兄是唱歌能手，一曲歌罢，掌声雷动。由于从来没有听过先生唱歌，大家便一起鼓动。经不住怂恿，加上当天高兴，先生拿起话筒，随着音乐唱了起来，开始还能听出唱的是什么歌，听着听着，我们就糊涂了，直到现在我们还回想不起来，那晚先生到底唱的是什么歌。

光阴荏苒，一晃二十年过去了，我当年还是个小伙子，如今也已年近半百；先生当年虽已花甲，身体精力却不输壮年，如今已近八十高龄，岁月沧桑无情地写在他的脸上。想起二十年间和先生在一起的点点滴滴，感念之情悄然而生。好在先生生性豁达，乐观开朗。弟子无以报答先生的栽培之恩，唯有衷心祝愿他老人家健康快乐，吉祥如意！

（暨南大学中文系教授、博士生导师、华文学院常务副院长）

学习詹师，认真做人

彭小川

在恩师詹伯慧教授即将迎来其八十华诞以及从教五十八周年的日子里，身为弟子的我不禁回忆起踏进师门以来的种种收获，饮水思源，感想良多。其中最想说的是，认真做人，认真做事，这是詹师身体力行的一条为人准则，也是他传给我们弟子的一笔最宝贵的精神财富。

认真做学问，这是詹老师给我们上的第一课。

1984 年，我有幸成为詹老师招收的第一批硕士研究生之一。受业之初，詹老师便给我们布置了课外的学习任务：要求我们每位学生都要把《方言调查字表》中的几千字一一做成卡片，上面标明其音韵地位及普通话注音；指导我们广泛查阅、搜集方言研究的文献，分类做文献索引；要求我们认真阅读大量的方言研究文献。为扩大我们的学术视野，詹老师拿出其珍藏的历史文献让我们复印下来学习并保存，这些文献包括赵元任先生 1948 年发表在《中央研究院历史语言研究所集刊》上的《中山方音》，王力先生和钱淞生先生合著的先后于 1949 年和 1950 年发表在《岭南学报》上的《东莞方音》、《珠江三角洲方音总论》、《台山方音》等。此外，詹老师还毫不吝啬地将他自存的美国、日本和我国台湾的一些著名语言学家新出的论著拿出来让我们通读。这些研究成果，当时在国内是难以见到的，相当珍贵。老师所做的这一切让我们深深地认识到，踏进科学研究之门就必须认认真真、扎扎实实地打基础，来不得半点马虎，更来不得丝毫的急功近利。当今我们所处的时代是知识经济的时代，这个时代充满着各种机遇，也充满着各种矛盾和诱惑，学术界也不例外地存在急功近利和浮躁虚假之风。詹老师早年给我们打下的踏实认真做学问之基础，让我们终身受益。在我们相继成了硕士研究生和博士研究生导师后，我们都未敢忘记老师昔日的教诲，也一再告诫自己的学生，要认真打基础，认真做学问。

认真做事，是詹老师以身作则为我们上的另一课。

“师者，传道授业解惑也。”传道授业解惑就是为师之“事”。詹老师领着我们步入了语言研究这座殿堂，他不仅授予我们丰富的知识，更重要的是，他十分注重传给我们终身受用的治学方法，培养我们良好的思维品质和独立进行科研的能力。他教导我们：“做学问要善于开动脑筋，善于发现问题，这是首要的”，“触角要敏锐，要‘左顾右盼’，这样才能发现问题，提出问题，扩大视野，不断深入，最后达到科学地阐明事实、解决问题的高度”。他精心安排各门课程和国内外著名学者的学术讲座，带领我们外出参加学术会议，鼓励我们多提问题。他还让我们参加他主持的广东省人文社会科学“七五”规划重点项目“珠江三角洲方言调查”，让我们在实践中锻炼、在实践中成长，增强科研能力。为了帮助我们提高记音能力，也为了确保研究成果的准确性，詹老师和张日升先生一起，不辞劳苦、马不停蹄一站又一站地带着我们到珠江三角洲各调查点做前期调查工作，听音、定音，共同讨论一些疑难问题。在老师的悉心教导下，我们逐渐入门了，能注意多思索发现问题、多提出并解决问题。后来，当我们站在本科生、硕士生乃至博士生的讲台上时，当我们课下指导硕士生、博士生时，我都会有意识地像詹老师当年教导我们那样，注意多教给学生学习的方法，多启发学生的思维，培养他们分析问题、解决问题的能力。

詹老师的“事”不仅仅是从事教学培养学生，他还身兼数职，无论哪方面的工作，他都全情投入，认真对待。他悉心筹划成立了暨南大学汉语方言研究中心，亲任中心主任，全力推动南方方言事业的发展；连续担任了数届广东省中国语言学会会长之职，为活跃广东省的语言研究，他殚精竭虑，组织各种活动，主办国际性或全国性的学术会议，坚持筹办主持两年一度的学会学术年会，为筹集经费而到处“化缘”，甚至到了七十多岁的高龄还亲自带领有关人员熬夜赶编学会通讯；他曾先后担任数届全国人大代表和全国政协委员，怀着高度的社会责任感，他认真调研，积极撰写提案（曾获优秀提案奖），真正做到不辱使命；担任广东省语言文字工作委员会委员，他积极配合省语言文字工作委员会开展各项社会语文工作，尤其是“推普”活动……

认真做学问，认真做事，源于认真做人。进入师门以来，詹老师便一直以具有高度的责任感和敬业精神这种认真做人的态度感染、影响着我们。作为学生，我们亲身感受到，几十年的风风雨雨，即使是“十年浩劫”时曾经的厄运，也丝毫不能夺去詹老师对生活所充满的激情。他始终抱着积极的人生态度，热爱生活，精力旺盛，永不知疲倦。我们还亲眼看到，多年来，为了发展我省乃至我国的语言学事业，詹老师是怎样在患有眼疾并且最终一只眼睛失明的状况下，无怨无悔地倾注了大量的心血，无私地作出巨大的奉献。如今，以近八十的高龄，詹老师还不顾辛劳，领衔主编《中国语言文字大词典·汉语方言卷》，其老骥伏枥的精神着实让人钦佩。我们明白，老师这一切的一切均源于他对人生的一种执着的追求——为发展我国的语言学事业奋斗终生。在当今这个浮躁的时代，詹老师的这种认真做人、认真做事的一丝不苟的人生态度，显得何等珍贵，值得我们这些学生以及学生的学生学习一辈子啊！

如今，我已办了退休手续，可手头上还带有十几位硕士生和博士生，在由詹老师一手创办的汉语方言研究中心，还承担有一定的任务。有詹老师为楷模，在余下的人生中，哪怕是将来全退下来了，认真做人也应该是没有止境的。如今，我们的不少学生也已经有了学生，愿詹老师的这笔宝贵的精神财富能一代一代地传承下去，不负老师对我们的培育之恩！

（暨南大学华文学院、汉语方言研究中心教授、博士生导师）

从韩山师范学院到暨南大学

陈晓锦

2010年12月20日，韩山师范学院国际学术交流大厅，纪念詹安泰先生国际学术研讨会正在召开。

在位于广东省潮州市的韩山师范学院召开这个纪念词学泰斗詹安泰先生的研讨会，大概任何对词学稍有所识的人都不会惊讶：詹老先生是潮州人，20世纪30年代，他曾在韩山师范学院（当时的广东省立第二师范学校）执教了相当长时间。至于我这个从事语言工作、研究汉语方言的人也出现在这样的场合，恐怕就有些人会觉得费解了：你懂宋词吗？别不是回老家“蹭会”去了吧！

不错，是“蹭会”，不过这个会却“蹭”得合情也合理。

尽管没有在潮州生活过，但我是潮州人、我的家乡是潮州却是不争的事实。我的父亲就出生在离韩山师院颇近的一个乡村——今日的潮州市桥东区黄金塘村的一户穷苦人家里。皆因从小聪颖，父亲被同样穷困的族人选中，大家凑钱供其读书，祈望其学有所成，日后能为族人服务。父亲在韩山师院读书时，詹安泰老先生就在韩山师院执教，詹老先生不只是父亲的老师，而且是父亲非同一般的老师。如果知道父亲他们当年闹“学潮”时创办的刊物《罡风世界》之名，就是请詹安泰老先生起的，就不会对此有丝毫的疑议。1932年，父亲因为“罡风事件”受到国民党当局的通缉，从此离开潮州投身革命。

此刻，坐在会议厅中，聆听着曾经也是詹老先生学生的唐作藩老师、饶芃子老师等前辈深情地讲述早年詹老先生对他们的教诲，不禁叫人更加想了解当年父亲与詹老先生之间的师生情谊，想知道当年发生的所有事情，假如，假如这不可能，事实就是不可能，那么，哪怕就是可以多知道一点点也行……

詹老先生当年是如何施教于父亲他们的，已难以知晓。但是，作为伯慧老师的开门弟子，老师所带的首届硕士研究生、第二届博士研究生，老师对我的教导，我却铭记在心。一辈子从事汉语方言研究，老师对我影响最大的，莫过于其对汉语方言事业的执着。记得刚入师门不久，我曾经小心翼翼地问过老师：“詹老先生是词学泰斗，您为何没有顺其自然地继承家学？”我清楚地记得，老师沉吟了一下，说：“知道吗？文学是可以自己学的，可是语言学却是必须去学才懂的。”

语言学是“必须去学”的。

老师一直在身体力行地诠释着这句话。不说20世纪80年代，老师和我们这些学生“上山下乡”，到珠江三角洲，到粤西粤北，风尘仆仆地作田野调查，如今老师已是八十高龄，可还是照样风尘仆仆地在这块领域中耕耘着。我们还是可以看到他银发满头，可仍一如壮年，骑着自行车在暨大的校园里急匆匆地穿过；看到他往返于广州和香港，在香港大学讲课；看到他在各地举办的各种方言学术会议上发表演讲；看到他组织大家，为推广、普及普通话和汉语方言研究写作《大家小书》。尽管所有的人都在劝说他注意休息，可是老师好像忘记了自己的年龄，他是在身体力行地为后辈，为我们这些学生，也为学生的学生作榜样。

老师虽然没有继续詹老先生的词学研究，但是却发扬了詹老先生的治学精神。

忝入师门二十七年，书越读越觉得少，我对语言学是“必须去学”的理解从朦胧到逐渐清晰，语言学确实是一门需要用全部身心、用一辈子去钻研的学问。我一直都在用这句话激励自己，也在用这句话教育我的学生。

近些年，我一直在做迄今仍未被广为关注，但又大有作为、十分重要的海外汉语方言调查研究，既尽自己的全力，也一直在呼吁同道们的参与。对这个汉语方言研究的新领域，老师同样倾注了他的关注。对学生的工作，老师亦给予了热情的支持。已经召开了两届的海外汉语方言国际研讨会，老师都参加了，且两次都在会议上宣讲了论文。老师的参与，在精神上给了我极大的鼓舞。我明白，海外汉语方言研究才刚刚起步，还有很多很多的问题等待着我们，但纵然是万里长征，也只有一步一步地走下去。我也明白，我们在方言研究中的付出，就是对老师多年教育的回报，相信我们在方言领域取得的任何一点成绩，都会令老师感到宽慰。

很多人、很多文章都在讲述、讨论师生情谊，而我以为，最浓重的师生情谊应该延续在学术上。

其实，从韩山师范学院到暨南大学，延续的不仅仅是普通的师生情谊，延续的还是做学问、将研究进行到底的韧劲和努力。

2011年1月26日草于澳大利亚昆士兰布里斯班的阳光下

（暨南大学中文系、汉语方言研究中心教授、博士生导师）

走在田野调查的路上

甘于恩　邵慧君

时光倏忽而过，转眼我们敬爱的导师詹伯慧先生从当年的年富力强、踌躇满志步入现在的耄耋之年，不由令人感慨。我们是詹师早期的学生，从吴闽之地来到岭南广州求学，由懵懂的青年学子成长为有所成就的学者，这里边凝结着老师许许多多的心血。回想起追随詹老师学习语言学，尤其是调查研究广东汉语方言时的点点滴滴，不禁浮想联翩，心潮起伏。往事历历在目，恍如昨日，特以此文纪念詹师八十大寿，并表感恩之情。

詹师有句话说得很“时髦”——近些年汉语方言研究经历了从“冷门”到相对“热门”的转身。可是我们每当接到咨询电话，总是劝学子们三思而后行，毕竟以常人的眼光来看，学习方言学是一件苦事，如果没有真正的兴趣，恐怕难以为继。

研修方言学有哪些难处呢？想来大概有以下几点：

一是体力上的辛苦。方言学是一门实践性非常强的学科，需要花费大量的时间到各地去搜集语料。回忆起我们刚刚入门的时候，热情高涨、体力充沛，试过跟老师深入珠三角、粤北、粤西地区；试过独自一人步行在夏日的街头，汗流浃背，或在暴风雨中走街串巷；也试过迎着冬季的寒风，到发音人家中作访谈。在陌生的环境中遭到冷遇，碰到诸多困难甚至危险，相信并非个人的独特际遇，许多方言人都有相似的遭遇。

二是精神上的寂寞。语言学是基础学科，没有短期的轰动效应，需要“十年磨一剑”。搞语言学的人需要耐得住寂寞，有长期坐“冷板凳”的思想准备。当你背着行囊踯躅于陌生的环境时，当你在异地他乡夜深人静无人陪伴之时，能够支撑你坚持下去的，其实还是你对专业的热爱和对乡土文化深深的眷恋。

三是经济上的清贫。方言学不像有的显学那样有看得见的经济效益，围观者众。步入此门道，就意味着你无法大发横财，无法在很短的时间里得到丰厚的物质待遇，这对一些年轻人而言更是严峻的考验。从另一方面来考虑，我们也不想“误人子弟”，让现在的年轻人像我们当年一样面临经济上的困顿——每个月只有微薄的工资，分不到住房或者买不起商品房，甚至养不起孩子，尽不了赡养父母的孝道。这种历练对于多数学子而言，需要有坚韧的毅力。

但是，方言研究给我们带来的喜乐，则远胜于辛苦。记得有一次湖南师范大学的鲍厚星先生来暨南大学做题为“语言田野调查琐谈”的学术演讲，他说方言的乐趣无法用言辞来形容，每当发现一种新的语言现象时，每当经过千辛万苦找到方言的本字时，欣喜之情实在难以言表。如果还有机会重选人生的话，他还是愿意以方言研究为毕生的事业。这的确道出了方言人的内心感受。老一辈方言人在这方面为我们树立了典范，像詹老师年轻时就头顶行李箱、赤脚蹚水在海南作田野调查，写出不少经典论文，年过花甲还与我们一起奔波在粤北、粤西沿江流域，堪称广东方言学界调查面最广的前辈，给我们树立了如何做好学问的优秀榜样。

我们在调查各地方言的同时，也加深了对社会的全面认识，结识了许多淳朴厚道的老乡，了解、体悟了各地的风俗人情。这些都是我们一辈子的精神财富。相较而言，调研方言所遇及的难处，实在微不足道。我们已过不惑之年，人生至少过了一半，但比起尊敬的老师，我们做的工作还很不够，还要继续努力。詹老师经常把“活到老、学到老、工作到老”挂在嘴边，实际上他老人家也是这么实践的。这为我们树立了学习的标杆。目前我们身兼一些职务，科研教学任务较重，但一想到詹老师的教导，想起詹老师到了八旬的高龄还在不断地工作，推动方言研究事业的发展，我们就异常感动，不敢懈怠。为了国家的语言事业，我们还要继续走在田野调查的路上。

2010 年 12 月 22 日于家中

2011 年 2 月 17 日三稿

（甘于恩：暨南大学汉语方言研究中心教授、主任；邵慧君：华南师范大学岭南文化研究中心教授、副主任）

近看高山

甘甲才

读詹伯慧老师的书，已记不清始于何时，但第一次见到詹师，则是在十年前。1988年夏，詹师应我硕士研究生导师之邀，担任我的硕士论文答辩主持人。那时詹师大名早已如雷贯耳，晚辈学子见前辈大师，仰慕而敬畏之情可想而知。第一次答辩，尚不知深浅，自然又多添了几分惶恐。

詹师曾师从王力、袁家骅等名家，自己也早已扬名于语言学界，但我在答辩中见詹师平易近人，且和蔼可亲，毫无想象中大师的架子。后来答辩虽顺利通过，但詹师于我心中，终究还是一座高山，而高山仰止。

研究生毕业后，我一头钻入新闻界，当记者、当编辑，与原来学的专业几乎绝缘。1996年春节过后，我到北京采访全国人大政协“两会”，从手上全国政协委员的名单中发现了詹师的名字，顿时产生了采访他的念头。我当时住在北京饭店，而詹师则住在香山宾馆，相隔颇远，我便试着打电话给詹师。我想，虽然詹师当过我的论文答辩主持人，但是，他主持的答辩无数，且又过了八年，肯定记不住我的，于是便先在电话里自我介绍一番。詹师听后非常高兴，对我说，你明天来吧，我有一个题目只可供你采访用，电视台来采访我也没有谈这个问题。

那时离香港回归还有一年多的时间，回归成了那次“两会”的热门话题，詹师要谈的是香港回归后的语言问题。大概这个问题涉及一些语言方面的专业知识，所以詹师认为由我来采访会顺当些。次日我如约到了香山宾馆，第二次见到了詹师。

记者这份工作干的时间长了，无论是腰缠万贯的老板富豪，还是身居要职的高官大员，于我而言，都仅是普通采访对象而已，对他们我从未有过什么敬仰之意。这次面对詹师，我却真有点胆怯了，担心不留神会说错话，尤其是语言专业方面的话，万一说错了，岂不无地自容？这时的詹师，还是一座让我仰视的高山。

采访当然是成功的，而这次采访的另一个结果却是没有预料到的，那就是撩起了我要考詹师博士研究生的念头。可是，要进詹门，谈何容易。我原来学的是汉语史专业，离开专业又近十年，看来这也是非分之想。我把这个想法跟硕士导师唐启运先生和周日健先生谈了，他们当即表示支持，并答应向詹师推荐我。我于是雄心大振，准备搏一搏。

丑媳妇终要见公婆，要入师门，得先进门见老师。夏天的一个清晨，我按响了詹师家的门铃。进到屋里，詹师说，昨晚写稿到凌晨三点才睡，你不按门铃，我还不醒呢。我本来就有点紧张，听这话后就更是不安，不知所措。詹师倒不在意，只问我吃了早餐没有。我说已经吃过了，老师您忙，我就在客厅看看报纸行了。过了一会儿，詹师从里屋出来，手里端着一碗汤圆让我吃。看着我吃下一个汤圆后，他才去洗漱。随后，詹师出来和我一边吃着汤圆，一边谈与考博士有关的一些事情，就像跟一位相熟的朋友拉家常似的。第一次拜访老师，就受到如此厚重的礼遇，着实意外，当然，最令我兴奋的是，我开始走近了这座高山。

几个月没日没夜的复习有了回报，我终于进了詹师门。导师关心弟子的学业，是理所当然的事，而詹师对弟子各方面之关心却如父如母，这一点我早已从师兄师姐及其他人处听闻。詹师门生无论是在读的还是已毕业的，也无论是在国内的还是在异国他乡的，每当谈起詹师，无不流露出为詹师的父爱与师德所感动之情。在不惑之年，我再一次遇上这样好的导师，我为自己庆幸。

开学不久，我在中文系办公室里和詹师谈起想找一篇几年前刊在《语文建设》上的文章，詹师马上说："我家里有，走，现在就去给你找。"回到詹师家，詹师就进入房间里去，我那时还有点陌生感，只是乖乖地在客厅坐着。过了好一阵子，还没见詹师出来。我心里嘀咕，怎么找一本杂志也要那么久？又等了一会儿，我忍不住了，就往房间里走，看看詹师在干什么。进去一看，詹师正站在半空中，脚下面是两张相叠的板凳，摇摇晃晃的，上身则探进放满书的小阁架里。见此情景，我赶紧说道："詹老师，太危险了，快下来，让我来找吧。"詹老师说："我自己放的东西，只有我才找得到。别担心，我已习惯了。"这时，我后悔了，本来到图书馆去找不就好了？为了图自己的方便，竟让这位66岁的老人、自己的导师冒险爬到高处，我真不该啊。

去年11月，第二届潮学国际研讨会在汕头举行，詹师被邀请参加。詹师告诉我，香港的饶宗颐老先生也要出席会议。我顿时兴奋了，说希望借这次机会采访饶公。詹师立即与会方联系，为我前去采访争取条件。在会议期间，饶公这位世界汉学名人自然成了会议中被人追逐的明星。饶公虽精神很好，但毕竟是年已八十的老人了，要他有求必应，实在勉为其难。詹师的父辈即与饶公交往甚密，故詹师领我去见饶公，饶公自然十分热情。当日中午过后，我们到饶公的房间，他女儿饶清芬说，饶公太累了，正在休息。过一会儿，饶公醒来，便接受我的采访。我对妨碍饶公的休息表示歉意，并说，采访只要15分钟就行了。但饶公与詹师一叙旧，就兴奋起来了，结果与我谈了近一个小时，最后还与我们合影留念。其间也有其他一些记者来敲门，均被婉拒。有了对饶公的采访，我的稿子自然成了独家新闻。

詹师对弟子亦师亦友，讨论学术问题时严谨认真，但平时则谈笑自然，风趣幽默。最初我见师兄经常与詹师开玩笑，好像没大没小的，很不理解。有时老师叫师兄去买个盒饭，师兄竟毫不客气地向老师要钱。与詹师熟了，才知道他就是那么随和地对待弟子。有一次在谈到师生关系的问题时，詹师就对大家说："我要我的学生亲近我，而不要他们怕我。"詹师经常会跟我们开开玩笑，比如有时候打电话来，明明听出来是我的声音，他还会装出很正经的样子说："请问是甘甲才先生吗？"所以，与詹师在一起，我们总是感到很开心。

开玩笑归开玩笑，詹师对弟子的友情绝对是真诚的，从来不在弟子面前摆导师的架子。去年底，纪念他父亲的《詹安泰词学论集》出版，詹老师送我一本。打开扉页一看，上面的一行字吓我一跳，詹师写道："甲才贤弟惠存，伯慧。"要知道，我就是吃了豹子胆也不敢与詹师称兄道弟的啊。詹师这样写不可能是闹着玩的，因为这是一本纪念他父亲的书，他于人于事都是非常严谨的。

又过了一阵子，我才发现，詹师对弟子的这种“平等”、“友善”竟是有“师传”的。在詹师珍藏的一批旧物中，我看到王力先生写给詹师的一封信，抬头亦称“伯慧贤弟”。

“不识庐山真面目，只缘身在此山中。”一句古诗不知误导了多少人。远看高山，只得虚缈之山形，要识山之真面目及神韵，非得近观不可。詹师这座高山岂止可仰，更是可近，而能近之，则大幸也。

（暨南大学 1997 级博士研究生，华南师范大学国际文化交流学院副教授）

三年暨南求学行　终生铭感恩师情

梁金荣

岁月如梭，转眼离开暨大校门已经14个年头。回首20多年来与伯慧师交往的点点滴滴，尤其是暨大三年亲聆伯慧师教诲的特别经历，感慨良多。

我与詹先生的师生情谊可以追溯到20多年前。1986年秋，我有幸考入与暨南大学仅一墙之隔的华南师范大学，在唐启运、周日健师门下做汉语史专业的研究生。当时，先生担任暨南大学文学院掌门人，在语言学界尤其是方言研究领域已声望日隆，作为刚刚步入学术研究大门的后辈小子，虽然无缘亲聆先生教诲，但内心深处却时时涌现渴望先生耳提面命的冲动。1989年6月，先生出任我们的硕士论文答辩主席，由此有了与先生的首次“零距离”接触。令我感到特别意外的是，作为学术名家的伯慧先生，不仅对我等还很稚嫩的学术习作认真点评、悉心呵护，还利用自己在广东学界的声望与影响，亲自过问、张罗我的毕业分配问题。尽管后来阴差阳错，我作出了回广西桂林执教的选择，但先生当年留下的心灵温暖，我还铭感至今。

正是有了前面的接触，经过桂林五年的迷惘与彷徨，我终于下定决心在1994年的金秋重新考回广州，成为先生的入室弟子，从而翻开了人生履历新的一页。

如果说，华南师大三年的求学生涯，改变了我的个人命运，那么，可以说，三年的暨大之行，改写了我的人生轨迹。

暨大三年，先生利用他在国内外学界的广泛影响力，依托他与国内外同仁的广泛联系，及时将国内外的最新研究信息向我们通报，及时将国内外的最新研究成果与我们分享，不断拓展我们的学术视野；利用他主持筹备国际粤方言研讨会、国际闽方言研讨会等大型国际学术会议的机会，鼓励我们提交论文，与国内外众多学术名家广泛交流，及时跟踪学术研究前沿；结合他本人主持的各类课题研究，鼓励我们积极参与，不断提高田野调查能力。三年间，北至武汉，南到海南，东往汕头，西往桂林，语言学界的各类重要学术会议，都留下了“詹家军”的身影。在先生不遗余力的悉心引导下，我们一步步迈进方言研究的神圣殿堂。

暨大三年，先生不仅教诲我们要捕捉学科发展最新动态，紧跟学科发展前沿，还鼓励我们结合自身的学术兴趣和学术积累，尽快确定学术定位，展示学术形象，构筑个人学术竞争力。我来自桂北平话区，对桂北平话的调查研究一直怀有浓厚的兴趣，在入学前就以家乡话为基础，陆续发表过几篇心得习作。先生从汉语方言分区的理论和实践高度，鼓励我选准方向、拓展范围、大胆探索，力争以严谨翔实的调查数据，科学解答平话系属这一汉语方言分区的重大问题，树立学术形象。在先生的鼓励下，三年期间，我不仅在《方言》、《语文研究》等各类学术刊物发表了近20篇研究成果，而且经过近半年的田野调查，撰写了具有一定学术创见的博士论文《桂北平话语音研究》，得到了海外名家丁邦新先生的好评。

先生不仅在学业上对我们悉心点拨，在生活上对我们也是无微不至地关心。我当时已经成家，妻小远在桂林，时常免不了对家人的挂念，每次放假回来，先生和师母都对我嘘寒问暖。每逢节假日，担心我们想家，先生常邀我们到家里吃饭，名曰“打牙祭”；时不时还拉我们上餐馆，名曰“改善生活”；每逢周末，担心我们孤单寂寞，先生常邀我们到家里与师母同开“拖拉机”，名曰“抓革命，促生产”。在浓郁的亲情氛围中，我们度过了非常难忘的三年。

古人云：“授人以鱼，三餐之需；授人以渔，终生之用。”在伯慧师身上，我不仅领略了学术的魅力、人格的力量，也体悟了道德文章的真正含义。矢志不渝的学术追求、宏大开阔的学术视野、不断超越的学术自信以及宽广豁达的学术胸襟，不仅造就了伯慧师值得自豪的学术地位，也为众多詹门弟子留下了宝贵的精神财富。虽然毕业后我远离了当年醉心的方言研究领域，到全新的工作领域接受全新工作岗位的挑战，但先生的教诲永远是我不竭的前进动力！

十年树木百年树人，詹师恩情比海深。一日为师终身为父，毕生难报恩师情。詹老师，在您八十华诞之际，谨以这篇小文表达弟子对您的感激之情。

祝先生生命之树常绿，学术之树常青！

（广西壮族自治区人民政府北部湾办公室副主任，广西北部湾发展研究院副院长，广西大学兼职教授、硕士研究生导师）

师恩如海

涂良军

能做詹先生的学生是我一生最大的幸事。

先生是教师的楷模，对学生的关爱至广至深。每一个学生，不管毕业了多少年，也不管在哪里，工作顺利与否，生活美满与否，先生都知道，经常念及，为之牵挂。凡是能帮上忙的，先生和师母都尽力去帮忙。碰到一点儿好事，先生也都要拿来和学生共享。海外同学来请先生吃饭，先生总是叫上我们。已经毕业的师兄请先生去旅游，先生也把我们带上。先生被邀请去开会，有会务费，只要人家允许，就带上我们，让我们也能有一点儿收入；海外同学经济宽裕一些，先生就说服他们，把他们的经费给我们用。先生一贯主张同学之间要友爱，不喜欢听人说别人的坏话，所以同门师兄弟非常和睦。伍巍老师、陈晓锦老师、钟奇师兄等都在学业上、生活上给了我无微不至的关心和帮助，始终不渝，使我感到暨南园里有家庭般的温暖。

在先生的学生中，我得到的帮助是最多的。当年我来报考先生的博士研究生时，因为来自云南，从未到过广州，土里土气，到了广州又不认识其他人，之前一次都没见过先生，结果有人就在录取我的时候做了手脚，想把我的名额弄给别人，多亏先生发现后一力坚持，我才顺利地上了学。学业上，先生对我特别严格。我因为生活困难，又有孩子，很想上完公共课就回单位上班，那样可以多挣一些钱养家，我的校系领导也来找先生说情。但先生坚决反对，宁可自己掏钱补贴我也要让我踏踏实实地读完三年书。毕业这么多年，我深深地感受到先生的决定对于我来说多么重要！那些只上了公共课、交了论文就毕业的博士，因为学习不扎实，在大学里是没有真正的前途的。读书期间，每次我回家前，先生和师母都要送给我和孩子许多衣服、食品和日用品。毕业十年多了，先生和师母一直都这样做，从无改变，每次见到我，都要送很多东西。刚毕业时，先生听说我在原单位工作不开心，就立刻给我在广东联系了单位。不久先生来到昆明，当知道我不能成行以后，又亲自前来拜访我们校长，恳请在职称等问题上给我尽可能的帮助。云南僻远，消息闭塞，学术落后。我回到昆明以后，每一次学术会议，只要我可以参加的，先生都会及时通知我，让我准备论文参加。先生每有什么课题，足以提供机会、提高能力的，都不忘叫我加入。即使只做了一点点工作，先生也要把我的名字署上。每次和先生、师母见面或通话，先生和师母都要从工作到生活处处问遍，哪怕是最小的问题都能从先生这儿得到帮助。这其中的原因，我是最清楚的。在先生的学生中，我的命运至为不幸。出生那一年，父亲就被政治运动迫害致死，而且被戴上了“特务”和“反革命”的帽子。我心中的幼年、童年、少年、青年，全是黑色的。痛苦、屈辱有那么多、那么深，我从来不敢去回忆，却又真的很难忘记。在小学，我的学习成绩一直是全年级最好的，可是最终却没法读完，因为没有人愿意供我读下去。中学根本没上过，我十四岁就进厂当了工人，从此自己养活自己，当时我身高还不到一米五。在工厂里我一直干了十年有余，高考制度恢复以后才有幸考上大学。从大学、硕士生到博士生毕业，“家”里没人为我出过一分钱、出过一分力。在报考先生的博士研究生前，前妻还因为无法再忍受我的遭际而刚和我离了婚。求学之路在我面前格外崎岖和坎坷，也格外重要而关键。先生知道这些，所以才会特别关心我。在先生这里，没有庸俗，没有势利。先生家里挂着孙中山先生写的“博爱”二字，先生是把它当作了自己的行为准则。而因为有了先生在事业和生活等方面的照顾，我现在成了同事们最羡慕的人之一，有顺利的工作、幸福的生活、温馨的家庭和两个可爱的儿子。身世和我相仿的朋友，我认识很多很多。在社会上我们是被很多人歧视的人，世道之艰难，人情之冷暖，孤儿的体会至为深切。我们做事总是事倍功半，能挣扎到过上普通人的生活，就已经非常不容易了。多少人堕落了，多少人放弃了，甚至有些人自杀了。能过上像我一样的生活的，万人中也难有一个。而我多亏有了先生，如果没有先生的关怀，我不知如今身在何处。先生给我的恩情，我是永远也回报不了的！

时光荏苒。我从恩师詹先生身边毕业回云南已经十一年了。十一年来，先生一直像当初那样在教育着我、关怀着我，没有因为时间和距离而有任何改变，我也从来没有远离先生的感觉，就像我永远在暨南园，在先生的身边一样。

（云南师范大学中文系教授）

给予与感恩

唐　莉

曾经读过一个很感人的关于苹果树的故事。

在枝繁叶茂的苹果树下，一个孩子快乐地拾掇着绿叶，把叶子编成王冠，扮成国王。孩子也会爬上树，拉着苹果树的枝叶荡秋千。累了，渴了，树上红红的苹果是最美的甘甜，还可以靠在树干上美美地小憩。孩子快乐着，苹果树也幸福着。日子一天天过去，孩子长大了。有一天，他又来到苹果树下，苹果树高兴极了，说："来啊！孩子，爬上我的树干，抓着我的树干荡秋千，快快乐乐的。"可男子却说："我太忙了，没有时间爬树，我需要一间房子保暖，娶妻生子。"树说："我没有房子，你可以砍下我的树枝去盖房子，这样你就会快乐。"于是，男子砍下了树枝，盖成了他的房子，树为他的快乐而快乐着。一个夏天，男子又回来了，树高兴极了，说："来玩啊，孩子！"男子说："我已经老了，我想去逍遥地划船，你可以给我一条船吗？"树说："砍下我的树干去造船吧！这样你就可以快乐地远航。"于是男子砍下树干造船远航，久久地离开了。树似乎依然快乐，但那不是真的。终于男子又回到了树边，树说："很抱歉，孩子，我已经没有东西可以给你了，我的苹果没有了。""没关系，我也没有牙齿咬苹果了。"男子回答。树说："我真希望能给你什么，可我什么也没有了，只剩下一块老树根。"男子说："这些年来，我已经很累了，只需要有一块地方坐下来休息。"树说："好啊！我这块老树根正好让你坐下来休息。"男子坐下来，树好快乐，眼里充满着泪花。

我相信在每个人的生命中，都会有这样一棵苹果树。我的导师詹伯慧先生又何尝不是这样一棵为我们奉献了枝枝叶叶和累累硕果的苹果树？在我们的求学生涯中，老师为我们撑起了一片天空，一片阳光灿烂的天空，不怕刮风下雨，他用渊博的知识与豁达的人格为我们造船、让我们远航。随着学生们转眼长大成人、成家、成事，老师已进入耄耋之年，能给予弟子们的东西也不多了。扪心自问，对这样一位为我们奉献了一切的恩师，我们又怀着多少感恩之心呢？其实老师是一个心地非常平和、自然淡定之人。在他身上你看不到尘世间的恩怨、华丽、喧嚣与世俗，他做人的标准就是朴实、真实，从不企望报答与感恩。詹老师对物质生活要求更低，长年累月穿着夹克外套，从无华丽的装饰。老师每每风趣地开玩笑说："很多学者西装革履，风度翩翩，而我是迫不得已才穿件西装的。"詹老师崇尚自然，学生也很难造作。一师弟刚进校时举手投足间拘谨、谦卑过度，每次见到老师总要行鞠躬礼以示恭敬，老师让他保持自然，不必拘于客套。在熟悉了詹老师的为人后，他从此也就变得轻松自若了。

记得刚进詹门不久，适逢中秋佳节，按以往在校时的规矩，总是要提些月饼水果什么的答谢导师。于是准备撺掇师兄们，共商献礼之计。谁知师兄们很是诧异，说詹门从来没有这样的规矩，弟子们非但不需送什么礼品，相反詹老师还会请大家共享美味。果真，在中秋之夜，詹老师的家就是我们共赏明月、共品月饼的快乐天堂，老师还亲自下厨为我们熬煮番薯糖水。大家欢聚一堂，畅所欲言，没有拘束，没有虚伪。他的家正是大家心中的归宿，温馨中充满了人文情怀。

印象中，有老师的地方，总是充满了诙谐与欢笑，即使是在最紧张忙碌的时候。1997 年夏天，老师带领我们一起进入《广州话正音字典》的最后编纂时期。在广州 30℃ 的高温下，在中文系二楼的几个办公室里，靠着风扇，老师与我们一起仔细审阅、编排着上万张卡片。而其中有趣的标注错误，往往成了老师与我们共享的笑料，这让我们忘却了酷暑与单调。一次老师应邀去新加坡国立大学参加学术会议，期间，会议组安排游览新加坡夜间动物园，师兄钟奇和我那时也正在新加坡求学，于是陪同前往。行至茂密的热带园林中，忽见一狮子坐于石边，喘息不断，老师说："这狮子大概也得了哮喘。"大有同病相怜之慨。

詹老师对人总是真情相待，宽和包容。但他豁达的性情总给人难得糊涂的感觉，于是总有些人把老师的豁达当成可乘之机。老师坐而观之，一笑而置之。其实他的内心犹如明镜般透透彻彻地照射着众生相，洞明世事，对很多人很多事看得很清楚。老师总是用放大镜去发现别人的长处，而对他们身上的瑕疵却往往忽略不计，而有些瑕疵却是某些致命的人格弱点。在很多人身处困境时，老师毫不犹豫地伸手相助，虽然有时时过境迁之后，换来的却是对方对老师声誉的诋毁，但老师从不为此抗争。当我们不解老师为何如此容忍时，老师却淡然地说："如果我也这么做，那岂不是我的人格也与诋毁之人的一样？"老师有时看人也有看走眼的时候，尤其是在奖掖后生方面，不计门第之见，不遗余力地帮助雄心勃勃的年轻人实现其梦想。殊不知青出于蓝而胜于蓝，可畏者，后生也。一些人在得益于老师的提携之后，反而形同陌路，对老师颇有微词。

时光流转，许许多多的人和事都在不断地被淡忘、改变，但老师的人格始终如一地保持着，心态始终如一地平和着。除了从老师博大精深的学识中受益匪浅，从他的为人处世中我们也得到了很多的启示。詹老师对学术的坚持、对人生信仰的坚持、对人性根本的坚持，使我们从中汲取了无尽的生活能量，这是老师给我们人生历程的一笔宝贵财富。弟子唯有常怀感恩之心去感受老师身上的那种博学与豁达，去领略他身上那种可敬可亲的人格魅力。在老师八十大寿之际，学生唯愿老师永远健康长寿！

（瑞士苏黎世大学教师）

学以致用，慧启后辈

方小燕

20世纪90年代初，我第一次参加广东省中国语言学会的年会，也是第一次见到詹伯慧先生。会议组织参观南雄珠玑巷，回到住地时天已黑了，大家又累又饿，坐下来就开始吃饭。詹伯慧先生刚好跟我们一桌，他不言不语，埋头快速地吃，我还没吃完一碗，只听詹先生心满意足地“啊”地长叹一声，已经吃完了两碗！我暗暗惊异。所以，詹先生给我的印象除了很有学问以外，还很能吃。在闭幕式上，我代表青年教师发言，表示要学习老一代学者的精神风貌时，就列举了詹先生吃饭的事。

对于先生的精神风貌，不久之后我有了进一步的认识。有一次到香港开会，詹先生、周小兵教授和我三人同行，每个人都拿着不少的书。一路上，詹先生快步如飞，一直走在前面，我们都追不上他！后来，我多次问他：“您不累吗?”他每次都是同一个回答：“做嘢千祈唔好惗住攰，一惗到攰，就会冧。”（工作起来千万不要想到累，一想到累，就会倒下来。）

在詹先生的精神风貌中，“学以致用”是我感触最深、认为最值得学习的。作为一个语言学家，詹先生在做学问的同时，非常重视理论对社会的语言文字工作的指导作用。半个多世纪以来，他一直倾力于国家的语言文字应用工作，从理论到实践，作出了卓越的贡献。

在广东省普通话水平测试员培训班里，我们见到了詹先生，他为来自全省的骨干教师说明方言与普通话的关系；在香港普通话教师培训班里，我们见到了詹先生，他给香港同行们讲述他对香港语文政策的看法；在广东省城市语言文字工作检查中，我们又见到了詹先生，他担任新闻传媒系统的评估组长，认真地查阅报纸，倾听电视台、电台的汇报；有一次，先生摔坏腰住院了，当时他正被邀请出席香港语文学会召开的教育界粤字正音讨论会，因担心无法如约出席，所以在住院期间他一直惴惴不安……这些事例数不胜数，只要是社会语言文字工作需要，詹先生绝不会因事小而不为。

去年发生的“推普废粤”风波，把詹先生一下子推到了风口浪尖上。面对社会上一些人的误解和质疑，他展现出一位有胆识的语言学家的精神风貌，挺身而出，态度鲜明地向社会阐述国家语言文字法、推广民族共同语的意义和有关政策。接着，在2010年12月13—15日于澳门理工学院召开的第十五届国际粤方言学术研讨会上，他义正词严地发表了《粤语是绝对不会沦陷的——对出现“废粤推普”风波的一些思考》（见《粤语研究》2010年第8期）的讲话，就粤语的地位、“推普”与保护粤语的关系等作了论证。

之后，詹先生就此问题作了进一步的讨论，他认为：①

第一，不应责怪老百姓制造“伪命题”，而应怪我们语言知识普及工作做得不够，应该把“什么是语言”、“语言与方言的关系”、“普通话与方言的关系”等问题都说清楚。一个几千年的、人口众多的国家，语言不统一，如何让世界了解中国？如何使中国走向世界？两千多年前扬雄《方言》中的“通语”跟我们现在普通话的“通”无独有偶。普通话不仅是汉民族共同语，它还是中国境内各民族使用的社会通用语。

第二，专业人士的认识要高于一般老百姓。我们连自己的认识都不深透，又怎么能给老百姓普及呢？语言学又怎么能应用呢？虽然（这次风波）不排除有人煽动，但是关键是我们，学问不是迂腐的东西，语言是社会的，跟每个人都有关系，语言学跟其他人文学科、科学学科一样，应有普及宣传活动。

第三，法制与人治的问题。我们的语言文字工作者经过了多年的提议和讨论，终于有了史无前例的《国家语言文字法》，从此我们各地语言文字工作委员会的朋友有法可依了，法律可以维护我们社会的安定团结。但是，十年过去了，雷声大，雨点小，楼梯响却无人下来。《国家语言文字法》具体的内容是什么？就是圈内人士也不敢说都清楚。我们要改变这种状态，使语言文字工作真正做到有法可依。

詹先生在“推普废粤”风波中的表现，让我们十分惭愧。先生能够这么做，是因为他深知做学问的目的，深知语言学学者所承担的社会责任。

在詹先生看来，做学问与服务社会是同一件事。为社会、为国家解决问题，才能充分彰显学问的价值和力量。每一次当我领着华南师范大学研究生到暨南大学访学时，詹先生都一定出来见我们，循循善诱，主题必都涉及社会语言文字工作。他非常期待年轻人能够明白这个道理。

詹伯慧先生“学以致用”的精神风貌，给后辈以莫大的启迪。这些年我们也效仿先生，在广东，努力为语言文字工作服务和培养人才；在港澳，进行普通话教学与师资培训工作；在海外，为汉语国际推广事业贡献一份力量。

詹伯慧先生“学以致用”的精神风貌，正在后辈身上延续。

（华南师范大学国际文化交流学院教授）

① 根据詹伯慧先生 2011 年 1 月 6 日上午给华南师范大学、暨南大学研究生的讲话整理，未经先生本人审阅。

眷眷育才意，悠悠润物心

——恩师詹伯慧教授印象记

王建设

早在20世纪80年代于厦门大学攻读硕士之时，我就通过《现代汉语方言》一书认识了詹伯慧教授。但说来惭愧，当时只知道詹伯慧教授是位大名鼎鼎的方言学家，其余的却知之甚少。

1990年，在汕头大学举办的第二届国际闽方言研讨会上，我第一次见到了詹伯慧教授，他的儒雅博学、平易近人给我留下了极其深刻的印象。尤其是当我得知他出生于潮州，说的也是闽南方言时，更是觉得相见恨晚。随后的几届国际闽方言研讨会，不断加深了我对詹教授的了解。1997年，在詹教授的鼓励和支持下，我在华侨大学承办了第五届国际闽方言研讨会，从此我们结下了更加深厚的情谊。1999年，我终于以45岁的“高龄”如愿以偿忝列“詹家军”。

在求学的三年里，我亲耳聆听了老师的谆谆教诲，亲眼目睹了老师的严谨治学，更亲身感受了老师的人格魅力。时间虽然不算长，但足以影响我一辈子——不管治学，还是为人。

詹老师的每一位学生都有这样的感受，走进老师家就犹如回到自己家，从来不会有敬畏或陌生的感觉。在脱产攻博的一年里，我同样得到了老师无微不至的关怀。每次到他家，老师与师母总是嘘寒问暖，让我如沐春风。詹老师经常出访，访学归来都会给我们这些学生带点小礼物，让我们分享他的感受。对学生的要求他通常有求必应：从论文撰写到推荐发表，从求职调动到职称晋升，无不当作自己的事情放在心上。在《詹伯慧语文评论集》一书中，光詹老师为我们这些弟子的著作所写的序言、书评就多达二三十篇。

作为博士生导师，詹老师曾经获评暨南大学“优秀研究生导师”、“十佳先进个人”等称号，在指导研究生方面独树一帜，特色鲜明。让学生在实践中学习是詹老师一贯的指导思想。他提倡并要求研究生应该在调查中学习，在写作中学习，在开会中学习。

我们这一届博士生一入学，就在导师的指导下，调查记录了很有特色的广东信宜话，并最终完成了近100万字的《广东粤方言概要》。该成果由暨南大学出版社正式出版后，先后获得广东省哲学社会科学“九五”规划优秀成果三等奖（2003年）、首届广东省哲学社会科学优秀成果一等奖（2005年）。

詹老师每年都要带弟子们外出参加几次国际性或全国性的学术研讨会，哪怕手头的经费并不怎么宽裕，他也从不吝啬。“詹家军”的美誉能够迅速传开来与此不无关系。他认为参加学术研讨会可以给学生带来多重的收获：一是通过要求学生撰写论文可以多出成果，二是通过学术交流可以开阔眼界、广交朋友，尤其是可以向许许多多著名的学者当面请教。在我攻读博士的三年里，外出参加学术会议就多达 10 次，其中有几篇在会议上宣读过的论文先后发表在《中国语文》、《方言》和《汉语学报》上，可以说受益匪浅。

詹老师也是一位活跃的社会活动家，尤其是十分热心于我们国家的语言学事业，满腔热情支持并积极参加各种相关学会的活动。他对自己主办的学术活动每次都力求办出特色、办出质量，总是身体力行——从写文章到请学者，从筹经费到忙会务，而且还替与会学者考虑，尽量减轻他们的经济负担。我至今还清楚地记得，1995 年，当我在海口海南大学接过举办第五届国际闽方言研讨会的接力棒时，詹老师就语重心长地对我说，方言工作者开展方言的调查研究很不容易，困难很多，会务费不能收太多，最好控制在 200 元以内。

如今，恩师詹伯慧教授虽已年届八十，但在语言学界各种重要的学术会议上仍能经常看到他孜孜不倦的身影，这不仅让我们欣慰，让我们感动，更催发我们奋进！衷心祝愿恩师健康长寿！

（华侨大学文学院院长、教授）

暨南园里忆恩师

胡松柏

有位著名的大学校长说过："所谓大学者，非谓有大楼之谓也，有大师之谓也。"就此意义来说，一所大学赖以支撑的其实就是那些承担传道、授业、解惑之职责而最具影响力的精锐名师。毕业学生对大学母校的眷眷之情，很大程度上也是由对曾给自己以深刻影响的老师的情感维系着的。作为一名曾经的暨南学子，我对暨南园的记忆便与詹伯慧老师紧密相连。时间进入21世纪的第二个十年，詹老师八十寿辰将至，当我在电脑上新建文档输入以上文题时，暨南园里与老师在一起学习、生活的种种场景便不由得浮现眼前，虽岁月相隔，犹历历在目。

我是所谓"77级"（"文革"后恢复高考的首届）的一员。在这一群体中，我算不上"余生也晚"，但却是这群因"文革"耽误而致"余学也晚"的同龄人中读书生活延续时间相当长的一个。十年前，当我考入暨大接受最后一个阶段的学历教育时，人生已经将至知天命之年了。因而暨大的学习生活对我来说，便显得那么幸运。在詹老师指导下学习、研究而结下的这段暨南园中的师生情缘，成为我人生历程中一段弥足珍贵的记忆。

算起来，我从事高校教学的教龄刚好三十年了，而对詹老师的认识也正始于三十年前。1981年，我于上饶师专毕业留校任教。由于教的是语言课程，更由于自己的语言背景复杂（使用吴、闽、赣三种方言），我对汉语方言学自然非常感兴趣。那时候研究资料极度匮乏（上饶师专是1978年恢复重建的），不想在图书馆中，我居然找到了一本袁家骅先生主编的《汉语方言概要》。书是1960年文字改革出版社的版本，虽然破旧，却是我所读的第一本方言学著作。书中粤方言和闽南方言两章是由詹伯慧老师执笔的，其中闽南方言一章自己读来最具亲切感（因为我说的赣东北"福建话"属于正宗的闽南泉州话，而书中所描写的吴方言、赣方言的代表方言则与自己说的吴、赣方言差异较大）。后来，我又买到了詹老师最新出版的《现代汉语方言》（湖北人民出版社，1981年）。这本书容量不算太大，但是系统而又提纲挈领、简明扼要，成了我走上方言研究之路的启蒙老师。我的第一篇方言学论文《广丰方言的"儿"尾》便是参考书中相关内容写成的。

我的第一学历（按当下的说法）为专科毕业，只是因为时代的缘故而获得大学讲坛上的教职。有感于自身学养之不足，我总是注意抓住一切机会外出再学习，由此便有了与暨南大学的不解之缘（先后缘结两度）。1986年，我在相继赴陕西师范大学（1983年）和华中工学院（1985年）进修之后，又报考了暨南大学中文系举办的现代汉语助教进修班。秋季开学，我南下广州，开始了在暨南大学的第一次求学历程。詹伯慧老师为助教班讲授“汉语方言学”。终于在课堂上得见仰慕已久的著名学者，我心情激动而深感幸运。那时，詹老师正值盛年，还担任着文学院院长之职。授课中，老师娓娓道来一如拉家常，给我的印象是，这是一位颇有“亲民”风度的学者领导。由于对方言学的喜好，在选课学习过程中，我与詹老师有过多次请教问题的直接接触，或在课堂休息间歇，或是校园路上偶遇，有时还赴老师苏州苑家中，老师总是给初做方言研究的我很多启发。

1994 年，我到厦门大学做访问学者。10 月，全国台联在厦门大学召开“海峡两岸闽南话研讨会”，我以进修教师的身份列席旁听。得知詹伯慧老师也应邀出席，我便去莅会专家住处叩见，一别七年，没想到詹老师居然还记得我（我们那个助教班可是有 40 多人的）。对于我屡屡外出求学，他多有鼓励。当时，詹老师已经带出了我国的第一批方言学博士。囿于我的大专“出身”，我当时实在不敢提出要报考他的博士。不过这次见面还是让我在心里暗暗滋生了这一念头。说到这次厦门大学见面还有个小花絮。出席主持研讨会的那位全国政协、全国台联的领导姓名恰好与詹老师音近，宾馆服务员听岔了，把我引进那位领导所住的套房。从未教过书的那位领导很是诧异“从前的学生”的求见通报，见面后那领导人哈哈一笑，说：“你找的是詹伯慧教授吧。”看来，詹老师的名望对于既不同道也不同行的这位国家领导人来说也是有所耳闻的。

为了改变自己的学历（制度规定，各类进修都是不算学历的），我一狠心参加了属于正规学历教育的研究生全国统考，1996 年再次来到厦门大学师从周长楫老师攻读硕士学位。我的学位论文做的是赣东北闽南方言，因此在厦门大学学习期间便有机会先后参加了两次国际闽方言研讨会：1997 年 2 月在泉州华侨大学举行的第五届，1999 年 6 月在香港科技大学举行的第六届。这两次研讨会上我都与詹老师见了面，而报考博士再次跟从詹老师学习的想法也更加清晰并确定下来。到了 1999 年 11 月在桂林召开的第十届全国汉语方言学会学术年会上，拿到了硕士学位的我终于敢表明自己的意愿了。会间的一个晚上，我到詹老师的住房，寒暄之后我大着胆向詹老师说了自己准备报考的事，他表示非常支持。

就这样，通过入学考试，时隔十三年之后，我于 2000 年 9 月又来到暨大，开始了在暨南园里的第二次求学之旅，在詹老师的指导下攻读博士学位。我在求学上算是跃上了一个新的台阶，而我与詹老师的师生关系也发展到了一个新的阶段。

我作为一名在职生，还不能完全摆脱单位的教学。三年间，工作、学习需同时兼顾，往来上饶、广州两地，寒窗苦读，更有方言田野调查的奔波劳顿，个中甘苦，真所谓“不足为外人道也”。也许是压力太大的缘故，在入学第一个学期，我便真的大病了一回，以致做了个不小的手术，所幸终无大碍，没有对学业造成太大的影响。詹老师的悉心指导和诸般关爱，成了我坚持三年学习未曾退缩的极其重要的支撑和动力。

一晃三年将满。那年春天，神州大地瞬间为“非典”阴影笼罩。3—6 月，正是学位论文写作的关键时期，从交提纲、交初稿、修改并定稿，一直到参加答辩，我四进四出人人谈之色变的广州。那些难忘的日子里，在南来北往的旅途中，我乘坐过一趟只有十来个人的航班，也乘坐过一节车厢独我一名旅客的软卧；在广州、上饶两地，也都“享受”过隔离观察和专车送医院做体检的待遇。记得答辩举行之前，我的家人和单位的同事都反对我再赴广州。答辩对我完成学业之重要性自然不言而喻，只是在那样风声鹤唳的背景下，人们怎能不替我担心呢？后来詹老师数次打来电话（特别要感谢詹老师在那样的特殊时期为答辩的举行作了那么周密妥当的安排），这使我鼓起了勇气，并且更重要的是打消了顾虑再次南下。学位论文答辩通过了，我的博士梦最终得圆。我在学位论文末尾的致谢部分写道："回顾三年来在求学道路上的跋涉，感慨至深。能比别人多尝一些读书做学问的甘苦，实在也是一种人生之缘。"为此缘分而所要致谢的，自然首先便是作为导师的詹老师了。

21世纪以来，我国的研究生教育获得了快速发展。想想当年自己还屡为学历问题而犯愁，如今居然也指导了快有10届硕士生了。只是无可讳言，当前的研究生教育在发展过程中也不免面临一些问题，譬如研究生培养的质量、研究生培养的方式，等等。人们对质量下滑的诟病，称课程教学为"大五、大六"的揶揄，由此而引起的思考总不免让我屡屡想起当年暨南园里在詹老师指导下我们的学习状况来。

詹老师20世纪80年代之初便开始带研究生，是国务院评定的我国最早的方言学博士生导师之一，二十余年来所指导的博士生、硕士生逾数十，且被学界戏称为"詹家军"。作为一名资深的研究生导师，詹老师的治学理念和教学方法总能给我们很好的启示。詹老师在一篇谈研究生培养的文章①中提出："要通过参与重大科研项目和重要学术会议来培养研究生。"对此我深有感触。在暨大读博的三年，有关我学习情况的记忆主要还是做项目研究和参加学术会议。

长期以来，詹老师一直非常注重组织研究生集体开展项目研究。我刚进暨南大学那会儿，前两届的同学正忙着在詹老师的指导下做粤方言的一项新的重大项目。詹老师对研究生做项目还有更进一步的考虑，他说："今年（2000年）我和博士生录取小组……对几位考生进行复试（面试）时，就把了解他们原有的研究基础和入学后打算从哪些方面进行研究，带着什么样的课题来入学等作为面试的主要内容。……我想，如果今后在招收博士研究生时，能把'带着研究课题入学'作为录取的基本条件之一，对于培养博士研究生、提高学术研究水平，必然会产生积极的效应。"② 那年，我刚好以"赣东北方言"为题申报了当年的国家社会科学基金项目，面试结束返回单位不久，还真的就收到了全国哲学社会科学规划办公室的立项通知书。这样，我把学位论文撰写与项目研究结合，一边学习理论，一边做项目调研。詹老师的指导让我在专业理论上得到了进一步的提升，顺利地完成了博士论文，同时也确保了项目研究任务的完成。

得益于跟从老师做项目研究的训练，我们那帮师兄弟的研究能力在读博期间都有了切实的提高，毕业后不少同学都主持了包括国家社会科学基金项目在内的各类重要项目的研究。2010年国家社会科学基金项目申报揭晓，在不到10项的方言方向的立项项目中，由詹老师的学生主持申报的就有三项，也许可以说明这一点。

---

① 詹伯慧：《研究生的培养要在"研究"上多下功夫》，李凤亮主编：《世纪寄语——博士生导师谈治学》，广州：暨南大学出版社，2000年，第71页。

② 詹伯慧：《研究生的培养要在"研究"上多下功夫》，李凤亮主编：《世纪寄语——博士生导师谈治学》，广州：暨南大学出版社，2000年，第70～71页。

在暨南大学读博三年期间，参加各种各样的学术研讨会也是我和同学们的一项重要的学习活动。詹老师说："通过参加国内外重要学术会议，研究生们得以和众多的同行学者进行学术交流，可以从中获得大量学术信息，也可以大大开阔学术视野。"①他总是运用自己的学术地位和学术影响，积极推荐研究生提交学术论文，帮助争取参加相关学术会议的机会，并且想方设法解决与会经费问题，让我们尽可能多地赴会。在詹老师的带领下，我们这一届的同学所参加的学术研讨会就有：两次客家方言研讨会（第四届，梅州，2000年11月；第五届，南昌，2002年7月），闽方言研讨会（第七届，厦门，2001年11月），双语双方言研讨会（第七届，深圳，2001年7月），全国汉语方言学会学术年会（第十一届，西安，2001年10月），广东省中国语言学会学术年会（湛江，2001年12月），庆祝《中国语文》创刊五十周年国际学术研讨会（南昌，2002年6月）；还赴港澳参加了两次境外的研讨会：语言与方言研讨会（澳门，2001年7月），中国语言文字国际研讨会（第一届，香港，2002年3月）。第八届国际粤方言研讨会（广州，2001年12月）则是詹老师主持在暨南大学召开的，我和同学们都参与了办会事务。另外，我们前后两届的一拨同学，还在詹老师的带领下远赴昆明，参加了南开大学在云南民族学院举办的语言学高级研讨班（第六届，昆明，2001年7月）。这些与专业密切相关的（绝不是挨边蹭会以游山玩水为主的那种）学术活动对提高我们的能力确实起了那种纯书斋式学习难以给予的促进作用，詹老师带着他的弟子们出席研讨会也常常成为各个相关学术研讨会的一道风景线。

离开暨大以后，我还会经常参加学术研讨会，而在研讨会上，还会经常与詹老师见面。研讨会在提供学术交流场所以外成了我们师生间联系的一个重要平台。遗憾的是在我最近参加的一次湘方言研讨会（第二届，湘潭，2010年10月）上，作为特邀专家的詹老师因临行前眼睛突发不适未能前来，失去了一次见面的机会。不过在开幕式上，当宣读詹老师的书面发言全场爆发热烈掌声的时候，作为老师的学生，引以为荣的情绪油然而生。

眼下的研究生，有的会抱怨师生之间往来很少，甚至几年下来，见面的次数居然都非常有限。当然这里面的原因有很多，诸如导师工作忙，研究生人数太多，以及师生分处异地，等等。我在暨大时，同学们与詹老师之间还真没有这方面的问题。应该说，老师和学生的关系并不是仅仅在学习上。研究生和导师之间，也显然不是只限于研究生写作学位论文时由导师指点选题、修改论文。我关于詹老师的回忆，不仅有课堂上的循循善诱、平等讨论，调查中的辨音嚼字、条分缕析，还有任职于暨大华侨医院的师母对我的探望，在老师香港家中斗室里与老师的抵足而眠，还有歌厅里同学们的高歌和老师的静听，师生共陪师母逛街购物的百无聊赖……正是在这些日常的接触中，才更丰满地展示出詹老师的感人性情、品质。譬如，当我们一起在旅游途中遇到可以给导游人员提出书面意见的情况时，詹老师总是交代学生尽量写上好的评价，这体现出来的是宽厚长者

① 詹伯慧：《研究生的培养要在"研究"上多下功夫》，李凤亮主编：《世纪寄语——博士生导师谈治学》，广州：暨南大学出版社，2000年，第73页。

与人为善的人文情怀。那回举办粤方言研讨会，晚上十点多了，詹老师还非要和我们一起去广州东站迎接下班后才过来的香港学者（他们都是老师的晚辈），这让我深深感到学术大家的谦恭和亲和。说来自己也不年轻了，然而詹老师的为人处世，对己、对人、对工作、对人生的所为，总是让我景仰，让我终身受教育。以下随录两件记忆犹新的旧事，聊以为例证。

我还在读助教班的时候，因为有要事请假回家，错过了詹老师所授“汉语方言学”课程的结束考试。回到暨大，我去见詹老师商量如何补考。同学们的考试是闭卷的书面形式，就剩下我一个人了，我提出可否由我交一份关于自己母语方言的小论文给老师酌情打一个分数。表面上说来，这样似乎更可以检验出学生的实际水平，而我心里的小算盘则是想省去复习备考的时间（当时手边正好有一份已经完成的论文稿子）。詹老师没有接受我的建议，他很认真地说还是再出一份试卷，让我以与其他同学相同的方式来考。就这样，复习两天后，我来到文学院，就在院长室隔壁的一间办公室里，由一位干事监考，作为唯一的考生，用詹老师不嫌麻烦为我专门命题的试卷进行了对我而言从未经历过的一个人的考试。

读博第一年，又到评职称的时候。单位同事告知我，有关条例将开设硕士生课程列为晋级条件，许多申报者都在联系相关学校设法搞到为硕士生授课的证明，我正在暨大读博，应该比较方便，要抓紧办成。我不明白上饶师院这种根本不能招收研究生的学校（还刚升格为本科）何以会采用这样的条件。不过既然有了这样的规定，还是得争取，不然别人捷足先登，自己就亏了。我去见詹老师，想请他与院、系沟通一下为我开个这样的证明。詹老师说，如果早有这样的考虑，安排博士生给硕士生上点课也是可以的。问题是现在并没有上课，却要开出上了课的证明，不就是作假了吗？我嗫嚅着说，这种事现在大家其实也是明知和默认的。詹老师沉吟片刻，说：“那以后别人对你读的学位，会不会怀疑也是作假弄来的呢？”一席话，不仅打消了我的那点小九九念头，更让我感到老师做事之正、想问题之深远。虽说我晋升正高职称因此延后了时间，但回头来看，如今我所做的事能得到人们些许的认可，自己心底能够始终问心无愧，还真应该感谢老师的指点和把关。

我在博士论文的后记中写道：“能师从詹先生学习方言学，是我人生的大幸事。”其实，有詹老师这样的好老师，还是我一家的幸事。我已经有了孙辈，每有相见的时候，老师、师母都会让我带些糕点、童装之类的礼物给孩子，让我们一家都分享到两位老人的慈爱温馨。不仅如此，因为我在暨大上学，家人通过我认识了詹老师，通过詹老师又了解了暨大，我的儿子、儿媳也先后考入暨大读硕士。一家两代三个人同时在同一间学校读书，我想这在暨大百年校史上，不说唯一，应该也是鲜有的了。我给孙子起名“南南”，以寓我一家与暨大结缘之意。而这一缘分，不正是缘于我与詹老师的师生之缘吗？

暨大那边于恩兄编辑老师诞辰祝寿文集，催稿甚急。我因为还在做去年获准立项的一个新项目，寒假里一直忙于修改调查所用的单字、词条和语法例句材料，匆匆间草成以上文字，也是聊以塞责。明天我就要离开南昌去浮梁调查。白居易《琵琶行》诗中有吟“前月浮梁买茶去”，在那产茶的去处，蕴藏着对我而言非常宝贵的语言矿藏。詹老师在为我的一本书所作的序中说："希望作者能发扬长期作战、持之以恒的艰苦奋斗学风，再进一步当好开挖赣东北方言富矿的'矿工'。"① 几十年来，詹老师在构建汉语方言学研究理论的同时，组织开展多项大规模的方言调查，获得了丰硕的成果，且在汉语方言学史上具有重要的影响。对于老师的学术成就，"虽不能至而心向往之"，我会以老师为榜样，会继续以脚踏实地的劳作换取赣东北方言调查研究的新成果，以不负老师的殷殷期望。

2011 年 2 月 22 日于南昌红谷滩新区江信国际花园

（南昌大学人文学院教授）

① 詹伯慧：《揭示多方言交界地区方言接触现象的可喜成果（代序）》，胡松柏等著：《赣东北方言调查研究》，南昌：江西人民出版社，2009 年。

平易近人的大师

汤翠兰

我仍在台北求学时，詹师之名就已如雷贯耳。在我刚进入汉语方言研究这个领域时，只要是研究粤语的人，是不可能没听过詹师之名的。

记得1995年的初夏，那是硕士一年级的第二学期末，我刚拜入杨师秀芳的门下，对于一切，是既期待又惶恐。就在被这复杂心情围绕的某一天，杨师告诉我：詹伯慧先生来到台湾访问了。当时两岸交流活动才刚开始不久，詹师受台湾“中央研究院”历史语言研究所之邀，从海峡一边的广州飞到海峡另一边的台北访问、演讲。某个中午，作为当时台湾“中央研究院”研究员的何大安教授，连同他的夫人（也就是我的硕士生导师）要在台北福华饭店的餐厅宴请詹师。他们还邀请了当时台湾暨南国际大学中文系的系主任周凤五教授，作为两地暨南大学中文系代表的一个非正式聚会。而我，作为杨师门下研究粤语的门生，就这样有幸地出席了聚会，第一次近距离和大师见面。记忆中，席间大家相谈甚欢，而詹师几乎没有不感兴趣的话题，谈笑风生间尽显风趣幽默本色。还记得席后杨师第一时间就称赞詹师健谈而且平易近人，而我当然也深有同感。我想，其他曾与詹师接触过的人，无论是同辈还是后生晚辈，都会有此印象。

那次聚会还有一个小细节，直到现在我还记忆犹新，那也是詹师经常做的一件事，就是送书。可以想象，在那趟旅程中，詹师飞往台北时，行李箱中肯定满满的都是汉语方言专业书，一套三册的《珠江三角洲方言调查报告》更应该是占着大部分的位置。他生怕彼岸的学者没有相关的资料，殊不知台湾“中央研究院”傅斯年图书馆中早已收藏着他的专业书呢！

数年后，硕士毕业后回到澳门的我，决心到广州继续进修，并非常幸运地能拜入詹师门下，成为“詹家军”的一分子。记得在博士生入学考的面试后，我向詹师提到我们的台北缘时，詹师马上就记起了我这号小人物，还能叙述席间的二三事。

跟随詹师至今，一晃眼已十余年了，老师除了在学术上给了我很多宝贵的建议和指导之外，也让我认识和结识了很多大师、学者和同好。也由于詹师平易近人、待人以诚的性格，我顶着“詹家军”成员的身份，在他的庇荫下，往往能一下子与新知消除隔膜和拘谨的气氛，融洽地交流和讨论。这种感觉，就像是一位慈祥的长者手把手地引领我进入粤语研究这个领域。虽然近几年我的步履渐稳，但是我仍不想放开老师的手，因为，老师他实在是个慈祥的大家长，不是吗？

（澳门理工学院副教授）

亲切的教诲 温暖的回忆

孙玉卿

我是一个典型的北方人。在家乡山西，春天黄沙扑面，冬天雪花飘飘。尽管环境不是很好，但我已经习惯了这种四季分明的气候。刚来到广州，我感受到的只有差异。北方已是毛衣在身，而广州还是短袖薄纱；北方的俗语“春雨贵如油”，在广州变成了“春雨烂泥巴”（是说春季雨水太多）。每年春季，梅雨时节来得很早，有时一个星期下雨见不到太阳，太阳一出来就要晾晒被褥、衣物。这种气候的差异、生活习惯的不同，使我对广州感到很陌生。

先生好像知道这些情况，因此在生活上对我们非常关心。我们经常聚在一起，谈经论道，老师不经意间发表的真知灼见，令我们受益匪浅。先生还经常把好茶拿到教室，有时还有点心，我们边品茶边听先生的教诲。慢慢地我这个只喝花茶的北方人也学会了品茶，品出了不同品种的茶叶其味道的差异，也了解了先生做学问的风格。我们也试着模仿，试着进入这扇大门。

我们这届学生：胡松柏、徐红梅和我，是2000年9月入的学。第一次到先生家，先生给了我们很多书：多本粤方言研讨会的会议论文集，还有先生带领前几届博士研究生完成的《珠江三角洲方言调查报告》（三卷本）、《粤北十县市粤方言调查报告》、《粤西十县市粤方言调查报告》等。我把这些书抱回了宿舍，原来稀稀落落放着几本书的书架，一下子变得拥挤了。我感到非常亲切，也很有压力。感谢先生对我们学术研究的关心和帮助，更希望自己毕业的时候在学术上也能上一个台阶，不辜负先生的期望。

先生尽量给我们提供学习上的便利条件。暨南大学有方言研究基地，研究资料比较齐全，我们还有上课的专用教室，教室里有为学生提供的专用电脑，这样的条件在文科研究生阶段是很难得的。由于我是全日制学生，离家又远，只要不上课，教室就成了我的自习室。每当夜幕降临，四周静静的，品着茶，读着自己喜欢的书，真是一种享受。我是工作了十几年之后又回到课堂当学生的，故尤其珍惜。三年的大部分时间，我都是在那儿度过的。不过，也有很懊恼的时候，比如修改文章。我觉得写文章是件愉快的事，但要不断地修改、完善，有时感到很累，很想休息休息，但想到先生已经年过七旬，还是那么努力地工作，充满了热情，自己就感到很惭愧。

先生家的藏书很多，书房的四壁都是书，并延伸到了阳台上。我们写文章需要查找的资料，有些资料室没有，但一般都可以在先生的藏书中找到；向先生借阅，先生对我们都是有求必应的。先生是国内外知名的语言学家，经常受邀参加国内外的语言学会议，或作学术报告。只要有机会，先生都会带上学生。在上学期间，我们参加过分别在香港、澳门举办的两届粤方言研讨会，参加过在厦门举办的闽方言研讨会，参加过在梅州举办的客家方言研讨会，等等。先生要求我们写会议论文，并要通过评审。这样就促使我们一定要了解各大方言的特点，了解方言学界讨论的热点问题。尽管我硕士的研究方向也是方言，但只熟悉山西方言，以前写的文章也是有关山西方言的，对南方方言并不熟悉，视野比较窄。所以，当时我感到压力很大。每个假期我都要阅读大量的文献资料，借此了解这些方言，并发现问题，提出自己的观点，形成完整的学术论文。也正是因为有这样的压力，我们才有了难得的机会可以当面向一些专家学者请教问题，与同龄人交流学习心得。这些收获，对我们毕业论文的选题很有帮助；另外，这些会议论文的写作，使我们学术论文的写作水平有了很大的提高，为大篇幅的毕业论文的写作做了很好的准备。在我们毕业之后，这些会议论文经过进一步的修改，都陆续发表了，对我们以后的学术发展帮助很大。有时开学术会议，我们同届的三个人会碰到一起，大家感慨良多。上学期间，在先生的督促下，我们都写了不少文章，但毕业之后，觉得懒散了许多，都很怀念和先生在一起的时光。

先生很注重团队合作精神的培养。先生主持并与博士生一起完成了多项科研课题，如珠江三角洲方言调查，粤北、粤西方言调查，还有广东粤方言调查等。由先生主编，粤港澳三地一批粤方言学者（其中有许多是先生的学生）共同编纂的《广州话正音字典》（广东人民出版社，2002年），是我国第一部方言正音字典。先生这种培养学生的方式，既培养了学生的科研能力，也使大家意识到团队合作的重要性。詹门弟子有一个传统，无论是谁，自己的专著出版了，都要给同门人手一册，互相学习，互相鼓励。我们拿到书的第一件事就是看最前面的“序”，这些“序”都是先生写的。先生的不辞辛劳让我们感动，先生恰当的点评、优美的文笔给我们平凡的论著增添了光彩。

这种学习和工作的氛围让我感到很亲切，2003年毕业的时候，我留在了暨南大学华文学院。这样，就可以经常聆听到先生的教诲。

时间过得真快，我来广州已经十年了。从原来以为“凉茶”就是凉的茶，到现在吃“苦瓜”（北方叫“苦瓜”，广州叫“凉瓜”）已经不觉得苦了，并喜欢上了这种清凉下火的蔬菜；从原来对广州的陌生，到现在喜欢上了广州。人们都说，喜欢一个城市是因为喜欢这个城市的人。的确是这样，在这座城市，因为有先生、有师母、有热爱方言学的这样一群人，这座城市便更有吸引力了。

我是1999年在桂林举办的方言学会会议上第一次见到先生的。先生渊博的知识、平易近人的性格吸引了我，使我有幸来到先生的门下。现在，我也在指导硕士研究生，先生对待学生的作风，对我影响很大。先生常常说，作为一个学者，应该有把学术精神传播下去的责任感。先生做到了！我们追随着先生，尽管我们做得不够好，但我们努力着、努力着……

（暨南大学华文学院教授）

可敬的老师，永远的榜样

徐红梅

一般人，八十岁意味着耳目失聪，行动迟缓，反应迟钝，但有这样一位老人，八十岁高龄，依然精神矍铄，思维敏捷，谈笑自若，甚至还能骑着自行车穿梭于校园，这就是我最尊敬的导师——詹伯慧先生。

2000年我有幸成为詹老师的弟子，在他老人家的指导下攻读博士学位，这也是一直让我感到最自豪的人生大事。自豪不仅仅是因为导师是语言学界赫赫有名的大师，主要还因为詹老师身上有很多值得我永远追随和学习的东西，比如学术上永不停歇的执着精神、生活中极具亲和力的人格魅力。

老师做学问并不像一般的老学究那样钻进自己的象牙塔里，编织眼花缭乱的语言理论，而是着眼于扎扎实实的语言调查研究，对社会生活中的语言应用观察敏锐，总是能捕捉到比较新鲜的、有特色的语言现象。老师还喜欢参加各种学术活动、学术会议，总是想方设法带学生出去参加学术会议，以便让学生向学术界的各位专家学者讨教、学习，从而扩大学生的学术视野。我还是在跟随詹老师读书期间参加的学术会议最多，深圳的双语双方言会议、香港的汉语言学术会议、西安的全国汉语方言学会年会等，三年学习期间能参加的学术会议老师都带我们去了，使我们增长了不少见识。记得毕业以后，老师还不时提醒我要多参加学术会议，凡是有老师参与组织的学术活动、学术会议都一定会发通知给我，这使我感到很温暖，明白老师一直在关心着自己的学生。一转眼从暨大毕业已经七八年了，而詹老师也已经退休多年。詹老师在学术上的成就是学界有目共睹的，既有宏观的对语言文字应用问题的探讨，也有微观的方言调查研究。有这样的学术成果，按说退休之后，应该可以安享晚年了，可是，大家都知道，退休后这些年来，老师并没有闲下来，而是一直都在为这样那样的事情忙碌着，有时候在准备学术会议的文章，有时候又在编写学术著作，有时候又要去香港大学上课。有次去看望老师的时候，我劝老师不要再那么忙碌了，应该注意身体，健康最重要，记得老师笑着说："人就是要不停地忙碌，有事情做，才有精神，如果停止工作，说不定就会生病。"我想可能正是这种退而不休的、对学术的执着精神一直支撑着老师，使他的学术道路越走越宽阔。2005年带完最后一届博士生到现在，老师又出版了《语文杂记》、《新时空粤语》（上、下册）等学术著作，并发表了学术论文20多篇。这使我觉得十分惭愧——自己还在工作的时候，就已经想着退休后如何过安逸的生活了。

詹老师出身于书香门第，父亲詹安泰先生是著名的古典文学学者、文学史家和书法艺术家。詹老师本人于1992年获国务院颁发有突出贡献证书，又是全国政协委员，无论如何也算得上是社会的上层人物，但是，认识詹老师的人都知道他身上丝毫没有所谓的贵族气息，生活中的詹老师是一个极其随和、极其平易近人的人。他不像有些学者那样面部冷峻，高傲自负，拒人于千里之外，使人望而却步。记得当初要报考博士的时候，我怀着忐忑不安的心情去见詹老师，以为这样的大学者一定是个不苟言笑、高高在上的人物，结果出乎我的意料，詹老师非常谦和地询问了我的情况，并鼓励我好好复习，从此坚定了我考博的决心。入门以后我更深切地感受到，在詹老师面前，后辈学子从来不会感到拘束。课堂上，詹老师用非常灵活的方式传授知识，教会我们做学问的方法。课下，詹老师对于我们来说有时候像父辈，有时候更像朋友，每每弟子们和老师、师母相聚在一起，老师都会侃侃而谈，和弟子一起争论问题，甚至和弟子开开玩笑，气氛十分轻松融洽。师母也会像母亲一样询问我们各自的家庭情况，经常拿些零食、衣服让我们带回去给孩子。2007 年香港回归十周年，我带着 10 岁的女儿到香港迪斯尼乐园游玩，老师、师母恰好也在香港，他们二老一直等我们回去吃饭等到很晚，晚上在四十几平方米的住处，师母还把最大的一张床让给了我和女儿，第二天还陪我们逛了一天的街。那次香港之行让我充分感受到了老师、师母慈父慈母般的关怀，随时想起来都觉得非常温馨。老师对待每个学生都一样地关心，不管你在社会上混得好或不好，他都会记挂着。我的那些师兄师姐师弟师妹有的是机关干部，有的是高校精英，有的生活安逸，有的奔波操劳，老师每每谈到自己的弟子都如数家珍。只要有学生约见老师、看望老师，老师不管多忙，基本上都会抽空和学生见面叙叙、聊聊。

最让我敬佩的还有詹老师对人、对事豁达宽容的态度。老师见多识广、心胸开阔，从来不会对什么人或什么事斤斤计较、耿耿于怀。老师呈现给我们的总是乐观、积极的生活态度以及简朴的生活方式。

光阴荏苒，时光飞逝，詹老师八十大寿在即，回首老师走过的八十个春秋，那是一段丰富多彩、值得骄傲的人生旅程。老师对社会作出了重大贡献，对家庭尽到了自己的职责，是我们每个弟子永远的榜样。

（广东技术师范学院中文系副教授）

一位可亲可敬的好导师

崔淑慧

一眨眼毕业已快七年，加上求学的三年，已将近十个年头。回想在广州求学的日子，不禁暗自庆幸，庆幸自己遇到了一位好导师，一位可亲可敬的好导师。詹老师无私的人格、博大的胸怀、敏锐的思维、灵活的头脑、充沛的精力……每时每刻都在感染着我，使我获益良多。

能成为詹老师的学生，也真是一种缘分。虽然我在大学本科四年级的时候就选修了方言这门课程，但一直没敢奢望成为詹老师的学生。本科毕业那年，我被保送成为山西大学现代汉语专业方言方向的硕士研究生；硕士毕业那年，我还是没敢报考詹老师的博士生，主要原因就是詹老师的名气太大。从大学本科的选修课到硕士课程的学习，我都清楚地记得，老师给我们的阅读书单上很多就是詹老师的著述。对于这样一位语言学大师，我总是怀着崇敬的心情仰望，从没敢奢望近距离接触。

2000 年我报考北京的博士研究生失利，在工作上也有些不顺利，因此决定 2001 年继续报考博士。此时，我读硕士时的师姐孙玉卿正好考上了詹老师的博士，在师姐的大力鼓励及推荐下，我才斗胆一试。直到笔试结束后，我才怀着忐忑不安的心情第一次见到了詹老师。一见面，老师的风趣、随和一下子就把我的紧张驱散了，他的博学、健谈深深打动了我，使我暗下决心，即使这次考不上，来年也一定再报考。所幸的是，那年我成了詹老师的一名学生。詹老师的学生基本上都是南方人，因此，我跟师姐孙玉卿、师妹王红梅成为詹老师仅有的三个黄河以北的学生。说起我和师姐孙玉卿，我们的博导同为詹老师，硕导同为乔全生教授，各自的先生及先生的弟弟都同名，因此，詹老师常开玩笑地说，用我们二人的例子来解释“巧合”一词最合适不过了。

读博那年，我先生辞职陪我来到广州。刚到广州的那段日子很是清贫，詹老师及师母一直在生活上关心着我们。我们家的衣柜、床、电冰箱、煤气灶、煤气罐等都是詹老师支援的，他还亲自督阵，让我的师兄帮我把这些东西搬过去。读博三年，我们大大小小搬家三次，詹老师和师母几次来到我家看望我们。身在异乡，没有一个亲人，詹老师和师母就是我们最亲的亲人。

还想提一件生活上的小事。从我读博开始，总是看到师母把外孙的一件件衣服、玩具送给师兄师姐的孩子，像变戏法似的，总也送不完，人人有份。我是詹老师年龄最小的学生，等我的孩子出生后，同样得到师母一次次的馈赠。每当这个时候，詹老师总是静静地站在旁边，双眼饱含慈爱的目光，很是满足。

生活上受到詹老师无微不至的关心和照顾，学业上更是受到老师的谆谆教诲，受益终身。

汉语方言的分区问题一直以来是方言学界的热点问题，在课堂上，詹老师引导我们对这一热点问题进行探讨。在探讨中，大家阅读以往各家对方言分区的文论，积极查看有关方言区的语言材料，渐渐感觉到以往各家的分区各有所长，但也不是没有缺点，从而萌发了提出新看法的想法。关于汉语方言的分区，都是名师大家的观点，我们几个年纪轻轻的学生，有资格对此方言的根本性问题发表看法吗？詹老师似乎看出了我们几个人的疑虑，鼓励我们敢于提出自己的观点。这样，我们同级的几个人一起写出了《关于汉语方言分区的语言条件》，提出了先将汉语方言分为南北两个大的层次，在此基础上再进行分区的想法。同样是在詹老师的鼓励和引导下，我们几个人还写出了《关于广西平话的归属问题》。可以说，没有詹老师的鼓励，就没有上述论文的诞生和发表。

跟随詹老师学习三年，印象最深的是詹老师带领我们参加各种各样的研讨会。在短短的三年里，詹老师想方设法筹措经费，带领我们参加了全国汉语方言学会第十一届学术年会、第五届客家方言暨首届赣方言学术研讨会、第七届国际闽方言研讨会、第九届国际粤方言研讨会、第一届中国语言文字国际学术研讨会、广东省中国语言学会学术年会等学术会议。从省内的梅州、湛江，到省外的厦门、南昌、西安，再到香港、澳门，大半个中国，老师都带我们走遍了。虽然有时候由于自己偷懒没写文章，从而没有参加个别研讨会，但詹老师那种为了学生到处奔波的精神深深地印在了我的脑海里。

我常常在想，一个什么样的人才能被人们称为大师，想来想去也没有答案。突然之间想到詹老师，我豁然开朗。詹老师作为一代语言学大师，他身上体现出来的特质——高尚的人格、渊博的知识、敏锐的思维、创新的精神、丰厚的成果、充沛的精力、聪颖的天资，再加上后天的勤奋，这些不就是大师的共同特质吗？詹老师本人就是大师的最好诠释。

（华南理工大学国际教育学院副院长）

记恩师二三事

杨 蔚

第一次见恩师是在1995年的夏天。那时，我正为硕士论文写作中碰到的一些问题而一筹莫展。抱着试一试的想法，我很冒昧地向老师求助，没想到老师很快地答应当面赐教。与老师约定时间后，我从长沙来到广州登门求教。在见到老师前，我想作为语言学界的知名学者，老师一定十分严肃、难以亲近吧，内心感到十分忐忑不安。见到老师时，老师一身居家打扮，很亲切和蔼的样子。那天天气异常闷热，下午老师还要飞北京，在电风扇不停的呼啦啦的转动声中，老师认真地听我讲研究思路、主要内容以及面临的难题，很敏锐地指出问题的关键所在，并提出了一些行之有效的解决办法。两个小时的时间在不知不觉中过去了，我觉得思路变得越来越清晰。快到中午了，老师还要为北京之行做准备，我不得不拜别老师，感觉收获实在太大了，不虚此行。

2001年，我有幸成为老师的博士研究生。第一学期老师给我们开了一门“汉语方言调查”课程，手把手地带领我们调查海南文昌话。我们每周三次聚集在当时方言中心狭窄的资料室里，一个音一个音地核实，一个字一个字地记音，虽然十分辛苦与枯燥，但大家在一起感觉挺开心的。老师对海南闽语了如指掌，时时会如数家珍地说出海南闽语中一些有趣的读音现象，十分生动风趣地列举系列例子告诉我们什么是训读、海南闽语训读的特点等。老师还会在调查的空闲，讲他在20世纪50年代随中国科学院调查黎语的田野生活：在林莽丛生的树林中穿越，在一望无际的银色沙滩上行走，在湍急的溪流中涉水过河，在没有人烟的辽阔原野放歌……还有喝着用随身物品与当地老乡换来的椰子汁的惬意……在这里老师还发现了让他脱颖而出的引起语言学界广泛关注的“海南军话”。我们在收获学问的同时，还收获了生活带来的点点滴滴！老师是个非常热爱生活、有生活情趣、随时随处都能发现生活美好的人。

和老师在一起，总能体会到学术研究和思想交流带给人的欣喜和快乐。老师随时把他发现的问题一个一个地交给学生来解决，有一次一下子交给我们三个问题：刘新中负责方言分区标准的相关问题，崔淑慧负责当时热议中的平话问题，我负责湘南土话的相关问题。老师先让我们穷尽性地收集相关资料，然后每个人把问题摆在桌面上讨论。当时这三个问题都是颇有争议的问题，各家的看法不尽相同，我们三个同学为一些问题争论得脸红脖子粗。刘新中提出方言分区应参照方言词汇、语法的特征，认为从整个汉语方言分区的大格局来看，首先分南、北两个大的层次，南方方言指非官话的东南沿海的方言及处于两者之间的过渡地带的方言，北方方言指官话（包括晋语）。在此基础上，再将南北各方言分为若干方言区。我和崔淑慧认为在第一个层次上就应该将南方各方言划分出来，而不是作二次划分……在争论中，老师总是颔首微笑，在关键的地方加以点拨，时时给出一些睿智的观点。最后，我们三个人都分别在讨论的基础上形成论文，发表在《语言研究》、《语文研究》、《湖南师范大学学报》等刊物上。在思想的交锋中，我们体会到了学术的魅力以及学术研究带给人的快乐。

老师是学术上的常春藤，活跃在语言学领域，经常征战于南北，一个学术会议接着一个学术会议，近些年也还是如此，打电话找老师常常要从广州追到香港、追到北京、追到上海……老师在学术上是我的楷模，在为人上令我敬仰。他是一位睿智、慈爱、充满活力、胸怀博大、可敬可佩的导师。

（华南理工大学新闻传播学院教授）

良师益友的楷模

——记恩师詹伯慧教授

陈曼君

受业于詹伯慧教授门下，一直是我的梦想。2002年，我终于圆了这个梦，有幸成为詹伯慧教授的关门弟子。师从詹老师三年，是我收获最大的三年，也是我人生中最为难忘的三年。詹老师对我的教诲和影响是多方位的，它们成为我前进路上最宝贵的精神财富。

宽严结合　各展其长

在学术上，詹老师富有远见卓识，他声名卓著，贡献良多，堪称方言学界的泰斗。但他从不把个人的观点强加给学生，对学生采取的是既严格又开放的教学方式，为学生创造了十分有利的学术成长环境。

凡是涉及原则性的问题，詹老师从不马虎。他在夯实学生的基本功、提高学生的科研能力方面可谓不遗余力、一丝不苟。他平日十分注重提高学生的学术素养，加强各种各样的能力训练，让学生在学业上不敢有丝毫的懈怠。

他既鼓励学生广泛涉猎，拓宽思路，又鼓励学生立足实际，发挥所长，坚定地朝着一个目标行进。因此，在确定学术研究的大方向时，他从不会武断地给学生指派具体的研究领域，而总是要求学生在自己感兴趣、能驾驭的领域里尽可能全面地掌握本领域最新的研究状况，从中寻找最前沿的研究课题，在充分发挥学生主观能动性的基础上培养和提高学生独立从事科研实践的能力。

不过，在放手让学生施展才能的同时，他又能适时地给予切实有效的指导。对学生的科研论文，詹老师尤为重视。俗话说："十年磨一剑。"老师深知这"一剑"的分量和利害。从论文的选题、篇章结构的安排、材料的取舍、文句的组织，到标点符号的使用，都倾注了他大量的心血。他开阔的学术视野和严谨的治学态度，令学生受益终身，感佩终身。

宽厚仁慈　广受爱戴

詹老师的仁者风范是有目共睹、有口皆碑的。他在学界的凝聚力、影响力和感召力，令人深为折服。究其原因，这不仅仅是因为他学识卓著，成就斐然，更重要的一个因素在于他宽厚仁慈、高山景行。

尽管詹老师在大原则方面从不马虎，但也从不苛求他人。无论在学术上还是在为人处世上，他总是给学生以充分的成长空间，对于学生身上所存在的不足和欠缺，都能泰然处之、宽容以对；并总是将这些不足和欠缺，视为学生成长过程中不可或缺的一个组成部分，进而化为学生前进的原动力，鼓励学生积极去面对，努力去克服。

平时，詹老师总是和蔼可亲，笑容可掬。在他面前，学生可以无拘无束，畅所欲言。若是遇到什么困难和挫折，学生总是喜欢向他推心置腹，而他也总是乐意成为学生忠实的听众和知心的朋友。他俨然就是一位慈父，一位有着巨大亲和力的慈父，让学生心中充满温暖的同时，油然升起无限的敬意。

读万卷书　行万里路

古人云："读万卷书，行万里路。"这是至理名言。不仅读万卷书重要，而且行万里路也十分重要，甚至可以说是更为重要。从书本里获取的知识都是间接经验，只有经过实践，间接经验才能转化为直接经验，从而得以体会得更为真切、更为深刻、更为透彻。况且，有些乃至许多在实践中学到的经验是书本上学不到的。所以，古人提倡不仅要读万卷书，更要行万里路，这是十分睿智的。詹老师在培养学生的过程中，非常重视古人这一睿智的理念，并自始至终将之贯彻到教学中。

每当内地和港澳地区有什么重要的学术研讨活动，詹老师都会及时通报信息，鼓励学生踊跃报名、积极参加，而且总是亲自率领弟子们前往各个会场。师从詹老师三年期间，我们跟随詹老师参加本学科各种重要的学术研讨会近十次，足迹遍及海南、广西、贵州、湖南、广东以及港澳地区等地。这期间，既有幸聆听语言学界各路名家们的真知灼见，又有幸聆听来自全国各地和港澳地区的专家学者们的妙语精言；既能见识大异其趣的研究风格、研究路子，又能及时掌握最新、最前沿的学术研究动态，在增长见闻和学识的过程中，大大开阔了学生的学术视野，拓宽了学生的研究思路，并进一步夯实了学生的研究基础。

走出象牙塔，走进广阔的学术前沿阵地，与名家、专家和学者进行近距离的接触，亲自领略他们在学术前沿阵地上碰撞出来的种种火花，分享他们的研究心得和学术智慧，所得到的无疑是一笔笔宝贵的学术财富。这让我们深深感受到"行万里路"的重要性和必要性，感受到詹老师栽培学生的良苦用心。

爱生如子　呵护备至

詹老师视生如子，对学生的关爱涉及方方面面，细致入微、感人至深。我能成为詹老师的关门弟子，是幸运的，同时也是幸福的。

在生活上，詹老师嘘寒问暖，常常使身在异乡的学子们找到家的感觉，使一颗颗漂泊而孤寂的心得到极大的宽慰。与此同时，詹老师总是坚守助贫扶弱的原则，对经济较为困难的学生，毅然决然地给予更多的扶助，把一股股暖意送到学生的心坎里。

对学生的学术成长和未来发展，詹老师极为关心，极为重视，也极为支持。无论是学生在读期间还是毕业以后，詹老师的这种关心、重视和支持都是一如既往的。对需要找工作的毕业生，他总是想学生之所想，积极为学生出谋划策，并尽自己的所能努力为学生推荐工作。获悉学生有继续上进、继续深造的念头，詹老师也总是欣慰无比，总是在第一时间给予精神上的鼓励和行动上的支持，努力促成此等美事。每逢学生有学术论著问世，詹老师又总是欣喜万分，欣然为学生的著述作序，十分珍爱学生的学术研究成果，注重从精神上给予勉励和鞭策。每每看到学生的进步，哪怕是一丁点儿的进步，詹老师比谁都开心。

詹老师总是心心念念着他的每一位学生，把每一位学生都视为大家庭中不可或缺的成员，总是尽可能地利用和制造各种机会，让莘莘学子欢聚一堂，互相学习，共同切磋，畅叙手足之情，把“詹家军”凝聚成一个温暖和谐、团结向上、朝气蓬勃的大家庭。

生命不止　奋斗不息

尽管詹老师即将步入耄耋之年，但他老当益壮。他具有生命不止、奋斗不息的崇高精神，堪称时代的楷模。

詹老师从1990年被国务院学位办评为博士生导师起就开始带博士生，一直带到2005年才退休。是年，他已是74岁高龄，早该到了颐养天年的时候了。然而，此时他并没有将退休作为人生事业的休止符，而是又进入人生另一个新的开端、另一个新的境界。退休以后，詹老师摆脱了一些杂务的羁绊，更加专心致志地从事自己喜爱的工作。他每日仍不敢有丝毫的懈怠，埋首于电脑旁，为方言乃至汉语事业笔耕不辍，且每每劳作至深夜。尽管已是年迈之躯，但詹老师仍然精神矍铄地频频出现于海内外汉语方言乃至语言学界的学术盛会，始终活跃于学术的最前沿，为他所挚爱的方言乃至整个汉语事业薪火相传及其繁荣发展奔走呼号、建言献策。

退休以后的詹老师不仅继续忙于他的科研事业，还因被香港大学聘任为荣誉教授而继续担任研究生的教学工作，每周都要穿梭于粤港两地。尤为难能可贵的是，詹老师现在还在主持编撰《中国语言文字大词典·汉语方言卷》。这是一部有史以来最大的方言词典，300万字，全国六七十岁的方言学家都被请来当顾问，50岁左右的被请来当骨干、当编委，可谓集合了全国方言学界两代人的功力。尽管编了半辈子辞书，主持过众多全国重点辞书编纂项目，然而在谈到主持编纂方言大词典这一盛事时，詹老师仍然非常谦逊：“我现在还要‘从头越’。”他非常期待这部方言词典能早日与大家见面。

学高为师，德高为范。而良师，不但要学高，而且要德高；不但要传道、释疑、解惑，而且要播种一种精神、一种力量。这种精神、这种力量足以影响人的一生，感染人的一生，甚至改变人的一生。詹老师不仅是我们的良师，更是我们的益友。他教给我们的不仅仅是一种知识，更是一种精神、一种力量，这种精神、这种力量始终在鼓舞我们为探索真理而不懈努力，鞭策我们为实现理想而勇往直前。

值此詹伯慧教授八十华诞的大喜日子即将来临之际，我谨以此文表达学生对老师的无限崇敬和感激之情。

2010年12月16日

（集美大学中文系副教授）

我敬重的詹老师

郑伟聪

新年到了，澳门粤方言学会理事长汤翠兰副教授给我发来祝贺，同时也转来了一个通知。母校暨南大学汉语方言研究中心、暨南大学中文系将于今年7月份，隆重举行庆祝詹伯慧教授八十华诞暨从教五十八周年学术研讨会。这是为他老人家的业绩，为推动语言学研究向前发展而举办的纪念活动。为了这次活动，"詹家军"都已经忙开了。

收到这个通知虽有点儿晚，却告诉了我一个明确的信息，我还算得上"詹家军"的一员！"詹家军"这个名字，是当今语言学界对詹老师培养出的汉语方言研究团队的戏称，也是对詹老师从教五十八年所培养出来的人才队伍的肯定。迄今詹老师已培养博士研究生29人，硕士研究生9人，其中包括来自港、澳、台的博士生5人，硕士生2人。1994年我国首批5名专攻汉语方言学的博士研究生毕业，获授博士学位，其中出自詹老师门下的就占了4名。可见，詹老师培养的门生都已成为汉语方言学界的骨干力量了。

如果我还能算得上"詹家军"的编外人员，我也感到十分荣耀。虽然我现在从事的工作已经跟汉语方言学科相距很远，但我与"詹家军"的渊源却十分深远。

1983年我考进暨南大学中文系。到学校不久，我就听到了詹伯慧教授的大名，说他刚从外国讲学回来。1984年，詹老师开始招收暨南大学中文系汉语方言专业的第一批硕士研究生（"詹家军"的种子），我的舅舅林柏松先生（现为美国国防语言学院中文系终身教授、前系主任）慕名而来，并成为他老人家第一位澳门研究生。由于这个关系，我也有了与詹老师接触的机会。记得第一次见到詹老师是在他们家，是我舅舅林柏松带我去的，同去的还有舅舅的同学甘于恩教授。我记得是在中秋节，詹老师把这两位家不在广州的研究生请去，我沾了边儿。这是我一生中第一次进入大教授的家门，但紧张的心情很快就被说话风趣的詹老师缓和了下来，记住了"猪肚（du上声）子吃多了会肚（du去声）子疼"，也认识了和蔼可亲的师母及活泼大方的詹曼云小姐。

大家都说学方言很枯燥，不像学文学，人物、景物、对话、心理等丰富多彩。然而，经过中外文学史、现代汉语、古代汉语、古代诗词欣赏等基础课的学习之后，我对方言学科却产生了兴趣。在上大三的时候，我居然将方言学科列入我的选修课内，并作为我学年论文和毕业论文的选项。作了这样的选择，是因为我记住了詹老师上课时的一段话：方言是历史的化石，记录了国家和民族的历史；研究方言可以了解到社会、经济、文化和地方历史的发展，意义深远。"军话"的发现就是最好的说明，见证了我国秦代国土的辽阔和强大。也许，20世纪80年代初文学艺术理论的单调和乏味，也促使我作出了这样的选择。

这个选择已经过去二十多年了，尽管它并没有使我成为"方言人"，但是，在跟随詹老师学习的阶段，我学会了调查研究的方法，养成了严谨和务实的工作作风，也让我十年的社会工作和十年教书生涯有了立足的本钱。

子曰："志于道，据于德，依于仁，游于艺。"詹老师治学的态度和对晚辈的关心、爱护，"詹家军"中人无不感受颇深。在詹伯慧老师八十大寿兼从教五十八周年庆贺将临的日子里，想想过去，谨用以下话语表达对他老人家的敬重：

蟠桃送来贺大寿，方言探究人聚首。
师生情谊言不尽，詹家军话已成就。

2011年2月春节

（任职于澳门特区政府办）

詹门问学记

吴夏郎

2009 年 9 月 1 日是我阔别校园十七年后，再一次背上书包当学生的大日子，也是在这一天我认识了詹伯慧老师，地点是香港大学明华综合大楼的 T 7 教室。

记得那是农历七月的黄昏，天气还很闷热。中文学院第四届硕士班的第一堂课，教室里坐着四五十个学生，环顾一张张陌生的脸孔，也不晓得大家的心情如何，但我这个“老学生”却很紧张。准时六点三十分，单师周尧教授陪着一位老先生走进教室，单师步速一向比别人快，率先来到讲台前，老先生提着公事包反而落后了几步。待老先生也来到前排坐下，单师简单说了几句开学欢迎词，便从口袋里掏出一张纸条，介绍座上这位老先生——方言学专家詹伯慧教授。单师足足花了五六分钟才把字条念完，当时我心里想，学院里得此礼遇者，能有几人，可见詹教授的地位是何等崇高。我是习传统小学出身的，算是章黄学派一系。上课前未曾看过詹教授的资料，只知他是王力和袁家骅的嫡传，属现代语言学范畴。学术如果真有新旧派之别，面前这位老先生反较我这个后学晚辈更“新派”，后来认识深了，确证詹老师比我先进得多。记得有一次，詹老师笑着告诫我说，做学问不能太过迂腐，这让我想起开学时这个新旧学派的迷思。

詹师开的课程是“现代汉语专题研究”，共分十五讲，每讲一专题都极受同学们欢迎。由于课程紧凑，詹师第一堂课便定下作业题目，并跟大家约好交付日期。到学期中，詹师由于须到广西出席学术会议，恰巧与一节课撞期，于是提出两个折中方案，让大家商议：一是把课顺延一星期，也就是本学期将晚一星期才结束；二是往后的每节课多上二十分钟，以补回少上的时数。当时同学们俱以为后者最优，并无异议，没想到却生出了个小风波。话说过了一星期，我到教室途中遇见单师，打过招呼便径自回教室去，过了约十分钟，还没见詹师到来，暗想可能出了什么事。后来果见单师陪着詹师进来，向大家宣布，有同学向学院发黑函，投诉詹师交作业的日期较别的课为早，并在“多数同学反对下”少上一节课，黑函并威胁如不受理，必向传媒揭发云云。同学们闻言皆十分气愤，立刻发起联署，以示支持如期交作业，依约少上一节课，并要求与发黑函同学对质。单师安抚各人，应该专心上课，勿为这种事烦扰。我当时猜想少上一节课，每节补回来，照理说并无损失，也许该同学平常出席率不足，少了一节刚好不够。单师交代完毕，詹师没多说一句话便上课了。记得老师以耄耋之年站着讲课，一个多小时，不曾坐下过。我坐在前排，心里既是惭愧，又是钦敬，惭愧的是港大出了这样无理取闹的学生，钦敬的是大师的风范，不管发生了什么事，只要来到讲台上，就得有优美的身段。我永远忘不了这堂课。

学期还没结束，我特意提早交作业。过了几天因事去广州，顺道拜访詹师，时间是

2010年1月11日，这是我第一次私下向詹老师问学。我们来到暨大附近的一家小茶楼，边泡工夫茶边聊天。詹老师原来已经批改了我的作业，谬赏了几句，鼓励可以发表。我以为万万不可，推说在学术上还是个新丁，课堂作业岂能献丑。后来詹师重提旧事，嘱令参加暨大汉语方言研究中心的学术会议，我虽固辞再三，最终还是硬着头皮参加了。记得会议召开的那一天，我被安排在下午第二场作报告的小组里，詹老师特意跑过来，坐到前排，跟主持人打招呼，并介绍我是他的学生，这使我感激不尽。我的第一篇学术论文、第一次学术报告，就是这样给詹师逼出来的。有时候我会想，前人学道，极重师承，詹门弟子俱为现代语言学界的翘楚，像我这种带艺拜师、不可雕的朽木，詹师实无须花时间刻意栽培。后来我更选择了走古文字的路，老师也不以为忤，大恩大德，唯有铭记于心。

我入门也晚，不肖不成材，今岁适逢老师八十大寿，谨记二三事，并祝愿老师及师母身体健康！

及门吴夏郎谨记

2010年1月18日

（香港《星岛日报》版面统筹总监）

一位平凡又不凡的长者

施　俊

詹先生是蜚声海内外的著名语言学家和教育家，先生之名，如雷贯耳。他著作等身，桃李天下，在方言学和语文教学等方面尤有建树。先生不凡的形象在我心中打下了深深的烙印。我原以为，身为一介无名小卒，对先生只能仰望与遥想。

然而走进暨南园后，我有幸走近先生，看到了一个平凡的先生。

2007 年 9 月，我负笈广州，到暨南大学陈晓锦教授门下攻读汉语方言学硕士学位。9 月的广州酷暑未消，非常闷热，但得知詹先生正是暨南大学中文系的资深教授后，感觉离先生是那么近，心中暗想：可得一睹先生风采。每念及此，总有一丝清凉划过，倍感清爽。

一次课后，晓锦师说到先生近日生病住院。我颇感痛惜，问及原因，却是因为爬高上书架拿书，不小心跌落所致，伤及脊柱，需躺医院静养，所幸并无大碍。众人听后也是欷歔不已，大呼庆幸。晓锦师建议我们抽空去探望先生，我们同门三人就去了医院。先生的病房在某层走廊的尽头，快到门前，我不免忐忑，心里一直默念着那几句自我介绍。可到了病房，突然眼前一亮，阳光透过窗户，房间显得异常明亮。房间里有两位老人，一个躺在病床上，一个坐在病床旁，他们正在对话，似在回忆往昔，又似在憧憬未来——那一定是先生和他的太太。先生穿着一身带浅蓝条的白色病号服，脸瘦瘦的，头上爬满白发，双眼却是极有神。我说我们是晓锦师门下的新生，得知先生抱恙，便来探望，顺便瞻仰先生风采。先生看到我们很高兴，虽然不能起身，但还是挥手热情地招呼我们坐下，并和我们握手。先生的掌心很温暖。先生逐一问了我们的学习生活情况，生活还适应吗？学习任务重不重？几句话便拉近了我们之间的距离。他其实就是一位普普通通的长辈，哪里有一丝前辈大家的架子？

此后不久的一个周末，由于先生的太太有要事需离开两日，这两日先生的饮食如何解决？我们那届方言学研究生，只有我一个男生，晓锦师和刘新中老师认为我去合适，于是“重担”便落在我肩。其实也没有什么繁重的任务，就是负责买饭、喂饭。这样，我和先生的接触慢慢多了。两天接触下来，我的感觉是，先生真的就是一位普普通通的老者，和一般的老人并无二致。先生说，等他痊愈，送书给我。当时我只说了感谢先生之类的话，并没有放在心上。

一天清晨，七点四十五分左右，我还没起床，迷迷糊糊地接到一个电话，原来是先生打来，叫我去一下他家。我以最快的速度完成洗漱，径直向苏州苑 22 栋快步走去。苏州苑是暨大的老房子，先生家所在的那栋楼边上爬满了常青藤，那是岁月留下的痕迹，就像先生脸上的皱纹，是一种历史的记忆。先生看到我来了，很高兴，拍着我的肩膀，对我说："来，到房间里来，今天要送你两本书。"我不禁心头一热，原来今天先生是特地送书给我。

时值杖朝之年，先生仍不忘方言研究事业，四处奔走参加方言研讨会，为各地方言研究鼓舞士气，为看到一部部方言研究的专著如雨后春笋般涌现而倍感欢欣。我每次去先生家里，都会看见他戴着眼镜敲打着键盘，那样子透着一股坚毅，更有一份可爱。我佩服先生如此高龄还笔耕不辍。先生早年腿上有疾，所以走路很有"特色"，只要看到一位老者在暨南园斑驳的树影下一高一低地行走，那就是先生，想必他又忙着为方言事业东奔西走了。

与先生接触多了，便越能感受到先生的普通和平凡。但在这份普通和平凡的背后，我们看到了先生的艰辛和努力、热忱和心血，我们看到了先生平凡背后的不平凡，那是值得我们一生学习的财富。这份财富给了我无穷的力量，让我在今后的学习生活中不断前进。这份财富也给了我一生回味的隽永。正如伍巍老师文中所说："走过暨南园，仰望四楼的窗台上那丛葱葱郁郁仍在攀缘的常青藤，熟悉的人们不禁投以深深的敬意！"

面对挫折，先生说"哪里跌倒就从哪里爬起"；先生送我"宁静致远"四字，体现了对后辈的殷殷期望；先生特地来听我的硕士论文答辩……与先生相关的点点滴滴，说不尽，道不完。"纸上得来终觉浅，绝知此事要躬行"，我以此作为今后学习研究的准则，定不负先生之期望。

值此契机，衷心祝愿先生健康长寿！

（浙江大学2010级博士）

独具慧眼看离合　未泯童心问有无

——记表舅詹伯慧教授

陈　枫　陈　椰

外公家的客厅挂着这样一副对联“铜溪铸剑看离合　石室藏书问有无”。中堂是一首五律：“一往情何重，千年鹤未还。奇愁携手至，莫使念家山。自具风雷气，谁来放浪吟。古芬如可揽，樽酒欲同斟。顺舅雅属　詹伯慧于羊城　丁卯初夏。”

这是表舅詹伯慧教授写给他的舅舅即我们外公的手迹。转眼廿四春秋，又是卯年，纸已泛黄，墨迹犹新，更透出慧舅秀挺清遒的手笔。

外公与慧舅辈属舅甥，但岁数相差无几，相貌也稍似。慧舅幼年曾寄居潮州城内外公家，日寇攻占潮州城时，外公一家也与慧舅到饶平新丰祖厝避难就学，舅甥情谊匪浅。之后数十年离乱，音讯未断，及至20世纪80年代之后，慧舅每逢访学途经潮汕，必来探望外公，家中不免热闹一番。我兄弟二人自幼随外公外婆起居，对慧舅的印象是温文尔雅，只知道他就是外公常提起的“大学教授”。那时候大学对我们这些乡村孩子来说是很遥远的事情，“教授”那就同“番客”一样尊贵而缥缈了。

直至2000年我到暨南大学读书，多蒙慧舅和舅妈关爱，周末常到他们在苏州苑22栋的家中喝茶闲聊，听慧舅细说当年，讲老姑丈安泰先生、饶宗颐先生、王力先生等那一代的名士风流，渐渐地，才对这位生活中的“大教授”有了具体而细微的真切了解。

记得入学时，母亲带我到暨大报到。年近七十的慧舅老早就骑着自行车在校门口等候，穿着凉鞋，衣着随便，一点儿也没有教授的“架势”。见到我们，他二话不说，当起搬运工，使劲拎起大袋行李往车篮后架上搁，上车，开踩，敏捷地遛往苏州苑方向。奈何行李沉重，头轻尾重，单车左右摇摆，吓得我们连忙赶上去把行李扶稳。“哎呀，把教授压伤了，我们可赔不起哦。”母亲打趣地说。“无事无事，我一目了然。”慧舅笑着说。

原来他右眼患疾多年，青光眼又白内障，能见度极低，走起路来一肩高一肩低，但他毫不在乎，“反正还有一只可以用”。我们私下戏称为“独具‘慧’眼”。慧舅的确有“慧眼”，发掘不少英才，得而教之，乐此不疲，带出了一支语言学界的“詹家军”。每逢生日，众爱徒围着恩师说说笑笑，如同家人，那是慧舅最欣慰幸福的时刻。

在同辈甚至学生都已退休颐养之时，慧舅却仍然停不下来，或往返于省港设馆授徒，或来回各地赴会，或伏案编撰书稿，而罕见倦意。究其原因，除了保持每晚沿着操场散步锻炼的好习惯外，最重要的是保持一颗不老童心，从不拒绝新鲜事物，对生活有着热忱的好奇心。十年前互联网方兴未艾之时，他就学会了用电脑上网，联系友人，处理教务。今年还织起了“围脖”，加了远在新加坡的“名嘴”侄子詹俊，时刻关注时事动态。

慧舅童心不老，幽默风趣，提携后学不遗余力，因此深孚学林声望，友朋遍布海内。但他也有顽固的时候。他血糖偏高，却爱甜食，尤嗜家乡的芋泥、羔烧番薯等。当医生的舅妈对此严格把关，多次警告："你要吃还是要命?!"当此时，慧舅总是如挨骂孩童般一脸无辜。有一次表姐整理书柜，竟无意发现杂书堆后藏着一罐凤梨酥。让人忍俊不禁，传为笑谈。

这就是他处世的人生哲学，用他常说的话就是"天塌了当被子盖"。正是这样豁达乐天的胸怀，伴他经历了丧亲之痛的"运动员"年代、下乡当泥瓦匠的艰苦岁月以及教书育人的太平岁月。

对于父母，慧舅怀着一颗赤子之心。为了让父亲詹安泰先生的潜德幽光不致湮灭，他在国门初开之时就悄悄携带整箱父亲遗稿，运至日本与饶宗颐先生商议出版事宜，此后奔走多方，组织学术研讨会，编辑文集手迹，亲开讲座向后学介绍安泰先生的生平学术，维"学文堂"斯文之不坠，正如古人所说："夫孝者，善继人之志，善述人之事者也。"

对逝者如是，对在世的百岁老母，慧舅也是孝顺备至。老人年事已高，早已认不出子女，但每逢寿辰，慧舅总要率亲族儿孙办宴祝寿。当我们看到慧舅俯身在老人耳边说："妈，我阿慧啊，您今日生日哇……"那一刻，我们才记起，八旬慧舅还是身为人子！两位白发苍苍的老人，无言对望时，慧舅的眼神中总流露出深长的怜意，那是一种相忘于岁月的无限苍凉，也是身为人子的无尽孝心。

世事变迁，詹家后辈或从商或从艺，没有把语言文学的家学继承下去，但在慧舅这一辈人的言传身教中，那种待人接物的真诚、赤忱却世代传承。饶平祖屋润丰楼"学文堂"之名出自《论语》："弟子入则孝，出则悌，谨而信，泛爱众，而亲仁。行有余力，则以学文。"以躬行孝悌信仁之道为本，自是"学文堂"应含之义，从这个意义上说，詹家"学文堂"的精神从未湮灭。

慧舅家中客厅挂着广东省文史馆赠的字——语坛春晖。愿他这棵"不老松"长沐春晖，经年常青。

（陈枫：《南方日报》记者；陈椰：中山大学哲学系在读博士生）

生平记略

詹伯慧教授小传

詹伯慧教授，1931年生，广东饶平新丰镇人。1953年毕业于由王力教授创办的中山大学语言学系。师从中国语言学大师王力教授和著名方言学家袁家骅教授。历任武汉大学助教、讲师、副教授、教授30年，1983年调入广州暨南大学任教授，1985年任暨南大学复办后首任文学院院长，兼任汉语方言研究室（1994年更名为汉语方言研究中心）主任。现为暨南大学中文系教授，汉语方言研究中心名誉主任，兼任香港大学中文学院名誉教授。1990年被国务院学位办评为博士研究生导师，在暨南大学中文系建立第一个博士点——现代汉语博士点。1991年开始招收攻读汉语方言学的博士研究生。迄今詹教授已培养毕业博士研究生29人，硕士研究生9人，其中包括来自港、澳、台的博士生5人，硕士生2人。1994年我国首批5名攻读汉语方言学的博士研究生毕业，获授博士学位，其中出自詹伯慧教授门下的就占了4名。如今詹教授的门生都已成为汉语方言学界的骨干力量，语言学界把这支富有活力的汉语方言研究团队戏称为“詹家军”。

詹伯慧教授从教60年（1953—2013）来在汉语方言、汉语辞书、汉语应用和汉语规范等领域做了大量的研究、教学工作，取得了许多令人瞩目的成就，在海内外学术界享有崇高的声望。他早年参加由北京大学袁家骅教授主持的《汉语方言概要》的编写工作，负责编写粤方言和闽南方言两章，约占全书50万字中的三分之一。此书为中国历史上第一部全面论述汉语方言的著作，在海内外学术界影响很大。他在辞书的编纂方面也有卓著成绩，曾担任《汉语大字典》编委多年，主持该字典的收字审音工作。他还是《中国大百科全书·语言文字卷》中方言分科的副主编，撰写了许多方言方面的条目。近期他正负责主编《中国语言文字大词典》中的《汉语方言卷》（约300万字），此书为我国历来最大型的方言及方言学大词典，预计三五年内便可问世。20世纪80年代以来，詹教授屡屡受聘到境外一些著名的学府讲学。1980年至1982年，他作为我国教育部推荐的首位学者受聘到日本东京大学讲学两年，为中日两国语言学界的学术交流开了先河。当年他在日本培养的学生，如今都已成为日本汉学界的知名学者。此后詹教授先后在法国高等社会科学院（1990）、台湾“中央研究院”（1995）、新加坡国立大学（1998）、美国加州大学（柏克莱）（1998）、香港大学（1986、2000、2004—2013）、香港中文大学（1987、1992）以及香港科技大学（2005）等著名学术机构担任客座教授或开设讲座。他所授的课和他所作的学术讲演都给听讲者留下了深刻的印象，获得了普遍的赞誉。

詹伯慧教授已刊著作近40部，发表论文逾400篇。先后出版过《汉语方言文集》（日本东京龙溪书舍，1982）、《语言与方言论集》（广东人民出版社，1993）、《方言·共同语·语文教学》（澳门日报出版社，1995）、《漫步语坛的第三个脚印——汉语方言与语言应用论集》（暨南大学出版社，2003，增订本2006）、《詹伯慧语文评论集》（暨南大学出版社，2008）等五部个人论文选集。他主编的广东省社会科学“七五”、“八五”、“九五”规划重点研究项目成果《珠江三角洲方言调查报告》（三卷本，广东人民出版社，新世纪出版社，1987、1988、1990）、《粤北十县市粤方言调查报告》（暨南大学出版社，1994）和《粤西十县市粤方言调查报告》（暨南大学出版社，1998）等多次获评国家教委和广东省社会科学优秀成果奖。他主编的全国高校通用教材《汉语方言及方言调查》（湖北教育出版社，1991、2001）获评国家教委第三届普通高等学校优秀教材二等奖。进入21世纪以来，由他主编、粤港澳三地一批粤语学者共同编纂的《广州话正音字典》（广东人民出版社，2002）以及由他主编、他的几位博士生协力完成的《广东粤方言概要》（暨南大学出版社，2002）相继出版，受到学术界的高度赞赏。《广州话正音字典》为我国第一部方言正音字典；《广东粤方言概要》于2005年5月荣获广东省首届哲学社会科学优秀成果一等奖（政府奖），这是广东语言学科大量著作中获此殊荣的唯一一部著作。詹教授1992年获国务院颁发有突出贡献证书，享受政府特殊津贴。1992年和1997年他连续两度被国家语言文字工作委员会评为全国语言文字先进工作者；1997年暨南大学授予他“八五”（1991—1995）期间杰出科研工作者称号；2001年获评为暨南大学“优秀研究生导师”；2002年又被评为暨南大学“十佳先进个人”；2006年暨南大学授予他终身贡献奖；2011年更被评为首届广东省优秀社会科学家，为获此殊荣的唯一广东语言学者。他的业绩被海内外许多名人辞典所刊载。1988年他当选为第七届全国人民代表大会代表，1993年和1998年又连续出任第八届、第九届全国政协委员。他连续15年在全国“两会”中积极参政议政、建言献策，获得过第九届全国政协优秀提案奖。詹教授是中国民主同盟盟员，自1988年起连续两届被选为中国民主同盟中央委员会委员及广东省委员会副主任委员。他又被推举为暨南大学首任老教授协会会长，现任该协会名誉会长。目前，詹教授仍担任一些相关学术团体的领导职务，如广东省中国语言学会名誉会长、广东省社会科学学会联合会顾问、中国语文现代化学会顾问、全国汉语方言学会理事、中国辞书学会理事等。他还是广东省语言文字工作委员会委员，曾任第一届、第二届广东省学位委员会委员，并曾被广东省人民政府任命为广东省人民政府文史研究馆副馆长达十年之久（1990—2000）。

詹伯慧教授简历

笔　　名：柏苇　汉语拼音名：Zhan Bohui
出生时间：1931 年 7 月 10 日
籍　　贯：中国广东省饶平县
住　　址：中国广东省广州市石牌暨南大学苏州苑 22 栋 402 号
邮政编码：510632
电　　话：86－20－85223109　E-mail：tzbh@ jnu. edu. cn

【主要职务】

广州暨南大学汉语方言研究中心名誉主任，中文系教授，博士研究生导师，暨南大学学位评定委员会委员兼文学分会主席（曾任），暨南大学高级职称评定委员会委员兼语文组组长（曾任），香港大学中文系、语言学系名誉教授，华中师范大学中文系兼任教授，汕头大学文学院兼任教授，广西师范大学兼任教授。

【主要社会职务】

中国语言学会理事，全国汉语方言学会理事，中国辞书学会理事，中国语文现代化学会副会长，广东省中国语言学会名誉会长，广东省学位委员会委员，广东省语言文字工作委员会委员，广东省社会科学学会联合会主席团委员，广东省哲学社会科学“九五”规划语言文学学科评审组成员，广东省社会科学系列高级职称评审委员会委员，广东省中华民族文化促进会顾问，中国应用语言学会顾问，广州市推广普通话协会顾问，广州市语文学会名誉会长，海南省语言学会顾问，汕头语言学会顾问，深港语言研究所顾问，香港中国语文学会顾问，香港普通话研习社顾问，香港大学中文学会名誉会长，《中国语言学年鉴》编委会委员，《广东百科全书》编委会委员，《中国语言学大辞典》顾问、方言卷审定人，《中国语言文字大词典》副主编、《中国语言文字大词典·汉语方言卷》主编，《普通话水平测试大纲》学术委员会委员，《潮汕文化丛书》顾问，香港中文大学《中国语文通讯》顾问，广东光明书画学会会长，《广州话正音字典》编委会主任委员，20 世纪中国语言学丛书编委会委员，《中国语言学人名大辞典》顾问，《汉语学报》（华中师范大学）编委会委员，《国际汉学集刊》编委，《粤语研究》编委会名誉主编，《中国语言学》学术委员，《南方语言学》名誉主编，韩山师范学院饶宗颐研究所学术顾问。

第五届湖北省政协委员，第五届、第六届广东省政协委员兼文化教育委员会副主任，第七届全国人民代表大会代表，第八届、第九届全国政协委员，中国人民外交学会广东省分会理事，广州潮人海外联谊会理事，广东客属海外联谊会常务理事，暨南大学老教授协会首任会长、顾问及名誉会长。

【主要学术经历】

1. 1953 年毕业于广州中山大学语言学系。

2. 1953—1983 年历任武汉大学助教、讲师、副教授、教授。

3. 1983 年迄今任暨南大学中文系教授、汉语方言研究室（后改为汉语方言研究中心）主任、名誉主任，期间于 1985—1989 年任暨南大学文学院院长，1990 年 11 月起任现代汉语方言方向博士研究生导师。

4. 自 1955 年 10 月至 1958 年 2 月在北京大学中文系进修，师从袁家骅教授专攻汉语方言学，期间于 1956 年 6—12 月参加中国科学院少数民族语言第一调查队赴海南岛调查黎语。

5. 自 1975 年起参加《汉语大字典》编纂工作，负责主持收字、审音业务，期间于 1979—1984 年担任《汉语大字典》编纂委员会委员；自 1984 年受聘为《中国大百科全书·语言文字卷》方言学科副主编；自 1986 年受聘为《中国语言学大辞典》顾问及汉语方言卷审订人；自 1991 年受聘为《广东百科全书》编委会委员，《潮汕文化丛书》顾问；自 1992 年受聘为《中国语言学年鉴》编委会委员；自 1994 年受聘为《中国语言学人名大辞典》顾问；自 1996 年受聘为 20 世纪中国语言学丛书编委会委员。

6. 自 1980 年 4 月起受聘到日本东京大学讲学两年；自 1985 年起连续十年与香港中文大学（前期）、香港理工大学（后期）张日升教授合作，共同主持广东粤语研究工作；自 1986 年起几度担任香港大学、香港中文大学客座教授（研究员），21 世纪初开始连续担任香港大学语言学系、中文系（学院）名誉教授，2004 年起每年均为香港大学中文系开设专题课程；1990 年 5—6 月受聘在法国高等社会科学院讲学；1995 年 6 月受聘到台湾“中央研究院”讲学；自 1998 年 1—12 月受聘在新加坡国立大学担任客座教授一年；1998 年 11—12 月受聘在美国加州大学（柏克莱）讲学；2005 年 1—6 月受聘于香港科技大学，为人文学部研究生讲授专题课程。

7. 自 1990 年至 2000 年被广东省人民政府任命为广东省文史研究馆副馆长。

8. 2007 年 6 月受聘为《中国语言文字大词典》副主编、《中国语言文字大词典·汉语方言卷》主编。

9. 2007 年 6 月受聘为《粤语研究》编委会名誉主编。

10. 2008 年受聘为暨南大学汉语方言研究中心名誉主任。

11. 2009 年受聘为《南方语言学》名誉主编。

12. 2011 年受聘为韩山师范学院饶宗颐研究所学术顾问。

【获奖情况】

一、学术著作奖

1.《现代汉语方言》获 1982 年武汉大学科研优秀成果奖。

2.《珠江三角洲方言字音对照——珠江三角洲方言调查报告之一》获第四次广东省社会科学研究成果二等奖（1989 年 4 月 10 日）。

3.《珠江三角洲方言词汇对照——珠江三角洲方言调查报告之二》、《珠江三角洲方言综述——珠江三角洲方言调查报告之三》获第五次广东省社会科学研究成果一等奖（1994 年 7 月 18 日）。

4.《珠江三角洲方言调查报告》（三卷本）获广东省高等教育 1995 年人文社会科学研究优秀成果一等奖（1995 年 3 月）。

5.《珠江三角洲方言调查报告》（三卷本）获国家教委全国高等学校人文社会科学研究优秀成果二等奖（1995 年 12 月 15 日）。

6.《粤北十县市粤方言调查报告》获国家教委第二届全国高等学校出版社优秀学术著作奖（1995

年11月）。

7.《汉语方言及方言调查》获国家教委第三届普通高等学校优秀教材二等奖（1995年12月30日）。

8.《珠江三角洲方言调查报告》获“七五”、“八五”广东省社科规划课题优秀成果二等奖（1999年9月）。

9.《粤西十县市粤方言调查报告》获第六次广东省社会科学研究成果二等奖（1999年9月）。

10.《广东地区社会语言文字应用问题调查研究》获1999—2000年度中国大学出版社协会优秀学术著作一等奖（2001年6月30日）。

11.《广东粤方言概要》获广东省哲学社会科学“九五”规划优秀成果三等奖（2003年3月）。

12.《广东粤方言概要》获中国大学出版社协会2001—2002年度中南地区大学出版社优秀学术著作一等奖（2003年9月）。

13.《漫步语坛的第三个脚印——汉语方言与语言应用论集》获广东省人民政府文史研究馆2003年度优秀作品奖（2004年1月2日）。

14.《广东粤方言概要》获第七届广东省优秀图书、期刊、作品奖（优秀图书奖）二等奖（2004年10月）。

15.《广东粤方言概要》获首届广东省人民政府广东省哲学社会科学优秀成果一等奖（2005年5月）。

16.《新时空粤语（上册）》获广东省人民政府文史研究馆2006年度优秀作品奖（2007年2月1日）。

17.《新时空粤语（上册）》获中国大学出版社协会2005—2006年度中南地区出版社优秀教材一等奖（2007年6月）。

18.《詹伯慧语文评论集》获广东省人民政府文史研究馆2008年度优秀作品奖（2009年1月15日）。

19.《语文杂记》获广东省人民政府文史研究馆2010年度优秀作品奖（2011年1月20日）。

20.《文士情怀——詹伯慧书法展》获广东省人民政府文史研究馆2011年度优秀作品奖（2012年1月5日）。

21.《广府方言》获广东省人民政府文史研究馆2012年度优秀作品奖（2013年1月10日）。

二、先进工作者奖

1. 1989年和1994年两次被广东省社会科学学会联合会评为广东省社会科学团体先进工作者。

2. 1992年10月获国务院颁发有突出贡献证书，自1992年10月获发政府特殊津贴。

3. 1992年12月被国家语言文字工作委员会评为全国语言文字先进工作者。

4. 1997年4月获评为暨南大学“八五”期间杰出科研工作者。

5. 1997年12月再次被国家语言文字工作委员会评为全国语言文字先进工作者。

6. 2001年9月7日获评为暨南大学“优秀研究生导师”。

7. 2002年9月荣获暨南大学2002年“十佳先进个人”称号。

8. 2002年10月22日，全国政协在京举行政协第九届全国委员会优秀提案和先进承办单位表彰大会，在16 255件提案中评出优秀提案200件，以“中小学减负不能够形式主义，不能一哄而上，必须充分认识，全社会配合，以求实效”提案（在第三次会议上）获评为优秀提案，由全国政协颁发荣誉证书。

9. 2006年9月获颁暨南大学终身贡献奖。

10. 2007年2月1日获评为广东省人民政府文史研究馆2006年度优秀馆员。

11. 2011年1月20日获评为广东省人民政府文史研究馆2010年度积极贡献奖。

12. 2011年6月获评为广东省优秀社会科学家（首届）。

【国外及港澳台学术交流简历】

一、学术访问、讲学经历

1. 1980 年 4 月至 1982 年 3 月受聘为日本东京大学客座教授，在东京大学文学部、大学院（研究院）、教养学部任教。

2. 1981 年 3 月应香港大学中文系之邀前往访问并作学术演讲。

3. 1986 年 10 月至 1987 年 1 月受聘为香港大学荣誉教授，在香港大学中文系任教，期间受聘为香港大学中文学会名誉会长。

4. 1986 年 11 月应邀到澳门中国语文学会访问、讲学；1987 年 1 月应邀到香港中文大学中国文化研究所访问、讲学。

5. 1988 年 4 月应邀到新加坡华文研究会访问、讲学。

6. 1990 年 1 月率领广东省中国语言学会代表团访问澳门。

7. 1990 年 5—6 月应邀为客座教授，到法国高等社会科学院讲学。

8. 1992 年 10 月至 1993 年 1 月受聘为香港中文大学高级客座研究员，到中国文化研究所从事研究工作。

9. 1992 年 12 月至 1993 年 1 月应香港理工学院中文系及翻译系之邀，前往进行北江流域粤语调查资料之协作整理工作。

10. 1993 年 12 月应香港理工学院中文系及翻译系之邀，前往进行西江流域粤语调查资料之协作整理工作。

11. 1993 年 12 月 27—28 日应澳门华夏文化中心和香港伟文出版社之邀，前往澳门访问并发表学术演讲。

12. 1995 年 6 月 19—26 日应台湾“中央研究院”历史语言研究所之邀，前往台北进行学术交流并发表学术讲演。

13. 1995 年 9 月 18 日至 10 月 8 日前往香港理工大学中文系及双语系进行西江流域粤语调查报告协作撰稿并进行定稿工作。

14. 1998 年 1—12 月前往新加坡国立大学作为客座教授讲学一年。

15. 1998 年 3 月 7 日应新加坡南洋理工大学之邀前往访问作学术演讲。

16. 1998 年 11—12 月应美国加州大学（柏克莱）之邀到该校访问讲学。

17. 1999 年 9 月 2—21 日应日本学术振兴会之邀，到日本早稻田大学进行学术合作研究，期间先后在东京大学、日本中国语学会关东分会、筑波大学作学术讲演，并到京都、天理、奈良、大阪、神户、名古屋等地与日本汉学家进行学术交流。

18. 2000 年 11 月 22 日至 2001 年 2 月 21 日应香港大学语言学系邀请，到香港大学访问、讲学。

19. 2001 年 1 月 3 日、10 日，2 月 10 日应香港中文大学普通话教育研究及发展中心的邀请，作了 4 场专题学术讲演。

20. 2001 年 2 月 12 日应香港科技大学的邀请，赴该校作学术讲演。

21. 2001 年 2 月 17—18 日，应澳门中国语文学会和澳门语言学学会的邀请，前往进行学术访问，期间作了学术讲演。

22. 2001 年 2 月 19 日，应香港城市大学的邀请，前往该校作专题学术讲演。

23. 2001 年 7 月 12 日应香港中文大学普通话教育研究及发展中心的邀请，在“名家名师谈普通话教与学”系列讲座中作专题学术讲演，题为“从实际出发思考香港的普通话教育问题”。

24. 2002 年 1 月 20 日至 2 月 8 日应香港大学语言学系邀请，前往协作进行粤方言研究网站建设第一阶段的工作；同时受聘为香港大学语言学系名誉教授（2002 年 1 月至 2004 年 12 月）。

25. 2002 年 1 月 25—26 日及 2 月 1—2 日应香港中文大学普通话教育研究及发展中心的邀请，为"普通话作为教学语言专业证书课程"作两次专题讲演："普通话与汉语方言概说"和"普通话和粤方言词汇、语法上的差异"。

26. 2002 年 2 月 6 日应香港大学中文系的邀请，在香港大学作题为"汉语方言分区问题再认识"的学术讲演。

27. 2003 年 10 月 16 日至 11 月 2 日应香港大学语言学系邀请，前往协作进行粤方言研究网站第二阶段更新增补工作。

28. 2004 年 4 月 3 日应香港大学中文系邀请，为查良镛学术讲座作题为"粤语的研究与应用"学术讲演。

29. 2004 年 9 月至 2008 年 6 月受香港大学之聘，以名誉教授身份为中文系"学位教师中文学科知识深造文凭课程"学员讲授"中文资讯检索"课中的"中国语文工具书说略"共 10 周；"现代汉语"课中词汇部分两周。（前后三届）

30. 2005 年 1 月 26 日至 6 月 15 日受香港科技大学之聘，为人文学部中国语言学研究中心研究生讲授"粤语研究"课程。

31. 2005 年 11 月 13 日应澳门粤方言学会之邀，到澳门作"谈谈粤语研究"的讲演。

32. 2006 年 9—12 月，受香港大学之聘，以名誉教授身份开始为中文学院首届中国语言文学研究生班（M. A.）讲授"现代汉语专题研究"课；2007 年 9—12 月（因病延误至 2008 年 1 月）继续为第二届研究生班（M. A.）讲授"现代汉语专题研究"课；2008 年 9—12 月，继续为第三届研究生班（M. A.）讲授"现代汉语专题研究"课；2009 年 9—12 月，继续为第四届研究生班（M. A.）讲授"现代汉语专题研究"课；2010 年 11—12 月，为第五届研究生班（M. A.）讲授"中国文化专题研究"课中"中国语言与中国文化"五讲。2011 年 9—10 月，为第六届研究生班（M. A.）讲授"中国文化专题研究"课中"中国语言与中国文化"五讲。2012 年 9—10 月，继续为第七届研究生班（M. A.）讲授"中国文化专题研究"课中"中国语言与中国文化"五讲。2013 年 11 月，继续为第八届研究生班（M. A.）讲授"中国语言与中国文化"五讲。

33. 2012 年 2 月，应香港能仁书院邀请，参加该校申请开设副学士课程四门科目（文字学、现代汉语、创意与写作、媒体写作与编辑）的评审工作；2 月 25 日，以评审委员身份出席该校组织的评审会议。

34. 2012 年 3 月 17 日，受香港岭南大学之聘，在北京参加评审由该校李东辉主编、人民教育出版社出版的《中国语文传意基础》。

35. 2012 年 5 月 31 日，出席香港考评局对香港能仁书院申请开设副学士课程的评审会议，会后不久，考评局即发文通知已通过评审，同意暑假开始招收副学士课程学生。

36. 2012 年 8 月 28 日，受香港岭南大学之聘，在该校参加评审由该校李东辉主编、即将由人民教育出版社出版的书稿《中国语文传意基础进阶》。

37. 2012 年 10 月 2—7 日，应印度尼西亚苏北省华社慈善与教育联谊会理事长苏用发邀请，出席华社慈善与教育联谊会属下亚洲国际友好学院在棉兰举行的首届中文系、英文系毕业典礼及毕业联欢感恩晚会。

二、出席国际学术会议经历

1. 1982 年 8 月出席在北京举行的第十五届国际汉藏语言学会议。

2. 1985 年 5 月出席在香港举行的普通话教学与测试研讨会。

3. 1985 年 12 月出席由香港教育署语文教育学院主办的首届国际语文研讨会。

4. 1986 年 12 月出席由香港大学主办的“人的革命”研讨会。

5. 1987 年 7 月出席由香港语言学学会、香港中文大学联合主办的第一届国际粤方言研讨会。

6. 1988 年 8 月 23—26 日出席由深圳教育学院主办的深港片语言问题研讨会（国际）。

7. 1989 年 7 月 30 日至 8 月 2 日出席由广东省中国语言学会、暨南大学联合主办的第二届国际粤方言研讨会。

8. 1989 年 8 月出席由澳门中国语文学会主办的世界汉语教学研讨会。

9. 1989 年 12 月出席由香港大学主办的中国学术之承传与创新国际研讨会。

10. 1990 年 8 月出席由汕头大学、汕头市社会科学联合会联合主办的第二届国际闽方言研讨会。

11. 1991 年 6 月 18—21 日出席由新加坡国立大学主办的汉学研究之回顾与前瞻国际研讨会。

12. 1991 年 7 月 31 日至 8 月 2 日出席由澳门中国语文学会主办的第三届国际粤方言研讨会。

13. 1991 年 8 月 5—7 日出席由深圳教育学院主办的第二届双语双方言研讨会（国际）。

14. 1991 年 10 月 7—11 日出席由泰国南甘杏大学（RAMKHAMHAENG UNIVERSITY）和清迈大学（CHIANG MAI UNIVERSITY）主办的第二十四届国际汉藏语言学会议（曼谷、清迈）。

15. 1992 年 7 月 3—6 日出席由香港中文教育学会主办的第二届中文科课程教材教法国际研讨会。

16. 1993 年 1 月 11—12 日出席由香港中文大学主办的第三届国际闽方言研讨会。

17. 1993 年 8 月 17—20 日出席由深圳教育学院主办的第三届双语双方言研讨会（国际）。

18. 1993 年 12 月 17—19 日出席由香港城市理工学院、香港语言学学会主办的第四届国际粤方言研讨会。

19. 1993 年 12 月 20—22 日出席由香港中文大学主办的潮州学国际研讨会。

20. 1994 年 11 月 11—15 日出席由澳门中国语文学会主办的广州话审音委员会第六次工作会议。

21. 1995 年 4 月 7—12 日出席由香港中文大学吴多泰中国语文研究中心、广东省中国语言学会、海南省语言学会主办的第四届国际闽方言研讨会（海口）。

22. 1995 年 6 月 30 日至 7 月 2 日出席由深港语言研究所和深圳市语言文字工作委员会办公室主办的第四届双语双方言研讨会（国际）。

23. 1995 年 12 月 9—11 日出席由香港中国语文学会、香港中文大学吴多泰中国语文研究中心主办的“1997 与香港中国语文”学术研讨会。

24. 1995 年 12 月 21—23 日主持由暨南大学汉语方言研究中心和广东省中国语言学会主办的第五届国际粤方言研讨会。

25. 1996 年 1 月 6—8 日出席由澳门语言学会主办的“语言与传意”国际研讨会。

26. 1996 年 8 月 21—23 日出席第二届国际客家方言研讨会（广东增城）。

27. 1996 年 11 月 9—12 日出席由新加坡南洋客属总会主办的第二届国际客家学研讨会。

28. 1996 年 12 月 18—19 日出席由澳门语言学会主办的“方言与共同语”国际研讨会。

29. 1997 年 2 月 20—23 日出席由华侨大学和泉州历史文化中心主办的第五届国际闽方言研讨会。

30. 1997 年 3 月 25—27 日出席由深港语言研究所主办的第五届双语双方言研讨会（国际）。

31. 1997 年 3 月 28—29 日出席由香港大学语言及听觉学系主办的香港多语多文化研讨会。

32. 1997 年 8 月 4—6 日出席由澳门中国语文学会主办的第六届国际粤方言研讨会。

33. 1997 年 11 月 15—17 日出席由汕头大学主办的第二届潮学国际研讨会。

34. 1997 年 11 月 29—30 日出席由香港启思出版社主办的普通话教学研讨会。

35. 1997 年 12 月 10—12 日出席由香港大学主办的香港大学中文系七十周年纪念国际学术研讨会。

36. 1999 年 6 月 11—13 日出席由深圳市语言文字工作委员会办公室、深港语言研究所主办的第六届双语双方言研讨会（国际）。

37. 1999年6月23—25日出席由香港科技大学、香港中文大学联合主办的第六届国际闽方言研讨会。

38. 1999年6月26—28日出席由香港大学中文系、语言学系联合主办的第七届国际粤方言研讨会。

39. 1999年7月5—7日出席由澳大利亚墨尔本大学主办的第八届汉语语言学国际会议。

40. 2000年1月6—10日出席由香港理工大学主办的语文测试与语文教学国际研讨会。

41. 2000年6月26—28日出席由新加坡国立大学主办的第九届汉语语言学国际会议。

42. 2000年8月14日出席由北京大学主办的纪念王力先生百年诞辰国际学术研讨会。

43. 2000年11月15—17日出席由梅州客家研究会主办的第四届客家方言国际研讨会。

44. 2001年1月17—19日出席由香港大学主办的21世纪中国学术研究前瞻国际研讨会。

45. 2001年2月1—3日出席由香港城市大学主办的21世纪首届现代汉语语法国际研讨会。

46. 2001年7月1—4日出席由深港澳语言研究所主办的第七届双语双方言研讨会（国际）。

47. 2001年7月7日出席由澳门理工学院主办的语言与方言国际研讨会。

48. 2001年11月3—5日出席由厦门大学主办的第七届国际闽方言研讨会。

49. 2001年11月22—24日出席由香港中文大学主办的第四届潮学国际研讨会。

50. 2001年12月21—24日主持由暨南大学汉语方言研究中心和广东省中国语言学会主办的第八届国际粤方言研讨会。

51. 2002年3月12—14日出席由香港大学主办的第一届中国语言文字国际学术研讨会。

52. 2002年6月21—22日出席由香港理工大学主办的首届汉语方言书写国际研讨会。

53. 2002年6月28日至7月2日出席由中国社会科学院语言研究所等单位主办的庆祝《中国语文》创刊50周年国际学术研讨会（南昌）。

54. 2002年7月3—6日出席由南昌大学主办的第五届客家方言暨首届赣方言学术研讨会（国际）。

55. 2002年11月9—12日出席由湖南师范大学主办的湘南土语与周边语言国际研讨会。

56. 2002年11月27—29日出席由新加坡国家历史博物馆等主办的海外潮人社会文化国际研讨会。

57. 2003年3月28—29日出席由澳门理工学院主办的汉语（普通话）教学与测试国际研讨会。

58. 2003年4月11—14日出席由暨南大学和香港大学主办的第二届现代汉语语法国际研讨会。

59. 2003年11月10—12日出席由新加坡国立大学语言中心主办的第三届肯特岗国际汉语语言学圆桌会议。

60. 2003年12月22—24日出席由澳门中国语文学会主办的第九届国际粤方言研讨会。

61. 2004年6月16—17日出席由中国社会科学院语言研究所主办的纪念吕叔湘先生百年诞辰国际学术研讨会。

62. 2004年8月13—16日出席由深港澳语言研究所主办的第八届双语双方言研讨会（国际）。

63. 2004年12月3—6日出席由华中师范大学主办的第二届国际汉语方言语法学术研讨会。

64. 2005年1月4—5日出席由香港理工大学主办的香港普通话水平考试（PSK）词汇大纲鉴定会。

65. 2005年6月3—6日出席由浙江师范大学主办的21世纪第三届现代汉语语法国际研讨会。

66. 2005年9月23—25日出席全国汉语方言学会第十三届年会暨汉语方言国际学术研讨会(苏州)。

67. 2005年10月24—26日出席由福建师范大学主办的第九届国际闽方言研讨会。

68. 2005年12月12—14日出席由香港中文大学主办的第十届国际粤方言研讨会。

69. 2006年1月4—5日出席由香港理工大学主办的香港普通话水平考试（PSK）入门等级审定会。

70. 2006年12月8—10日出席由广西大学主办的第十一届国际粤方言研讨会。

71. 2006年12月13—16日出席由香港九所大学主办的学艺兼修，汉学大师——饶宗颐教授九十华诞学术研讨会；17—18日接着出席由潮州市人民政府主办的饶宗颐学术研讨会（香港—广东潮州）。

72. 2007年1月19—22日出席由香港中文大学及香港崇正总会主办的第七届国际客家方言研讨会。

73. 2007年4月7—9日出席由全国汉语方言学会主办的第十四届年会暨汉语方言国际学术研讨会（杭州）。

74. 2007年8月3—6日出席由青海民族学院主办的21世纪第四届现代汉语语法国际研讨会。

75. 2007年11月22日作为嘉宾出席香港中文大学中国文化研究所成立四十周年庆祝大会。

76. 2007年12月15—17日在中山市主持由广东省社会科学界联合会和广东省中国语言学会联合主办的第十二届国际粤方言研讨会。

77. 2008年7月4—7日出席由暨南大学汉语方言研究中心主办的首届海外汉语方言国际研讨会。

78. 2008年11月21—24日出席由台湾中央大学等主办的第八届客家方言国际研讨会（台湾桃园县中坜镇）。

79. 2008年12月15—17日出席由香港中文大学主办的“历时演变与语言接触：中国东南方言国际研讨会”。

80. 2008年12月18—20日出席由香港城市大学主办的第十三届国际粤方言研讨会。

81. 2009年5月18—20日出席由澳门大学主办的冲突对话与文明建设国际学术研讨会。

82. 2009年11月20—21日出席由华南师范大学主办的岭南文献与岭南学国际研讨会。

83. 2009年12月1—3日出席由全国汉语方言学会和澳门大学联合主办的汉语方言国际学术研讨会暨全国汉语方言学会第十五届学术年会。

84. 2009年12月7—9日出席由桂林高等师范专科学校主办的第十四届粤方言国际学术研讨会暨第五届土话平话国际学术研讨会。

85. 2009年12月11—14日出席由韩山师范学院承办的广东省中国语言学会2008—2009学术年会暨语言接触国际研讨会。

86. 2010年2月27日至3月1日出席由泉州市人民政府和华侨大学主办的第二届海外汉语方言国际研讨会。

87. 2010年8月27—29日，出席由北京大学主办的中国语言学发展之路——继承、开拓、创新国际学术研讨会。

88. 2010年9月21—24日出席由澳门特区政府高等教育辅助办公室和澳门大学主办的古典诗歌研究与人文精神思考国际学术研讨会。

89. 2010年12月13—15日出席由澳门中国语文学会、澳门粤方言学会和澳门理工学院联合主办的第十五届国际粤方言研讨会。

90. 2010年12月20—22日出席由潮州市人民政府和韩山师范学院主办的纪念詹安泰先生国际学术研讨会。

91. 2011年6月27—30日，出席由暨南大学汉语方言研究中心和中文系联合主办的庆祝詹伯慧教授八十华诞从教五十八周年暨汉语方言国际学术研讨会。

92. 2011年11月11—14日，出席由全国汉语方言学会和福建师范大学联合主办的汉语方言国际学术研讨会暨全国汉语方言学会第十六届学术年会。

93. 2011年12月10—15日，出席由泉州市人民政府、华侨大学和香港大学主办的饶宗颐与华学国际学术研讨会。

94. 2012年6月9—10日，出席由韶关学院文学院和暨南大学汉语方言研究中心联合主办的第六届土话、平话国际学术研讨会。

95. 2012年7月24—26日，出席由扬州大学文学院主办的纪念徐铉、徐锴暨第六届中国文字学国际学术研讨会，会议并安排庆祝单周尧教授六五华诞专场。

96. 2012年9月16—20日，出席由宁夏大学和暨南大学汉语方言研究中心联合主办的第三届海外汉语方言国际研讨会。

97. 2012年11月26日，出席由澳门大学主办的汉语人文学术的现状与前瞻国际学术研讨会。

98. 2012年12月2日，出席由中山大学主办的纪念岭南词宗詹安泰诞生110周年学术研讨会。

99. 2012年12月7—10日，出席由暨南大学汉语方言研究中心与华文学院主办的第十七届国际粤方言研讨会。

100. 2013年7月28—29日，应邀出席由韩山师范学院主办的饶学国际学术研讨会。

101. 2013年8月30日至9月1日，出席由澳门粤方言学会主办的“粤语论坛”。

102. 2013年10月4—8日，出席由马来西亚大学主办的中国语言文字国际研讨会。

【有关詹伯慧教授之参考资料】

一、辞书及人物专书

1. 中文部分

中文学会情报创刊号（香港大学中文学会，1987，香港）

中国普通高等学校教授人名录（高等教育出版社，1988，北京）

中国现代语言学家（第四分册）（河北教育出版社，1995合订本下卷；河北教育出版社，1989，石家庄）

广州高校潮籍人才录（广州高校潮汕文化促进会编，1989，广州）

饶平当代人才（第一辑）（饶平县委宣传部、饶平文联合编，1990，广东饶平）

中国当代社会科学人物（重庆大学出版社，1990，重庆）

当代中国社会科学学者大辞典（浙江大学出版社，1990，杭州）

中国语言学大辞典（江西教育出版社，1991，南昌）

中国当代文化名人大辞典（中国广播电视出版社，1991，北京）

潮汕人物辞典（文史艺术分册）（中山大学出版社，1991，广州）

中国当代教育名人传略（未来中国出版社，1992，香港）

珞珈撷英（之一）（武汉大学出版社，1993，武汉）

中国人民政治协商会议第八届全国委员会委员名录（文化教育出版社，1994，北京）

中国现代社会科学家大辞典（书海出版社，1994，太原）

当代中国科学家与发明家大辞典·第一卷（当代中国出版社，1995，北京）

广东百科全书（中国大百科全书出版社，1995，北京）

中国专家大辞典（广东卷）（广东人民出版社，1996，广州）

广东高级专家大辞典（第一卷）（广东人民出版社，1996，广州）

历届全国政协委员人名辞典（中国国际广播出版社，1997，北京）

中国高等教育专家名典（中国人事出版社，1997，北京）

中国高级专业技术人才辞典（中国人事出版社，1997，北京）

中国语言学人名大辞典（岳麓书社，1997，长沙）

中国百科学者传略（三）（巴蜀书社，1997，成都）
中外名人辞典（新世纪卷）（中国新闻出版社，1999，北京）
世界文化名人辞海（华人卷五）（中国言实出版社，1999，北京）
二十一世纪人才库（1）（中国世界语出版社，1999，北京）
世界优秀专家人才名典（第一卷中）（中国国际交流出版社，世界人物出版社，1999，香港）
世界名人录（新世纪卷）（世界人物出版社，中国国际交流出版社，2000，香港）
2001 年广州年鉴（人物篇：博士生导师）（广州年鉴社出版，2001，广州）
中国现代语言学家传略（河北教育出版社，2004，石家庄）
百年暨南人物志（暨南大学出版社，2006，广州）
群星璀璨——暨南大学研究生导师风采（广东人民出版社，2006，广州）

2. 英文部分

Dictionary of International Biography（Twenty Second Edition）（IBC Cambridge，England，1992）
Man of Achievement（Fifteenth Edition）（IBC Cambridge，England，1992）
International Dictionary of Distinguished Leadership Fourthsecond（ABI Raleigh，N. C. U. S. A. 1993）
International Man of the Year 1992/1993（IBC Cambridge，England）
Most Admired Men And Women of the Year（ABI Raleigh，N. C. U. S. A. 1994）
Five Hundred Leaders of Influence（ABI Raleigh，N. C. U. S. A. 1994）

二、介绍文章及传媒报道

记语言学家詹伯慧（《文汇报》，1984 年 5 月 17 日，香港）
访暨大最年轻教授：文学院新任院长詹伯慧（《文汇报》，1985 年 5 月 13 日，香港）
“我是理所当然要忙的”——访《每日一句话》主编人詹伯慧教授（《南方日报》，1985 年 7 月 28 日，广州）
Teaching Method，Syllabi Should be Changed（Hong Kong Standard，Dec. 18，1985，Hong Kong）
暨大文学院院长詹伯慧教授获港大授荣誉教授衔（《明报》，1987 年 5 月 15 日，香港）
潮籍语言学家詹伯慧（《潮人》第 5 期，1987 年 10 月，广东汕头）
愿携手弘扬中华文化——省政协委员詹伯慧教授一席谈（《南方日报》，1988 年 1 月 17 日，广州）
方言只能限制，不可能消灭（《新明日报》，1988 年 4 月 16 日，新加坡）
让学习语言者认识实际用途（《联合早报》，1988 年 4 月 17 日，新加坡）
推广华语运动并不是消灭方言（《联合晚报》，1988 年 4 月 19 日，新加坡）
潮籍语言学家詹伯慧（《汕头日报》，1988 年 11 月 9 日，广东汕头）
正确理解方言共同语的关系——访汉语方言专家詹伯慧（《社会科学报》第 135 期，1988 年 12 月 29 日，上海）
语言学家詹伯慧教授（《暨南大学研究生学报》，1989 年第 5 卷第 1 期，广州）
中国语言宝库里的撷英者（《华夏》1989 年第 5 期，广州）
方言有存在价值（《明报》，1989 年 12 月 19 日，香港）
“愿大家都学普通话”——詹伯慧教授谈推普工作（《羊城晚报》，1989 年 12 月 21 日，广州）
“越是地方性，就越有世界性”——记潮籍方言学家詹伯慧（《汕头日报》，1990 年 9 月 23 日，广东汕头）
语言学家詹伯慧教授（《广州日报》，1990 年 10 月 1 日，广州）

记语言学家詹伯慧（《新晚报》，1990年10月9日，香港）

一位为我国语言科学作出重要贡献的学者——记博士生导师詹伯慧教授（《暨南学报》第119期，1991年10月10日，广州）

一位热心社会语文工作的语言学家——记暨南大学詹伯慧教授（全国语言文字工作“双先”表彰会交流材料，1992年12月，北京）

博士生导师詹伯慧教授（《暨南学报》1993年第3期，广州）

詹伯慧：一位杰出的语言学家（《中国教育报》，1993年12月12日，北京）（《学习之友》1994年第3期转载，广东汕头；《潮州》1994年第2期转载，广东潮州）

方言沃土绵延，翰林勃发荣枝——访暨大博士生导师詹伯慧（《学术研究》1994年第3期，广州）

一门双教授，两代皆英才（《潮州》1995年第4期，广东潮州）

詹伯慧：方言“岛”上痴情人（《今日名流》1996年第1期，武汉；《潮州》1996年第4期，广东潮州）

詹伯慧委员谈香港语言问题（《中国新闻》总13821号，1996年3月14日出版，北京；中新社北京1996年3月13日电，1996年3月14日《澳门日报》、《澳洲新报》及香港《大公报》、《东方日报》等刊出）

马照跑、舞照跳、广东话也照样讲，香港粤语主导地位暂难动摇（《商信》第172期，1996年4月2日，广州）

詹伯慧谈香港语言问题（《广州文摘报》第14期第1版，1996年4月4日，广州）

“九七”后香港讲什么话？詹伯慧谈香港语言问题（《粤港信息日报》第2882期，1996年4月8日，广州）

做语言的警察还是语言的导游（专家访谈）（《文化参考报》第288期，1996年8月7日，广州）

为了汉语方言这块沃土（《普宁文艺》1996年冬季号，广东普宁）

香港渐成三语社会——詹伯慧教授谈回归后多元语言生活（《信息时报》，1997年4月20日，广州）

回归后语言多元化（《亚洲周刊》，1997年5月5日至11日，香港；《澳华时报》转载，1997年5月15日，澳大利亚悉尼）

光辉的业绩——记著名语言学家詹伯慧（《潮州日报》，1997年6月12日，广东潮州）

詹伯慧从事学术生涯45年，门生及省语会负责人表祝贺（《澳门日报》，1997年7月20日，澳门）

汉语方言学家詹伯慧弟子举办祝华诞及论文集首发仪式（《华侨报》，1997年7月20日，澳门）

汉语方言学专家詹伯慧（《暨南大学》第221期，1997年9月1日，广州）

詹伯慧教授对汉语方言学的重要贡献（《恭贺詹伯慧教授六六华诞汉语方言论文集》，1997年，香港）

潮籍方言学家詹伯慧教授与汉语方言学（《潮学研究》1997年第6期，广东汕头）

潮籍著名学者詹伯慧（《潮州》1998年第4期，广东潮州）

詹伯慧老师——慈祥的老教授（新加坡国立大学中文系第十九届毕业班纪念特刊，1998，新加坡）

我心底里的方言学家詹伯慧教授（《语文教学与研究》1999年第1期，武汉）

立说传薪风雨人——庆祝詹伯慧教授从教45周年文集（暨南大学出版社，1999年3月，广州）

敬贺詹伯慧教授从教45周年特辑（澳门中国语文学会学报《语丛》总第39期、第40期，1999年3月，澳门）

詹伯慧从教45周年（《南方日报》，1999年6月1日，广州）

穗庆祝詹伯慧从教45周年（《澳门日报》，1999年6月2日，澳门）

辛勤耕耘，桃李满园（《羊城晚报》，1999年6月3日，广州）

詹教授老泪纵横（《新快报》，1999年6月5日，广州）

辛勤耕耘四十五载，著作等身桃李满园（《暨南大学》第261期，1999年6月10日，广州）

语言学家，诲人不倦（《澳门日报》，1999年6月20日，澳门）

客座教授詹伯慧（《北京日报》，1999年6月25日，北京）

立说传薪　风雨人生（《粤海同心》，1999年第12期，1999年12月，广州）

Paris dans le coeur du professeur Zhan Bohui（LA Chine au Present，Fevrier，2001）

中文版《詹伯慧教授的巴黎情结》（《编辑的故事》，金城出版社，2003年5月，北京）

锲而不舍，团结协作——詹伯慧回顾广东粤方言研究工作（《澳门日报》，2001年2月18日，澳门）

詹伯慧教授（暨南学人）（《暨南学报》2001年第2期，2001年3月，广州）

视学术为生命，以服务社会为己任——语言学家詹伯慧成功之路（《侨教之光——群星荟萃暨南园》，广东人民出版社，2001年5月，广州）

一位语言学家的情怀（《潮州日报》，2001年8月21日，广东潮州）

从教半世纪，桃李满天下——记著名语言学家、博士生导师詹伯慧教授（《红枫》2001年第9期，广州；《广州潮讯》2001年第4期，广州）

汉语方言学家詹伯慧（《同舟共进》2001年第10期，广州）

呵，恩师的眼睛……（《检察文学》2002年第2期，陕西咸阳）

詹伯慧教授的政协提案获全国政协表彰（《暨南大学简报》第32期，2002年11月7日，广州）

展示客家民俗风采——省级文物保护单位新丰镇润丰楼剪影（《潮州日报》，2002年11月25日，广东潮州）

父子双佼　史传佳话——潮州市近、现代文化名人简述之八（潮州市广播电视中心《潮州风情》，http：//cztv. chaozhou. gd. cn/ps/czfq/ps_ czfq319. html，2003年1月5日，广东潮州）

粤方言研究方兴未艾（《大公报》，2003年7月7日，香港）

方言泰斗——詹伯慧（《河间天地》第2期，2004年1月15日，深圳）

从广东走向世界的语言学家詹伯慧（《岭南文史》2004年第1期，广州）

“岭南词宗”之子、语言学家詹伯慧：我与父亲的运动劫（《南方都市报》，2006年11月10日，广州）

名门望族（詹安泰家族）：穷年一楼七进士，盛世一人续文脉（《南方都市报》，2007年6月26日，广州）

方言与共同语关系（《广东的语言与广东的文化》，岭南大讲坛·岭南学术论坛第33期，2008年5月5日，广州）

岭南方言的研究及其应用（岭南大讲坛·艺术论坛第33期，2008年6月12日，广州）

韩江论坛邀请名家对话：弘扬潮汕文化，传递人文精神（《潮州日报》，2008年6月17日，广东潮州）

平易之中见深邃——詹伯慧印象（《潮州日报·观潮》，2008年7月11日，广东潮州）

著名汉语方言学家詹伯慧教授莅临我院讲学（韩山师范学院新闻中心，2008年7月29日，广东潮州）

方言的研究是几辈子的事——访文学院原院长、博士生导师、语言学家詹伯慧教授（《暨南大学》第504期，2008年11月20日，广州）

暨大庆祝詹伯慧从教55周年（《羊城晚报》，2008年12月23日，广州）

暨大将建“资源库”，抢救岭南濒危方言——语言学家詹伯慧从教55周年研讨会召开（《南方日报》，2008年12月23日，广州）

培养汉语硕博“詹家军”（《深圳特区报》，2008年12月24日，深圳）

岭南词宗詹安泰——访著名语言学家詹伯慧先生（《岭南学》第2辑，中山大学出版社，2008年12月，广州）

詹伯慧五十五载方言情结（《澳门日报》，2009 年 2 月 3 日，澳门；电子版同时刊出）

新时期语言学研究生培养专题研讨会暨詹伯慧教授从教 55 周年学术研讨会隆重召开（《暨南大学》第 509 期，2009 年 1 月 10 日，广州）

詹伯慧痛批研究生批量生产　学生论文乱写，老师居然通融，我真“佩服”（《羊城晚报》，2009 年 2 月 1 日，广州；本文同日在新浪、搜狐、大学校园、中学联、寒泉 BBS 等网站上转载）

詹伯慧学术思想初探（《暨南学报》2009 年第 2 期，广州）

詹伯慧：潮语体现社会文化（《澳门日报》，2009 年 12 月 2 日，澳门）

告别暨大教坛以后——记恩师詹伯慧教授（《检察文学》2009 年第 12 期，陕西咸阳；《潮州》2010 年第 1 期，广东潮州）

语言学家詹伯慧教授到访詹氏经济文化交流协会驻深办事处　（《河间天地》第 15 期，2009 年 12 月，深圳）

《广州话正音字典》料明年出版（《大公报》，2010 年 2 月 4 日，香港）

经济优势　地域因素：全球讲粤语人数不减反增（《大公报》，2010 年 2 月 11 日，香港）

“文脉”薪火相传的詹氏父子［《广东地方税务》2010 年第 1 期（总 145 期），广州］

普通话是粤语的敌人吗？（《羊城晚报》，2010 年 6 月 9 日，广州）

文士情怀——詹伯慧书法展 1 月 22 日至 2 月 1 日在广东画院美术馆展出。展出近百幅书法作品。（《广州日报》，2011 年 1 月 24 日，广州）

詹伯慧：一生献给方言学（《中国社会科学报》（人文岭南版），2011 年 2 月 24 日，北京）

当代学林：詹伯慧（《学术研究》2011 年第 3 期，广州）

半世纪耕耘，造就方言学泰斗（《广州日报·大学生报》总 23 期，2011 年 5 月 30 日，广州）

田野春秋——庆祝詹伯慧教授八十华诞暨从教五十八周年纪念文集（甘于恩主编，暨南大学出版社，2011 年 6 月，广州）

暨大庆詹伯慧华诞新书首发（《澳门日报》，2011 年 6 月 29 日，澳门）

詹伯慧八十诞辰再谈粤语：应鼓励孩子在家多讲方言（《羊城晚报》，2011 年 6 月 30 日，广州；此报道同时为新华网、人民网、大洋网、21CN 及珠海视窗、中山教育等转载）

著名语言学家詹伯慧主持编纂新书：广东三大方言将采样调查（《南方日报》，2011 年 6 月 30 日，广州）

澳文化界贺詹伯慧八十华诞（《澳门日报》，2011 年 6 月 30 日，澳门）

谈詹伯慧先生对台湾学术界的影响（竺家宁，《庆祝詹伯慧教授八十华诞从教五十八周年暨汉语方言国际学术研讨会会议论文集》，2011 年 6 月，暨南大学，广州）

南方语言学第五辑（甘于恩主编，暨南大学出版社，2013 年，广州）

试论詹伯慧先生对客家方言研究的三大贡献（王李英，《庆祝詹伯慧教授八十华诞从教五十八周年暨汉语方言国际学术研讨会会议论文集》，2011 年 6 月，暨南大学，广州）

高山仰止，桃李天下——访广东省首届优秀社会科学家詹伯慧教授（《广东盟讯》2011 年第 3 期，2011 年 6 月，广州）

耕耘六十载，桃李满天下——庆祝詹伯慧教授八十华诞暨从教五十八周年纪念活动举行（暨南大学网首页新闻杂锦，2011 年 7 月 7 日，广州）

高山仰止　桃李天下——访广东省首届优秀社会科学家詹伯慧教授（中国民主同盟广东省委员会网页，2011 年 7 月 13 日，广州）

耕耘六十载，桃李满天下——庆祝詹伯慧教授八十华诞暨从教五十八周年纪念活动隆重举行（《饶平人》2011 年 7 月，广东饶平）

五名广东优秀社会科学家感言（《广东地方税务》2011 年 7 月，广州）
庆祝詹伯慧教授八十华诞从教五十八周年暨汉语方言国际学术研讨会（《方言》2011 年第 3 期，北京）
詹伯慧："爱"字当头做学问［《中国社会科学报》（学林版），2011 年 9 月 1 日，北京］
詹伯慧：学问要让更多人受益（《信息时报》，2011 年 10 月 16 日，广州）
詹伯慧：留住方言留住根（《秋晖》第 7 期，2011 年 12 月，广东潮州）
庆祝詹伯慧教授八十华诞暨从教五十八周年专辑（《粤语研究》第 10 期，2011 年 12 月，澳门）
保护方言需要民众有语言自觉（《中国社会科学报》，2012 年 9 月 5 日，北京）
岭海名流——广东省文史研究馆馆员詹伯慧（《岭南文史》2013 年 1 期，广州）

三、著述评论

1.《珠江三角洲方言调查报告》

①《材料丰富的方言调查报告》——评《珠江三角洲方言字音对照》
（古三，《书海》第 17 期，1988 年 4 月，香港）
②《汉语方言词汇研究的新进展》——介绍《珠江三角洲方言词汇对照》
（黎静，《书海》第 20 期，1989 年 4 月，香港）
③ Zhan Bohui, Cheung Yat-Shing et al., *A Survey of Dialects in the Pearl River Delta* (Laurent Sagart, Cahiers de Linguistique Asie Orientale, Vol. XX, No. 2 Hiver 1991, Paris)
④《珠江三角洲方言调查报告评介》（郭振芝，《暨南学报》1992 年第 1 期，广州）
⑤《珠江三角洲方言调查报告简介》（国家教委社会科学司编，《全国高等学校首届人文社会科学研究优秀成果奖获奖成果简介汇编》，高等教育出版社，1997 年，北京）

2.《汉语方言及方言调查》

①一部合作的方言教材（黄坤尧，《中国语文通讯》第 18 期，1992 年 1 月，香港）
②汉语方言研究的方法论——读《汉语方言及方言调查》（石锋、余志鸿，《语文研究》1993 年第 4 期，太原）
③十年格物而一朝物格——读《汉语方言及方言调查》（梁金荣，《学术研究》2000 年第 7 期，广州）

3.《语言与方言论集》

①笔耕不辍，严谨平实——介绍詹伯慧教授的《语言与方言论集》（邵慧君，《岭南文史》1993 年第 1 ~ 2 期，广州）
②与时代的脉搏共同跳动（梁金荣，《语丛》第 27 期，1995 年 6 月，澳门）

4.《方言·共同语·语文教学》

①议论纵横　理据俱全（李鹏翥，《潮学研究》1995 年第 2 期，广东汕头）
②走向国际的汉语方言学（邓景滨，《澳门日报·语林》第 230、231 期，1995 年 10 月 8 日、10 月 22 日，澳门）

5.《东瀛杂记》

喜读《东瀛杂记》（潘华，《文汇报》，1984 年 6 月 22 日，香港）

6.《广州话正音字典》

①千呼万唤始出来——喜见《广州话正音字典》面世（胡培周，《澳门日报·学海》第 277 期，

2002年11月3日，澳门）

②《广州话正音字典》评介（陆镜光，《学术研究》2002年第12期，广州；《澳门日报·新书刊》，2003年2月5日转载，题为“詹伯慧主编的《广州话正音字典》”）

③介绍《广州话正音字典》（施仲谋，《现代教育通讯》第65期，2003年3月，香港）

④欣喜《广州话正音字典》出版（沛雁，丹华文化教育中心第25期，2003年，荷兰鹿特丹）

⑤谈谈《广州话正音字典》（张振兴，《广东中国语言学会通讯》第10期，2003年11月，广州）

⑥粤普兼备　正俗并收　易检易用——2002年刚出版的《广州话正音字典》（何国祥，《广东中国语言学会通讯》第10期，2003年11月，广州）

⑦一本规范广州话读音的字典（周无忌，《广东中国语言学会通讯》第10期，2003年11月，广州）

⑧人杰地灵　天作之合（胡培周，《广东中国语言学会通讯》第10期，2003年11月，广州）

⑨一部兼备实用价值、学术质量和可检索性的方言字典——评《广州话正音字典》（王彦坤，《广东中国语言学会通讯》第10期，2003年11月，广州）

⑩“小”字典　大学问——庆贺《广州话正音字典》出版（方小燕，《广东中国语言学会通讯》第10期，2003年11月，广州）

⑪试谈《广州话正音字典》的检字部首（陶原珂，《广东中国语言学会通讯》第10期，2003年11月，广州）

⑫一部深具特色的方言正音字典——评《广州话正音字典》（杨蔚，《辞书研究》2004年第4期，上海）

⑬方言正音字典的定位与体例问题——读《广州话正音字典》（甘于恩，《辞书研究》2004年第4期，上海）

7.《广东粤方言概要》

①读《广东粤方言概要》（崔淑慧，《学术研究》2003年第11期，广州）

②粤方言研究的重大突破——读《广东粤方言概要》（刘新中，《暨南学报》2004年第3期，广州）

8.《漫步语坛的第三个脚印——汉语方言与语言应用论集》

①名为《汉语方言与语言应用论集》，詹伯慧著作出版（《澳门日报》，2004年1月6日，澳门）

②方言与应用语言研究的力作（王红梅，《田野春秋——庆祝詹伯慧教授八十华诞暨从教五十八周年纪念文集》，暨南大学出版社，2011年，广州）

9.《詹伯慧语文评论集》

云路又丰碑——初读《詹伯慧语文评论集》（谭任杰，《澳门日报·新园地》，2009年6月10日，澳门）

10.《语文杂记》（《大家小书》丛书之一）

①厚积薄发的小书（谭任杰，《澳门日报·新园地》，2010年10月22日，澳门）

②大家小书，形小义大——《语文杂记》读后（邢福义，《田野春秋——庆祝詹伯慧教授八十华诞暨从教五十八周年纪念文集》，暨南大学出版社，2011年，广州）

11. 文士情怀——詹伯慧书法展

①不经意间寓规矩——詹伯慧教授书法小记（林锐，《文士情怀——詹伯慧书法展》，公元出版有限公司，2011年，香港）

②从读书说起——詹伯慧书法展感言（洪楚平，《文士情怀——詹伯慧书法展》，公元出版有限公司，2011年，香港）

③文士情怀，传世书香——詹伯慧教授在香港挥毫写字小记（庄福伍，《田野春秋——庆祝詹伯慧教授八十华诞暨从教五十八周年纪念文集》，暨南大学出版社，2011年，广州）

詹伯慧教授年谱

1931年7月10日（农历五月二十五日），出生于广东潮州。

1935年，开始在父亲督促下学习背唐诗。时父亲任教于潮州韩山师范学校。

1937年9月，在潮州韩山师范学校附属小学上一年级。

1938年，日寇攻陷广州，中山大学西迁云南澄江。当年10月，父亲詹安泰以名士身份受聘为中山大学中文系教授，入滇继岭南词家陈洵（述叔）讲授古典诗词。伯慧被送回饶平新丰老家，在启明小学继续读书。

1940年，中山大学自云南回迁粤北乐昌坪石。父亲回老家接伯慧到坪石，进入坪石汉德小学插班读五年级，直到小学毕业。

1942年，日寇实行“打通粤汉线”战略，自湖南南侵粤北，中山大学文学院迁到粤东梅县。父亲再次送伯慧回老家，伯慧于1943年初进入刚创办不久的饶平上饶区立初级中学（现饶平四中），开始三年的初中学业。期间父亲曾在该校短期任教。

1946年初，在上饶区立初级中学毕业。随即到潮州进入设于开元寺之金山中学补习一学期，准备投考高中。是年暑假到广州，考入中山大学附属中学读高中，直到1949年暑假毕业。期间多次参加由地下学联组织的反对国民党政府倒行逆施的民主运动（大游行）。

1949年9月，考入由王力教授创办、全国唯一的中山大学语言学系，名列榜首。10月广州解放，11月获通知到校注册入学。

1950年，在中山大学积极参与推动拉丁化新文字运动，经常在上海《新文字周刊》发表文章，并参与组织中山大学新文字研究会，成为该会骨干成员。

1951年，配合当时轰轰烈烈的世界和平运动，撰写了第一本书《在反动统治下英勇斗争的和平战士》，由华南人民出版社出版。这一年开始在由广东省教育厅主办、作家秦牧主编的《广东教育与文化》月刊连续发表多篇论文及语言文字的文章，包括《关于汉字写法的横直行》（1951年第2期）、《关于简体汉字的问题》（1951年第3期）、《文教工作者要重视文字改革问题》（1951年第5期）、《祖国的语言文字》（1952年第3期）等。

1953年7月，大学毕业，由国家统一分配到武汉大学中文系任助教。

1954年，第一次在《中国语文》（1954年第3期）上发表文章《对争论语法理论问题的意见》。

1955年10月至1958年2月，经王力教授举荐，作为进修教师到北京大学师从袁家骅教授专攻汉语方言学。期间曾于1955年10月在北京西苑大旅社连续举行的“全国文字改革会议”、“现代汉语规范问题学术会议”和“民族语文工作会议”等语言学界重要会议上旁听。

1956年，湖北人民出版社出版《武汉人怎样学习普通话》，这是第一部语言学方面的著作。同年6月至12月，经袁家骅教授安排，在北京参加中国科学院少数民族语言第一调查工作队海南分队，在严子君（队长）、王少恭（副队长）的率领下赴海南岛调查黎语；在调查黎语的同时，于海南岛极南的崖县发现两种特别的汉语方言：军话和迈话，立即对这两种方言进行了初步的调查整理。其后又调查记录了海南闽语万宁话和文昌话，并初步探讨了海南闽语中的训读现象。是年发表了两篇书评：《介绍两本指导普通话学习的书》（王力著）（《中国语文》1956年第4期，北京）；《评介〈语音常识〉》（董少文著）（《语文学习》1956年第5期，北京），又在武汉《长江日报》连载了《关于汉语规范化》一文（1956年12月15—17日）。

1957年，在北京大学参与编写由业师袁家骅教授主持的我国第一部全面、系统论述汉语方言的专著《汉语方言概要》，负责撰写占全书篇幅的三分之一（17万字）的粤方言和闽南方言两章。同年6月，在《中国语文》上发表短文《海南方言中同义字的训读现象》。是年7—8月，作为袁家骅教授的助手，到青岛新新公寓参加高教部组织的、由王力教授与游国恩教授分别主持的高等学校语言、文学各门课程教材编写工作，为期一个月。父亲作为古代文学史专家也应邀从中山大学北来与会，父子在此相聚一个月。参加此次教材编纂的语言文学专家都是国内一流的学者，包括北京大学的王力、游国恩、周祖谟、袁家骅、余冠英、王瑶、林庚，复旦大学的赵景琛，武汉大学的刘绶松，中山大学的詹安泰、王起等。名单中原有武汉大学的程千帆，因会前"反右运动"开始，程千帆被划为"右派"，失去了前来与会的资格。

1958年2月，从北京大学回到武汉大学，开始以方言调查研究为主要方向的学术生涯。是年在《武汉大学学报》第1期上发表《万宁方音概述》一文。与此同时，还在《中国语文》月刊上发表了三篇研究汉语方言的文章：《粤方言中的虚词"亲住翻埋添"》、《潮州话的一些语法特点》和《收集和整理汉语方言词汇》。这一年父亲被划为"右派"，从此成为"右派子女"。

1959年，《海南岛军话语音概述》在北京大学主办的《语言学论丛》第三辑刊出（上海教育出版社，上海）；《潮州方言》在丁声树、李荣主持的《方言与普通话丛刊》第二本刊出（中华书局，北京）。

1960年，主持完成编纂《湖北方言概况》初稿的工作，油印出版向国庆献礼。《有关编写〈学话手册〉的几个问题》在《中国语文》上发表。《汉语方言概要》初版发行，执笔其中粤方言和闽南方言两章，约占全书50万字的三分之一。

1961年暑假，到湖北浠水调查方言，住在浠水博物馆一个多月。记录博物馆馆长王祖佑老先生的浠水话。是年再度受袁家骅师之邀，前往与他共商进一步修订《汉语方言概要》事宜，住在北京大学承泽园袁师家中。

1962年7月，在武汉与湖北宜昌专区医院小儿科医生陈雅仙结婚。是年《中国语文》第8、9合期发表《浠水话动词"体"的表现方式》。

1963年7月，福建省汉语方言科学讨论会在厦门鹭江饭店举行。会议期间，黄家教、陈世民、詹伯慧、陈章太、许宝华、施文涛、张盛裕、王福堂、李如龙等人按年龄依次排队合影，从此，有了"方言学界九弟兄"之说，一直延续下来。伯慧排第三，称为"老三"。此次会后，黄家教、陈世民、詹伯慧联名在《厦门大学学报》（1963年第4期，厦门）上发表了《有关汉语方言分区的一些问题》，由詹伯慧执笔。同年詹、黄还联名在《武汉大学学报》上发表《关于汉语方言词汇调查研究的问题》一文。

1964年4月10日，女儿詹曼芸在宜昌出生。是年受聘为湖北省直属机关业余大学讲授语法课，与陈恩泉、钟隆林合作编写《语法知识》作为教材。

1965年，与黄家教合作在《中国语文》（第3期）上发表《谈汉语方言语法材料的收集和整理》一文。

1966年，文化大革命开始，被以"莫须有"的罪名关入"牛栏"，抄了家，成为"牛鬼蛇神"，失去自由。每天除了劳动改造就是写检讨，接受批斗。国庆前夕，与武大一批"牛鬼蛇神"被赶往武昌县东升公社集中关押，不让听到国庆的声音。

1967年4月6日，父亲因罹癌症病逝于中山大学，享年65岁。父亲弥留之际，获红卫兵"恩准"，自"牛栏"兼程回穗，在父亲病榻前亲视含殓。

1969年至1972年间，武汉大学以“办分校”为名将文科教师“下放”到湖北襄阳隆中。伯慧被编入基建队，当起泥瓦工，后期又兼当分校家属小学的英语教师，半天劳动、半天给小学生上英语课。

1973年到1975年，武大中文系教师自襄阳分校回武昌珞珈山校本部，招收工农兵学员入学。此后两三年间，屡屡下农村、下码头、上轮船、上工地，与工人农民相结合，“接受再教育”。记得清楚的几次：一是1974年全国开展“批林批孔”之际，被派往长江航运公司，在来往沪汉的“东方红”客轮上生活一个来月，向船员讲解“批林批孔”文件，一起学习，一起“批林批孔”；一次是到湖北枣阳跟农民“三同”几个月，日夜和农民一起下田干活；再一次是和工农兵学员到武汉港码头与码头工人一起“忆苦思甜”，控诉旧社会码头工人饱受压榨的血泪史，编写码头工人奋起斗争的工运史，集体完成《码头风云》一书，负责执笔书中《号子喧天》一篇。此外，还到湖北云梦县长江埠参加过一段时间修建汉丹铁路的劳动。

1975年，参加鄂、川两省协作编纂《汉语大字典》的筹备上马工作，负责收字、审音工作，此后几年完全脱离中文系教学工作。作为《汉语大字典》专职编纂人员，经常奔走于川、鄂两省各《汉语大字典》编纂组之间，1979年大字典成立编委会，被任命为编委会委员，仍主持审音工作。

1979年初，结合《汉语大字典》注音的实践，在《中国语文》上发表《汉语字典词典注音中的几个问题》（1979年第1期）；同时又在《光明日报·文字改革》上发表《略谈方言和普通话的语法差异》（1979年2月14日）。6月，参加厦门大学方言科学研讨会，与会学者倡议成立全国汉语方言学会，并推举詹伯慧起草倡议书。是年年底，饶宗颐教授应湖北博物馆邀请到武汉访问，期间专程来珞珈山武大相聚，共游东湖胜景。饶先生十分关心伯慧父亲遗稿付梓刊行一事。谈及第二年彼此都将应邀赴日讲学，建议出国时将伯慧父亲遗稿带到东瀛，届时在国外仔细商量如何实现遗稿梓印问世事宜。

1980年4月，经教育部推荐，受聘出任日本东京大学文学部第一位来自中国大陆的客座教授，任期两年。抵东京时，平山久雄教授到机场迎接，随后由东京大学安排租住其附近的本乡西片町三丁目，直到两年后离日回国。据介绍，当年鲁迅先生来东京，也曾在此地住过，东京大学的安排别具历史意义。5月，由东京大学田仲一成教授陪同，自东京赴京都造访受聘来京都大学讲学、客居京都三缘寺的饶宗颐教授。畅叙中话题主要集中到伯慧父亲诗词遗稿付梓刊行之事。宗颐先生嘱将已带到身边之伯慧父亲诗词手稿抄本交其带回香港谋划刊行。同年秋，作为特邀学者再次前往京都，参加日本中国语学会在京都举行的学术年会，并受同窗唐作藩兄之托，登门造访京都产业大学池田武雄教授，承热情款待，在其寓所留宿。6月21日，在日本中国语学会主办的学术演讲会（东京）上作题为“三十年来中国语言工作的一些情况”的专题演讲。讲稿在当年出版的日本中国语学会学术刊物《中国语学》（年刊）第227期上发表。国内《语文现代化》1980年第4期、《武汉大学学报》1981年第3期也先后刊出此文。是年暑假，在东京大学平山久雄教授和他的几位门生木村英树、岩田礼等的先后陪同下，遍游日本北起北海道、南迄南九州各地名胜，访问了各地著名大学。并于“七夕节”期间在青叶城（仙台）遍访当年鲁迅先生在此习医的一些遗迹。瞻仰了日本人民于1960年在青叶山麓建立的鲁迅纪念碑。年底，因痔病住进东京厚生年金病院动手术，二十多天后出院。

1981年元旦晚上，应邀到平山久雄教授家中做客，第一次享受日本家庭的“年饭”。寒假春节期间回国度假。返日前应邀到湖南师范大学作短暂讲学，并于3月31日应香港大学中文系主任马蒙教授邀请，首次到香港大学作学术讲演。讲稿《汉语方言研究概况和有关的几个问题》在年底出版的香港《语文杂志》第8期上发表。同年3月，《现代汉语方言》由湖北人民出版社出版。是年夏天，全国汉语方言学会成立，当选为学会理事；此后两年一届改选理事会，一直蝉联，直至2010年，已连续担任全国汉语方言学会十五届理事。当年农历五月二十五日，在日本度过难忘的五十岁生日。东京大学中文系全体“教官”（老师）和研究生在东京涉谷台湾人开的丽乡餐馆隆重设宴贺寿。6月18日，应日本亚非语言文化研究所邀请，到该所作题为“谈谈汉语方言的调查研究”的学术讲演，讲稿其后在该所主办的《亚非言语计数研究》第19期（1982年，东京）上发表。10月1日，应日本国际交流基金会和日中学院院长藤堂明保的邀请，恩师王力（了一）教授暨师母到达东京，对日本进行为期十天的学术访问，与平山久雄教授一起到成田机场迎接。期间曾遵了一师嘱咐，邀请波多野太郎教授等几位日本友人到东京寓所共进自制晚餐，与了一师暨师母欢聚，盛况难忘。12月10日，应邀到日本爱知大学作题为“谈谈汉字改革问题”的学术讲演，讲稿经整理后在《语文研究》（太原）1982年第1期上发表。12月17日，由平山久雄教授陪同南下访问九州大学，与九州大学中文系主任冈村繁教授及原籍台湾高山族的刘三富教授座谈畅叙，并由刘教授陪同遍游福冈名胜古迹。12月出席在东京举行之日本中国语学会1981年会。《汉语北方方言的一致性和差异性》一文在会刊《中国语学》第228期上发表。是年，经日本中国语学会会长波多野教授推荐，《浠水方言纪要》在东京龙溪书舍出版。随后，第一本论文集《汉语方言文集》也于1982年由东京龙溪书舍出版。

1982年3月，结束东瀛讲学回国。在北京短暂逗留期间，应北京师范大学中文系主任钟敬文教授之邀向该校中文系全体师生作报告，介绍在日进行学术交流的体会。回到武汉大学，下车不久便到由严学宭教授在华中理工大学主办的“语言学短期学习班”为来自各地的年轻语言学人讲课。同年正式晋升为武汉大学教授。《现代汉语方言》获武汉大学科研优秀成果奖。在日期间为香港《文汇报》专栏撰写的40多篇散文《东瀛杂记》，也于当年由武汉大学出版社结集出版。是年8月，赴京出席由吕叔湘教授署名邀请的第十五届国际汉藏语言学会议。

1983年春，出任第五届湖北省政协委员。《现代汉语方言》被筑波大学汉语学者樋口靖翻译成日文在东京由光生馆出版。与黄家教合写的《广州方言中的特殊语序现象》在《语言研究》1983年第2期上发表。与此同时，《我心目中的语言学大师——纪念赵元任先生逝世一周年》一文亦在香港《语文杂志》第11期上发表。是年5月，出席在安徽合肥举行的第二届全国汉语方言学会学术年会，会后与黄家教、饶秉才、许宝华、李如龙等同上黄山游览，由安徽师范大学年轻教师伍巍陪同引路、导游。10月，自武汉大学调暨南大学任中文系教授。

1984年，创建暨南大学汉语方言研究室，成立现代汉语硕士点，开始招收4名攻读汉语方言学的硕士研究生。是年受聘为《中国大百科全书·语言文字卷》方言分科副主编。同年春，出任第五届广东省政协委员，1988年换届后继续担任第六届广东省政协委员，直到1992年，期间还任省政协文教委员会副主任。5月17日，香港《文汇报》刊出《记语言学家詹伯慧》。是年发表的论文有《谈汉语方言知识在现代汉语教学中的运用》（《语文月刊》第4期，广州）、《略论划分汉语方言的条件》（《语文杂志》第12期，香港），9—10月又在《长江日报》上连载《一衣带水情意浓》。

1985年2月至1989年2月，出任暨南大学在广州复办后首任文学院院长，享受相当于副校长的副厅级待遇。是年5月，出席在香港举行的普通话教学与测试研讨会。5月13日，香港《文汇报》刊出《访暨大最年轻教授：文学院新任院长詹伯慧》。7月，出席在山西忻州举行的第三届全国汉语方言学会学术年会。7月28日《南方日报》刊出专稿《“我是理所当然要忙的”——访〈每日一句话〉主编人詹伯慧教授》。是年秋，赴昆明出席中国语言学会第三届学术年会。12月，作为特邀嘉宾、讲者出席由香港教育署语文教育学院主办的首届国际语文研讨会。

1986年5月，接替高华年教授担任广东省中国语言学会会长，此后一直连任五届至2008年12月。6月21—24日，广东省语言文字工作会议在深圳举行，应邀到会作“广东语言文字专业人员的光荣职责”专题发言。8月15日，与香港中文大学张日升教授正式签署《珠江三角洲汉语方言调查研究协议书》，广东省社科“七五”重点项目“珠江三角洲方言调查”开始实施，暑假期间课题组成员到珠江三角洲各地开展方言调查工作。9月7—12日，赴京出席国家语言文字工作委员会召开的“七五”规划会议。10月，获香港大学授予荣誉教授衔，到香港大学讲课三个月。期间被聘为香港大学中文学会名誉会长。11月，出任广东省语言文字工作委员会委员。11月15—16日，应澳门中国语文学会邀请，首次到澳门进行学术访问，作“中国语言文字工作展望”学术讲演。11月29日，在香港语言学学会和香港中国语文学会联合主办的学术报告会上作“广东方言研究的几个问题”的学术讲演。12月，出席香港大学主办的“人的革命”研讨会。12月19日，应香港青年学艺讲座的邀请，在香港大会堂作题为“谈谈语文学习”的讲演。是年受聘为《中国语言学大辞典》顾问及汉语方言卷审订人。是年在《语文研究》第3期上发表《有关汉语方言工作的一些认识》（与黄家教合写，太原）；在香港语文教育学院《语文教师培训与语文教学》专集上发表《从社会的需要论语文教师的培训》；在《语文建设》第4期上发表《就广东的情况谈推广普通话的一些问题》（北京）；在《中山大学学报》第4期上发表《谈汉语方言的语音调查》（与黄家教合写，广州）。

1987年1月13日，应香港中文大学中国文化研究所邀请，首次到香港中文大学进行学术交流，在该所学校作题为“广东汉语方言说略”的学术讲演。5月15日，香港《明报》报道：《暨大文学院院长詹伯慧教授获港大授荣誉教授衔》。7月1—3日，出席在香港中文大学举行的首届国际粤方言研讨会。8月2—15日，广东省中国语言学会和暨南大学中文系联合举办的汉语讲习班在暨南大学开课，随后不久，前往福建泰宁、厦门为国家语言文字工作委员会开办的“普通话与方言”干部培训班讲课。9月中旬，出席在浙江舟山举行的第四届全国汉语方言学会学术年会。10月，《珠江三角洲方言字音对照——珠江三角洲方言调查报告之一》（广东人民出版社，新世纪出版社，广州）出版；《潮人》第5期发表《潮籍语言学家詹伯慧》（广东汕头）。12月，承办中国语言学会第四届学术年会，于24—31日在华南师范大学举行。是年秋，加入中国民主同盟，随后即被选为广东省委会副主委，并赴京出席民盟全国代表大会，被选为中央委员。此后连续十年担任了两届民盟广东省委副主委和中央委员，直到1997年卸任。是年夏，中山大学与广东省文学学会联合举行詹安泰教授逝世二十周年纪念会。香港大学中文学会《中文学会情报》创刊号详细介绍詹伯慧教授的文章。这一年发表的论文有《谈谈当前的语言文字工作》（《澳门日报·语林》第3～8期，澳门）、《广东方言说略》（提要）（《澳门日报·语林》第11期，澳门）、《谈新闻从业人员的语文修养》（《澳门日报·语林》第18～25期，澳门）、《评介〈中国大百科全书·语言文字卷〉》（香港大学《东方文化》第2期，香港）、《谈谈语文学习》（香港中文大学教育学院二十周年纪念专刊《教学集》，香港）、《鄂南蒲圻话的词汇语法特点》（与李元授合写）（《武汉大学学报》第5期，武汉）。

1988年1月1—15日，应云南语言学会会长吴积才教授之邀，赴昆明参加审订《云南汉语方言志》。1月17日，《南方日报》发表专稿《愿携手弘扬中华文化——省政协委员詹伯慧教授一席谈》。3月，被选为第七届全国人民代表大会代表，同时仍担任第六届省政协委员。4月15—25日，应邀到新加坡华文研究会访问讲学，期间新加坡媒体《联合早报》、《联合晚报》及《新明日报》等连续三次进行访谈，作为“时人语录”发表访谈内容。5月，广州市成立普通话协会，受聘为顾问。7月9—10日，广东省中国语言学会在中山大学举行1987—1988学术年会。7月24—30日，参加在青岛举行的“现代汉语教学讨论会”，8月23—26日，出席由深圳教育学院主办的深港片语言问题研讨会（国际）。10月，《珠江三角洲方言词汇对照——珠江三角洲方言调查报告之二》（广东人民出版社，新世纪出版社，广州）出版。11月9日，《汕头日报》发表《潮籍语言学家詹伯慧》。12月，上海《社会科学报》记者前来访问，于该报第135期（1988年12月29日）发表《正确理解方言共同语的关系——访汉语方言专家詹伯慧》。是年发表的文章主要有《进一步发挥汉语拼音的巨大作用》（《语文建设》第1期，北京）、《广东粤语分区刍议》（《学术研究》第3期，广州）、《小议高等教育改革中的几个问题》（《高教探索》第3期，广州）、《谈谈方言和普通话》（《华文研究》第3期，新加坡）、《新加坡的推广华语运动》（《语文建设》第6期，北京）、《闽方言的分布及其主要特征》（香港大学中文系六十周年纪念专刊《东方》，香港）、《结合重大科研项目培养研究生的几点体会》（《暨南教育》第7期，广州）。

1989年4月，《珠江三角洲方言字音对照——珠江三角洲方言调查报告之一》获第四次广东省社会科学研究成果二等奖。7月30日至8月2日，主持在广州举行的第二届国际粤方言研讨会。8月，出席在澳门举行的世界汉语教学研讨会，出席在湖南大庸举行的第五届全国汉语方言学会学术年会。《华夏》发表《中国语言宝库里的撷英者》（1989年第5期，广州），《暨南大学研究生学报》发表《语言学家詹伯慧教授》（第5卷第1期，广州）。12月，出席香港大学主办的中国学术之承传与创新国际研讨会，12月19日，香港《明报》刊出专访《方言有存在价值》。12月21日，《羊城晚报》发表《"愿大家都学普通话"——詹伯慧教授谈推普工作》。是年人选《中国现代语言学家》第四分册（河北教育出版社，石家庄）和《广州高校潮籍人才录》。这一年发表论文主要有《汉语方言分区问题驳议》（庆祝王力先生学术活动五十周年《语言文字学术论文集》，知识出版社，上海）、《学府决不能变成官府》（《群言》第1期，北京）、《广东方言研究述略》（《澳门日报·语林》第67期，澳门）、《方言和规范化杂议》（《〈双语双方言〉论文集》，中山大学出版社，广州）、《谈谈对外汉语教学》（《语言教学与研究》第3期，北京）、《广东汉语方言研究四十年》（《学术研究》第5期，广州）、《珠江三角洲粤方言常用词述略》（《方言》第4期，北京）、《工厂标牌语言剖析》（《语文建设》第6期，北京）。

1990年1月，率领广东省中国语言学会代表团访问澳门。5月3—4日，出席广东省社会科学界联合会第三次代表大会，当选为主席团委员会委员。5—6月，应邀作为客座教授到法国高等社会科学院访问讲学一个月。期间作了四次学术讲演，每次讲演均由法国著名汉学家李嘉乐教授主持。7月，在校内被自行车撞伤骨折，住越秀区正骨医院一个月。8月，出席第二届国际闽方言研讨会（汕头大学）。9月6日，由粤、港、澳粤语专家联合组成的广州话审音委员会正式成立，詹伯慧、周无忌、林受之为召集人，并举行了第一次全体委员及审音编辑组会议，讨论审音方案及提出《关于进行广州话审音工作的意见》。9月23日，《汕头日报》发表专稿《"越是地方性，就越有世界性"——记潮籍方言学家詹伯慧》。9月24—25日，《广东百科全书》举行编纂工作会议，确定由詹伯慧主持《语言文字学》部分，组织力量编纂。10月1日，《广州日报》发表专稿《语言学家詹伯慧教授》。10月9日，香港《新晚报》发表专稿《记语言学家詹伯慧》。10月14日，由香港《中国语文通讯》编辑部和广州话审音委员会联合主办的粤语正音问题座谈会在广州举行。11月，国务院学位委员会发布学位办〔1990〕54号文件，经学位委员会第九次会议批准，暨南大学设立以汉语方言为方向的现代汉语博士点，詹伯慧为该博士点博士生导师。12月28—30日，广东省中国语言学会1989—1990学术年会在佛山举行，选出新一届学会理事会，詹伯慧蝉联会长。《珠江三角洲方言综述——珠江三角洲方言调查报告之三》（广东人民出版社，新世纪出版社，广州）出版。是年起出任广东省人民政府文史研究馆副馆长，连任两届，至2000年为止。是年发表的文章主要有《现代汉语方言研究的重大成就》（《云南方志》第1期，昆明）、《关于辞书学和辞书研讨会的通信》（《辞书研究》第1期，上海）、《怀念王了一师》（《中国语文通讯》第7期，香港）、《珠江三角洲方音说略》（《王力先生纪念论文集》，商务印书馆，北京）、《广东境内三大方言的互相影响》（《方言》第4期，北京）、《关于广州话审音问题的思考》（《中国语文通讯》第11期，香港）。

1991年1月3日，出席首届港、澳、台、侨及海外中华文化与广州关系国际研讨会，作了大会发言。1月26日，出席国家语委在人民大会堂举行的纪念汉字简化方案发表35周年座谈会。3月25日至4月9日，在出席第七届第四次全国人大期间，提出《加强语言文字规范工作的意见》提案，联署代表有秦牧等12人。4月4日，新加坡《联合早报》刊出其在北京的采访报道：《中国坚决推行汉字简化与汉语拼音》，副标题为《中国著名语言学家詹伯慧教授对本报说：……》6月18—21日，出席由新加坡国立大学主办的汉学研究之回顾与前瞻国际研讨会。7月31日至8月2日，出席第三届国际粤方言研讨会（澳门）。8月5—7日，在深圳出席第二届双语双方言研讨会（国际）。8月，《汉语方言及方言调查》（湖北教育出版社，武汉）出版。9月，首批4位博士研究生入学。10月，出席由泰国南甘杏大学和清迈大学主办的第二十四届国际汉藏语言学会议。10月10日，《暨南学报》第119期发表《一位为我国语言科学作出重要贡献的学者——记博士生导师詹伯慧教授》。11月，出席在南京举行的第六届全国汉语方言学会学术年会。是年入选《中国语言学大辞典》（江西教育出版社，南昌）、《中国当代文化名人大词典》（中国广播电视出版社，北京）、《潮汕人物辞典》（文史艺术分册）（中山大学出版社，广州），并受聘为《广东百科全书》编委会委员、《潮汕文化丛书》顾问。《现代汉语方言》繁体字版由新学识文教出版中心（台北）出版。这一年发表的文章主要有《访法归来谈潮人》（《华夏》第1期，广州）、《坚持简化方向，坚持规范化原则》（《语文建设》第1期，北京）、《群策群力，把广东的语言文字规范工作做好》（《暨南学报》第2期，广州）、《汉语促进国际文化交流》（《华夏》第2期，广州）、《粤语研究中几个问题的思考》（《中国语文通讯》第15期，香港）、《推行共同语和双语并用》（《深圳教育学院学报》第2期，深圳）、《弘扬中华文化的盛会——汉学研究之回顾与前瞻国际会议（新加坡）综述》（《澳门日报·语林》第131、132期，澳门）。

1992年3月2日，在《人民日报》上发表《推广普通话适应改革开放》。3月8日，出席汕头语言学会和潮汕方言研究会举行的1992年学术讨论会。4月16日，广东电视台播放《詹伯慧教授谈推普》专访节目。4月22—24日，出席在北京举行的“中国语文研究四十年”，作专题发言“四十年来汉语方言研究的回顾”，讲稿全文在台湾《大陆杂志》第85卷第3期（9月15日）发表。7月3—6日，出席在香港大学举行的第二届中文科课程教材教法国际研讨会。广东省社科“八五”重点项目“北江、西江流域粤方言调查研究”开始实施；8月7日，与张日升教授一起率领课题组成员赴粤北进行实地方言调查，为期一个月。9月3—12日，应邀到武汉三所大学作短期讲学。10月1日获国务院颁发有突出贡献证书，享受政府特殊津贴。10月2日起受香港中文大学中国文化研究所之聘，前往进行四个月的研究工作。10月16日，唯一的外孙女在香港出生。12月，被国家语言文字工作委员会评为全国语言文字先进工作者。受聘为《中国语言学年鉴》编委会委员。是年入选《中国当代教育名人传略》（未来中国出版社，香港），并被英国剑桥传记中心选入《世界名人传记》1992年22版和《世界杰出人物》1992年15版；与此同时，美国传记研究所（ABI）亦在多种世界名人词书中收入传略。是年，负责校订的《中国文化专题精编》在香港伟文出版社出版。发表的文章主要还有《汉语方言研究中的几个问题——在第24届国际汉藏语言学会议（曼谷、清迈）上宣读论文》（《暨南学报》第2期，广州）、《汉语方言研究的回顾与前瞻》（《学术研究》第1期，广州）、《改变广东方言环境小议》（《羊城晚报》3月25日，广州）、《海南岛语言资源的开发大有可为》（《华夏》第2期，广州）、《饶平上饶客家话语言特点说略》（《中国语文研究》第10期，香港）、《谈谈汉语方言与语文教学》（《澳门日报·语林》第158~162期，澳门）、《略论广东的推广普通话工作》（《普通话》第2期，香港）、《群策群力，把广东的“推普”工作推向前进》（《韶关大学学报》第3期，广东韶关）、《略论方言、共同语与双语制问题》（彩虹出版社，香港）。

1993年1月11—12日出席由香港中文大学主办的第三届国际闽方言研讨会。1月16—17日，应澳门中国语文学会邀请，率领博士研究生到澳进行学术交流。3月，被选为第八届全国政协委员。5月6—9日，在惠州主持广东省中国语言学会1992—1993学术年会，期间开始广州话的审音工作。6—7月，率领西江流域粤语调查组一行8人到西江流域10个县（市）进行为期一个月的实地调查。7月21—25日，出席在青岛召开的全国汉语方言学会第七届学术年会。8月17—20日，出席在深圳、珠海举行的第三届双语双方言研讨会（国际）。是年入选《珞珈撷英（之一）》（武汉大学出版社，武汉）。12月，应香港理工学院中文系及翻译系之邀，带领研究生赴港开展西江流域粤语调查资料之协作整理工作。12月12日，《中国教育报》刊登专稿《詹伯慧：一位杰出的语言学家》。《暨南学报》亦在第3期刊出《博士生导师詹伯慧教授》。12月17—19日，出席由香港城市理工学院、香港语言学学会主办的第四届国际粤方言研讨会。12月20—22日，出席由香港中文大学主办的潮州学国际研讨会。12月27—28日，应澳门华夏文化中心和香港伟文出版社之邀，前往澳门作学术讲演。第二本论文选集《语言与方言论集》由广东人民出版社出版。是年发表的文章主要有《语文杂谈》(《中国语文通讯》第24期，香港)、《专名的简缩》(《中国语文通讯》第25期，香港)、《普通话“南下”与粤方言“北上”》(《语文建设通讯》第39期，香港)、《小议香港中文科教学的问题和对策》(《暨南学报》第2期，广州)、《广东省饶平方言记音》(《方言》第2期，北京)、《广州话审音方案》(《中国语文通讯》第27期，香港)、《四十年来汉语方言研究工作的回顾》(《中国语文研究四十周年纪念文集》，北京语言学院出版社，北京)、《经济发展与推广普通话》(《语文建设》第12期，北京)、《再论方言、共同语与双语制问题》(《语文建设通讯》第42期，香港)。

1994年3月26—29日，广州话审音委员会在深圳寰宇大酒店举行审音会议，会后参观大亚湾核电厂。4月3日，广东省中国语言学会在广东教育学院举行学术沙龙活动，在会上作工作报告。6月，首批4位博士研究生毕业，全部获得文学博士学位。6月25日，《学术研究》在第3期发表专稿《方言沃土绵延，翰林勃发荣枝——访暨大博士生导师詹伯慧》。7月，《珠江三角洲方言词汇对照——珠江三角洲方言调查报告之二》和《珠江三角洲方言综述——珠江三角洲方言调查报告之三》获第五次广东省社会科学研究成果一等奖。7月8—11日，在深圳贝岭居宾馆举行广州话审音工作会议，继续进行审订广州话字音工作。9月，出席在厦门大学举行的海峡两岸闽南方言学术研讨会。10月18—20日，中国语文现代化学会在北京成立，当选为副会长。10月25日，暨南大学正式下文成立暨南大学汉语方言研究中心，给三个编制。11月11—15日，在澳门皇都酒店举行广州话审音工作会议，继续审订广州话字音。12月29日至1995年1月1日，在暨南大学举行广州话审音委员会工作会议，成立《广州话正音字典》编纂委员会及编纂部，《广州话正音字典》编纂工作启动。是年，入选《中国现代社会科学家大辞典》(书海出版社，太原)，受聘为《中国语言学人名大辞典》顾问。12月，《粤北十县市粤方言调查报告》由暨南大学出版社出版。这一年发表的文章主要有《为辞书学界的打假批劣叫好！——中国辞书学会第一届年会（广州）述评》(《澳门日报·语林》第189、190期，澳门)、《我谈语文规范化》(《语文建设》第5期，北京)、《小议潮汕方言的宏观研究》(《学术研究》第5期，广州)、《詹安泰教授的生平与学术成就述略》(《潮学研究》第2期，广东汕头)、《珠江三角洲粤方言述要》(与张日升合写)(《第一届国际粤方言研讨会论文集》，现代教育研究社，香港)、《粤北十县市白话语音特点述略》(《方言》第4期，北京)、《汉语方言语法研究大有可为——〈汉语方言语法调查手册〉序》(《语文研究》第4期，太原)、《广州话审音工作的进展及有关问题的认识》(《中国语文通讯》第32期，香港)、《〈饶平县志〉中的“方言志”》(广东人民出版社，广州)。

1995年，《方言·共同语·语文教学》由澳门日报出版社出版。《中国语文研究》第11期第三届国际闽方言研讨会专号（主编之一）出版（香港中文大学中国文化研究所，香港）。1月19日，《广州话正音字典》编纂部首次工作会议在广东省社会科学界联合会举行。3月，《珠江三角洲方言调查报告》(三卷本）获广东省高等教育1995年人文社会科学研究优秀成果一等奖。3月18日，《广州话正音字典》编纂部在暨南大学开会，汇报开始编写的情况。3月20—22日，出席在珠岛宾馆举行的广东省社会科学界联合会第四次代表大会，被选为广东省社会科学界联合会主席团委员。4月7—12日，出席在海南大学举行的第四届国际闽方言研讨会。5月27—30日，广东省中国语言学会1994—1995学术年会暨换届选举大会在韶关举行，蝉联会长。6月19—26日，应台湾“中央研究院”历史语言研究所之邀前往台湾进行学术交流，期间作了题为“汉语方言研究的回顾与前瞻”的学术讲演，讲稿于当年12月在香港《中国语文通讯》第36期发表。6月30至7月2日，出席在深圳举行的第四届双语双方言研讨会（国际)。8月14日，担任广东新闻广播电台当晚直播座谈会嘉宾，谈广州“推普”工作并回答听众提出的问题。8月18日至9月8日，率领几位博士生到香港理工大学合作进行《粤西十县市粤方言调查报告》定稿工作。10月4—6日，广东省中国语言学会与广东省语言文字工作委员会办联合举行两场纪念全国文字改革和现代汉语规范化四十周年学术报告会，詹伯慧、唐启运、陈炜湛、曾国忠分别作了专题讲演。10月21—26日，出席在武汉举行的第八届全国汉语方言学会学术年会，趁便于25日上午应邀到湖北大学作学术讲演，下午应邀到武汉大学与语言学教师、研究生座谈。10月30—31日，主持中山市直属机关干部普通话大赛评判工作，并以“方言与共同语及推普问题”为题向全市中小学教师作学术讲演。12月9—11日，出席在香港举行的“1997与香港中国语文”学术研讨会，会上宣读论文《对香港语言问题的几点思考》，随后在《中国语文》（1996年第2期）发表。12月19日，在《南方日报》上发表特约专论《要进一步搞好广东的推普工作》。12月21—23日，在暨南大学主持第五届国际粤方言研讨会。12月25—28日，出席在北京举行的首届全国语言文字应用学术研讨会，被会上筹备成立的中国应用语言学会聘为顾问。是年入选《当代中国科学家与发明家大辞典·第一卷》（当代中国出版社，北京）、《广东百科全书》（中国大百科全书出版社，北京）。《粤北十县市粤方言调查报告》获第二届全国高等学校出版社优秀学术著作奖；《珠江三角洲方言调查报告》（三卷本）获国家教委全国高等学校人文社会科学研究优秀成果二等奖；《汉语方言及方言调查》获国家教委第三届普通高等学校优秀教材二等奖。《潮州》第4期刊出《一门双教授，两代皆英才》。这一年发表的文章主要有《〈广州话正音字典〉编写细则》（《澳门日报·语林》第212期，澳门）、《海峡两岸开展闽南方言研究之我见》（《学术研究》第4期，澳门）、《对方言和普通话性质的再认识》（《语文建设通讯》第49期，香港）、《〈东莞方言词典〉引论》（与陈晓锦合写）（《方言》第3期）、《第四届国际闽方言研讨会述评》（《中国语文》第5期，北京）、《汉语方言调查与汉语规范化》（《语文建设》第10期，北京）、《关于闽方言研究的几点思考》（《中国语文研究》第11期，香港）、《〈广州话正音字典〉编辑出版方案及〈凡例〉》（澳门中国语文学会《语丛》第2期，澳门）、《为促进语文现代化而努力奋斗——纪念全国文字改革和现代汉语规范化40周年》（《广东语文报》推普版第135期，广州）、《汉语方言词汇差异述略》（澳门中国语文学会《语丛》总第28期，澳门）。

1996年1月6—8日，出席由澳门语言学会主办的“语言与传意”国际研讨会。3月3—13日，出席全国政协八届四次会议。3月14日，北京《中国新闻》总13821号刊出《詹伯慧委员谈香港语言问题》，4月4日，《广州文摘报》第14期第1版转载。3月24日，在暨南大学举行《广州话正音字典》编纂工作会议。3月26日，出席全省文化文物会议。4月8日，《粤港信息日报》第2882期刊出《“九七”后香港讲什么话？詹伯慧谈香港语言问题》。8月7日，《文化参考报》第288期刊出《做语言的警察还是语言的导游（专家访谈）》。8月18—19日，出席在潮州举行的饶宗颐学术研讨会（国际）。8月21—23日，出席在广东增城举行的第二届国际客家方言研讨会。10月14—17日，出席在桂林举行的第二届全国语言文字现代化学术会议。11月9—12日，出席在新加坡举行的第二届国际客家学研讨会。12月11日，出席省社科“九五”规划会议。12月18日，出席在澳门举行的“方言与共同语”国际研讨会。12月20—22日，出席在暨南大学举行的第一届东南亚华人语言学术研讨会。《普宁文艺》冬季号刊出《为了汉语方言这块沃土》。是年，“广东粤方言概要”经省社科规划组讨论通过列为广东省社科“九五”重点项目。本人入选《中国专家大辞典》（广东卷）（广东人民出版社，广州）和《广东高级专家大辞典》（第一卷）（广东人民出版社，广州）。参与主编的《第四届国际闽方言研讨会论文集》由汕头大学出版社出版。这一年发表的文章主要有《“1997与香港中国语文”研讨会述评》（《学术研究》第4期，广州）、《语言规范化与语言应用》（《语言与传意》论文集，海峰出版社，香港）、《闽粤琼语词汇比较研究》（与李如龙、高然、甘于恩合写）、《第四届国际闽方言研讨会论文集》（汕头大学出版社，广东汕头）、《试论粤方言地区的推广普通话工作》（《学术研究》第9期，广州）、《方言和普通话杂议》[《双语双方言》（四），汉学出版社，香港]。

1997年2月20—23日，出席在泉州华侨大学举行的第五届国际闽方言研讨会。2月28日，赴京出席全国政协八届五次会议。3月25—27日，出席在深圳举行的、由深港语言研究所主办的第五届双语双方言研讨会（国际）。3月28—29日，出席由香港大学语言及听觉学系主办的香港多语多文化研讨会。4 月 20 日，《信息时报》刊出专访《香港渐成三语社会——詹伯慧教授谈回归后多元语言生活》。5 月5—11日香港《亚洲周刊》刊出《回归后语言多元化》，悉尼《澳华时报》5 月 15 日转载。6 月 5 日，广东卫星电视在《港澳台之窗》节目中播出专题访谈“詹伯慧教授谈香港语言问题”。6 月 12 日，《潮州日报》刊出《光辉的业绩——记著名语言学家詹伯慧》。7 月 4—6 日，广东省中国语言学会 1996—1997 学术年会在中山举行。会议期间还举行《汉语方言论文集》（现代教育研究社，1997，香港）首发式座谈会。8 月 4—6 日，出席在澳门举行的第六届国际粤方言研讨会。期间应澳门电视台邀请在该台直播谈论有关粤方言研究的情况及未来发展趋势。9 月 1 日，《暨南大学》第 221 期刊出《汉语方言学专家詹伯慧》。10 月，《潮学研究》第 6 期刊出《潮籍方言学家詹伯慧教授与汉语方言学》。11 月 15—17 日，出席由汕头大学主办的第二届潮学国际研讨会。11 月 29—30 日，出席由香港启思出版社主办的普通话教学研讨会。12 月 10—12 日，出席香港大学中文系七十周年纪念国际学术研讨会。是年 4 月，获评暨南大学“八五”期间杰出科研工作者。12 月，再次被国家语言文字工作委员会评为全国语言文字先进工作者。是年，入选《中国高等教育专家名典》（中国人事出版社语言文字工作委员会）、《中国语言学人名大辞典》（岳麓书社，长沙）、《中国百科学者传略》（三）（巴蜀书社，成都）、《中国高级专业技术人才辞典》（中国人事出版社，北京）、《历届全国政协委员人名辞典》（中国国际广播出版社，北京）。是年撰写和主编的著作出版有《粤港澳学生用普通话常用词手册》（暨南大学出版社，广州）、《东莞方言词典》（与陈晓锦合著，江苏教育出版社，南京）、《汉语方言论集》（与黄家教等合著，北京语言文化大学出版社，北京）、《第五届国际粤方言研讨会论文集》（主编，暨南大学出版社，广州）、《詹安泰词学论集》（主编，汕头大学出版社，汕头）。发表的论文主要有《粤西十县市粤方言语音综述》（《方言》第 1 期，北京）、《我所认识的饶宗颐教授》（《东方文化》第 4 期，广州）、《试论方言与共同语的关系》（《语文建设》第 4 期，北京）、《回归前后的香港语言生活》（《学术研究》第 5 期，广州）、《对香港多元文化语言生活的思考》（《岭南文史》第 2 期，广州）、《广东客家方言研究之我见》（《学术研究》第 7 期，广州）、《认识—研究—再认识—再研究——对潮汕文化的一些想法》（《文史知识》第 9 期，北京）、《把语文工作推向 21 世纪》（《语文建设》第 10 期）、《杂议潮汕文化研究》（《潮学研究》第 6 期，汕头）、《略论香港多元文化语言生活的前景》[《双语双方言》（五），汉学出版社，香港]。

1998 年，受聘为新加坡国立大学客座教授一年。2 月春节期间，在新加坡乘火车前往马来西亚吉隆坡探望年过九旬的三叔父力泰。三叔侨居马来西亚逾半个世纪，一直未能回唐山与亲人相聚。此番在异国他乡共度春节，乐也何如！年初二参加旅游团到槟城游览，年初四晚乘大巴返新加坡。不久即传来噩耗，三叔于是年 4 月仙逝。3 月 7 日，应邀到南洋理工大学（新加坡）作关于汉语规范化的学术讲演。3 月 28 日，在新加坡国立大学中文系主办的学术讨论会上作“从《方言》杂志看中国方言研究的走势”讲演。是年 3 月，再度被选为第九届全国政协委员。因身在国外，不能出席。此为担任两届全国政协委员十次全会中唯一一次请假缺席。5 月上旬，参加旅行团到泰国观光。22 日，应邀在新加坡中文与东方语言信息处理学会主办的语言学与语言信息处理学术研讨会上作“中国的语言规范工作”专题讲演。《潮州》杂志于第 4 期刊出《潮籍著名学者詹伯慧》一文。《粤西十县市粤方言调查报告》于 12 月由暨南大学出版社出版。11—12 月，应美国加州大学（柏克莱）之邀，到该校东方语文系、赵元任中国语言研究中心作一个月访问讲学，期间作了“二十年来汉语方言研究述评”的学术讲演，并到美国东部纽约、华盛顿、费城和西部洛杉矶、大峡谷、拉斯维加斯等地游览，期间还在门生林柏松陪同下参观了斯坦福大学和国防语言大学，并到新泽西州三妹慧凡家中做客小住数天。圣诞节前夕，结束新加坡国立大学一年讲学回到广州。是年发表的文章主要有《留住方言留住根》（《源》第 2 期，新加坡）、《略论语言规范与语言应用》（《联合早报》5 月 9 日、11 日，新加坡）、《〈方言〉二十年述评》（《方言》第 3 期，北京）、《关于〈广州话正音字典〉》（《学术研究》第 6 期，广州）、《现代汉语方言语音、词汇、语法的差异》（《现代汉语教学参考与自学辅导》，高等教育出版社，北京）、《结合教学应用，把粤语研究深入下去——为〈广州话研究与教学〉（三）而作》［《广州话研究与教学》（三），中山大学出版社，广州］、《怀念新魁》（《李新魁教授纪念文集》，中华书局，北京）。

1999年1月26日，出席广东省社会科学界联合会全体委员会议。2月10日，出席广东省社会科学界联合会主席团成员及顾问迎春茶话会。3月1日，赴京出席全国政协九届二次会议。4月5日，应邀出席在北京人民大会堂举行的《现代汉语方言词典》（41卷）出版座谈会。5月31日，庆祝詹伯慧教授从教45周年暨《立说传薪风雨人》（暨南大学出版社，广州）出版发行大会在暨南大学学术报告厅举行，到会有关领导、海内外学术界人士以及亲友、门生等三百多人，省、市、港、澳广播电视媒体及相关刊物作了详细报道，主要有《敬贺詹伯慧教授从教45周年特辑》（澳门中国语文学会学报《语丛》第39、40期，澳门）、《詹伯慧从教45周年》（《南方日报》6月1日，广州）、《穗庆祝詹伯慧从教45周年》（《澳门日报》6月2日，澳门）、《辛勤耕耘，桃李满园》（《羊城晚报》6月3日，广州）、《詹教授老泪纵横》（《新快报》6月5日，广州）、《辛勤耕耘四十五载，著作等身桃李满园》（《暨南大学》第261期，6月10日，广州）、《语言学家，诲人不倦》（《澳门日报》6月20日，澳门）、《客座教授詹伯慧》（《北京日报》6月25日，北京）。此外，武汉出版的《语文教学与研究》在1999年第1期刊出了邢福义教授的《我心底里的方言学家詹伯慧教授》，广东省委统战部的刊物《粤海同心》在第12期刊出了《立说传薪　风雨人生》的专稿。6月11—13日，出席由深圳市语言文字工作委员会办公室和深港语言研究所主办的第六届双语双方言研讨会（国际）。6月23—25日，出席由香港科技大学和香港中文大学主办的第六届国际闽方言研讨会。6月26—28日，出席由香港大学中文系和语言学系主办的第七届国际粤方言研讨会。7月5—7日，出席由澳大利亚墨尔本大学主办的第八届汉语语言学国际会议。9月，《珠江三角洲方言调查报告》（三卷本）获"七五"、"八五"广东省社科规划课题优秀成果二等奖，《粤西十县市粤方言调查报告》获第六次广东省社会科学研究成果二等奖。9月2—21日，应日本学术振兴会之邀到日本早稻田大学与平山久雄教授进行学术合作研究，期间分别在东京大学、日本中国语学会关东分会、筑波大学作学术讲演，并到京都、天理、奈良、大阪、神户、名古屋等地与日本汉学家进行学术交流。11月5—8日，出席在广西师范大学举行的第十届全国汉语方言学会学术年会。11月26—29日，广东省中国语言学会1998—1999学术年会暨新一届理事会换届大会在肇庆举行，继续蝉联会长。是年有多部人物辞书录入传略：《中外名人辞典》（新世纪卷）（中国新闻出版社，北京）、《世界文化名人辞海》（华人卷五）（中国言实出版社，北京）、《二十一世纪人才库（1）》（中国世界语出版社，北京）、《世界优秀专家人才名典》（第一卷中）（中国国际交流出版社，世界科技出版社，香港）。是年出版了作为主编之一的《第五届国际闽方言研讨会论文集》（暨南大学出版社，广州）。发表的文章主要有《近二十年汉语方言学学术活动述评》（《学术研究》第2期，广州）、《再论语言规范与语言应用》（《语言教学与研究》第3期，北京）、《广东语言科学在飞跃发展》（《学术研究》第10期，广州）、《粤语研究的回顾与展望》（《暨南学报》第6期，广州）。

2000年1月6—10日，出席在香港理工大学举行的语文测试与语文教学国际研讨会。6月26—28日，出席在新加坡举行的第九届汉语语言学国际会议。8月14日，出席由北京大学主办的纪念王力先生百年诞辰国际学术研讨会。11月15—17日，出席在梅州举行的第四届客家方言国际研讨会。应香港大学语言学系的邀请，自2000年11月至2001年2月到香港大学访问讲学三个月。是年入选香港世界人物出版社、中国国际交流出版社的《世界名人录》（新世纪卷）。出版了主编的《广东地区社会语言文字应用问题调查研究》（暨南大学出版社，广州）。发表的文章主要有《〈汉语方言大词典〉：取舍之间见功力》（《复旦学报》社科版第3期，上海）、《提高香港中文教学水准之我见——兼论语文教学质量之评估》（《中国语文通讯》第54期，香港）、《一部多有突破的语文词典》（《辞书研究》第4期，上海）、《谈谈语言规范与语言应用》（新加坡国立大学中文系学报《学丛》第5期，新加坡）、《师道悠悠——杂忆了一师》（《人物》第7期，北京）、《“九五”广东的汉语方言研究》（《中国语文通讯》第55期，香港）、《二十年来汉语方言研究述评》（《方言》第4期，北京）、《“推普”的欣喜与尴尬》（《北京日报·理论周刊》第80期，北京）。

2001年1—2月，应香港中文大学普通话教育研究及发展中心的邀请，作了四场关于普通话学习的专题讲演。1月17—19日，出席香港大学主办的21世纪中国学术研究前瞻国际研讨会。2月12日，应邀到香港科技大学作学术讲演。2月1—3日，出席香港城市大学主办的21世纪首届现代汉语语法国际研讨会。2月17—18日，应澳门中国语文学会和澳门语言学学会的邀请，前往进行学术交流，期间作了学术讲演。2月19日，应邀到香港城市大学作专题学术讲演。5月18—20日，出席在天津南开大学举行的中国语言学博士点专家座谈会。7月1—4日，出席在深圳（前期）和澳门（后期）举行的第七届双语双方言研讨会（国际）。7月7日，出席由澳门理工学院主办的语言与方言国际研讨会。7月12日，为香港中文大学的“名家名师谈普通话教与学”系列讲座作专题讲演。10月9—13日，出席在西安举行的第十一届全国汉语方言学会学术年会。11月3—5日，出席在厦门大学举行的第七届国际闽方言研讨会。11月22—24日，出席由香港中文大学主办的第四届潮学国际研讨会。12月21—24日，主持在暨南大学举行的第八届国际粤方言研讨会。12月25—29日，广东省中国语言学会2000—2001学术年会在湛江市举行。是年6月30日，《广东地区社会语言文字应用问题调查研究》获1999—2000年度中国大学版协优秀学术著作一等奖。9月7日，获评为暨南大学“优秀研究生导师”。报刊上相关文章、报道有《锲而不舍，团结协作——詹伯慧回顾广东粤方言研究工作》（《澳门日报》2月18日，澳门）、《詹伯慧教授》（《暨南学报》2011年第2期，广州）、《视学术为生命，以服务社会为己任——语言学家詹伯慧成功之路》（《侨教之光——群星荟萃暨南园》，广东人民出版社，广州）、《一位语言学家的情怀》（《潮州日报》，8月21日，广东潮州）、《从教半世纪，桃李满天下 ——记著名语言学家、博士生导师詹伯慧教授》（《 红枫》第9期，广州）、《汉语方言学家詹伯慧》（《同舟共进》第10期，广州）、Paris dans ie coeur du professeur Zhan Bohui（LA Chine au Present，Fevrier 2001）。是年出版了主编的《暨南大学汉语方言学博士研究生学术论文集》（暨南大学出版社，广州）。发表的文章主要有《不断进取，不断开拓，把客家方言的研究推向新的台阶》（《暨南学报》第2期，广州）、《关于〈广东粤方言概要〉的编撰》（《中国语文通讯》第57期，香港）、《新加坡的语言政策与华文教育》（暨南大学华文学院学报《华文教学与研究》第3期，广州）、《广西“平话”问题刍议》（《语言研究》第2期，武汉）、《新奇“网语”是否文化垃圾》（《北京日报·理论周刊》第101期，北京）、《当前一些语言现象与语言规范》（《暨南学报》第4期，广州）、《社会语言文字应用的现象值得重视——广东语言文字应用调查的一些启示》（《学术研究》第8期，广州）、《新世纪潮汕文化研究之我见》（《 潮学研究》第9期，广东汕头）、《汉语方言词典收词小议》（《中国语文》第6期，北京）、《二十一世纪汉语方言研究展望》（《澳门理工学院学报》第4期，澳门）、《对当前语言运用中一些现象的看法》[《双语双方言》（七），汉学出版社，香港]。

2002年1月20日至2月8日，应香港大学语言学系的邀请，带领几名博士研究生前往协作建立粤方言研究网站第一阶段的工作，同时受聘为语言学系名誉教授（2002年1月至2004年12月）。1月25—26日及2月1—2日，应香港中文大学普通话教育研究及发展中心的邀请，为“普通话作为教学语言专业证书课程”作两次专题讲演。2月6日，应香港大学中文系邀请，作题为“汉语方言分区问题再认识”的学术讲演。3月12—14日，出席香港大学主办的第一届中国语言文字国际学术研讨会。6月21—22日，出席由香港理工大学主办的首届汉语方言书写国际研讨会。6月28日至7月2日，出席在南昌由中国社会科学院语言研究所等单位主办的庆祝《中国语文》创刊50周年国际学术研讨会；接着于7月3—6日，在南昌出席由南昌大学主办的第五届客家方言暨首届赣方言学术研讨会（国际）。《广东粤方言概要》（暨南大学出版社，广州）和《广州话正音字典》（广东人民出版社，广州）都在7月出版发行。参加编写粤方言部分的《现代汉语方言概论》由上海教育出版社出版（侯精一主编）。9月28日，由广东人民出版社和广东省中国语言学会联合主办的《广州话正音字典》出版座谈会在广东社会科学界联合会举行，穗、港、澳三地语言专家、出版传媒人士约50人出席会议。11月2—3日，出席由暨南大学主办的语言学科建设高级专家座谈会。11月9—12日出席在长沙由湖南师范大学主办的湘南土语与周边语言国际研讨会。11月27—29日出席由新加坡国家历史博物馆等主办的海外潮人社会文化国际研讨会。12月15日，纪念詹安泰教授诞生100周年及学术研讨会在中山大学举行，到会300多人，饶宗颐先生、陈伟南先生及《澳门日报》总编辑李鹏翥先生专程与会，一批内地及港、台学者到会宣读词学研究方面论文。是年9月，获评为暨南大学2002年"十佳先进个人"。10月22日，以在全国政协九届三次会议上所提"中小学减负不能够形式主义，不能一哄而上，必须充分认识，全社会配合，以求实效"提案获评为九届全国政协优秀提案，受邀出席在京举行的表彰大会。《检察文学》第2期（陕西咸阳）发表了许慈航的纪念文章《呵，恩师的眼睛……》。11月25日，《潮州日报》刊出专稿《展示客家民俗风采——省级文物保护单位新丰镇润丰楼剪影》。是年发表的文章主要有《从实际出发思考香港的普通话教育问题》（《语言文字应用》第1期，北京）、《把握优势，开展文化双向交流》（《中国教育报·文化周刊》第260期，北京）、《我所认识的王均先生》（《语文建设通讯》第70期，香港）、《历届国际粤方言研讨会的回顾》（《暨南学报》第3期，广州）、《近两年粤语研究的实绩与新趋势》（《学术研究》第6期，广州）、《从历届研讨会看闽方言研究的当前课题》（《闽语研究及其与周边方言的关系》，香港中文大学出版社，香港）、《对培养博士研究生的几点想法》（《现代汉语教学研究与探索》第3辑，暨南大学出版社，广州）、《方言分区问题再认识》（《方言》第4期，北京）、《略论广西"平话"》（《纪念王力先生百年诞辰学术论文集》，商务印书馆，北京）、《詹安泰教授的生平与学术成就述略》（《澳门日报·学海》第279期，澳门）、《"岭南词宗"詹安泰》（《潮州日报·潮州文化》，12月31日，广东潮州）。

2003年3月28—29日，出席由澳门理工学院主办的汉语（普通话）教学与测试国际研讨会。4月11—14日，出席由暨南大学和香港大学主办的第二届现代汉语语法国际研讨会。7月10—11日，出席在北京举行的《新编中国语言地图集》（汉语方言部分）规划会。7月13日，出席由北京师范大学主办的岑麒祥教授诞辰一百周年纪念会。7月28日至8月1日，出席在贵阳举行的全国汉语方言学会第十二届学术年会。10月16日至11月2日，带领6位博士生到香港大学语言学系进行粤方言研究网站更新内容的协作工作。期间于10月16日和29日两度访问香港科技大学人文学部，受到丁邦新、张洪年等语言学家的热情接待。29日还聆听了到访该校的美国学者余蔼芹教授的学术演讲会，并参加了香港科技大学"中国语言学研究中心"的成立典礼。10月24日，带领6位博士生访问香港普通话研习社，与该社主要领导进行座谈、交流。11月10—12日，出席由新加坡国立大学主办的第三届肯特岗国际汉语语言学圆桌会议。11月15—18日，主持在梅州嘉应学院举行的广东省中国语言学会2002—2003学术年会暨学会理事会换届选举大会，再次蝉联学会会长。12月22—24日，出席由澳门中国语文学会主办的第九届国际粤方言研讨会。是年出版了《漫步语坛的第三个脚印——汉语方言与语言应用论集》（暨南大学出版社，广州）和《饶平客家话》（合著）（广东饶平客属海外联谊会、澳门环球文化传播有限公司，澳门），并出版了主编的《第八届国际粤方言研讨会论文集》（中国社会科学出版社，北京）。3月，《广东粤方言概要》获评为广东省哲学社会科学"九五"规划优秀成果三等奖，该书又在9月获评2001—2002年度中南地区大学出版社优秀学术著作一等奖。潮州市广播电视中心《潮州风情》在1月5日播出《父子双佼，史传佳话——潮州市近、现代文化名人简述之八》；香港《大公报》驻广州记者于7月7日发表访谈报道《粤方言研究方兴未艾》。是年发表的文章主要有《广东粤方言的共同特点述略》（《汉语学报》第4期，武汉）、《语言学科建设也要与时俱进》（《学术研究》第2期，广州）、《关于广西"平话"的归属问题》（与崔淑慧等合写）（《语文研究》第3期，太原）、《当前"推普"的一些思考》(《学术研究》第12期，广州)、《潮汕文化研究刍议》(《海外潮人的移民经验》，八方文化企业公司，新加坡)。

2004年4月3日，应香港大学中文系邀请，为查良镛学术讲座作题为“粤语的研究与应用”的讲演。6月16—17日，出席在北京由中国社会科学院语言研究所主办的纪念吕叔湘先生百年诞辰国际学术研讨会。7月9—17日，应邀访问台湾一周，出席在新竹“义民庙”举行的“2004饶平客家文化研习营”，用饶平客家话作“饶平上饶客家话”专题讲演，并遍访台湾各地饶平客家宗亲，拜谒台北阳明山詹氏大宗祠。期间还先后到台湾“中央研究院”语言学研究所、台湾大学、成功大学、中山大学等学术机构与同行学者聚会交流，参观了星云大师建立的佛教名刹台南佛光山。8月13—16日，出席由深圳深港澳语言研究所在深圳举行的第八届双语双方言研讨会（国际）。10月16—18日，出席在北京传媒大学举行的第四届全国社会语言学学术研讨会。10月23—25日，出席在南宁举行的桂北平话及周边语言研讨会。11月6—7日，出席由暨南大学举办的第二届语言学科建设高级专家论坛。12月3—6日，出席由华中师范大学主办的第二届国际汉语方言语法学术研讨会。2004年9月起，受香港大学之聘，以名誉教授身份，开始每学年为中文系“学位教师中文学科知识深造文凭课程”学员讲授“中文资讯检索”课程中的“中国语文工具书说略”10周，“现代汉语”课中词汇部分两周，一连三届，于2008年6月完成此项教学任务。2004年10月，《广东粤方言概要》获第七届“广东省优秀图书、期刊、作品奖”（优秀图书奖）二等奖。入选《中国现代语言学家传略》（河北教育出版社，石家庄），出版了作为学术委员会委员参与编写的《普通话水平测试实施纲要》（普通话水平测试国家指导用书）（商务印书馆，北京）。《岭南文史》第1期发表了《从广东走向世界的语言学家詹伯慧》，《河间天地》第2期发表了《方言泰斗——詹伯慧》。是年发表的文章主要有《汉语方言语法研究的回顾与前瞻》（《语言教学与研究》第2期，北京）、《当前汉语方言研究中的几个问题》（《语文研究》第2期，太原）、《粤语研究的当前课题》（《暨南学报》第3期，广州）、《中国大陆客家方言的研究与应用》(《台湾文学评论》第4卷第3期，台南)、《饶平上饶客家方言的两字组连读变调》（与刘镇发合写）（《方言》第3期，北京)、《语言文字研究突飞猛进的十年——为〈广州市志〉（1991—2000）而作》（《汉语学报》第2期，商务印书馆，北京)、《品尝潮州文化的独特韵味》（《潮州日报》8月29日，广东潮州)、《少当语言的警察，多当语言的导游——谈当前汉语中存在的三大问题》（《羊城晚报》11月8日，广州)、《关于方言词的用字问题》(《庆祝〈中国语文〉创刊50周年学术论文集》，商务印书馆，北京)。

2005年1月4—5日，出席由香港理工大学主办的香港普通话水平考试（PSK）词汇大纲鉴定会。1月26日至6月15日，受聘为香港科技大学人文学部中国语言学研究中心研究生讲授“粤语研究 ”课程。4月5—17日，应邀到山西大学进行访问交流，期间出席由山西大学和山西省社会科学院语言所主办的“新世纪中国语言学科建设与发展研讨会 ”，在会上作学术讲演，并参观访问了乔家大院、平遥古城、晋祠、五台山等名胜。4月26日，出席由林伦伦教授在广东技术师范学院召开的南方少数民族语言与文化研讨会。5月，由广东省人民政府主办的首届广东省哲学社会科学优秀成果奖（政府奖）揭晓，《广东粤方言概要》获著作一等奖。6月3—6日，作为特邀代表出席在浙江师范大学（浙江金华）举行的第三届现代汉语语法国际研讨会，在会上作学术讲演。会后到千岛湖、绍兴、宁波等地观光。8月5日，作为澳门首届社会科学成果评委，前往澳门出席颁奖仪式，澳门特首何厚铧亲临大会颁奖。8月初，随广东省文史研究馆同仁到甘肃、新疆考察观光，首次踏足敦煌莫高窟、新疆喀纳斯湖等名胜古迹。8月13日，出席由暨南大学与教育部语言文字信息管理司联合主办的“语言与国家”高级论坛。9月23—25日，出席在苏州举行的全国汉语方言学会第十三届年会暨汉语方言国际学术研讨会，会后访问上海，与许宝华伉俪欢聚城隍庙（豫园）。10月24—26日，出席在福州举行的第九届国际闽方言研讨会。11月13日，应邀赴澳门为澳门粤方言学会开设粤语讲座，作题为“谈谈粤语研究”的学术讲演。12月12—14日，出席由香港中文大学主办的第十届国际粤方言研讨会，在会上作主题报告。12月16—18日，主持在深圳大学举行的广东省中国语言学会2004—2005学术年会。是年发表的文章主要有《汉语方言的研究及其应用——纪念吕叔湘先生》（《语文研究》第2期，太原）、《小议方言区的双语应用问题》[《双语双方言》（八），汉学出版社，香港]、《粤方言语法研究的当前课题》（《暨南学报》第6期，广州）。

2006年1月4—5日，作为专家组成员（副组长）出席由香港理工大学主办的香港普通话水平考试（PSK）入门等级审定会。2月中旬，香港语文教育与研究常设委员会职员在王培光教授引荐下于"又一城"见面，商谈担任专题调研顾问，提供广东"推普"工作经验，撰写咨询报告供香港决策参考用。2月22日，由李颖思代表发来语文教育与研究常设委员会秘书胡德英签署的正式邀请函，随后签订协议，于一年内完成题为"从广东的'推普'看香港的推普工作"咨询报告。结果于2007年年初如期完成任务，撰写约8万字的报告送香港语文教育与研究常设委员会。3月31日至4月1日，出席在北京由国家语言文字工作委员会等主办的语言文字规范化工作学术研讨会，开幕式在人民大会堂听取许嘉璐、陈至立的报告。4月12—14日，作为广东省一类城市语言文字工作评估组成员在深圳对深圳市语言文字工作进行预评估。4月15—17日，出席在韶关学院举行的汉语语法南粤论坛。4月19—21日，出席在广东阳江举行的全国高师现代汉语教学研究会第十一届年会暨教学研讨会。5月中旬，作为专家组成员参加对深圳市进行一类城市语言文字工作评估验收。5月24日，应邀出席香港《大公报》在广州国际大酒店举行的"百年看广东"专题论坛，作"岭南文化谈"专题发言。6月上旬，作为南昌大学"211工程"验收组成员前往南昌参与评估验收工作。期间于6月2日在南昌大学作题为"当前语言规范工作的几点思考"的学术报告，并借此机会与江西省语言学会会长刘焕辉教授等同行学者交流两省语言学会工作，还游览了景德镇、婺源等名胜。6月8—10日，作为专家评估组成员在深圳对深圳市语言文字工作进行正式评估。6月中旬，应广西玉林师范学院邀请，前往该院讲学，期间于6月18日为该院作学术报告，并专程前往博白瞻仰恩师王力教授故居。7月7—10日，出席在深圳举行的第九届双语双方言研讨会（国际）。8月，随省文史研究馆同仁前往湘鄂两省考察观光，连续登览了湖南张家界天门山、湖北神农架和湖北武当山等名山，还游览了湖南凤凰古城、湖北三峡等地。9月，受香港大学之聘，以名誉教授身份为该校新设立的中国语言文学研究生班（M. A.）讲授"现代汉语专题研究"课程，此后每学年讲授一次（15周）。9月上旬在暨南大学庆祝教师节大会上，被授予暨南大学终身贡献奖。10月29日至11月3日，应邀出席先后在重庆市及重庆—宜昌三峡游轮上举行的《中国语言文字大词典》座谈会，会上决定将该大词典分七卷编纂出版。被推为《汉语方言卷》主编，乔全生为副主编。《汉语方言卷》计划编300万字左右。会后着手组织编纂班子，争取第二年正式启动。11月29日至12月，应邀出席由复旦大学和深圳大学联合在深圳举行的首届国际上海方言学术研讨会 。12月8—10日，出席由广西大学主办、在广西南宁举行的第十一届国际粤方言研讨会。12月13—16日，出席由香港九所大学联合举办的"学艺兼修，汉学大师——饶宗颐教授九十华诞学术研讨会"，前期在香港举行，后期应潮州市政府邀请参加潮州主办的研讨会和"饶宗颐学术馆"开馆仪式。是年11月，暨南大学庆祝建校一百周年。作为百年校庆系列出版物之一的《漫步语坛的第三个脚印——汉语方言与语言应用论集》一书在7月出版了增订本，内容由初版的48篇50万字扩充到70篇近70万字，与此同时，与丘学强等合作的《新时空粤语》（上册）亦于7月出版。此书一出即深受读者欢迎，出版后参加全国大学出版社协会评选，获得优秀教材一等奖。是年发表的文章主要有《同根同祖，同源同声——漫谈海内外汉语言文化的互动》（《岭南文史》第1期，广州）、《海南各语言的 - om、- ɔm， - op、- ɔp等韵母的分布》（与刘新中合写）（《民族语文》第4期，北京）、《我看客家方言与〈中山客家话研究〉》（《学术研究》第7期，广州）、《谈谈语言规划与语言应用——对时下语言应用中的一些现象的看法》（《澳门日报·学海》第370期，澳门）、《语言规范与语言生活的多样化》（《语言规划的理论与实践》，语文出版社，北京）、《岭南词宗詹安泰》（《潮州文化研究》总第5~6期，广东潮州）、《略论共同语和方言并用中的主从关系——纪念现代汉语规范问题学术会议和全国文字改革会议五十周年》[《双语双方言》（九），汉学出版社，香港]。

2007年1月19—22日，出席由香港中文大学及香港崇正总会举办的第七届国际客家方言研讨会。3月11—13日，出席在广西贺州举行的第四届平话及周边语言研讨会。4月7—9日，出席在杭州举行的第十四届全国汉语方言学会年会暨汉语方言国际学术研讨会，会后到浙江奉化溪口旅游，参观了蒋氏故居等名胜古迹。5月12—14日，出席在天津由天津师范大学文学院和北京大学中文系联合主办的继往开来的语言学发展之路——2007学术论坛，发表了题为“有关语言学科建设的一些看法”的论文。会后赴京参加中山大学语言学系在京校友为唐作藩兄八十华诞的祝寿宴会。5月26—27日，应邀到番禺莲花山出席由华南师范大学岭南文化研究中心主办的文科基地与相关学科建设学术研讨会，作专题发言。6月，由澳门粤方言学会创办的、以粤语研究为内容的期刊《粤语研究》问世，担任名誉主编，主编与副主编分别为门生邓景滨博士和汤翠兰博士。6月中旬，作为专家组成员参加对广州市进行国家一类城市语言文字工作的评估验收。7月11日，经校长办公会议决定，暨南大学校办发文恢复暨南大学汉语方言研究中心。7月14—16日，以詹伯慧为主编、乔全生为副主编的《中国语言文字大词典·汉语方言卷》顾问、编委联席会议在暨南大学行政楼会议厅隆重举行，校长胡军和校党委书记蒋述卓出席会议，并设宴招待与会专家学者，《中国语言文字大词典·汉语方言卷》编纂工作宣告正式启动。会议期间还在暨南大学文学院门口举行了编委会的挂牌仪式。8月3—6日，出席在青海西宁举行的21世纪第四届现代汉语语法国际研讨会。中秋节前夕，不幸因叠凳取物摔伤，经急诊照片确诊为腰椎压缩性骨折，9月25日（中秋节）住进华侨医院骨科，11月初方可走动即出院，边工作边在院外休息治疗。11月22日，应邀作为嘉宾出席香港中文大学中国文化研究所成立四十周年庆祝大会。12月1日，作为顾问出席香港中国语文学会一年一度的理事会改选及讨论当前香港语言文字问题的学术座谈会。12月15—17日，主持由中山学院承办、在中山市富华酒店举行的第十二届国际粤方言研讨会。12月20—23日，主持在广州大学举行的广东省中国语言学会2006—2007学术年会。为退出会长职务准备的述职报告《回顾和期望》在学会《通讯》第12期和《广东学术通讯》第11期刊出。12月24—26日，《中国语言文字大词典·汉语方言卷》各编写组召集人及部分特邀顾问在暨南大学举行工作会议，初步汇总各组提交的“入典条目”，讨论并解决了一些编写中可能遇到的问题。是年发表的文章主要有：《结合“推普”开展方言研究的良好范例——喜读〈桂北平话与推广普通话研究〉丛书》（《当代广西》2007年第11期，南宁）、《对“平话”问题的再认识》（《贺州学院学报》第1期，广西贺州）、《略谈饶宗颐教授与“潮学”的兴起》（《岭南文史》第1期，广州）、《汉语方言语法研究再议》[《汉语语法研究的新拓展（三）》，东北师范大学出版社，长春]、《方言研究持续繁荣的又一信号——祝贺〈粤语研究〉创刊》（《粤语研究》创刊号，2007年6月；《澳门日报》2008年3月22日《新园地》）、《粤语研究的当前课题》（《粤语研究》创刊号，2007年6月，澳门）、《粤语研究的当前课题〈压缩修订稿〉》（《方言》第3期，北京）、《汉语方言“VXVX”动词重叠式比较研究》（王红梅合写）（《语言研究》第3期，武汉）、《一次为语言研究提供服务的成功实践——甘于恩〈粤语与文化研究参考书目〉序》（《粤语研究》第2期，2007年12月，澳门）、《海南语言资源的开发大有可为——读〈海南闽语语音研究〉》（《暨南学报》第6期，广州）、《语坛一棵不老的劲松——敬贺同窗好友唐作藩教授八十华诞》[《语苑撷英（二）——庆祝唐作藩教授八十华诞学术论文集》，中国大百科全书出版社，北京]、《岭南方言的研究及其应用》（《岭南学》第1辑，中山大学出版社，广州）。

2008年1月，南方日报出版社出版了《我的一九七六》一书，刊入原发表在《南方都市报》（2006年11月10日）上的口述文章《“岭南词宗”之子、语言学家詹伯慧：我与父亲的运动劫》。《继往开来的语言学发展之路——2007学术论坛论文集》一书由语文出版社出版，收入《有关语言学科建设的一些看法》一文。2月20—22日，应邀出席在北京燕郊举行的《中国语言文字大词典》编纂工作会议，出席会议的是部分总编委会委员、顾问和各分卷主编。在会上作了《汉语方言卷》2007年工作回顾的发言，会后在京逗留三天，参加了在京中山大学语言学系老校友的迎春欢叙。2月29日，广州市黄浦区教育局网站刊出詹伯慧谈深入学习领会《国家通用语言文字法》的访谈录。4月21日，应教育部语言文字信息管理司邀请，出席在北京香山饭店举行的纪念《汉语拼音方案》颁布五十周年学术研讨会。4月22日，应邀在北京大学中文系作题为“方言研究与方言应用”的学术讲演。4月25日，出席由广东省委宣传部和广东省社会科学界联合会主办、暨南大学汉语方言研究中心和广东省中国语言学会共同承办的第33期“岭南学术论坛：广东的语言与广东的文化”，作“方言与共同语关系”主题讲演，讲演录音整理稿于5月5日在南方网岭南大讲坛的岭南学术论坛第33期上发表。河南《寻根》杂志社于4月出版书法题词汇集《寻根寄语，名家墨宝》一书，收入2002年为该杂志题写的“寻根问祖，继往开来”墨迹，并附刊小传及相片。5月31日，应邀在广东省委宣传部和广东社会科学界联合会主办、《羊城晚报》和广东人文学会承办的“岭南大讲坛·艺术论坛”作题为“岭南方言的研究及其应用”讲演，讲演实录于6月12日在南方网岭南大讲坛的艺术论坛第33期上发表。6月15—19日，应潮州市有关领导邀请访问潮州。期间于6月15日晚在潮州电视台出席“韩江论坛”的“名家对话”，谈论岭南文化与潮州文化，6月16日晚出席由中共潮州市委宣传部和潮州市社会科学界联合会主办的“韩江论坛”讲演会，作题为“我的父亲詹安泰”的专题讲演，讲稿在《潮州日报·观潮》分三期（6月20日、27日及7月4日）刊出。访潮期间还先后到饶平县、汕头市访问，由饶平县副县长与汕头市人大副主任设宴款待。7月4—7日，出席由暨南大学汉语方言研究中心主办的首届海外汉语方言国际研讨会，作题为“加强海外汉语方言研究之我见”的专题发言。7月11日，《潮州日报·观潮》刊出记者舒小梅专访《平易之中见深邃——詹伯慧印象》。10月20日，召开广东省中国语言学会第六届常务理事会换届前最后一次会议，研究确定换届推荐新一届领导层候选人名单及换届大会日程等。11月7日，应邀出席由省社会科学界联合会、佛山市委宣传部及羊城晚报社在南海仙湖联合主办的广府文化与改革开放学术研讨会，作大会发言“粤方言与广府文化”。11月14日，受聘为《汕尾（海陆丰）文化系列丛书》编纂工作委员会学术顾问。11月20日，暨南大学校报《暨南大学》第504期发表了专访《方言的研究是几辈子的事——访文学院原院长、博士生导师、语言学家詹伯慧教授》。11月21—24日，赴台湾中珴出席由台湾中央大学主办的第八届客家方言国际研讨会，作“客家方言研究之我见”专题讲演。12月8日，受聘为广东文史学会理事。12月15—17日，出席由香港中文大学主办的“历时演变与语言接触：中国东南方言国际研讨会”作题为“从广东三大方言的相互影响看语言接触的走向”专题报告。12月18—20日，出席由香港城市大学主办的第十三届国际粤方言研讨会，宣读题为“再议粤语正音”论文。12月22日，暨南大学汉语方言研究中心、中国语言文学系举行庆祝詹伯慧教授从教55周年大会，当年大学同班同学唐作藩、麦梅翘、欧阳觉亚、王予远等到会，饶秉才因签证问题滞留香港，23日始赶来。会议隆重热烈，到会有相关领导、内地和港澳学者及来自各地的门生等近百人。《詹伯慧语文评论集》（103万字）作为庆祝会专书同时出版，分赠与会来宾。《羊城晚报》、《南方日报》于23日分别刊出该报记者会议报道消息；《深圳特区报》亦于24日刊出该报记者的会议报道消息。12月28—30日，应邀赴汕尾出席汕尾（海陆丰）文化系列丛书编纂工作会议。是年发表的文章主要有：《有关语言学科建设的一些看法》（《继往开来的语言学发展之路——2007学术论坛论文集》，语文出版社，北京）、《〈普通话水平测试（新大纲）指导〉编写组序》（暨南大学出版社，广州）、《粤语研究的又一研究成果——读曾子凡〈香港粤语惯用语研究〉》（香港城市大学出版社，香港）、《略论闽语研究的“西进”》（《湛江师范学院学报》第29卷第2期，广东湛江）、《三足鼎立的岭南方言》（《羊城晚报·花地·论坛》2008年6月7日，广州）、《家乡情结》（《潮州日报·观潮》2008年6月20日，广东潮州）、《我的父亲詹安泰》（《潮州日报·观潮》2008年6月20日、6月27日、7月4日，广东潮州)、《粤语研究与粤语应用》(《粤语研究》第3期，澳门)、《让汉语拼音在社会主义现代化中发挥更大的作用》(《语言文字应用》2008年增刊，北京)、《略论汉语方言研究与方言应用》(《中国语言学》第1辑，山东教育出版社，济南)、《濒危方言的研究大有可为——读丘学强〈军话研究〉》[《暨南学报》第5期(广州)及《中国语文通讯》(香港)第83~84期合刊同时发表]、《一部揭示湘西乡话的方言佳作——〈湘西乡话音韵研究〉序》(《湘西乡话音韵研究》，广东人民出版社，广州)、《当前客家方言研究之我见——关于客家方言应用问题的一些思考》(《客家纵横：第七届国际客方言研讨会论文集》，香港中文大学中国文化研究所吴多泰中国语文研究中心，香港)。

2009年1月10日，《暨南大学》第509期在第一版刊出报道："新时期语言学研究生培养专题研讨会暨詹伯慧教授从教55周年学术研讨会隆重召开。"1月14日，在香港大学与单周尧教授一起与香港商务印书馆领导商洽编纂重点在于提供粤语正音的繁体字本粤语常用词正音字典问题，准备参与此项工作之香港大学中文学院陈以信博士参加商谈。1月15日，《詹伯慧语文评论集》获省文史研究馆授2008年优秀作品奖。2月1日，《羊城晚报》在A2版《牛眼探春·名人会》以整版篇幅刊出记者夏阳、孙璇的专访，冠以"詹伯慧痛批研究生批量生产"及"学生论文乱写，老师居然通融，我真'佩服'"上下两个标题。此文同日在新浪、搜狐、大学校园、寒泉BBS、中学联等网站转载刊出。2月3日，《澳门日报》在B2版刊出专访《詹伯慧五十五载方言情结》。3月，《暨南学报》开辟专栏《中国当代语言学家学术思想研究专题》，约写栏目主持人语，并在本专栏第一篇刊出刘新中编撰的《詹伯慧学术思想初探》。同月，与单周尧教授、陈以信博士一起开始启动《当代粤语正音字典》(繁体字本)编纂工作，此后每两周到港一次，逐字会审陈博士先行写出之初稿，此字典拟在一年左右完成。4月上旬，应香港《文汇报》副刊《采风》编辑之约，开始为该刊《百家廊》撰写语言文字方面专稿。以《语文杂议》为总题，第一篇《普通话和方言》于4月13日刊出；随后，于4月20日刊出第二篇《繁体字和简体字》；4月27日刊出第三篇《浅谈粤语正音》；5月4日刊出第四篇《语言应用的规范化和多元化》；5月11日刊出第五篇《少当语言警察，多当语言导游》；5月18日刊出第六篇《约定俗成解》。5月17日，应澳门大学之邀，前往出席18—20日在澳门大学举行之冲突对话与文明建设国际学术研讨会，发表题为"略论文明建设与文明碰撞"的论文。5月25日《语文杂议》刊出第七篇《是兄弟不是父子》；6月1日刊出第八篇《形形色色的方言字》；6月8日刊出第九篇《琐议网络语言》。6月10日，受广东文史研究馆领导之托，代表省文史研究馆飞往西安，出席于11—12日在西安由中央文史研究馆主办、西安文史研究馆承办之小型正确使用祖国语言文字调研座谈会，出席的有来自北京、上海、安徽、广东及承办单位的十几位文史研究馆专家。6月10日，澳门谭仁杰(武汉大学门生)于《澳门日报·新园地》发表《云路又丰碑》一文，副标题为"初读'詹伯慧语文评论集'"。6月22日，《语文杂议》刊出第十篇《杂议外来词》。7月1日下午，趁赴港之便，路过深圳到访詹氏经济文化交流协会驻深办事处。7月20日，刊出《语文杂议》第十一篇《保护和抢救濒危语言与方言》；8月3日，刊出第十二篇《粤语水平的测试》；8月17日，刊出第十三篇《方言特色拾零》；9月9日，刊出第十四篇《中国语文工具书》；9月25日，刊出第十五篇《中国古代的字书》；10月7日，刊出第十六篇《见证文化建设的辉煌：六十年辞书编纂成就斐然》；10月25日，刊出第十七篇《杂议香港的"社区词"》。11月7—9日，应邀出席由南昌大学客赣方言与语言应用研究中心主办的第二届赣方言学术研讨会，在第一天的大会学术报告中作题为"大力开展江西多方言地区的方言研究"的学术报告。11月11—15日应邀偕雅仙访问北京大学，于11月13日为北京大学王力学术讲座作题为"王力教授与汉语方言学"的学术讲演。访京期间还在李鸿简陪同下参观了"鸟巢"和国家体育馆这两座举行过奥运会的雄伟建筑。11月20—21日，应邀出席由华南师范大学岭南文化研究中心主办的岭南文献与岭南学国际研讨会，在大会上作题为"我对文献运用的一点认识"的发言。12月1—3日，在澳门作为特邀嘉宾参加汉语方言国际学术研讨会暨全国汉语方言学会第十五届学术年会，宣读《略论香港的"社区词"》论文。

同时举行理事会进行换届工作，再次连任学会理事。其间《澳门日报》记者作专题采访，于12月2日，刊出专题报道《詹伯慧：潮语体现社会文化》。12月7—9日，在桂林作为特邀嘉宾出席第十四届粤方言国际学术研讨会暨第五届土话平话国际学术研讨会，作题为“王力教授与汉语方言学”大会讲演。其间会议安排游览了漓江景色，并由梁金荣联系安排到龙胜多民族聚居县参观，又于游阳朔时观看了张艺谋导演的著名大型歌舞《印象·刘三姐》。12月11—14日，出席在潮州市由韩山师范学院承办的广东省中国语言学会2008—2009学术年会暨语言接触国际研讨会，其间与潮州有关领导及韩山师范学院、潮学院领导商量次年举行纪念詹安泰学术研讨会及由上海古籍出版社出版《詹安泰全集》事宜；并带同几位门生应邀到饶平参观游览，接受县政府盛情设宴款待，其间也曾与人在外地的潮州市汤锡坤市长通电话，他表示会支持举行纪念其父活动及出版其父全集的事。是年发表的文章除上述《语文杂议》外，尚有《汉语方言研究三十年》（《云南师范大学学报》第2期，昆明）、《我的父亲詹安泰》（《饶平人》双月刊2009年10月及2009年12月两期连载，转自《潮州日报》2008年6月20日、27日，7月4日）、《湘西乡话的语音特点》（与杨蔚联名，《方言》第3期，北京）、《湘西乡话的分布和分片》（与杨蔚联名，《语文研究》第4期，太原）、《加强海外汉语方言研究之我见》（《首届海外汉语方言国际研讨会论文集》，暨南大学出版社，广州）、《再谈粤语正音——为第十三届国际粤方言研讨会（香港）而作》（《粤语研究》第4、5期合刊，澳门；此文同时刊于《粤语跨学科研究——第十三届国际粤方言研讨会论文集》，香港城市大学语言资讯科学研究中心，香港）。

2010年1月9日，香港《文汇报》副刊《采风》中《百家廊》专栏刊出《语文杂议》（之十八）《杂议〈通用规范汉字表〉》。1月27日至2月1日，列席省政协会议，其间会晤省政协委员、省工商联副会长、乡亲詹玉湘谈及其父全集出版需筹集经费事，玉湘表示可由他出资赞助出版，此事终于有了着落。1月30日，《广东地方税务》第1期发表了该刊编辑部主任及记者钟云珊的长篇专访《“文脉”薪火相传的詹氏父子》，2月4日，香港《大公报》刊出驻广州记者袁秀贤的专访报道《〈广州话正音字典〉料明年出版》。2月8日，专程赴深圳出席詹玉湘的企业“友和公司”春节联欢会，席开70桌，很有气派。2月11日，香港《大公报》刊出驻广州记者袁秀贤的专访报道《经济优势　地域因素：全球讲粤语人数不减反增》。2月27日至3月1日，应邀在泉州出席第二届海外汉语方言国际研讨会，作题为“进一步做好海外汉语方言的调查研究工作”的大会发言。同时出席元宵节期间在泉州举行的“首届海峡两岸闽南文化节”活动，观看了由中央电视台（第四频道）主办的“中华情，闽南风”大型文艺晚会及歌舞剧《光明之城》的精彩演出。3月7—8日，与甘于恩一起前往湛江师范学院举行暨南大学汉语方言研究中心（省汉语方言研究重点基地）湛江师范学院工作站的挂牌仪式，并向该院学生作题为“谈谈语言学习”的学术报告。3月18日，潮州市方志办主办的《潮州》2010年第1期（总第77期）发表了许慈航曾在《检察文学》2009年第12期上刊出的《告别暨大教坛以后——记恩师詹伯慧教授》一文。4月7日，应《广东客家》主编邓开颂之邀出席编委座谈会，答应执笔撰写书中《广东客家话》一章，约4万字。4月10日，出席暨南大学出版社《广府文化丛书》编委、专家座谈会，该丛书为省委宣传部重点项目，资助经费100万元，计划两年内完成，其中《广府方言》一书将由詹伯慧、甘于恩负责组织编写。4月24—25日，出席暨南大学汉语方言研究中心和中文系主办的广东汉语方言研究的理论与实践暨《广东粤方言地图集》专题研讨会，作题为“继往开来，把广东方言研究推上新的台阶”的发言。该发言于2010年5月《暨南学报》第3期以“广东汉语方言研究的回顾与展望”为题发表。由暨南大学汉语方言研究中心主办的《南方语言学》第一辑（2009年12月出版）在会议期间分发给与会学者。5月3日，香港《文汇报》副刊《采风》的《百家廊》继续刊出《语文杂议》（之十九）《海外华人使用的汉语及其方言》。5月16—19日，与甘于恩、陈晓锦、邵宜等访问饶平、潮州、汕头等地，主要议程一是到韩山师范学院为暨南大学汉语方言研究中心（基地）在韩山师范学院设立分基地（中心）挂牌；二是落实当年12月中旬在潮州由市政府和韩山师范学院主办纪念其父学术研讨会邀请名单及相关会务。其间在饶平承辜广生县长设宴款待，在潮州与汤锡坤市长晤叙约一小时，具体商量有关纪念其父会议及计划出版《詹安泰全集》事宜，归途顺访汕头半天，与余国樑、黄挺在汕晤叙。5月22日，到麓湖大厦庄福伍家写字。5月27日，接受中央人民广播电台广州记者站副主任邓文华专访，谈论岭南文化与岭南方言。5月28日，应詹玉湘之约，专程赴深圳落实《詹安泰全集》出版经费事宜。此事总算有了着落，可以请上海古籍出版社李保民同志来穗具体商定出版计划。6月7日晚，接受《羊城晚报》记者电话专访，谈对近期网络上议论“广州话萎缩”并有网民提出“保护粤语”一事的看法。专访以“普通话是粤语的敌人吗?”为题，于6月9日在《羊城晚报》A8版《都市圈》上刊出。6月18日晚，张洪年教授伉俪约叙香港湾仔南洋酒店请吃上海菜，当时张教授坚辞香港中文大学讲座教授职，将提前退休并于暑假期间回加州柏克莱。6月20日晚，与甘于恩飞汕头转潮州，应林伦伦院长之邀，出席21日举行之韩山师范学院潮学研究中心获评为省人文社科重点研究基地之基地揭牌仪式，当晚九时飞返广州。6月28—30日，与甘于恩、曾建生前往阳江职业技术学院为暨南大学汉语方言研究中心（基地）在该院设立分基地（中心）挂牌，妻子陈雅仙陪同前往。其间到闸坡参观举世闻名的“南海Ⅰ号”宋代沉船博物馆（挂牌“海上丝绸之路博物馆”）。阳江市人大副主任郑尤坚同志（民盟阳江市委主委）前来酒店晤叙。7月10日晚，一众门生及家人、亲属共40余人欢聚马会唐苑酒家，庆贺八十寿诞（虚岁），作为《大家小书》丛书第一本、集合近期在香港《文汇报》发表杂文二十篇之《语文杂记》亦由暨南大学出版社赶在寿宴前夕出版，席间分赠门生及亲朋好友。8月9—10日，上海古籍出版社编辑部主任李保民前来商定《詹安泰全集》编辑出版具体事宜，确定该书分五卷于第二年8月31日前出齐全书，并于8月10日签订了图书约稿出版合同。8月19日，在香港会晤洪楚平，商量有关11月在广东画院举行的“詹伯慧书法展”筹备工作。8月27—29日，应邀出席北京大学中文系为庆祝北京大学中文系一百周年系庆、纪念王力教授一百一十周年诞辰暨庆祝郭锡良教授八十华诞在北京邮电会议中心举行的中国语言学发展之路——继承、开拓、创新国际研讨会，作为三位大会报告人之一在会上作题为“大力加强汉语方言的应用研究——纪念王力教授一百一十年诞辰”学术报告。8月30日，在北京与刘家丰先生签署《中国语言文字大词典·汉语方言卷》编纂出版协议书，商定2011年底完成编纂定稿交中国大百科全书出版社出版，由詹伯慧、张振兴担任主编，乔全生、甘于恩担任副主编。8月30日出版的《广东地方税务》刊出2010年7月在《广东建设文化强省》专题笔谈的《建设文化强省之我见》一文。9月3日，潮州电视台六集纪录片《饶宗颐》拍摄组前来暨南大学采拍讲述与饶公交往相关往事，历时两个多小时。9月13日，在九龙荷里活广场请张洪年伉俪吃上海菜，为张兄即将返美提前践行。9月21—24日，应邀出席由澳门特区政府高等教育辅助办公室与澳门大学社会科学及人文学院主办的古典诗歌研究与人文精神思考国际学术研讨会，在开幕式上致辞，题为“大力弘扬中国古典诗歌的人文精神”。10月2日，到麓湖大厦庄福伍家中挥毫三个小时。福伍出示饶宗颐先生为即将举行之书法展题字“詹伯慧书法展，选堂，庚寅”。10月14日，与甘于恩、彭志峰一起到深圳大学与李凤亮副校长共同主持暨南大学汉语方言研究中心深圳大学工作站揭牌仪式，揭牌后向文学院师生作了题为“语海弄潮”讲演。10月15日，上午在深圳游览东部华侨城，下午登莲花山谒邓小平铜像，晚饭与永强、慈航、翼翔等欢聚“顺德佬”酒楼，晚10点返抵广州。10月23—25日，第二届湘方言国际研讨会在湘潭举行，本已决定作为特邀学者出席会议，已发去论文《发挥优势，开拓进取，再创汉语方言研究的新辉煌》，不料临行前因右眼受创出血住进华侨医院，只好终止赴湘计划，论文由会务组安排在全体大会上全文代读。10月29日，出席由暨南大学汉语方言研究中心主办的汉语方言研究发展战略研讨会暨工作站联席会议的欢迎晚宴。12月13—15日，出席由澳门中国语文学会、澳门粤方言学会和澳门理工学院联合主办的第十五届国际粤方言研讨会，在会上作题为“粤语是绝对不会沦陷的”的大会学术报告。12月20—22日，出席由潮州市人民政府和韩山师范学院联合主办的纪念詹安泰先生国际学术研讨会。会议有来自海内外学者约80人出席，宣读论文近40篇，会议期间由饶平县人民政府接待与会人士前往饶平新丰楼子角故居等地参观考察一天，县长辜广生设晚宴招待全体来访人员。是年发表的文章有《〈广东语言文字工作60年纪事〉序言》（广东高等教育出版社，广州）、《杂议〈通用规范汉字表〉》（《语文杂议》之十八）（《文汇报》副刊《采风》，1月9日，香港）、《海外华人使用的汉语及其方言》（《语文杂议》之十九）（《文汇报》副刊《采风》，5月3日，香港）、《广东汉语方言研究的回顾与展望》（《暨南学报》第3期，广州）、《建设文化强省之我见》（《广东地方税务》第7期，广州）、《实践出真知——读辜广生同志的〈那一回〉》（《韩江文苑》第4期，广东潮州）、《大力弘扬中国古典诗歌的人文精神》（《广东地方税务》第9期，广州）、《跟进语文发展，善待语文资源——跟青年朋友谈语文学习》[《韩山师范学院学报》（社会科学版）第5期，广东潮州]。

2011年1月9日晚与甘于恩、刘新中一起抵广西梧州。10日上午在广西梧州学院与该院副院长杨奔教授共同主持暨南大学汉语方言研究中心梧州学院工作站揭牌仪式。揭牌后向该院中文系及政治教育系学生300余人作题为“谈谈语文学习”的讲演。午后参观梧州名胜古迹及李济深故居。晚饭后回广州，11点多才到家。1月11—12日，参事室、文史研究馆全体人员到阳江温泉度假村进行当年工作总结。1月13—14日，出席两次校离退休处之新年茶话会，1月14日晚出席中文系领导宴请系里离退休教职工的宴会。1月19—24日列席省政协十届四次会议。1月22日，“文士情怀——詹伯慧书法展”（饶宗颐题）在广东画院揭幕，《文士情怀——詹伯慧书法展》一书同时印出分赠开幕式与会嘉宾。1月27日上午，出席省参事室、文史研究馆在珠江宾馆举行的迎春茶话会，会上由副省长肖志恒和副秘书长江海燕向获评2010年各种奖项的参事和馆员颁奖；詹伯慧同时获得文史研究馆2010年积极贡献奖和2010年优秀作品奖（《语文杂记》）。1月27日晚，出席由省委统战部在广东大厦举行的党外人士团拜晚宴。1月28日上午，出席省社会科学界联合会举行的顾问座谈会，会后设宴款待到会的二十多位顾问。2月8日，“文士情怀——詹伯慧书法展”在广东画院闭幕。2月13日，在香港大学中文学院与单周尧教授等一起审议近期完成的《当代广州话正音字典》部分字目初稿。2月18日，接受《中国社会科学报》（人文岭南版）记者江丽芝采访，2月24日，采访专稿以“詹伯慧：一生献给方言学”为题在《中国社会科学报》（人文岭南版）刊出。2月27日和3月27日，在香港大学中文学院与单周尧教授等一起审议近期完成的《当代广州话正音字典》部分字目初稿。6月27—30日暨南大学举行庆祝詹伯慧教授八十华诞从教五十八周年暨汉语方言国际学术研讨会。2011年6月获评为广东省优秀社会科学家（首届）。6月22—29日，“文士情怀——詹伯慧书法展”在暨大艺术学院美术馆展出。27—30日，暨南大学举行“庆祝詹伯慧教授八十华诞从教五十八周年暨汉语方言国际学术研讨会”，纪念文集《田野春秋》出版发行。与此同时，获评为首届广东省优秀社会科学家（16位之一，语言学界唯一）。7月18日，广东省委举行首届优秀科学家颁奖大会，时任省委书记汪洋同志亲自授牌，并在会前接见16位获奖者，发表重要讲话。各报及广东卫视均以头版显著位置刊登消息，认为这是迄今为止广东社会科学界最高的荣誉。《南方日报》（7月19日）和《中国社会科学报》（7月14日）均以整版篇幅刊登16位获奖者照片及简介。7月18日下午至19日晚，赴汕尾出席汕尾市“历史文化丛书”审定稿会议。7月31日，应邀出席由广州作协和海丰县委在广州举行的“纪念丘东平烈士殉国70周年暨《丘东平纪念文集》出版座谈会”。8月16—21日，在香港与全家一行5人参加港中旅的东北两省（吉林、黑龙江）6天旅行团，参观了长春、吉林、哈尔滨三大城市，并游览了长白山。9月1日，《中国社会科学报》在“学林”版“名师风范”栏目下发表刘新中写的《詹伯慧：“爱”字当头做学问》一文。9月3日，香港大学新学年开学，为新一届MA班上的“中国语言与中国文化”专题开始第一讲，一共讲5次，9月6日完成任务。9月7日晚，应邀出席省委统战部照例每年为退下来的民主党派领导举行的中秋宴会，见到许多民主党派的老朋友，大家都老了，时不我与，不免唏嘘叹息！9月9日破例出席多年未参加的学校教师节暨表彰大会，因为获评为首届广东优秀社会科学家，学校特别礼遇，通知与会接受表彰，奖予3万元奖金。10月，经过近两年的筹划和编辑，《詹安泰全集》6卷230万字由上海古籍出版社出版发行，每套售价380元。初版印1 300册。10月13日，接受《信息时报》记者为《我的书房》专刊组稿上门采访，在书房兼卧室谈了近1小时，并照了书房的特写照，10月16日以《詹伯慧：学问要让更多人受益》为题用C12一整版篇幅发表。17日以主编、副主编4人名义向《大词典方言卷》各编写组发出通知，催各组抓紧工作，争取在11月底前送来初稿，以便组织审定稿工作。10月24—28日，与夫人在港参加康泰旅行社之韩国首尔5天团到韩国旅行，留下了“不愧为亚洲四小龙”的深刻印象。首尔城市气派很大，市容整洁，小街道店铺风格极像日本东京。游乐园“梦幻乐园”够你玩足一天，比起迪士尼来毫不逊色，据介绍，这个主题公园名列世界第八，曾连续3年夺得入园人数最多之世界桂冠。10月31日晚，应剧作家陈中秋之邀到广东歌舞剧院观看由他执笔创作、海丰县西秦剧团演出之大型戏曲《留取丹心照汗青》，剧中集中展现了文天祥在南宋灭亡前夕于粤东组织义军、英勇抗元的动人事迹，剧本和演出都堪称成功。次日（11月1日）还出席了在广东大厦举行的专家座谈会，与会者发言一致赞赏这次演出。11月5日偕老伴与甘于恩及其门生一起动身乘火车前往泉州“挂牌”，并于7—8日两天分别为华侨大学及泉州师范学院各作一场面对学生的学术报告。在华侨大学讲演的题目是“谈谈中国语言与中国文化”，在泉州师范学院讲演的题目是“和青年朋友谈语文学习”。10日离泉州到福州出席第十六届全国方言学术会议，并参加理事会换届会议（11—14日），再次蝉联理事。16日晨回到广州。12月10—15日，出席由泉州市人民政府与华侨大学、香港大学主办，华侨大学文学院、香港大学饶宗颐学术馆承办的“饶宗颐与华学研究国际研讨会”，在会上发表题为“岁月悠悠说大师——追忆与饶公两代交谊的往事”，会议还组织与会学者游览了武夷山胜景，并观看了张艺谋“印象系列”的新作“印象大红袍”，16日下午返抵广州。17—18日，应邀出席由华南师范大学文学院主办的“2011年中国语言文学创新人才培养高峰论坛”，发表论文《对当前语言学科建设的一些浅见》。17日《羊城晚报》在“博文周刊·讲述（B6版）”整版发表《家父詹安泰及我与饶宗颐先生的两代交谊》一文，潮汕历史文化研究中心（汕头）的《潮学通讯》2011年第2期转载此文。12月15—16日，第16届国际粤方言研讨会在香港理工大学举行，因会期与泉州之会议重叠，无法分身，请张群显博士在会议开幕式上代读事先写好之开幕词。12月20日，出席《广东客家》一书首发式。该书属广西师范大学出版社“客家区域文化丛书”的一种，由温宪元等主编，詹伯慧负责编写第七章“方言”，约5万字。书中第八章“杰出人物”在“精英版”一节中介绍了詹安泰的简历，在“群英表”中列入了詹伯慧。潮州市老干部局主办的《秋晖》，于12月31日第7期在“名人传记”栏目中刊出谢振泽、叶小珍的文章《詹伯慧：留住方言留住根》。《粤语研究》第10期于12月出刊，在《庆祝詹伯慧教授八十华诞暨从教五十八周年专辑》中刊出当年6月底祝寿会贺信、题词、贺联、诗词及相关报道、专稿等共53页，占该刊2/3篇幅。是年发表的文章主要有：《岭南词宗，风范永存》（《岭南文史》2011年第1期；《广东地方税务》2011年第1期；《澳门日报》2011年3月14日；《潮州文化研究》2011年第2期；《岭南学》第四辑，2011年12月）、《双语双方言理论的重大突破——读陈恩泉〈潮·普双言语词典〉》[《南方语言学》第三辑，2011年6月；《双语双方言》（十），2011年7月]、《听汪书记“三点希望”的感想》（《广东地方税务》2011年第7期；《红枫》2011年第9期）、《略谈饶宗颐教授与“潮学”的兴起》（《潮州文化研究》2011年第3期）、《〈中华经典启蒙〉序》（施仲谋主编，北京大学出版社，2011年）、《家父詹安泰及我与饶宗颐先生的两代交谊》（《羊城晚报》2011年12月17日；《潮学通讯》2011年第2期，汕头）。

2012年2月，应邀参加香港能仁书院为副学士课程设计的“文字学”、“现代汉语”等四门科目大纲的评审工作，2月25日，出席该校组织之评审会议。3月，应香港岭南大学之邀，参加评审该校李东辉主编、人民教育出版社出版之书稿《中国语文传意基础》，3月17日出席在北京友谊宾馆举行之评审会议。4月5日，清明节后一日，母亲在广州荣军医院安详病逝，享年100周岁，是日恰与45年前父亲逝世同为清明后一天（父亲于1967年清明后一天，即4月6日逝世）。4月12日，百岁母亲逝世追悼会在广州殡仪馆仙鹤厅举行，到会100多人，极尽哀荣。4月14日至5月1日，与家人（夫人、三弟叔夏、小妹慧萍、侄儿敦一夫妇）赴欧洲旅游，先后游览了荷兰、比利时、法国、德国、瑞士、意大利和梵蒂冈七国的风景名胜。5月5日，家人按既定计划为母亲骨灰举行了安葬仪式，从此父母亲一起长眠于广州东郊的中华永久墓园。5月12日，上海电视台为“大师王力”影视的拍摄前来专访取材，历经两个多小时才完成任务。5月20日，在香港大学出席《当代广州话正音字典》恢复停顿数月之审稿讨论会。5月31日，作为顾问出席香港能仁书院拟正式列为高校、设计副学士的课程方案接受香港考评局评审的会议，并受聘担任由单周尧主编的《能仁学报》的顾问。收有在第二届湘语研讨会上书面发言《发挥优势，开拓进取，再创汉语方言研究的新辉煌》的《湘语研究》第二辑于5月由湖南师范大学出版社出版。6月2日，到中山大学中文系与系主任李炜及吴承学、彭玉平教授一起商量是年纪念父亲诞生110周年学术会议事宜。该会原在春天商议过，后一直搁浅，遂决定重启筹备工作，决定在是年11月于中山大学举行。6月8—11日，出席在韶关由李冬香主持的第六届土语平话国际学术研讨会。6月12--14日，与甘于恩等访问江门新会，在江门与五邑大学文学院领导教师座谈，并赠送图书，还参观了内容丰富、设计有创意的华侨华人博物馆；在新会，向景唐图书馆赠书，该馆建于1925年，为全国县级图书馆所少见。还与新会从事民俗方言工作之代表人物座谈，并参观小鸟天堂、葵博园、陈皮博物馆等地。6月17日，在香港大学出席《当代广州话正音字典》审稿讨论会。6月28—30日，出席广东省民盟第十四次代表大会，会议选出新一届民盟省委会领导班子，温思美蝉联第十四届省委会主任委员。其间于30日上午作为顾问到二沙岛岭南会展览馆出席由叶选平任会长的广东省中华民族文化促进会成立20周年盛会，会上叶选平做20年回顾总结报告。执行会长之一黎子流做财务报告。促进会多年来得到捐款过亿元，做了许多实事、好事。是年起计划每三年一次奖励省内300名乡村优秀教师，每人1万元奖金，光这一点，就很值得称道。《广府方言》（与甘于恩合著）一书于6月由暨南大学出版社出版。7月1日下午在家中为《潮韵〈唐诗宋词〉》影视片书写马致远元曲《天净沙·秋思》，并题写《简报》刊头。7月25日，《颐园学苑》2012年第3期（总第7期）刊出《杂忆先父与饶宗颐的深情厚谊》一文，同时刊出编辑部辑录的《选堂论詹安泰》，此文又于10月11日《潮州日报》及《潮州社科》2012年第3期上发表。7月24—26日，赴扬州出席第六届中国文字学国际学术研讨会暨单周尧教授65华诞祝寿会，其间游览了扬州瘦西湖、古运河、个园、鉴真纪念馆及两个博物馆，尽览扬州名胜。后在27日抵南京，初晤南京大学从事诗词研究的学者张宏生教授。当晚乘游艇游览了秦淮河，29号晚乘机回到广州。8月22日接受《中国社会科学报》记者刘宁的电话采访，讲述了对方言与文化问题、濒危方言问题的看法。随后记者以《保卫方言，需要民众有语言自觉》为题撰写综合稿在9月5日发表，内容为曹志耘、张振兴和詹伯慧三人所谈的见解。在中国音韵学研究会会刊《音韵学研究通讯》总28期发表《难忘的深情，永远的记忆——写在〈汉语语音史探索〉付梓之际（代序）》一文，该文于当年年底出刊的《粤语研究》第12期再次刊出，向平山久雄教授八十华诞祝寿。8月28日，应邀到香港岭南大学评审由该校编写、人民教育出版社出版的《中国语文传意进阶》书稿，一同与会的专家有专程南来的北京大学陆俭明、马真夫妇及人民教育出版社的3位编辑。该书为此前已出版的《中国语文传意基础》一书的后续教材。前书为香港岭南大学一年级上学期开设课程用的教材，审订中的这一册为一年级下学期开设课程所用教材。9月16—19日，出席在宁夏银川举行的第三届海外汉语方言国际研讨会，其间游览了银川一些名胜古迹，包括西夏王墓、中华回族文化园等，在会上发表了题为“再接再厉，把海外汉语方言的研究持续深入地进行下去”的讲话。由韩山师范学院饶宗颐研究所主办的《饶宗颐研究》第二辑（暨南大学出版社，2012年）刊出《悠悠岁月说大师——追忆我父子两代与饶公交谊的往事》一文。10月2—7日，应印尼苏北省华联的邀请，赴棉兰参加庆祝华联所办的亚洲国际友好学院中文系、英文系首届毕业生的毕业联欢感恩活动，并到巴达山、多巴湖等名胜观光。

10 月 11 日，参加暨南大学民盟组织的秋游活动，到罗浮山游览。10 月 18—19 日，在潮州出席由韩山师范学院和汕头、潮州、揭阳三市社科联联合主办的陈伟南先生人生价值观研讨会，以“伟南精神是建设潮州文化名城的财富”为题作大会发言。10 月 27 日，在香港大学为 MA 第六期学员上完本学年“中国语言与中华文化”五讲专题课中的最后一讲“岭南文化与岭南方言”。10 月 29 日与夫人一起约请当时在香港浸会大学客席任教的南京大学程千帆教授门生张宏生教授在九龙塘又一城茶叙，吴夏郎作陪。11 月 2 日，由汤翠兰率领的澳门粤方言学会交流团一行 21 人到访，下午在暨南大学汉语方言研究中心座谈，即席发表关于方言研究、粤语研究等相关问题的意见。11 月 25—26 日，作为特邀嘉宾到澳门出席由澳门大学主办的汉语人文学术的现状与前瞻国际学术研讨会，发表论文《对汉语语言学科建设的一些浅见》，会后于 27 日应邀访问澳门理工学院澳门语言文化研究《中山大学》，会见了李向玉院长；中心执行主任周荐教授设宴款待。12 月 2 日，出席由中山大学中文系及《中大学报》主办的纪念岭南词宗詹安泰诞生 110 周年国际学术研讨会，在开幕式上发言。12 月 7—10 日，出席由暨南大学汉语方言研究中心及华文学院主办的第十七届国际粤方言研讨会，在会上致开幕词。12 月 18—19 日，代表暨南大学汉语方言研究中心赴揭阳职业技术学院与该院签署在该院建立语言文化工作站的协议书，同时举行工作站揭牌和向工作站成员授予聘书的仪式。该院党委副书记李文升自始至终参与接待与座谈活动，还亲自陪同参观揭阳著名名胜关帝庙和学宫（孔庙）。是年发表的文章主要有：《发挥优势，开拓进取，再创汉语方言研究的新辉煌》（《湘语研究》第 2 辑，谢启勇主编，湖南师范大学出版社，2012 年）、《一位永远充满活力，永远不知疲倦的学者》（《粤语研究》2012 年第 11 期）、《进一步做好海外汉语方言的调查研究工作——兼评〈首届海外汉语方言国际研讨会论文集〉》（《第二届海外汉语方言国际研讨会论文集》，王建设、孙汝建主编，云南大学出版社，2012 年）、《杂忆先父与饶宗颐的深厚情谊》（《颐园学苑》2012 年第 3 期，《潮州日报》2012 年 10 月 11 日，《潮州社科》2012 年第 3 期）、《难忘的深情，永远的记忆——写在〈汉语语音史探索〉付梓之际（代序）》（《音韵学研究通讯》总第 28 期，《粤语研究》2012 年第 12 期）、《岁月悠悠说大师——追忆我父子两代与饶公交谊的往事》（《饶宗颐研究》第二辑，2012 年 9 月）、《汉语言与中华文化漫谈》[《华侨大学学报》（哲学社会科学版）2012 年第 4 期]、《〈中国语文传意进阶〉序》（人民教育出版社，2012 年）。

2013 年 1 月 1 日，受聘为澳门语言文化研究中心顾问委员会委员。1 月 5 日晚，出席香港大学中文学院在太古广场采蝶轩为 MA 校外兼课教师举行的晚宴，这是自 2004 年香港大学中文系开办第一届 MA 班以来首次校外兼课教师的聚会。1 月 19 日，到广州市财经职业学校出席由范俊军主办的中国濒危语言有声资源采集与立档技术研讨会，并在开幕式上致辞，回忆 30 多年前自己在海南调查黎语时接触到濒危方言军话并加以整理发表、备受学术界瞩目的情况；中国社会科学院民族与人类学研究所所长黄行和孙宏开教授专程从北京前来研讨会作专题讲演。1 月 26 日，作为校外顾问应邀出席香港能仁书院为申办学士学位课程而举行的校内评议会议，校内自评的目的是为当年 5 月香港政府考评局对其进行的考评做好准备。1 月 29 日，广东省委统战部同志上门作节前慰问。1 月 30 日上午，中文系领导和广东省文史馆同志先后来家中慰问。下午与三弟到广东画院晤楚平书记，商量撤回上月在中山大学纪念先父会议期间展出先父手迹墨宝归还原借出者，并研究筹划在当年出版先父书法作品事宜。2 月 1 日，广东省社科联副主席林有能及姜波同志在暨南大学社科处领导小潘陪同下登门慰问，此次慰问对象为 16 位获评为首届省优秀社会科学家的学者（暨南大学有两位：詹伯慧与饶芃子）。2 月 3 日，出席在广州东方宾馆举行的历届省政协委员联谊会春节茶话会。2 月 6 日，出席广东省参事室、文史馆举行的春节茶话会。3 月 9 日晚，全家出席门生吴夏郎（任职于《星岛日报》）与罗若安（香港无线电视翡翠台主播）在香港世贸中心举行之婚宴。3 月 18 日，香港商务印书馆毛永波在力宝轩宴请《当代广州话正音字典》全体编纂人员，席间一致认为有必要总结前段情况，写一篇文章论述该书编纂的论点和思路，看看社会反应如何。推举陈以信起草初稿，众人准备材料，4 月 21 号再集中讨论，补充修改后公开发表。3月21日，作为中文课程顾问应邀出席香港能仁书院申办学士学位课程之"院校办学条件评估"。3月23日，全家约20人提前到东郊中华永久墓园清明扫墓，此为首次祭拜父母合穴。3月25日，潮州社科联洪永杰主席来电话，告知正在筹划詹伯慧书法展事，可能要一个多月后实行，具体事宜容后再酌。是年为黄典诚教授逝世20周年，其门人欲编辑纪念文集，多次来电催稿，当天完成《岁月悠悠忆典老》一文寄去。4月初，广东教育出版社社长应中伟等一行前来洽谈准备为《汉语方言学大词典》向省和国家申请作为重大项目出版事宜，要求立即草拟有关材料供上报用。随即日夜赶工，在4月15日草拟了《〈汉语方言学大词典〉的设计与内容框架》、《〈汉语方言学大词典〉编纂流程及进度安排》和《〈汉语方言学大词典〉编纂阶段所需经费预算》等3份材料发予广东教育出版社；与此同时，发信张振兴、乔全生和甘于恩3位主编、副主编，附去上述材料；另去函各编写组，告知联系出版近期发展情况，让其抓紧重新开始编纂工作。4月16日，应广东画院洪楚平书记之约，前往书写供7月1日为庆祝"十八大"举行的"四人书法展"所需书法作品（詹伯慧、陈传誉、洪楚平、陈小奇，每人18幅）。4月21日，参加搁浅多时之《当代粤语正音字典》在香港大学中文系举行的恢复讨论审订字音会议，并讨论由陈以信执笔撰写一篇说明该字典情况的文章。4月27日，暨南大学出版社拟于是年出版的纪念詹伯慧从教60周年的《走近詹伯慧》一书目录于4月27日最后定稿。同日收到马来亚大学发来拟于是年10月初举行的中国语言文字国际学术研讨会的邀请信，随即发去回执，拟以《略论汉语方言的研究及其应用》为题撰写论文与会。4月底，《岭南文史》2013年第1期在封三以《岭海名流》为题刊出文章介绍文史馆馆员詹伯慧。5月20—23日，中山大学语言学系1953届的同学齐集广州庆祝毕业60周年活动，同班7人中，许绍早兄于1997年英年早逝，剩下麦梅翘（1926）、王予远（1926）、唐作藩（1927）、饶秉才（1927）、欧阳觉亚（1930）和"小弟弟"詹伯慧（1931）6人，此次聚会除王予远未能前来外，5人于20日在暨南大学参加汉语方言研究中心为此专门组织的语言学高端论坛，并由唐作藩向研究生及年轻教师作题为"音韵与方言"学术报告。21日与众同学一起回中山大学母校重温60年前大学生活，到了一师故居及其他几处有纪念意义的建筑物前摄影留念；中午中文系领导盛宴招待我们，高华年师母植符兰、黄家教夫人龙婉云及当年语言学系助教宋长栋、1957年留校之傅雨贤等前来相聚；下午游览大学城，晚上回暨南大学，由暨南大学出版社李战和华文学院张军夫妇在招待所设宴款待；22—23日，到珠海游览新圆明园及海泉湾等地，24日结束此次不寻常聚会，各奔前程。5月25日，在香港大学出席香港10所院校联合举办的普通话教学研究交流研讨会，作为特邀嘉宾作大会发言。5月26日，《当代粤语正音字典》在香港大学中文系讨论审订字音。5月30日，应邀作为顾问出席香港考评局对能仁书院进行申办学位课程之评审活动。6月9—16日，与女儿、女婿及外孙女一行4人参加香港美丽华旅行社的8日旅行团到俄罗斯旅行，游览了圣彼得堡和莫斯科两大城市，尽览沙皇时代的瑰丽皇宫（圣彼得堡）和苏联时代的社会主义建设辉煌成就（莫斯科），对这个以往号称"超级大国"、1991年苏联解体后仍是世界最大的国家，有了一些感性认识，收获良多。6月28日至7月2日，广东画院举行"饮水思源——庆祝'七一'名家书法展"，参展的书法名家近20位，由画院遴选詹伯慧的8幅作品参加展出。6月30日和7月21日，分别在香港大学讨论《当代粤语正音字典》审定字音。7月23日，在暨南大学出席第四届岭南汉语方言研究理论与实践研讨会暨首届地理语言学培训班开幕式并致辞。7月26—31日偕夫人访问潮州、饶平：28—29日应邀在潮州出席由韩山师范学院主办的饶学国际学术研讨会，在开幕式上发言；29—31日由韩山师范学院詹必富副书记全程陪同回饶平老家，到了饶平县城和新丰镇、母校饶平四中等地，承新丰镇长、饶平四中校长及县委宣传部林部长洪副部长、县教师进修学校詹继武校长等热情接待；31晚返抵广州。8月25日，《当代粤语正音字典》在香港大学讨论审定字音。8月26日，应邀出席《南方日报》"世纪广东学人"系列报道总结研讨会，会上获赠内含历经4年完成对20世纪广东学术界51位尖端学者系列报道的两册《世纪广东学人》，先父詹安泰教授名列其中。8月30日上午，接受国家语委"语言文字规范标准建设"项目专家访谈，发表对今后语言文字工作的意见。8 月 30 日下午至 9 月 1 日，偕夫人出席由澳门粤方言学会主办的首届粤语论坛，在会上致开幕词，并发表题为《杂议方言词典编撰中的“与时俱进”——兼评〈粤语香港话大词典〉》的论文。9 月 27—29 日，应邀出席在济南由《方言》杂志社、山东大学文学院和山东省语言文字工作委员会联合举办的方言学国际高端论坛暨庆祝《方言》创刊 35 周年国际学术研讨会，宣读题为《大力加强汉语方言的应用研究》的论文。10 月 4—8 日，应邀到吉隆坡出席由马来亚大学主办的中国语言文字国际研讨会，发表题为《汉语方言的研究和应用》的论文。10 月 15—18 日，出席由澳门理工学院主办的《多元文化下的语言服务问题》研讨会，发表题为《略论方言研究为方言应用服务问题》的论文。

詹伯慧教授著述目录

（1950—　　）

一、著作

1. 在反动统治下英勇斗争的和平战士	华南人民出版社	1951
2. 武汉人怎样学习普通话	湖北人民出版社	1956
3. 汉语方言概要（集体编著，袁家骅主编）	文字改革出版社	1960、1983
	语文出版社	2001 第 2 版
4. 湖北方言概况（初稿，集体编著）	湖北省教育厅油印本	1960
5. 语法知识（与陈恩泉、钟隆林合著）	湖北省直属机关业余大学教材	1964
6. 现代汉语（集体编写）	武汉大学教材	1974、1978
7. 现代汉语（集体编著，黄伯荣、廖序东主编）	甘肃人民出版社，现由高等教育出版社出版	1979 初版
8. 现代汉语方言	湖北人民出版社	1981
	湖北教育出版社	1985
	日本东京光生馆（日译本）	1983
	台湾新学识文教出版中心	1991
9. 浠水方言纪要	日本东京龙溪书舍	1981
10. 汉语方言文集	日本东京龙溪书舍	1982
11. 东瀛杂记	武汉大学出版社	1982
12. 日本面面观（《东瀛杂记》，增订本）	人民文学出版社	1989
13. 珠江三角洲方言字音对照——珠江三角洲方言调查报告之一（合著，与张日升共同主编）	广东人民出版社、新世纪出版社	1987
14. 珠江三角洲方言词汇对照——珠江三角洲方言调查报告之二（合著，与张日升共同主编）	广东人民出版社、新世纪出版社	1988
15. 珠江三角洲方言综述——珠江三角洲方言调查报告之三（合著，与张日升共同主编）	广东人民出版社、新世纪出版社	1990
16. 学讲汉语普通话（与饶秉才、陈慧英合著）	中国国际广播出版社	1989
17. 汉语方言及方言调查（主编，与黄家教、许宝华、李如龙合著）	湖北教育出版社	1991、2001
18. 语言与方言论集	广东人民出版社	1993

19. 粤北十县市粤方言调查报告（合著，与张日升共同主编）	暨南大学出版社	1994
20. 方言·共同语·语文教学	澳门日报出版社	1995
21. 粤港澳学生用普通话常用词手册	暨南大学出版社	1997
22. 汉语方言论集（与黄家教等合著）	北京语言文化大学出版社	1997
23. 东莞方言词典（与陈晓锦合著）	江苏教育出版社	1997
24. 粤西十县市粤方言调查报告（合著，与张日升共同主编）	暨南大学出版社	1998
25. 广东地区社会语言文字应用问题调查研究（合著，主编）	暨南大学出版社	2000
26. 广东粤方言概要（主编）	暨南大学出版社	2002
27. 广州话正音字典（主编）	广东人民出版社	2002
28. 现代汉语方言概论（合著，侯精一主编）	上海教育出版社	2002
29. 漫步语坛的第三个脚印——汉语方言与语言应用论集	暨南大学出版社	2003 初版，2006 增订本
30. 饶平客家话（合著，第一作者）	广东饶平客属海外联谊会 澳门环球文化传播有限公司出版	2003
31. 普通话水平测试实施纲要（普通话水平测试国家指导用书，编写第三部分中的“普通话与粤方言词语对照表”）	商务印书馆	2004
32. 新时空粤语（主编）（上、下册）	暨南大学出版社	2006、2009
33. 詹伯慧语文评论集(邓景滨、刘新中编)	暨南大学出版社	2008
34. 语文杂记	暨南大学出版社	2011
35. 文士情怀——詹伯慧书法展（洪楚平主编）	公元出版有限公司（香港）	2011
36. 广东客家（温宪元等主编，编写其中《方言》一章）	广西师范大学出版社	2011
37. 广府方言（与甘于恩合著，《广府文化丛书》之一）	暨南大学出版社	2012
38. 二十世纪的汉语方言研究（与陈章太、伍巍合著）	书海出版社（待刊）	
39. 现代汉语方言学	东北师范大学出版社(待刊)	

二、主编及校订论文集

1. 第二届国际粤方言研讨会论文集（主编）	暨南大学出版社	1990
2. 中国文化专题精编（校订本）	香港伟文出版社	1992
3.《中国语文研究》第十一期第三届国际闽方言研讨会专号（主编之一）	香港中文大学中国文化研究所	1995
4. 第四届国际闽方言研讨会论文集（主编之一）	汕头大学出版社	1996

5. 第五届国际粤方言研讨会论文集（主编） 暨南大学出版社 1997
6. 广东省中国语言学会通讯（1—12）（主编） 广东省中国语言学会 1986—2007
7. 詹安泰词学论集 汕头大学出版社 1997
8. 第五届国际闽方言研讨会论文集（主编之一） 暨南大学出版社 1999
9. 暨南大学汉语方言学博士研究生学术论文集（主编） 暨南大学出版社 2001
10. 第八届国际粤方言研讨会论文集（主编） 中国社会科学出版社 2003
11. 詹安泰全集（主编） 上海古籍出版社 2011

三、单篇文章

［1950 年］

1. 加强团结，把新文字推广开去 《新文字周刊》第 46 期 上海

［1951 年］

2. 教师采取主动是搞好师生关系的要素 《广东教育与文化》第 3 卷第 1 期 广州
3. 关于汉字写法的横直行 《广东教育与文化》第 3 卷第 2 期 广州
4. 关于简体汉字的问题 《广东教育与文化》第 3 卷第 3 期 广州
5. 文教工作者要重视文字改革问题 《广东教育与文化》第 3 卷第 5 期 广州
6. 我看了《中国民族大团结》 《大公报·电影圈》1951 年 3 月 28 日 香港

［1952 年］

7. 祖国的语言文字 《广东教育与文化》第 4 卷第 3 期 广州

［1954 年］

8. 对争论语法理论问题的意见 《中国语文》第 3 期 北京

［1956 年］

9. 介绍两本指导普通话学习的书（王力著） 《中国语文》第 4 期 北京
10. 评介《语音常识》（董少文著） 《语文学习》第 5 期 北京
11. 关于汉语规范化 《长江日报》12 月 15—17 日 武汉

［1957 年］

12. 海南方言中同义字的训读现象 《中国语文》第 6 期 北京
13. 评《汉语史稿》上册（王力著） 《中国语文》第 11 期 北京

[1958 年]

14. 万宁方音概述	《武汉大学学报》第 1 期	武汉
15. 粤方言中的虚词“亲住翻埋添”	《中国语文》第 3 期	北京
16. 潮州话的一些语法特点	《中国语文》第 5 期	北京
17. 厚古薄今一例	《中国语文》第 6 期	北京
18. 语言学课程整改笔谈	《中国语文》第 8 期	北京
19. 收集和整理汉语方言词汇	《中国语文》第 11 期	北京

[1959 年]

20. 海南岛军话语音概述	北京大学《语言学论丛》第 3 辑	北京
21. 潮州方言	《方言与普通话丛刊》第 2 本，中华书局	北京
	日本名古屋采华书林重版，1996 年 11 月	名古屋
22. 广济方言与北京语音的比较	《武汉大学学报》第 6 期	武汉

[1960 年]

23. 有关编写《学话手册》的几个问题	《中国语文》第 10 期	北京

[1962 年]

24. 浠水话动词“体”的表现方式	《中国语文》第 8、9 期	北京

[1963 年]

25. 关于汉语方言词汇调查研究的问题（与黄家教合著）	《武汉大学学报》第 1 期	武汉
26. 有关汉语方言分区的一些问题（与黄家教、陈世民合著）	《厦门大学学报》第 4 期	厦门

[1964 年]

27. 鄂南蒲圻话的语音特点（与李元授合著）	《武汉大学学报》第 1 期	武汉

[1965 年]

28. 谈汉语方言语法材料的收集和整理（与黄家教合著）	《中国语文》第 3 期	北京

[1966 年]

29. 什么是四声？什么是平仄？	《武汉晚报》2 月 5 日	武汉

[1979 年]		
30. 汉语字典词典注音中的几个问题	《中国语文》第 1 期	北京
31. 略谈方言和普通话的语法差异	《光明日报·文字改革》2 月 14 日	北京
32. 略谈普通话学习中的“知己知彼”	《武汉大学学报》第 2 期	武汉
33. 郧县方音纪要	《江汉语言学丛刊》第 1 集	武汉
[1980 年]		
34. 我的几点想法	《中国语文通讯》第 2 期	北京
35. 三十年来中国语言工作的一些情况	《中国语学》第 227 期	东京
	《语文现代化》第 4 期	北京
	《武汉大学学报》1981 年第 3 期	武汉
36. 王力先生对汉语规范化的贡献（与唐作藩、杨耐思合著）	《语文现代化》第 4 辑	北京
37. 关于日本国语研究所和日本的汉语研究工作	《语文现代化》第 4 辑	北京
38. 交流文化，发展友谊	日本东京大学《教养学部报》	东京
[1981 年]		
39. 日本中国语学会第三十届年会	《国外语言学》第 2 期	北京
40. “可别误会”	《文汇报》8 月 11 日	香港
41. 日本人的姓名	《文汇报》8 月 19 日	香港
42. 王力先生——经历和业绩	《中国语》第 260 期	东京
43. 汉语北方方言的一致性和差异性	《中国语学》第 228 期	东京
44. 汉语方言研究概况和有关的几个问题	《语文杂志》第 8 期	香港
[1982 年]		
45. 日本中国语学会第三十一届年会	《国外语言学》第 1 期	北京
46. 谈谈汉字改革问题	《语文研究》第 1 期	太原
47. 地名趣谈	《文汇报》2 月 12 日	香港
48. 中国语热	《文汇报》3 月 14 日	香港
49. 谈谈汉语方言的调查研究	《亚非语言计数研究》（CAAAL）第 19 期	东京
[1983 年]		
50. 漫谈汉语方言	《字词天地》第 1 期	武汉
51. 对修订《现代汉语》教材的几点意见	《汉语学习》第 2 期	延吉
52. 广州方言中的特殊语序现象（与黄家教合著）	《语言研究》第 2 期	武汉
53. 根深叶茂的日本中国语学会	《国外语言学》第 3 期	北京
54. 汉语方言的调查研究	《中国百科年鉴》，中国大百科	北京

	全书出版社	
55. 我心目中的语言学大师——纪念赵元任先生逝世一周年	《语文杂志》第 11 期	香港
56. 评介《广州话方言词典》（饶秉才、欧阳觉亚、周无忌编著）	《中国语文》第 3 期	北京

[1984 年]

57. 谈汉语方言知识在现代汉语教学中的运用	《语文月刊》第 4 期	广州
58. 略论划分汉语方言的条件	《语文杂志》第 12 期	香港
59. 一衣带水情意浓	《长江日报》9 月 16 日，9 月 23 日，10 月 4 日，10 月 7 日	武汉

[1986 年]

60.《广州话普通话语音对照手册》序	《广州话普通话语音对照手册》，施仲谋编著，香港风华书局有限公司	香港
61. 广东方言漫话	《广东语文报》1985—1986 年	广州
62. 从社会的需要论语文教师的培训	香港语文教育学院编《语文教师培训与语文教学》专集	香港
63. 有关汉语方言工作的一些认识（与黄家教合著）	《语文研究》第 3 期	太原
	《韩山师专学报》1985 年 1 月	潮州
64. 就广东的情况谈推广普通话的一些问题	《语文建设》第 4 期	北京
65. 谈汉语方言的语音调查（与黄家教合著）	《中山大学学报》第 4 期	广州

[1987 年]

66. 谈谈当前的语言文字工作	《澳门日报·语林》第 3 ~ 8 期（1986—1987 年）	澳门
	澳门中国语文学会《语丛》1988 年第 1 期	澳门
	《暨南学报》第 3 期	广州
67. 汉语名词解释	《广东语文报》第 28、30、32 期（1—2 月）	广州
68. 广东方言说略（提要）	《澳门日报·语林》第 11 期（4 月 5 日）	澳门
69. 谈新闻从业人员的语文修养	《澳门日报·语林》第 18 ~ 25 期（7—10 月）	澳门
	澳门中国语文学会《语丛》1988 年第 2 期	澳门
	《暨南学报》1988 年第 2 期	广州

70. 评介《中国大百科全书·语言文字卷》	香港大学《东方文化》第2期	香港
71. 谈谈语文学习	香港中文大学教育学院二十周年纪念专刊《教学集》	香港
72. 鄂南蒲圻话的词汇语法特点（与李元授合著）	《武汉大学学报》第5期	武汉
73. 祝贺与期望（为《语文月刊》创刊五周年而作）	《语文月刊》第4期	广州

[1988 年]

74. 进一步发挥汉语拼音的巨大作用	《语文建设》第1期	北京
	《汉语拼音论文选》	北京
75. 汉语方言	《中国大百科全书·语言文字卷》，中国大百科全书出版社	北京
76. 官话方言	《中国大百科全书·语言文字卷》，中国大百科全书出版社	北京
77. 湘方言	《中国大百科全书·语言文字卷》，中国大百科全书出版社	北京
78. 闽方言	《中国大百科全书·语言文字卷》，中国大百科全书出版社	北京
79. 粤音韵汇	《中国大百科全书·语言文字卷》，中国大百科全书出版社	北京
80. 广东粤语分区刍议	《学术研究》第3期	广州
81. 小议高等教育改革中的几个问题	《高教探索》第3期	广州
82. 谈谈方言和普通话	《华文研究》第3期	新加坡
83. 故乡情思	《广东语文报》第11期	广州
	饶平县文联编《饶平乡情》	广东饶平
84. 新加坡的推广华语运动	《广东语文报》(推广普通话版）第34～40期	广州
	《语文建设》第6期	北京
	《澳门日报·语林》第50期(10月2日)	澳门
85.《古汉语常用同义词辨析》序	《语文月刊》第6期	广州
86. 闽方言的分布及其主要特征	香港大学中文系六十周年纪念专刊《东方》	香港
87. 结合重大科研项目培养研究生的几点体会	《暨南教育》第7期	广州

[1989 年]

88. 对文科科研工作的一些想法	《高教探索》第1期	广州

89. 汉语方言分区问题驳议（庆祝王力先生学术活动50周年）	《语言文字学术论文集》，知识出版社	上海
90. 学府决不能变成官府	《群言》第1期	北京
91. 处处留心皆学问	《广东语文报》第72期（2月28日）	广州
92. 关于闽方言研究的一封信	《澳门日报·语林》第64期（4月16日）	澳门
93. 广东方言研究述略	《澳门日报·语林》第67期（5月28日）	澳门
94. 海南岛的语言研究工作	《广东省中国语言学会通讯》第3期	广州
	《海南省语言学会通讯》第1期	海口
95.《双语双方言》序言	《双语双方言》，中山大学出版社	广州
96. 方言和规范化杂议	《双语双方言》，中山大学出版社	广州
	《双语双方言与现代中国》，北京语言文化大学出版社，1999年	北京
97. 现代汉语方言概况	《现代汉语教学说明及习题解答》，甘肃人民出版社	兰州
98.《文学翻译学》序	《文学翻译学》，杨烈雄著，中国经济出版社	北京
99. 谈谈对外汉语教学	《语言教学与研究》第3期	北京
	澳门中国语文学会《语丛》第4期	澳门
100. 请留神“同中有异”	《世界汉语教学》第3期	北京
101.《学术论文写作研究》序	《学术论文写作研究》，王吉亮、郑惠卿著，山东大学出版社	济南
102. 广东汉语方言研究四十年	《学术研究》第5期	广州
103. 珠江三角洲粤方言常用词述略	《方言》第4期	北京
	澳门中国语文学会《语丛》第4期	澳门
	《暨南学报》1990年第1期	广州
104. 中国辞书编纂出版事业蓬勃发展	《澳门日报·语林》第81期（12月10日）	澳门
	《语文月刊》1990年第2期	广州
105. 工厂标牌语言剖析	《语文建设》第6期	北京

［1990 年］

106. 现代汉语方言研究的重大成就	《云南方志》第 1 期	昆明
	《云南语言研究》第 2 集	昆明
107. 关于辞书学和辞书研讨会的通信	《辞书研究》第 1 期	上海
108.《新丰方言志》序	《新丰古今》第 1 期	广东新丰
109. 怀念王了一师	《中国语文通讯》第 7 期	香港
	《中外学者论王力》，广西教育出版社，1993 年	南宁
110. 广东省中国语言学会的工作	《澳门日报 · 语林》第 89 期（4 月 1 日）、第 90 期（4 月 15 日）	澳门
111.《第二届国际粤方言研讨会论文集》序	《澳门日报 · 语林》第 93 期（5 月 27 日）	澳门
	《第二届国际粤方言研讨会论文集》，暨南大学出版社	广州
112. 珠江三角洲方音说略	《王力先生纪念论文集》，商务印书馆	北京
113. 检阅闽方言研究成果的一次盛会——第二届国际闽方言研讨会述评	《澳门日报 · 语林》第 103 期（10 月 14 日）	澳门
	《学术研究》第 6 期	广州
114. 广东境内三大方言的互相影响	《方言》第 4 期	北京
	《第二届国际粤方言研讨会论文集》，暨南大学出版社，1992 年	广州
115. 关于广州话审音问题的思考	《中国语文通讯》第 11 期	香港
116. 艰苦创业美名扬的法国潮人——巴黎华埠散记	《广州潮人海外联谊会会刊》第 2 期	广州

［1991 年］

117. 访法归来谈潮人	《华夏》第 1 期	广州
118. 坚持简化方向，坚持规范化原则	《语文建设》第 1 期	北京
119. 群策群力，把广东的语言文字规范工作做好	《暨南学报》第 2 期	广州
	《语言文学论集》，广东教育出版社	广州
120. 汉语促进国际文化交流	《澳门日报 · 语林》第 112 期（2 月 3 日）	澳门
	《华夏》第 2 期	广州
121. 粤语研究中几个问题的思考	《中国语文通讯》第 15 期	香港
122. 抓紧关键环节，切实做好自身建设工作	《中央盟讯》第 6 期	北京
123.《汉语语法》序	《汉语语法》，冯锦威著，广东教	广州

	育出版社	
124. 第三届国际粤方言研讨会（澳门）述评	《澳门日报·语林》第128期（9月29日）	澳门
	《华夏》第5期	广州
125. 推行共同语和双语并用	《深圳教育学院学报》第2期	深圳
126. 弘扬中华文化的盛会——汉学研究之回顾与前瞻国际会议（新加坡）综述	《澳门日报·语林》第131、132期（11月10日、11月24日）	澳门
	《广东学术通讯》第12期	广州
	《岭南文史》1992年第1期	广州
127. 珠江三角洲方言调查成绩辉煌	《澳门日报·语林》第133期（12月8日）	澳门

[1992年]

128. 齐心协力，为繁荣广东语言研究工作多作贡献	澳门中国语文学会《语丛》第2期	澳门
129. 汉语方言研究中的几个问题——在第24届国际汉藏语言学会议（曼谷、清迈）上宣读论文	《暨南学报》第2期	广州
130. 汉语方言研究的回顾与前瞻	《学术研究》第1期	广州
	《汉学研究之回顾与前瞻》，中华书局，1996年	北京
131. 推广普通话适应改革开放	《人民日报》3月2日	北京
	《南方日报》3月4日	广州
132. 改变广东方言环境小议	《羊城晚报》3月25日	广州
133. 口语、书面语、文言、白话、普通话、方言	《出版词典》，上海辞书出版社	上海
134. 海南岛语言资源的开发大有可为	《华夏》第2期	广州
135. 饶平上饶客家话语言特点说略	《中国语文研究》第10期	香港
136. 为中学生的佳作叫好！《中国著名中学华南师大附中作文精华》序	《澳门日报·语林》第150期（8月2日）	澳门
137. 谈谈汉语方言与语文教学	《澳门日报·语林》第158~162期（11月12日，12月6日，12月20日，1993年1月3日，1月17日）	澳门
	澳门中国语文学会《语丛》1993年第1期	澳门
	香港语文教育学院学报第11期（1994）	香港
	香港语文教育学院中文系学术讲演第二集《语文教师的认识》（李学铭编，1994年）	香港
138. 四十年来汉语方言研究的回顾	《大陆杂志》第85卷第3期（9月	台北

	15 日）	
139. 略论广东的推广普通话工作	《普通话》第 2 期	香港
140. 群策群力，把广东的“推普”工作推向前进	《韶关大学学报》第 3 期	广东韶关
141. 略论方言、共同语与双语制问题	彩虹出版社	香港
	《双语双方言与现代中国》，北京语言文化大学出版社，1999 年	北京

［1993 年］

142. 语文杂议	《中国语文通讯》第 24 期	香港
143. 专名的简缩	《中国语文通讯》第 25 期	香港
144. 普通话“南下”与粤方言“北上”	《语文建设通讯》第 39 期	香港
	《学术研究》第 4 期	广州
	《人大复印资料·语言文字》	北京
145. 小议香港中文科教学的问题和对策	《暨南学报》第 2 期	广州
	澳门中国语文学会《语丛》1992 年第 3 ~ 4 期	澳门
	《语文教学面面观》，香港中文教育学会编，香港文化教育出版社，1994	澳门
146. 一次面对语言生活现实的盛会——第三届双语双方言研讨会（国际）述评	《澳门日报·语林》第 179 期（9 月 12 日）	澳门
	澳门中国语文学会《语丛》第 2 期	澳门
147. 广东省饶平方言记音	《方言》第 2 期	北京
148. 第三届国际闽方言研讨会	《方言》第 2 期	北京
149. 为“羊城粤语 60 秒”开播说几句话	《屏幕之友》（6 月 3 日）	广州
150. 广州话审音方案	《中国语文通讯》第 27 期	香港
	《语丛》第 3 期	澳门
151. 广东省中国语言学会年会	《中国语文通讯》第 27 期	香港
152.《东莞方言谈略》序	《东莞方言说略》，陈晓锦著，广东人民出版社	广州
153. 四十年来汉语方言研究工作的回顾	《中国语文研究四十周年纪念文集》，北京语言学院出版社	北京
154. 经济发展与推广普通话	《语文建设》第 12 期	北京
155. 把握方向，大力开展粤方言的研究工作	《广州话研究与教学》，中山大学出版社	广州
	《岭南文史》1994 年第 1 期	广州
156. 翰墨缘——小时候替爸爸磨墨牵纸	《广东第二课堂》第 11 期	广州
157. 背诵唐诗的滋味	《广东第二课堂》第 12 期	广州

	《河间天地》第 2 期	深圳
158. 再论方言、共同语与双语制问题——在第三届双语双方言研讨会（国际）的讲话	《语文建设通讯》第 42 期	香港
	《双语双方言》（三），汉学出版社	香港
159.《饶平客家丛书》序	《饶平客家丛书》，广东饶平客属海外联谊会编	广州
160. 一本普及语文知识的佳作——邓景滨《语文漫笔》序	《语丛》第 4 期	澳门
	《澳门日报・语林》第 202 期（1994 年 9 月 11 日）	澳门
	《暨南学报》1994 年第 4 期	广州
	澳门语言学刊 1995 创刊号（1994）	澳门

[1994 年]

161. 为辞书学界的打假批劣叫好！——中国辞书学会第一届年会（广州）述评	《澳门日报・语林》第 189、190 期（3 月 13 日；3 月 27 日）	澳门
162. 第四届国际粤方言研讨会	《方言》第 2 期	北京
163. 我谈语文规范化	《语文建设》第 5 期	北京
164. 小议潮汕方言的宏观研究	《学术研究》第 5 期	广州
	《潮州学国际研讨会论文集》（上册），暨南大学出版社	广州
165. 詹安泰教授的生平与学术成就述略	《潮学研究》第 2 期	广东汕头
166. 珠江三角洲粤方言述要（与张日升合著）	《第一届国际粤方言研讨会论文集》，单周尧主编，香港现代教育研究社	
167. 粤北十县市白话语音特点述略	《方言》第 4 期	北京
168. 第三届双语双方言研讨会（国际）述评	《中国语文通讯》第 31 期	香港
169. 汉语方言语法研究大有可为——《汉语方言语法调查手册》序	《语文研究》第 4 期	太原
	《人大复印资料・语言文字》第 2 期	北京
170. 广州话审音工作的进展及有关问题的认识	《中国语文通讯》第 32 期	香港
	《澳门日报・语林》第 204 期（10 月 9 日）	澳门
171. 饶平县志方言志	广东人民出版社	广州

[1995 年]

172.《广州话正音字典》编写细则	《澳门日报・语林》第 212 期（1 月 29 日）	澳门
173. 澳门语坛又一佳作——邓景滨《语坛争鸣录》序	《澳门日报・语林》第 216、217 期（3 月 26 日至 4 月 9 日）	澳门

	《澳门语言学刊》1995年创刊号	澳门
174. 第四届国际闽方言研讨会（海南）述评	《澳门日报·语林》第219、220期（5月7—21日）	澳门
175. 广东中国语言学会举行学术年会	《澳门日报·语林》第223期（7月2日）	澳门
176. 1995年广东中国语言学会学术年会报道	《语文建设通讯》第48期	香港
177. 广东省中国语言学会1994—1995学术年会	《中国语文通讯》第35期	香港
178. 海峡两岸开展闽南方言研究之我见	《学术研究》第4期	广州
179. 对方言和普通话性质的再认识	《语文建设通讯》第49期	香港
180. 《东莞方言词典》引论（与陈晓锦合著）	《方言》第3期	北京
181. 第四届国际闽方言学术研讨会	《方言》第3期	北京
182. 第四届国际闽方言研讨会述评	《中国语文》第5期	北京
183. 汉语方言调查与汉语规范化	《语文建设》第10期	北京
184. 祝贺与随想（代序）	《语言文学论丛》，广东教育学院编，华南理工大学出版社	广州
185. 汉语方言研究的回顾与前瞻——在台湾中央研究院历史语言研究所的讲话	《中国语文通讯》第36期	香港
186. 关于闽方言研究的几点思考	《中国语文研究》第11期，第三届国际闽方言研讨会专刊	香港
187. 研究粤语词汇的一部佳作——曾子凡《广州话·普通话语词对比研究》序	《澳门日报·语林》第235期（12月17日）	澳门
	《语文研究》第1期	太原
188. 要进一步搞好广东的推普工作——纪念全国文字改革和现代汉语规范化40周年	《南方日报》12月19日	广州
189. 《广州话正音字典》编辑出版方案及《凡例》	澳门中国语文学会《语丛》第2期	澳门
190. 为促进语文现代化而努力奋斗——纪念全国文字改革和现代汉语规范化40周年	《广东语文报》推普版第135期（12月21日）	广州
191. 汉语方言词汇差异述略	澳门中国语文学会《语丛》总第28期	澳门

[1996年]

192. 对香港语言问题的几点思考	《中国语文》第2期	北京
193. “1997与香港中国语文”研讨会述评	《学术研究》第4期	广州
	《人大复印资料·语言文字》第8期	北京

	《澳门日报·语林》第241期摘录（3月10日）	澳门
	澳门中国语文学会学报《语丛》第1期	澳门
194.《中国语文教学的现状与发展》（李学铭著）序	《中国语文通讯》第37期	香港
195. 第五届国际粤方言研讨会	《方言》第1期	北京
196. 语言规范化与语言应用	《语言与传意》，程祥徽主编，海峰出版社	香港
197. 闽粤琼语词汇比较研究（与李如龙、高然、甘于恩合著）	《第四届国际闽方言研讨会论文集》，詹伯慧、李如龙、张双庆主编，汕头大学出版社	广东汕头
198.《第四届国际闽方言研讨会论文集》前言	《第四届国际闽方言研讨会论文集》，詹伯慧、李如龙、张双庆主编，汕头大学出版社	广东汕头
199. 试论粤方言地区的推广普通话工作	《学术研究》第9期	广州
	《语文建设》第1期	北京
	澳门中国语文学会《语丛》第31期	澳门
	《语文现代化论丛》第三辑，语文出版社	北京
200. 让更多的香港同胞早日学会普通话——《实用普通话速成》序	《实用普通话速成》，熊怀苑著，广东高等教育出版社	广州
	《澳门日报·语林》第256期（10月6日）	澳门
201. 一部方言学与音韵学的力作——李如龙《方言与音韵》序	澳门中国语文学会《语丛》第30期	澳门
202. 不断开拓，继续前进——第五届国际粤方言研讨会开幕词	《暨南学报》第4期	广州
203.《普通话声调中心测试法》序	《普通话声调中心测试法》，王群生主编，内蒙古人民出版社	呼和浩特
204. 方言和普通话杂议	《双语双方言》（四），汉学出版社	香港

[1997年]

205. 粤西十县市粤方言语音综述（与邵宜、伍巍合著）	《方言》第1期	北京
	《第五届国际粤方言研讨会论文集》，暨南大学出版社	广州
206. 我所认识的饶宗颐教授	《东方文化》第4期	广州
	《澳门日报·新园地》3月12—	澳门

	16日	
	《饶宗颐学术研讨会论文集》，曾宪通主编，翰墨轩出版有限公司	香港
	《文史资料》第17辑（潮州市政协编）	广东潮州
	《走近饶宗颐》，潮州市地方办公室编，2005年	广东潮州
207.《粤语区人学习普通话教程》序	《粤语区人学习普通话教程》，周小兵主编，高等教育出版社	北京
	《语文月刊》第7期	广州
208. 试论方言与共同语的关系	《方言与共同语论文集》，程祥徽主编，海峰出版社	香港
	《语文建设》第4期	北京
	《第五届国际闽方言研讨会论文集》，暨南大学出版社，1999年	广州
	《现代汉语通论参考文献精选》，邵敬敏主编，上海教育出版社，2002年	上海
209. 回归前后的香港语言生活	《学术研究》第5期	广州
210. 对香港多元文化语言生活的思考	《岭南文史》第2期	广州
211. 广东客家方言研究之我见	《学术研究》第7期	广州
	《客家大观园》2000年第1~2期	广东梅州
212. 认识—研究—再认识—再研究——对潮汕文化的一些想法	《文史知识》第9期	北京
213.《广东光明书画学会作品集》序	1996年8月	广州
214. 广东省中国语言学会举行学术年会	《中国语文通讯》第43期	香港
215. 要做有心人	《暨南大学》第217期	广州
216. 香港语言生活多元化	《广东盟讯》第3期	广州
217.《潮汕人学习普通话辨正》序	《潮汕人学习普通话辨正》，陈基藩主编，广东人民出版社	广州
218. 云南方言研究的又一佳作——《昆明方言词典》序	《昆明方言词典》，张华文、毛玉玲编著，云南教育出版社	昆明
219. 把语文工作推向21世纪	《语文建设》第10期	北京
220. 第六届国际粤方言研讨会在澳门举行	《中国语文通讯》第44期	香港
221. 杂议潮汕文化研究	《潮学研究》第6期	广东汕头
	《澳门日报·语林》第284~286期（1996年11月30日，12月14日，12月28日）	澳门
222. 略论香港多元文化语言生活的前景	《双语双方言》（五），汉学出版社	香港
223. 一本地道"港味"的粤语词典——	《港式粤语词典》，张励妍，万	香港

张励妍《港式粤语词典》序	里出版社	香港
	《语文建设通讯》第 54 期	
224. 中国语文现代化学会第二次学术会议开幕词	《语文现代化论丛》第 3 辑，语文出版社	北京

[1998 年]

225. 一篇探讨粤方言词语考释的佳作——陈伯辉《论粤方言词本字考释》评析	《论粤方言词本字考释》，陈伯辉，香港中华书局	香港
226. 近二十年来汉语方言学学术活动述评——在香港大学中文系七十周年纪念国际学术研讨会上宣读论文	香港大学	香港
227. 一部有特色、有新意的中国语言学史——班弨《中国语言文字学通史》序	《中国语言文字学通史》，班弨，广东高等教育出版社	广州
228. 留住方言留住根	《源》第 2 期	新加坡
	《岭南文史》第 2 期（总 46 期）	广州
229. 略论语言规范与语言应用	《联合早报》5 月 9 日、11 日	新加坡
230.《方言》二十年述评	《方言》第 3 期	北京
231. 我与《学术研究》	《学术研究》第 3 期	广州
232. 关于《广州话正音字典》	《学术研究》第 6 期	广州
	《第六届国际粤方言研讨会论文集》，邓景滨主编，澳门中国语文学会，2003 年	澳门
233. 现代汉语方言语音、词汇、语法的差异	《现代汉语教学参考与自学辅导》，黄伯荣、廖序东主编，高等教育出版社	北京
234. 广州话的审音工作	《广州话研究与教学》（三），郑定欧、蔡建华主编，中山大学出版社	广州
235. 结合教学应用，把粤语研究深入下去——为《广州话研究与教学》（三）而作	《广州话研究与教学》（三），郑定欧、蔡建华主编，中山大学出版社	广州
236. 怀念新魁	《李新魁教授纪念文集》，中华书局	北京
	《澄海文史资料》第 17 辑	广东澄海
	《汕头特区晚报》7 月 27 日	广东汕头
237.《增城方言志》第二分册（客家方言）序	《增城方言志》第二分册，王李英著，广东人民出版社	广州

[1999 年]

238. 近二十年汉语方言学学术活动述评	《学术研究》第 2 期	广州

239.《第五届国际闽方言研讨会论文集》前言	《第五届国际闽方言研讨会论文集》，暨南大学出版社	广州
240. 开发中国语言资源的伟大成就	《江苏教育书讯》第5期	南京
	《方言》第3期	北京
241.《语言与方言论稿》序	《语言与方言论稿》，高然，暨南大学出版社	广州
242. 再论语言规范与语言应用	《语言教学与研究》第3期	北京
	《双语双方言》（六），汉学出版社，1998年	香港
	《澳门语言学刊》第10、11期（2000年7月）	澳门
243. 广东语言科学在飞跃发展	《学术研究》第10期	广州
	《澳门日报·语林》第265期（11月28日）	澳门
244. 粤语研究的回顾与展望	《暨南学报》第6期	广州
	《人大复印资料·语言文字》，第3期	北京
	《第七届国际粤方言研讨会论文集》，单周尧、陆镜光主编，《方言》增刊，2000年，商务印书馆	北京
245. 客家方言研究的可喜成果——读王李英《增城方言志》第二分册	《语文月刊》第11期	广州

[2000年]

246. 广东语言学者的学术交流	《澳门日报·语林》第268期（1月9日）	澳门
247. 广东省中国语言学会举行学术年会	《中国语文通讯》第53期	香港
248.《汉语方言大词典》：取舍之间见功力	《复旦学报》（社科版）第3期	上海
	《人大复印资料·语言文字》，第8期	北京
249. 提高香港中文教学水准之我见——兼论语文教学质量之评估	《中国语文通讯》第54期	香港
	《教学与测试：语文学习成效的评量》，李学铭主编，商务印书馆，2002年	香港
250. 一部多有突破的语文词典	《辞书研究》第4期	上海
251. 谈谈语言规范与语言应用	《学丛》（新加坡国立大学中文系学报）第5期	新加坡
252. 研究生的培养要在“研究”上多下工夫	《世纪寄语——博士生导师谈治学》，李风亮主编，暨南大学出版社	广州

	《现代汉语教学与研究》（第2辑），杨启光主编，暨南大学出版社，1999年	广州
253. 语言学百花园里一朵绚丽的鲜花——读黄匡宇《电视新闻语言学》	中国广播电视出版社	北京
254. 师道悠悠——杂忆了一师	《人物》第7期	北京
	《王力先生百年诞辰纪念文集》，语文出版社	北京
	《澳门笔汇》第16期	澳门
255. “九五”广东的汉语方言研究	《中国语文通讯》第55期	香港
256. 二十年来汉语方言研究述评	《方言》第4期	北京
	《人大复印资料·语言文字》，2001年第3期	北京
	《现代汉语教学研究与探索》第3辑，暨南大学出版社	广州
257. “推普”的欣喜与尴尬	《北京日报·理论周刊》第80期（12月4日）	北京

［2001 年］

258. 不断进取，不断开拓，把客家方言的研究推向新的台阶	《暨南学报》第2期	广州
	《客家方言研究》（第四届客方言研讨会论文集），暨南大学出版社，2002年	广州
259. 关于《广东粤方言概要》的编撰	《中国语文通讯》第57期	香港
260. 新加坡的语言政策与华文教育	《普通话教研通讯》第14期	香港
	暨南大学华文学院学报《华文教学与研究》第3期	广州
	《澳门日报·学海》双周刊第260期（2002年3月10日）	澳门
261. 广西“平话”问题刍议	《语言研究》第2期	武汉
	《人大复印资料·语言文字》第9期	北京
262. 新奇“网语”是否文化垃圾	《北京日报·理论周刊》第101期（5月14日）	北京
263. 大力宣传，认真贯彻落实《国家通用语言文字法》	《广东教学报》5月16日	广州
264. 当前一些语言现象与语言规范	《暨南学报》第4期	广州
265. 社会语言文字应用的现象值得重视——广东语言文字应用调查的一些启示	《学术研究》第8期	广州

266. 重视语文教育，加强应用研究	《语文教学与研究》，2001 年 9 月上半月	武汉
267. 汉语方言地图的绘制（与陈章太、伍巍合著）	《方言》第 3 期	北京
268. 新世纪潮汕文化研究之我见	《潮学研究》第 9 期	广东汕头
269.《暨南大学汉语方言学博士研究生学术论文集》前言	暨南大学出版社	广州
270. 汉语方言词典收词小议	《中国语文》第 6 期	北京
	《人大复印资料·语言文字》2002 年第 2 期	北京
271. 二十一世纪汉语方言研究展望	《澳门理工学院学报》第 4 期	澳门
272.《广州音北京音对应手册》新版序言	《广州音北京音对应手册》，施仲谋编著，暨南大学出版社	广州
273. 对当前语言运用中一些现象的看法	《双语双方言》（七），汉学出版社	香港

［2002 年］

274. 从实际出发思考香港的普通话教育问题	《语言文字应用》第 1 期	北京
	《普通话教研通讯》第 15 期节登（2001 年 6 月）	香港
275. 把握优势，开展文化双向交流	《中国教育报·文化周刊》第 260 期（3 月 12 日）	北京
276. 第八届国际粤方言研讨会	《方言》第 1 期	北京
277. 我所认识的王均先生	《语文建设通讯》第 70 期	香港
	《清风明月八十秋》，刘照雄等主编，吉林人民出版社	长春
	《汉语学报》第 5 期（2002 年上卷），湖北教育出版社，2003 年	武汉
278. 历届国际粤方言研讨会的回顾	《暨南学报》第 3 期	广州
279. 近两年粤语研究的实绩与新趋势	《学术研究》第 6 期	广州
280. 从历届研讨会看闽方言研究的当前课题	《闽语研究及其与周边方言的关系》，香港中文大学出版社	香港
281. 对培养博士研究生的几点想法	《现代汉语教学研究与探索》第 3 辑，杨启光主编，暨南大学出版社	广州
282. 雷州方言与雷州文化（与甘于恩合著）	《学术研究》第 9 期	广州
	《岭峤春秋——雷州文化论文集》，中山大学出版社，2003 年	广州
	《人大复印资料·语言文字》2003 年第 1 期	北京
283. 方言分区问题再认识	《方言》第 4 期	北京

284. 略论广西“平话”	《纪念王力先生百年诞辰学术论文集》，商务印书馆	北京
285. 詹安泰教授的生平与学术成就述略	《澳门日报·学海》第279期（12月1日）	澳门
	《河间天地》第2期（2004年1月15日）	深圳
286. “岭南词宗”詹安泰	《潮州日报·潮州文化》专版，12月31日	广东潮州

[2003年]

287. 广东粤方言的共同特点述略（与丘学强合著）	《汉语学报》第4期（2001年下卷），湖北教育出版社	武汉
288. 语言学科建设也要与时俱进——“语言学科建设高级专家座谈会”纪要	《学术研究》第2期	广州
289. 背诵名篇，终生难忘	《广东教学报》（小学语文总第3期）5月16日	广州
290. 关于广西“平话”的归属问题（与崔淑慧、刘新中、扬蔚合著）	《语文研究》第3期	太原
291. 不断攀登高峰，不断创造辉煌	《方言》第3期	北京
292. 《马来西亚的三个汉语方言》序	《马来西亚的三个汉语方言》，陈晓锦著，中国社会科学出版社	北京
293. 《广州话普通话速查字典》序言（曾子凡编著）	《广州话普通话速查字典》，世界图书出版公司	广州
294. 挖掘汉语方言语法特点的一部力作（代序）——读方小燕《广州方言句末语气助词》	《广州方言句末语气助词》，暨南大学出版社	广州
295. 一部填补空白的客家方言著作——《中山客家方言》序	《中山客家方言》，甘甲才著，汕头大学出版社	汕头
296. 当前“推普”的一些思考	《澳门日报·学海》第304、305、306期（11月16日、11月30日、12月14日）	澳门
	《学术研究》第12期	广州
297. 潮汕文化研究刍议	《海外潮人的移民经验》，李志贤主编，八方文化企业公司	新加坡

[2004年]

298. 汉语方言语法研究的回顾与前瞻	《语言教学与研究》第2期	北京
	《汉语语法研究的新拓展》（二），邵敬敏、陆镜光主编，浙江教育	杭州

	出版社，2005 年	
299. 当前汉语方言研究中的几个问题	《语文研究》第 2 期	太原
	《国际汉学集刊》第 1 集，陈学超主编，中国社会科学出版社	北京
300. 粤语研究的当前课题	《暨南学报》第 3 期	广州
	《澳门日报 · 学海》第 321 期（7 月 11 日）	澳门
301. 一部考释古籍的上乘之作——读王建设《〈世说新语〉选译新注》（代序）	社会科学文献出版社	北京
	《泉州晚报》7 月 31 日	福建泉州
302. 第九届国际粤方言研讨会在澳门举行	《中国语文通讯》第 69 期	香港
303. 中国大陆客家方言的研究与应用	《台湾文学评论》第 4 卷第 3 期（7 月 15 日）	台南
304. 饶平上饶客家方言的两字组连读变调（与刘镇发合著）	《方言》第 3 期	北京
305. 语言文字研究突飞猛进的十年——为《广州市志》（1991—2000）而作	《汉语学报》第 2 期	北京
	商务印书馆	北京
306. 品尝潮州文化的独特韵味	《潮州日报 · 周日书屋》8 月 29 日	广东潮州
307. 少当语言的警察，多当语言的导游——谈当前汉语中存在的三大问题	《羊城晚报 · 花地 · 百家》11 月 8 日	广州
308. 深挖粤语特征的可喜成果（代序）——读彭小川《粤语论稿》	《粤语论稿》，彭小川，暨南大学出版社	广州
309. 关于方言词的用字问题	《庆祝〈中国语文〉创刊 50 周年学术论文集》，《中国语文》编辑部编，商务印书馆	北京

[2005 年]

310. 粤方言调查研究的新进展（代序）	《广西北海市粤方言调查研究》，中国社会科学出版社	北京
311. 一部反映香港社区词的辞书	《学术研究》第 1 期	广州
312. 《山西方言亲属称谓研究》序	《山西方言亲属称谓研究》，孙玉卿著，山西人民出版社	太原
313. 汉语方言的研究及其应用——纪念吕叔湘先生	《语文研究》第 2 期	太原
314. 语言研究为语言应用服务的良好范例——读甘于恩《新闻语误评析》	《澳门日报》9 月 16 日	澳门
	《深圳特区报》2006 年 6 月 13 日	深圳
315. 小议方言区的双语应用问题	《双语双方言》（八），汉学出版社	香港
	《语文研究》第 4 期	太原

316. 粤方言语法研究的当前课题	《暨南学报》第6期	广州
	《汉语方言语法研究》，汪国胜主编，华中师范大学出版社	武汉

[2006 年]

317. 同根同祖，同源同声——漫谈海内外汉语言文化的互动	《岭南文史》第1期	广州
318. 海南各语言的 - om、- ɔm、- op、- ɔp 等韵母的分布（与刘新中合著）	《民族语文》第4期	北京
319. 海南语言资源的开发大有可为——读《海南闽语语音研究》	《海南闽语语音研究》，刘新中著，中国社会科学出版社	北京
320. 我看客家方言与《中山客家话研究》	《学术研究》第7期	广州
321. 《北流白话研究》序言	《北流白话研究》，广西教育出版社	南宁
322. 谈谈语言规范与语言应用——对时下语言应用中的一些现象的看法	《澳门日报·学海》第370期（7月30日）	澳门
323. 语言规范与语言生活的多样化	《语言规划的理论与实践》，教育部语用所社会语言学与媒体语言研究室编，语文出版社	北京
324. 《百炼成钢——饶平四中教育文集》序	《百炼成钢——饶平四中教育文集》，银河出版社	香港
325. 岭南词宗詹安泰	《潮州文化研究》总第5～6期	广东潮州
326. 略论共同语和方言并用中的主从关系——纪念现代汉语规范问题学术会议和全国文字改革会议五十周年	《双语双方言》（九），汉学出版社	香港

[2007 年]

327. 结合"推普"开展方言研究的良好范例——喜读《桂北平话与推广普通话研究》丛书	《桂北平话与推广普通话研究》丛书首发式讲话集锦	桂林
	《桂林师范高等专科学校学报》第1期	桂林
	《当代广西》11期	南宁
328. 对"平话"问题的再认识	《贺州学院学报》第1期	广西贺州
329. 略谈饶宗颐教授与"潮学"的兴起	《岭南文史》第1期	广州
	《饶宗颐学术研讨会论文集》，潮州市潮州文化研究中心编，海天出版社	深圳
330. 汉语方言语法研究再议	《汉语语法研究的新拓展（三）》，邵敬敏、张先亮主编，东北师范大学出版社	长春

331. 方言研究持续繁荣的又一信号——祝贺《粤语研究》创刊	《粤语研究》创刊号 《澳门日报·新园地》，2008 年 3 月 22 日	澳门 澳门
332. 粤语研究的当前课题——历届国际粤方言研讨会的回顾	《粤语研究》创刊号	澳门
333. 粤语研究的当前课题（压缩修订稿）	《方言》第 3 期	北京
334. 汉语方言“VXVX”动词重叠式比较研究（王红梅合著）	《语言研究》第 3 期	武汉
335. 一次为语言研究提供服务的成功实践——甘于恩《粤语与文化研究参考书目》序	《粤语与文化研究参考书目》，甘于恩主编，广东科技出版社 《粤语研究》第 2 期	广州 澳门
336. 海南语言资源的开发大有可为——读《海南闽语语音研究》	《暨南学报》第 6 期	广州
337. 回顾和期望	《广东学术通讯》第 11 期	广州
338. 语坛一棵不老的劲松（代序）——敬贺同窗好友唐作藩教授八十华诞	《语苑撷英（二）——庆祝唐作藩教授八十华诞学术论文集》，耿振生、刘家丰主编，中国大百科全书出版社	北京
339. 岭南方言的研究及其应用	《岭南学》第 1 辑，华南师大岭南文化研究中心主办，左鹏军主编，中山大学出版社	广州

[2008 年]

340. 有关语言学科建设的一些看法	《继往开来的语言学发展之路——2007 学术论坛论文集》，陈燕、耿振生主编，语文出版社	北京
341.《普通话水平测试〈新大纲〉指导》序	《普通话水平测试（新大纲）指导》，暨南大学出版社	广州
342. 略论闽语研究的“西进”	《湛江师范学院学报》第 29 卷第 2 期	广东湛江
343. 三足鼎立的岭南方言	《羊城晚报·花地》6 月 7 日	广州
344. 家乡情结	《潮州日报·观潮》6 月 20 日	广东潮州
345. 我的父亲詹安泰	《潮州日报·观潮》6 月 20 日、6 月 27 日、7 月 4 日 《饶平人》（广州饶平商会主办）总第 14、15 期，2009 年 10 月、12 月	广东潮州 广州
346. 粤语研究与粤语应用	《学术研究》第 10 期 《粤语研究》第 3 期	广州 澳门
347. 让汉语拼音在社会主义现代化中发	《语言文字应用》增刊，6 月	北京

	挥更大的作用	30日	
348.	略论汉语方言研究与方言应用	《中国语言学》第1辑，郭锡良、鲁国尧主编，山东教育出版社	济南
349.	濒危方言的研究大有可为——读丘学强《军话研究》	《中国语文通讯》第83~84合刊 《暨南学报》第5期	香港 广州
350.	当前客家方言研究之我见——关于客家方言应用问题的一些思考	《客家纵横：第七届国际客方言研讨会论文集》，张双庆、刘镇发主编，香港中文大学中国文化研究所吴多泰中国语文研究中心	香港

[2009年]

351.	汉语方言研究三十年	《云南师范大学学报》第2期	昆明
352.	揭示多方言交界地区方言接触现象的可喜成果（代序）	《赣东北方言调查研究》，胡松柏等著，江西人民出版社	南昌
353.	普通话和方言（《语文杂议》之一）	《文汇报》副刊《采风》（C3）4月13日	香港
354.	繁体字和简体字（《语文杂议》之二）	《文汇报》副刊《采风》（C3）4月20日	香港
355.	浅谈粤语正音（《语文杂议》之三）	《文汇报》副刊《采风》（C3）4月27日	香港
356.	语言应用的规范化和多元化（《语文杂议》之四）	《文汇报》副刊《采风》（C3）5月4日	香港
357.	少当语言警察，多当语言导游（《语文杂议》之五）	《文汇报》副刊《采风》（C3）5月11日	香港
358.	“约定俗成”解（《语文杂议》之六）	《文汇报》副刊《采风》（C3）5月18日	香港
359.	是兄弟不是父子（《语文杂议》之七）	《文汇报》副刊《采风》（C3）5月25日	香港
360.	形形色色的方言字（《语文杂议》之八）	《文汇报》副刊《采风》（C3）6月1日	香港
361.	琐议网络语言（《语文杂议》之九）	《文汇报》副刊《采风》（C2）6月8日	香港
362.	杂议外来词（《语文杂议》之十）	《文汇报》副刊《采风》（C2）6月22日	香港
363.	保护和抢救濒危语言与方言（《语文杂议》之十一）	《文汇报》副刊《采风》（C2）7月20日	香港
364.	粤语水平的测试（《语文杂议》之十二）	《文汇报》副刊《采风》（C3）8月3日	香港
365.	方言特色拾零（《语文杂议》之十三）	《文汇报》副刊《采风》（C3）	香港

	8月17日	
366. 中国语文工具书（《语文杂议》之十四）	《文汇报》副刊《采风》（C2）9月9日	香港
367. 中国古代的字书（《语文杂议》之十五）	《文汇报》副刊《采风》（C3）9月25日	香港
368. 见证文化建设的辉煌：六十年辞书编纂成就斐然（《语文杂议》之十六）	《文汇报》副刊《采风》（C2）10月7日	香港
369. 杂议香港的“社区词”（《语文杂议》之十七）	《文汇报》副刊《采风》（C3）10月25日	香港
370. 湘西乡话的语音特点（与杨蔚联名）	《方言》第3期	北京
371. 湘西乡话的分布和分片（与杨蔚联名）	《语义研究》第4期	太原
372. 再谈粤语正音	《粤语研究》第4、5期合刊	澳门
	《粤语跨学科研究——第十三届国际粤方言研讨会论文集》，香港城市大学语言资讯科学研究中心	香港
373. 加强海外汉语方言研究之我见	《首届海外汉语方言国际研讨会论文集》，陈晓锦、张双庆主编，暨南大学出版社	广州
374. 《南方语言学》序	《南方语言学》第1辑，甘于恩主编，暨南大学出版社	广州
375. 略论香港的“社区词”——兼评《香港社区词词典》	《南方语言学》第1辑，甘于恩主编，暨南大学出版社	广州

［2010年］

376. 杂议《通用规范汉字表》（《语文杂议》之十八）	《文汇报》副刊《采风》（C2）	香港
377. 海外华人使用的汉语及其方言（《语文杂议》之十九）	《文汇报》副刊《采风》	香港
378. 广东汉语方言研究的回顾与展望	《暨南学报》第3期	广州
	《南方语言学》第2辑，甘于恩主编，暨南大学出版社	广州
379. 建设文化强省之我见	《广东地方税务》第7期	广州
380. 《广东语言文字工作60年纪事》序言	《广东语言文字工作60年纪事》，李学明主编，广东高等教育出版社	广州
381. 实践出真知——读辜广生同志的《那一回》	《韩江文苑》第4期	广东潮州
	《潮州日报·学海泛舟》	广东潮州
382. 大力弘扬中国古典诗歌的人文精神	《广东地方税务》第9期	广州
383. 跟进语文发展，善待语文资源——跟青年朋友谈语文学习	《韩山师范学院学报》（社会科学版）第5期	广东潮州

384.	客家方言研究之我见	《客语千秋：第八届国际客方言学术研讨会论文集》，罗肇锦、陈秀琪主编，国立中央大学客家语文研究所、台湾客家语文学会出版	台北
		文鹤出版有限公司	台北
385.	粤语是绝对不会沦陷的——对出现“废粤推普”风波的一些思考	《粤语研究》第8期	澳门
		《学术研究》2011年3期	广州
386.	王力教授和汉语方言学——在北京大学纪念王力先生学术讲座上的讲话	《第十四届粤方言国际学术研讨会论文集》，义祥辉、刘村汉主编，桂林师范高等专科学校学报	桂林

[2011 年]

387.	岭南词宗，风范永存	《广东地方税务》第1期	广州
		《岭南文史》第1期	广州
		《潮州文化研究》第2期	广东潮州
		《澳门日报·文化·视野》（略有删节）3月14日	澳门
		《岭南学》第4辑，华南师范大学岭南文化研究中心主办，左鹏军主编，中山大学出版社	广州
388.	湖南乡话韵母的动态演变（与杨蔚联名）	《语言科学》第1期	徐州
389.	双语双方言理论的重大突破——读陈恩泉《潮·普双言语词典》	《南方语言学》第3辑，甘于恩主编，暨南大学出版社	广州
390.	听汪书记“三点希望”的感想	《广东地方税务》第7期（专题：《五名广东优秀社会科学家感言》）	广州
		《红枫》第9期	广州
391.	《中华经典启蒙》序	《中华经典启蒙》，施仲谋主编，北京大学出版社	北京
392.	略谈饶宗颐教授与“潮学”的兴起	《潮州文化研究》第3期	广东潮州
393.	家父詹安泰及我与饶宗颐先生的两代交谊	《羊城晚报·博文周刊》12月17日	广州
		《潮学通讯》第2期（总第43期）转载	广东汕头

[2012 年]

394. 发挥优势，开拓进取，再创汉语方言研究的新辉煌——在第二届湘方言国际学术研讨会上的发言	《湘语研究》第 2 辑，谢奇勇主编，湖南师范大学出版社	长沙
395. 一位永远充满活力，永远不知疲倦的学者	《粤语研究》第 11 期	澳门
396. 进一步做好海外汉语方言的调查研究工作——兼评《首届海外汉语方言国际研讨会论文集》	《第二届海外汉语方言研讨会论文集》，王建设、孙汝建主编，云南大学出版社	昆明
397. 杂忆先父与饶宗颐的深情厚谊	《颐园学苑》第 3 期（总第 7 期）	广东潮州
	《潮州日报·潮州文化》10 月 11 日	广东潮州
	《潮州社科》第 3 期	广东潮州
398. 难忘的深情，永远的记忆（代序）——写在《汉语语音史探索》付梓之际	《音韵学研究通讯》总第 28 期	安徽合肥
	《粤语研究》第 12 期	澳门
	《汉语语音史探索》，北京大学出版社	北京
399. 岁月悠悠说大师——追忆我父子两代与饶公交谊的往事	《饶宗颐研究》第 2 辑，暨南大学出版社	广州
400. 汉语言与中华文化漫谈	《华侨大学学报·哲学社会科学版》第 4 期	福建泉州
401.《中国语文传意进阶》序	《中国语文传意进阶》，李东辉主编，人民教育出版社	北京

[2013 年]

402. 欧游杂记	《红枫》第 1 期	广州
403. 詹伯慧	《岭南文史》第 1 期	广州
404. 重游花都巴黎	《红枫》第 5 期	广州
405. 怀念华年师	《高华年文集》，植符兰编，广东人民出版社	广州
406. 对汉语言学科建设的一些浅见	《学术研究》第 5 期	广州
407. 浅论汉语言学科建设和发展	《暨南学报》第 6 期	广州
408. 瑞士三日游踪	《红枫》第 8 期	广州